T0400448

Gli Italiani
e la Bibbia
nella prima età moderna

LEGGERE, INTERPRETARE, RISCRIVERE

Gli Italiani e la Bibbia nella prima età moderna

LEGGERE, INTERPRETARE, RISCRIVERE

a cura di
Erminia Ardissino e Élise Boillet

Collection | Études Renaissantes
Dirigée par Philippe Vendrix & Benoist Pierre

BREPOLS

2018

CENTRE D'ÉTUDES SUPÉRIEURES DE LA RENAISSANCE
Université de Tours - Centre National de la Recherche Scientifique

Conception graphique et mise en page
Alice Loffredo-Nué

ISBN 978-2-503-58406-5
D/2018/0095/305

Printed in the E.U. on acid-free paper

En couverture : Particolare di *San Matteo e l'angelo* di Caravaggio, San Luigi dei Francesi Roma, riproduzione autorizzata dai Pii Stabilimenti della Francia a Roma e Loreto/Pieux Établissements de la France à Rome et Lorette

Le caractère typographique *Faune* utilisé dans ce livre a été créé par Alice Savoie / Cnap

Introduzione

Erminia Ardissino (Università di Torino)
Élise Boillet (CNRS- Centre d'études supérieures de la Renaissance, Université de Tours)

L'Italia ha prodotto prestissimo, seconda solo alla Germania, la stampa della Bibbia in volgare con ben due diverse edizioni veneziane, uscite l'una, tradotta dal camaldolese Nicolò Malerbi, nell'agosto del 1471, l'altra, di cui non è indicato il traduttore, nell'ottobre dello stesso anno[1]. Peraltro, anche in Italia erano circolati in precedenza molti volgarizzamenti biblici, parziali o totali, in forma manoscritta, formando un retroterra testuale senza il quale difficilmente si spiegherebbe l'immediata fortuna a stampa della Bibbia in volgare, la quale venne a rafforzare la diffusione del testo sacro tra coloro, laici e religiosi, che non lo potevano leggere in latino[2]. La Bibbia del Malerbi ebbe poi molte altre edizioni, a cui si affiancarono nel corso del Cinquecento nuove traduzioni, in particolare del laico Antonio Brucioli e dei domenicani Zaccaria da Firenze e Sante Marmochino, con numerose riedizioni e revisioni varie, fino al blocco determinato dai progressivi interventi censori contro i volgarizzamenti[3]. Inoltre, traduzioni in italiano furono pure stampate oltralpe a

1 La traduzione del Malerbi esce a Venezia, presso Wendelin da Speyer, con data I.VIII.1471; quella di anonimo sempre a Venezia, presso Adam da Ammergau, datata I.X.1471. Cfr. Edoardo Barbieri, *Le Bibbie italiane del Quattrocento e del Cinquecento. Storia e bibliografia ragionata delle edizioni in lingua italiana dal 1471 al 1600*, Milano, Bibliografica, vol. 1, 1992, p. 187-190; 191-196.

2 Lino Leonardi, «Volgarizzamenti italiani della Bibbia (sec. XIII-XV). *Status quaestionis* e prospettive per un repertorio» e «Inventario dei manoscritti biblici italiani (a cura di L. Leonardi)», in *La Bible Italienne. Prémices d'une enquête en cours, Mélanges de l'École Française de Rome. Moyen Âge*, t. CV, n° 2, 1993, rispettivamente a p. 837-844 e a p. 863-886; Jacques Dalarun, «La Bible italienne. Prémices d'une enquête en cours», in *La Bible Italienne. Prémices d'une enquête en cours, op. cit.*, p. 825-862; Lino Leonardi, *The Bible in Italian*, in *The New Cambridge History of the Bible*, vol. 2, *From 600 to 1450*, a cura di R. Marsden e E. A. Matter, Cambridge, Cambridge University Press, 2012, p. 268-287.

3 Per le riedizioni del Malerbi si veda Edoardo Barbieri, «La fortuna della "Biblia vulgarizata" di Nicolò Malerbi», *Aevum. Rassegna di Scienze storiche, linguistiche e filologiche*, LXIII, 1989, p. 419-500. Antonio Brucioli pubblicò a Venezia presso Lucantonio Giunta il Nuovo Testamento nel 1530, i Salmi nel 1531, e l'intera Bibbia nel 1532 (cfr. E. Barbieri, *Le Bibbie italiane*

destinazione anche delle comunità italiane: mentre le traduzioni del benedettino Massimo Teofilo apparvero solo a Lione, quella del lucchese Filippo Rustici, rifugiato a Ginevra, uscì nella città svizzera e venne poi inclusa nella Bibbia poliglotta edita a Norimberga a fine secolo; infine quella del teologo protestante ginevrino Giovanni Diodati apparve ripetutamente a Ginevra.[4]

Nel Cinquecento gli Italiani continuarono a familiarizzarsi con il «grande codice» non solo attraverso le traduzioni, spesso 'istoriate', cioè con illustrazioni che erano già delle interpretazioni, ma anche tramite una varietà di testi, spesso anche loro corredati di immagini, legati alla liturgia (le pericopi da leggere durante la messa o come preparazione/approfondimento personale), alla predicazione (i sermoni usati dal clero e anche letti dai fedeli), alla devozione e all'intrattenimento edificante (le parafrasi e vari tipi di riscrittura in versi e in prosa). Questa letteratura era prodotta a scopo di conoscenza o di devozione, a volte anche con alta ambizione letteraria. Mentre la prima Bibbia in volgare figurata esce nel 1492, la prima edizione delle pericopi risale già al 1470 e il primo poema biblico esce a Venezia nel 1471, lo stesso anno cioè delle prime traduzioni[5]. Queste rielaborazioni, come le traduzioni, potevano essere fruite in letture ad alta voce o personali. La Bibbia entrò così nelle case degli Italiani e fu tenuta presente non solo per la pietà e gli orientamenti morali, ma anche per le normative sociali e professionali, non solo religiose, e per l'intrattenimento educativo.

del Quattrocento e del Cinquecento, *op. cit.*, p. 240-250. La traduzione del Nuovo Testamento di Zaccaria da Firenze uscì nel 1536 sempre a Venezia, presso Lucantonio Giunta (*ibid.*, p. 257-258). L'anno successivo uscirono Salmi e Ecclesiaste con la traduzione di Giovan Francesco Da Pozzo a Venezia, presso Bartolomeo Zanetti (cfr. *ibid.*, p. 259-261). Nel 1538 è la volta della traduzione dell'intera Bibbia da parte di Sante Marmochino sempre a Venezia presso gli Eredi di Lucantonio Giunta (cfr. *ibid.*, p. 262-266). Sia la Bibbia del Brucioli sia quella di Marmochino ebbero numerose ristampe. Nel 1545 uscì nella città lagunare una revisione della traduzione del Brucioli del Nuovo Testamento, per opera di anonimo presso il tipografo Al segno della Speranza (cfr., *ibid.*, p. 295-297), edizione pure spesso riedita.

4 La traduzione del Nuovo Testamento di Massimo Teofilo uscì nel 1551 senza indicazione tipografica, e fu riedita nel 1556 e 1565; la traduzione della Bibbia di Filippo Rustici uscì nel 1562 presso François Duron, il Nuovo Testamento venne riedito nel 1576 da Giovanni Battista Pineroli. La Bibbia del Diodati apparve nel 1607 per i tipi di Jean de Tournes, nel 1608 si ebbe una riedizione del Nuovo Testamento, nel 1609, 1628, 1631 dei Salmi, e dell'intera Bibbia ancora nel 1641. A Norimberga nel 1599 uscì una Bibbia poliglotta curata da Elias Hutter, che usa la traduzione del Rustici (cfr. E. Barbieri, *Le Bibbie italiane del Quattrocento e del Cinquecento*, *op. cit.*, p. 284-292). Singoli libri furono poi editi di seguito.

5 La prima edizione delle pericopi è: *Inchominciano lepistole et lectioni euangeli iquali si leggono in tutto l'anno nelle messi cioe domenichali feriali e festivi. Sechondo luso della sancta chiesa di Roma*, [Napoli, Tip. Del Terentius, ca 1470]; si registrano poi ristampe quasi annuali. La prima edizione figurata è una Bibbia del Malerbi (Venezia, Giovanni Ragazzo per Lucantonio Giunta, VII.1492). Il poema del Cornazzano, *De la sanctissima uita di nostra Donna*, esce a Venezia, (Nicolas Jenson), nel 1471.

Nonostante l'ampia diffusione delle Sacre Scritture parziali o totali in italiano, la storiografia sembra attardarsi sul paradigma, di ispirazione protestante, che sostiene la scarsa diffusione in Italia della Bibbia. Ancora recentemente il capitolo dedicato all'Italia in *The New Cambridge History of the Bible* si apre riportando l'affermazione di Lutero del 1539, secondo cui «In Italy Holy Scripture is so forgotten that it is very rare to find a Bible»[6]. L'affermazione di Lutero (tradotta) è certo interessante, relativamente alla sua esperienza, ma quale fondamento storico ha? Inoltre la citazione non sembra essere solo un avvio erudito del saggio, ma pare determinare un'impostazione che caratterizza tutto il saggio e che alla luce dei più recenti studi sembra discutibile. Infatti più avanti si afferma: «it would be necessary to wait until the second half of the fifteenth century for the first print editions of the text», come se altri paesi avessero avuto prima del 1450 una Bibbia a stampa.

Su questo paradigma si è modellata la ricerca per quasi tutto il secolo scorso, ma negli ultimi decenni, specie dopo il repertorio di Edoardo Barbieri e quello curato da Antonella Lumini, la storiografia ha intensificato la propria attenzione alla diffusione del testo biblico in Italia, studiando i vari contesti e le modalità di circolazione e mostrando la complessità del problema[7]. In particolare i libri di Gigliola Fragnito, pur focalizzati sulla censura, oltre a ricostruire il lungo *iter* che portò alla promulgazione dell'indice clementino e il contesto ecclesiastico e culturale che lo determinò, hanno mostrato l'affezione degli Italiani per il testo biblico, alla cui lettura in traduzione hanno rinunciato con molta difficoltà[8]. Anche quando i volgarizzamenti delle Sacre Scritture vennero proibiti dalla Chiesa Romana, i testi biblici continuarono a essere letti nelle forme consentite o clandestine, rielaborati in versioni letterarie o devozionali di grande successo, che ebbero a volte molte edizioni e un largo mercato editoriale[9].

6 Emidio Campi-Mariano Delgado, *Bibles in Italian and Spanish*, in *The New Cambridge History of the Bible*, vol. 3, *From 1450 to 1750*, a cura di E. Cameron, Cambridge, Cambridge University Press, 2016, p. 358-381, a p. 358 la citazione di Lutero, a p. 359 la successiva citazione.

7 Per il repertorio di Barbieri si veda supra n. 1, ma si veda ancora: Edoardo Barbieri, *Panorama delle traduzioni bibliche in volgare prima del Concilio di Trento*, Milano, C.R.E.L.E.B. - Università cattolica, CUSL, 2011. Per il repertorio preparato da Lumini: *La Bibbia: edizioni del XVI Secolo*, Ministero per i beni e le attività culturali, Biblioteca Nazionale Centrale di Firenze, a cura di A. Lumini, Firenze, L. S. Olschki, 2000.

8 Gigliola Fragnito, *La Bibbia al rogo. La censura ecclesiastica e i volgarizzamenti della Scrittura (1471-1605)*, Bologna, Il Mulino, 1997; Gigliola Fragnito, *Proibito capire. La Chiesa e il volgare nella prima età moderna*, Bologna, Il Mulino, 2005.

9 Danilo Zardin, «Bibbia e letteratura religiosa in volgare nell'Italia del Cinque-Seicento», *Annali di storia moderna e contemporanea*, IV, 1998, p. 593-616); Danilo Zardin, «Bibbia e apparati biblici nei conventi italiani del '500-'600», in *Libri, biblioteche e cultura degli ordini regolari attraverso la documentazione della Congregazione dell'Indice*, a cura di R. M. Borraccini e R. Rusconi, Città del Vaticano, Biblioteca Apostolica Vaticana, 2006, p. 73-103); Danilo Zardin, «Tra latino

La censura determinò certo una svolta, ma resta importante chiedersi quale spazio o modo sia rimasto per la conoscenza del testo sacro da parte di un popolo nella sua grande maggioranza cattolico e rispettoso delle direttive romane. Sulla scia di alcuni studi condotti nelle ultime decadi crediamo che la letteratura biblica nell'Italia della prima età moderna meriti maggiore considerazione sia per la comprensione di quel passato sia per il peso avuto nell'editoria, nelle pratiche di scrittura, nelle letture degli Italiani[10]. Se l'indice e le conseguenti attività censorie hanno determinato un vuoto, un'assenza, l'interesse per le Sacre Scritture tra i laici in specie, pur mortificato dalle ingiunzioni post-conciliari, non morì ma si trasformò. All'assenza della Bibbia in volgare sopperì infatti in Italia un'abbondante produzione di letteratura biblica, che rimediò in qualche modo al divieto di stampare e leggere la Bibbia in traduzione. L'amplissimo mercato di pubblicazioni bibliche, che da sempre aveva affiancato o si era sostituito o aveva preceduto o seguito il sacro testo, si irrobustì di conseguenza e offrì un modo alternativo di continuare letture e pratiche abituali per un popolo interessato alle fondamenta della propria fede e obbediente alla Chiesa di Roma.

Accanto alla Bibbia la produzione editoriale registra infatti fin dal suo avvio, in Italia come in altre zone dell'Europa, una varietà ricchissima di testi di diversa natura, appartenenti a diversi generi, con finalità differenti, ma aventi tutti una

e volgare: La *Dichiarazione dei salmi* del Panigarola e i filtri di accesso alla materia biblica nell'editoria della Controriforma», *Sincronie*, IV, 2000, p. 125-165.

10 Si vedano ad esempio: Sabrina Corbellini, «The Plea for Lay Bibles in Fourteenth and Fifteenth-Century Tuscany: The Role of Confraternities», in *Faith's Boundaries. Laity and Clergy in Early Modern Confraternities*, a cura di N. Terpstra, A. Prosperi e S. Pastore, Turnhout, Brepols, 2012, p. 87-107; Sabrina Corbellini, «"Looking in the Mirror of the Scriptures". Reading the Bible in Medieval Italy», in *"Wading Lambs and Swimming Elephants". The Bible for the Laity and Theologians in Late Medieval and Early Modern Era*, a cura di W. François e A. den Hollander, Leuven, Paris, Walpole (MA), Peeters, 2012, p. 21-40; *La Bibbia in italiano tra Medioevo e Rinascimento. Atti del Convegno internazionale, Firenze, Certosa del Galluzzo, 8-9 novembre 1996*, a cura di L. Leonardi, Bottai-Impruneta, SISMEL edizioni del Galluzzo, 1998. Sul versante letterario: *Sotto il cielo delle Scritture*, a cura di C. Delcorno e G. Baffetti, Firenze, Olschki, 2009; *La Bibbia nella letteratura italiana*. vol. V, *Dal Medioevo al Rinascimento*, a cura di P. Gibellini, G. Melli e M. Sipione, Brescia, Morcelliana, 2013, vol. VI., *Dalla Controriforma all'Età napoleonica*, a cura di T. Piras e M. Belponer, 2017 (per il periodo di nostro interesse). Anche la ricostruzione dei testi ha conosciuto un significativo implemento. Si vedano ad esempio: Jacopo Sannazaro, *De partu Virginis*, volgarizzamento di Giovanni Giolito de' Ferrari (1588) a fronte, a cura di S. Prandi, Roma, Cittànuova, [2001]; Ferrante Pallavicino, *Il Giuseppe*, a cura di L. Piantoni, Lecce, Argo, 2015; *Salmi penitenziali di diversi eccellenti autori [Giolito 1568]*, a cura di R. Morace, Pisa, ETS, 2016 (in appendice la prima redazione di *Le lagrime di san Pietro* di Luigi Tansillo), e a cura delle responsabili del presente volume: *Poemi biblici del Seicento*, a cura di E. Ardissino, Alessandria, Edizioni dell'Orso, 2005; Lucrezia Tornabuoni, *Poemetti biblici: Istoria di Ester e Vita di Tubia*, a cura di E. Ardissino, Lugano, Agora, 2015; Pietro Aretino, *Opere religiose. Genesi. Umanità di Cristo. Sette Salmi. Passione di Gesù*, a cura di É. Boillet, premessa di Giulio Ferroni, Roma, Salerno, 2017. Utile risulta infine il *Dizionario biblico di letteratura italiana*, diretto da Marco Ballarini, a cura di P. Frare, G. Frasso e G. Langella, Milano, ITL, 2018.

fonte comune: il grande codice. Quest'abbondante miniera di pubblicazioni costituito da elaborazioni del testo biblico in direzione devozionale, poetica, teatrale, resta ancora quasi inesplorata, benché l'interesse per la cultura biblica in Italia nella prima età moderna, giunto, come si è detto, in ritardo rispetto agli studi in altre culture e paesi europei, sia oggi in grande fermento. Questi testi ci consentono di conoscere meglio non solo la vita religiosa degli Italiani e i molteplici modi con cui i laici parteciparono alla cultura religiosa, ma anche il costituirsi della loro moderna identità culturale, che non avvenne in modo separato dal contributo che lo studio e la lettura dei classici portò al rinnovamento umanistico e rinascimentale.

È di questo genere di testi che si è occupato il convegno svoltosi a Torino nel maggio 2016[11]. Esso è nato da un progetto di ricerca *The Laity and the Bible. Religious Reading in Early Modern Europe* diretto da Élise Boillet e inteso ad approfondire il rapporto dei laici europei, particolarmente italiani, con la Bibbia[12]. Al suo interno, Erminia Ardissino ha lavorato per un anno al Centre d'études supérieures de la Renaissance dell'Università di Tours, fruendo di una *fellowship* finanziata dall'Institut for Advanced Studies Le Studium Loire Valley, Orléans, alla costituzione di un repertorio di riscritture bibliche in italiano dall'inizio della stampa fino al 1650[13]. Il repertorio ha raccolto più di 3500 voci e mostra la ricchezza di questa produzione in larga misura ancora ignota[14].

Il convegno, idealmente era nato per presentare il repertorio, che è ora in stampa, e intendeva studiare sotto tre prospettive, circolazione del testo, lettura e interpretazione, riscritture letterarie, il modo con cui in Italia i lettori hanno fruito del libro sacro nella prima età moderna, dall'avvio della stampa a metà del Seicento. Obiettivo era cioè studiare come il testo sacro sia stato proposto dall'editoria e sia circolato in Italia, come sia entrato nella vita domestica, come per esso abbiano interagito gruppi ortodossi ed eterodossi, come sia stato interpretato e quali reti ermeneutiche si siano costituite per fruirlo ed adattarlo alle varie esigenze dei suoi fruitori, infine quali forme letterarie o iconiche abbia ispirato. L'intento era cioè di

11 Il convegno si è avvalso del contributo del Dipartimento di Studi Umanistici dell'Università di Torino.

12 Il progetto si è concluso con il convegno internazionale *Lay Readings of the Bible in Early Modern Europe*, i cui atti sono di prossima pubblicazione presso Brill. Questo progetto, come anche il convegno torinese, hanno tratto particolare ispirazione dal progetto europeo COST ACTION 1301, *New Communities of Interpretation: Contexts, Strategies and Processes of Religious Transformation in Late Medieval and Early Modern Europe*, diretto dal 2013 al 2017 da Sabrina Corbellini, che si ringrazia vivamente.

13 Si ringraziano le due istituzioni per aver consentito questa importante ricerca, in particolare i direttori Nicola Fazzalari (Le Studium) e Philippe Vendrix e Benoist Pierre (CESR) e tutti i colleghi per le loro osservazioni.

14 Erminia Ardissino e Élise Boillet, *Repertorio della letteratura biblica in Italiano (1463? -1650)*, Turnhout, Brepols, in stampa.

conoscere come gli Italiani si siano rapportati con la Bibbia, non solo da una prospettiva cattolica, ma anche ereticale ed ebraica. I saggi qui raccolti contribuiscono alla comprensione di questo fondamentale e controverso problema storiografico e illuminano anche gli atteggiamenti che stanno alla radice del modo con cui oggi gli Italiani si relazionano con il testo sacro[15].

Il primo gruppo di saggi qui presentati riguarda la costituzione e la circolazione dei testi biblici in italiano a stampa in un contesto segnato dallo sviluppo del mercato editoriale religioso, dalla diffusione della Riforma e dalle misure censorie da parte della Chiesa romana cattolica. Il lavoro di Ugo Rozzo, «Illustrare l'*Apocalisse* nell'Europa del Cinquecento», tratta delle raffigurazioni che da sempre sono derivate dalla lettura delle Sacre Scritture e che soprattutto con la stampa sono diventate un comune accompagnatore del testo. Lo studioso di storia del libro ricostruisce anzitutto l'iter delle figurazioni del libro di chiusura del Nuovo Testamento, partendo dalla *Bibbia vulgare historiata* dei Giunti (Venezia, 1490) e dalle famose e imitatissime silografie di Dürer (Norinberga, 1498), e mostra la trasmigrazione e la contaminazione di elementi iconici che sorpassano i confini confessionali. In particolare, considera le illustrazioni che Luca Cranach il Vecchio compose per il Nuovo Testamento di Lutero (settembre 1522), dove il libro biblico è interpretato alla luce della teologia luterana, ne studia il percorso che, passando attraverso le silografie di Hans Holbein il Giovane per lo stesso testo (Basilea, 1523), giunge a contaminare le figurazioni di Matteo da Treviso che accompagnano la traduzione del Nuovo Testamento di Antonio Brucioli, edito a Venezia nel 1532. Nelle figure di questa edizione sembra che l'iconografia funga da commento, dove i segni indicanti la Chiesa di Roma sono evidenziati in funzione critica (crollo di Castel Sant'Angelo, il papa asino, la tiara papale in testa alla bestia). Attraverso lo studio di altre figure dell'Apocalisse, Rozzo giunge a chiarire alcuni aspetti anche del frontespizio della Bibbia del Brucioli, mostrando le intenzioni fortemente antipapali delle sue scelte.

A un'opera del tutto ortodossa, di grande successo, come le *Epistole ed evangeli che si dicono tutto l'anno alla messa* del domenicano fiorentino Remigio Nannini, sola traduzione delle pericopi domenicali permessa dall'Indice, sono dedicati due saggi (il secondo nella seconda sezione del volume): «Un *long seller* biblico nell'Italia moderna: le *Epistole e vangeli* di Remigio Nannini da Firenze» di Edoardo Barbieri e «Circolazione e usi delle *Epistole ed evangeli* nell'Italia post-tridentina» di Danilo Zardin. Barbieri si pone anzitutto il problema del perché questo testo, che raggiunse un altissimo numero di edizioni (125 in tre secoli), fosse autorizzato.

15 Cfr. Ilvo Diamanti, *Gli italiani e la Bibbia. Un'indagine di Luigi Ceccarini, Martina Di Pierdomenico e Ludovico Gardani*, Bologna, Edizioni Dehoniane, 2014.

Per questo studia anzitutto l'autore, Remigio Nannini, che fu traduttore di diverse opere, impegnato come revisore editoriale presso diverse tipografie, ma anche protagonista di una fetta importante del mercato librario, quella teologica (fu editore di alcune opere di Tommaso d'Aquino). Nannini, domenicano di origine fiorentina, era dunque 'l'uomo giusto' anche per accompagnare il volgarizzamento con un commento che ne favorisse l'interpretazione nell'alveo della dottrina cattolica. L'intento 'formativo' per religiosi e laici determina anche la struttura della pagina, infatti Barbieri mostra che le scelte grafiche delle riedizioni delle *Epistole ed evangeli* non sono puramente estetiche, ma intendono favorire l'identificazione immediata di ciascuna sezione testuale. L'opera è accompagnata da molte silografie, che sembrerebbero indicare un forte investimento da parte dell'editore (il Giolito), ma che dagli studi sul materiale silografico in possesso dell'editore risulta invece un'abile operazione di riuso di figure già a disposizione, perché preparate per un'edizione del Brucioli che non si era potuta fare. Il Giolito creò inoltre con questo testo un vero e proprio modello editoriale di lungo successo. Il saggio propone infine una sintetica storia del testo, che arriva fino al XVIII secolo e che dimostra bene come si debba superare per forza di evidenza il vecchio paradigma sullo scarso interesse degli Italiani per la Bibbia.

Nel contributo «Tra censura e tolleranza. Le due edizioni del volgarizzamento dei salmi penitenziali di Domenico Buelli, inquisitore di Novara (1572 e 1602)», Élise Boillet riflette su aspetti del rapporto tra censura ecclesiastica e produzione libraria a partire da un volgarizzamento che costituisce una particolare e interessante illustrazione del dibattito cinquecentesco sulla liceità dei volgarizzamenti biblici negli ultimi decenni del Cinquecento. La proposta letteraria dell'inquisitore, una traduzione in versi sciolti con commento, intervenne, sia per la prima sia per la seconda edizione, a ridosso di un decennio di forte produzione editoriale di versificazioni bibliche. Pur difendendo le direttive censorie allora in vigore, Buelli prese posizione a favore dell'uso della poesia, nei limiti del rispetto dello stile «epico e eroico» del «poema» davidico. Inoltre, egli auspicava la promozione da parte della Chiesa di una traduzione commentata della Bibbia che sarebbe potuta diventare una sorta di Vulgata per tutti gli Italiani, offrendone un campione e un modello con la propria opera. Considerava in effetti che, nel contesto dello sviluppo del mercato editoriale in volgare e della forte richiesta spirituale degli Italiani, la diffusione dell'eresia non potesse venire contrastata semplicemente con il divieto radicale delle traduzioni bibliche. D'altra parte, nelle due edizioni studiate, il commento, che appare come il frutto di discussioni con un *entourage* di alto rango e veicola l'immagine di una città pacificata e sotto controllo, fu anche l'occasione per Buelli, inquisitore generale di Novara dal 1570 alla morte nel 1603, di pubblicizzare il proprio ruolo. Sia in materia di processi per eresia, condotti in massa nella Val d'Ossola, sia in materia di censura, si sa che la sua azione non mancò di generare conflitti con il potere vescovile di Pietro Martire Ponzone e poi di Carlo Bascapè, discepolo ed ex segretario di Carlo Borromeo. Cosiccome la Milano di Carlo Borromeo si era eretta nell'Italia controriformistica come modello di potere episcopale, sembra che la Novara di Domenico Buelli delineata nel libro sui salmi penitenziali si volesse offrire come modello per l'azione degli inquisitori locali[16].

Il secondo gruppo di contributi prosegue la riflessione sulla produzione editoriale biblica in italiano esplorando anche contesti e prassi di lettura. Nonostante le molte garanzie della versione delle *Epistole ed evangelii* del Nannini, persino su di essa si mossero iniziative censoriali, attestate da quesiti ed ingiunzioni avvenute in zone periferiche. Danilo Zardin nel suo saggio illustra bene la precarietà anche di questa versione 'garantita' nel clima di sospetto instauratosi alla fine del Cinquecento e mostra la complessa dialettica fra tensioni contrastanti. «I tentativi di salvaguardia, le richieste di esenzione dai divieti più drastici e le dichiarazioni saltuarie di legittimità, sia pure subordinata alle restrizioni della regola quarta dell'Indice tridentino, si alternarono ai segnali di insofferenza inasprita che discendevano dalla linea più rigida tenuta dalla Santa Inquisizione rispetto a quella della Congregazione dell'Indice» (p. 102). Lo studioso mostra con prove archivistiche che opere salvaguardate, come il lezionario del Nannini, risultavano poi tollerate a fatica, con continue ricadute all'indietro. Tuttavia è evidente che questi commenti e riscritture della Bibbia esercitavano una notevole attrazione. Infatti furono oggetto di un'ingente e continua produzione editoriale, che si estese a tutto il Seicento. Il saggio di Zardin considera anche i lezionari precedenti quello del Nannini e soprattutto quelli successivi, intrecciando questioni relative alle ragioni della sua diffusione, alle modifiche editoriali (inserimento di tavole, di discorsi collegati) per favorirne la fruizione. Studia infine le risultanze d'archivio relative al suo possesso. Le *Epistole ed evangeli* del Nannini erano possedute con regolarità dai monasteri femminili, di cui Zardin dà qui notizia, e pure dai laici, che non rinunciarono alla possibilità di fruire di questo filone di letteratura edificante ed educativa. Anche in questo caso vengono indicate possibili piste di ricerca nella documentazione relativa alle confraternite e, utilizzando alcune liste di libri in possesso di famiglie, si ipotizza che i lezionari potessero giungere pure tra le mura domestiche.

Il quadro delle forme di censura e controllo delineato da Zardin giustifica in qualche modo la scarsità di tracce attestanti la presenza della Bibbia nelle case de-

16 Si ringrazia Massimo Firpo, che per questa sezione nel convegno ha presentato una relazione dal titolo «Eresie dottrinali e immagini bibliche. Propaganda e identità».

gli Italiani. Il saggio di Abigail Brundin, «La Bibbia nelle devozioni domestiche nell'Italia del Rinascimento» affronta l'interessante questione sulla base di possibilità finora inesplorate, tentando di rispondere alle domande che derivano dalla scarsità di documentazione in rapporto alla diffusione della letteratura biblica sul mercato librario[17]. Anzitutto la studiosa sottolinea la necessità, per avere un quadro valido, di prestare attenzione ai possessi non solo di Bibbie, ma anche di libri con contenuto biblico, come appunto quello del Nannini, o di libri d'ore, interessandosi persino agli oggetti domestici che contenevano formule bibliche. Nel suo saggio Brundin si focalizza sulle edizioni parziali di testi biblici. Il possesso di un libro non era comune nelle classi socio-economiche più basse, per cui appaiono poche Bibbie negli inventari domestici e dei Monte di pietà, ma si registrano libri a contenuto biblico. La studiosa analizza poi i documenti relativi alle pratiche censorie, da cui si ricava la presenza delle Bibbie, e i testi normativi, che indicano appunto nella lettura della Bibbia una prassi raccomandata. Nel dubbio che queste pratiche normative non fossero poi messe in atto, la studiosa analizza una serie di Bibbie italiane annotate, da cui si rileva che le annotazioni possono essere plausibilmente considerate 'domestiche'. Risulta evidente che un problema così controverso debba essere affrontato con molteplici prospettive per giungere a una più precisa comprensione. [18]

Completa il quadro della fruizione della Bibbia da parte degli Italiani, estendendo l'indagine all'universo ebraico, il saggio di Chiara Pilocane, «"Girala e rigirala perché c'è tutto; e contemplala e incanutisci e invecchia su di essa" *(Pirqè Avot 5, 25)*. La Bibbia in ambiente ebraico fra XVI e XVII secolo: alcuni casi». Anzitutto la studiosa costruisce un quadro storico di quello che è un carattere distintivo del popolo ebraico, nato proprio sulla *Torah*, oggetto di continuo confronto e di fedele conservazione. Anche nel Rinascimento, la cultura ebraica sottolineò la continuità con il passato, rinnovando il proprio approccio solo nel tardo Seicento. Ogni atto di lettura, interpretazione e riscrittura della Bibbia è per l'ambito ebraico strettamente connesso alla *Torah* orale, che è parte unitaria della tradizione. La studiosa indica come sia essenziale tener conto del divario fra intellettuali e fruitori di classe media. Il suo saggio è molto ricco di informazioni utili, specie per chi non conosce bene questa parte dell'Italia presente ovunque (ma, come scriveva Primo Levi, non visibile, come l'argon nell'aria). Tratta dell'età del primo approccio alla *Torah* (in

17 La studiosa ha diretto con Deborah Howard e Mary Laven un progetto ERC Sinergy su *Domestic Devotions. The Place of Piety in the Italian Renaissance Home 1400-1600*, che ha anche contribuito alla realizzazione del convegno torinese, per cui si ringrazia.

18 In questa sezione del convegno, Sabrina Corbellini (University of Groningen) ha presentato una relazione intitolata «Strategie di lettura biblica nell'Italia della prima età moderna». Il progetto COST ACTION IS1301 "New Communities of Interpretation" da lei diretto ha pure contribuito alla realizzazione del convegno torinese, per cui si ringrazia.

genere cinque anni), della lettura delle donne (portando anche concrete esemplificazioni), della reinterpretazione delle figure bibliche e della lingua biblica che seguì l'Umanesimo, della trasformazione della *Qabbalà* da pensiero e pratica esoterica a pratica anche essoterica, delle traduzioni latine della Bibbia da parte di ebrei, dei volgarizzamenti dei libri biblici in caratteri ebraici (un libro di Ester in ottava rima ad uso domestico), delle riscritture per scopi non religiosi, come l'interessante caso di un testo encomiastico di Diodato Segre composto nel 1622 per Carlo Emanuele I di Savoia, su cui si sofferma particolarmente il saggio.

L'ultima sezione degli atti è dedicata alle riscritture del testo biblico che hanno una più marcata dimensione letteraria e che talora fanno parte del canone della letteratura italiana. Sono stati presi in considerazione le tre grandi tipologie di testi: poesia, narrativa, dramma. Tra il molto materiale offerto dalla presenza delle fonti bibliche nella poesia italiana del Rinascimento, Pietro Petteruti Pellegrino ha delineato un percorso su un elemento archetipo che deriva dalla Bibbia, quello della pioggia come figura della grazia divina. Il saggio, «Come pioggia feconda. Immagini della grazia divina nella lirica del Cinquecento», inizia con un quadro sulla presenza delle immagini della pioggia, rugiada, umore nei libri della Bibbia, rilevandone l'importanza soprattutto nei salmi, ma anche nei profeti e nelle lettere di Paolo. Quindi inizia a sondare (pur tenendo conto di quanto avviene prima, per esempio in Dante) la poesia rinascimentale, partendo dalla raccolta che dà il via alla ricca stagione del petrarchismo spirituale, le *Rime spirituali* di Vittoria Colonna, dove l'ambito semantico dell'acqua è attivato varie volte in rapporto alla grazia divina. Lo studioso, fondandosi su una precisa conoscenza dei problemi filologici che questa raccolta presenta, segue l'uso di termini semanticamente significativi, come 'pioggia', 'rugiada', 'umore', 'stilla', ne rintraccia l'origine biblica e ne discute il significato nel contesto dell'esperienza poetico-spirituale della Colonna. Nella terza parte del saggio studia le stesse figure nelle traduzioni dei salmi di Bernardo Tasso e di Bartolomeo Arnigio, e nelle poesie di Benedetto dell'Uva, mostrando anche casi di intertestualità con testi diffusi all'epoca, come appunto le pericopi del Nannini, le prediche del Buratelli, i carmi di Marcantonio Flaminio. Ne emerge un quadro ricchissimo e fecondo di rinnovati studi su un settore assai trascurato (come ha ben mostrato da tempo Amedeo Quondam) della letteratura italiana del Rinascimento.

Se Petteruti Pellegrino si focalizza sulla poesia lirica, le molte opere narrative di matrice biblica sono studiate da Erminia Ardissino nel saggio «Raccontare la Bibbia nell'Italia della prima età moderna. Cantari, poemi, romanzi», dove si mostra con evidenza che le modalità di riscritture bibliche in poesia narrativa seguono molto fedelmente le tendenze letterarie in voga in ambito profano. Come indica la scansione tripartita del titolo, la prima produzione narrativa di invenzione, basata su materia biblica, appartiene al genere molto popolare (e anche molto fiorentino, al massimo toscano e veneto) dei cantari. Poemi biblici in ottava rima sono prodotti molto presto secondo il modello del poema cavalleresco in ottava rima, su figure bibliche veterotestamentarie come Giuditta o neotestamentarie come Maria, Gesù o il Battista. Determinante fu anche l'influsso della terzina dantesca, a cui si rivolsero autori più ambiziosi, ma sempre con risultati molto lontani dalla poesia di Dante. Con le prove latine del Sannazaro e del Vida, il genere ambì a porsi al livello delle grandi esperienze poematiche del '500, raggiunte sicuramente dal complesso lavoro di Teofilo Folengo, *L'umanità del Figliuolo di Dio*, e poi dal *Mondo creato* del Tasso. Anche in questo caso l'esperienza profana determinò le scelte stilistiche e le invenzioni narrative che seguirono. Infatti la *Gerusalemme liberata* si pone anche in ambito biblico come una pietra miliare, iniziatrice di una nuova stagione poematica (più che l'esamerone tassiano, pure abbastanza fortunato). Uno spazio particolare nel saggio viene dato all'esperienza seicentesca del romanzo biblico, inaugurato a Bologna nella quarta decade del secolo con *Le turbolenze d'Israelle* di Luigi Manzini, e continuato assai fecondamente soprattutto a Venezia, dove furono gli Accademici Incogniti a usarlo per interessanti esperimenti di uso biblico in chiave desacralizzante.

Infine Elisabetta Selmi in «Riscritture bibliche nel teatro italiano del Seicento» indaga le modalità di riappropriazione e riscrittura di storie, personaggi, vicende (canoniche o apocrife) del Vecchio Testamento nella complessa fenomenologia e nel percorso di trasformazioni dei generi del dramma sacro nel Seicento. Dapprima considera le riprese della Bibbia negli sviluppi dell'Oratorio barocco e delle sue metamorfosi ed evoluzioni nei generi contigui del melodramma e della tragedia spirituale, con una proiezione del discorso critico in area primo settecentesca. Quindi analizza il passaggio dalle modalità allegoriche e dall'enfatizzazione di categorie quali quelle del 'meraviglioso/prodigioso' biblico (con il ricorso topico ai temi del profetismo, dell'oracolo, del sovrannaturale) al recupero progressivo e 'razionalizzante' di una 'teologia figurale' strettamente connessa alla liturgia, alle moralità e all'apologetica cattolica, nonché alla prassi e all'interpretazione degli 'esercizi spirituali' e allo sviluppo di un'erudizione storica e biblica e di un dibattito orientalistico sulla poesia ebraica. Infine studia attraverso i generi del dramma sacro (attardate sacre rappresentazioni cinque-seicentesche, tragedie gesuitiche, tragicommedie spirituali) le ragioni dell'incidenza e di maggior ricorrenza di vicende e figure del Vecchio Testamento: la storia di Giuseppe, il sacrificio di Isacco, la vicenda della figlia di Jefte, la celebrazione dell'epopea delle eroine salvatrici, Ester, Giuditta, o della 'moralità' del controverso (anche rispetto all'esegesi cattolica) racconto di

Susanna. In questa parte il saggio passa in rassegna alcuni modelli di cristianizzazione delle vicende bibliche costruiti sugli archetipi del teatro classico.

Dagli atti risulta dunque un quadro ricco e variegato dell'interesse biblico degli Italiani nella prima età moderna, un universo che può offrire importanti novità in ambito storico e letterario, se adeguatamente studiato. Le prospettive di ricerca per il futuro sono davvero molte e molto promettenti, persino utili. Nell'attuale epoca, che dal processo di desacralizzazione otto-novecentesco è passata rapidamente alla minaccia di nuove forme di teocrazia, è importante conoscere gli atteggiamenti che determinarono l'uso di un testo di riferimento importante come la Bibbia per un popolo – per riprendere le parole di Benedetto Croce – che «non può non dirsi cristiano» in molte sue manifestazioni.

I

LA BIBBIA
TRA PRODUZIONE EDITORIALE
E CENSURA

ILLUSTRARE L'*APOCALISSE* nell'Europa del Cinquecento (1498-1547)

Ugo Rozzo
(Istituto storico del Libro Antico ISLA, Udine)

In memoria di
Monsignor Rinaldo Fabris
biblista

Nell'ormai lontano 1993, in un volume intitolato *Linee per una storia dell'editoria religiosa in Italia (1465-1600)*[1], ho inserito una pagina che metteva a confronto due silografie apocalittiche di identico soggetto: *Giovanni misura il tempio del Signore*; la prima era tratta dal Nuovo Testamento di Lutero, pubblicato a Wittenberg nel settembre 1522, l'altra dalla Bibbia di Brucioli, uscita a Venezia nel 1532. Il dato significativo era che entrambe presentavano la tiara papale posta in testa alla 'bestia dell'Apocalisse'. Dunque in Italia nel 1532 erano arrivate le immagini antipapali incise da Luca Cranach il Vecchio dieci anni prima; da quel confronto ho sempre pensato che sarebbe stato interessante ricostruire le 'ricadute italiane' della straordinaria serie di illustrazioni dell'Apocalisse nel *Das Newe Testament Deutzsch* di Lutero (figg. 1 e 2).

Nel 1999 mi è poi capitato di scoprire (per quanto mi riguarda) il 'Castello dell'Apocalisse', cioè il Musée des Tapisseries nel castello di Angers, nella regione della Loira: sono 71 arazzi, dei 90 originali, realizzati negli anni 1376-1382, di 150 × 250 cm, disposti in doppio ordine per un centinaio di metri lungo le pareti dell'antico edificio. Considerate la perfezione artistica e le straordinarie invenzioni di quelle scene, ad esempio ne *La distruzione di Babilonia*, o *La prostituta in groppa al drago dalle sette teste*, verrebbe fatto di dire, se non fosse una battuta troppo facile, che l'*Apocalisse* di Angers è veramente 'la fine del mondo'.

Poi, nel 2007 ho visto a Illegio, piccolo paese in provincia di Udine, la bella mostra intitolata *Apocalisse. L'ultima rivelazione*, alla quale è legato un ricco catalogo, edito da Skira, che comprende, oltre alla riproduzione delle famose silografie di Dürer, nell'edizione del 1511, delle quali parleremo più avanti, anche alcuni saggi,

1 Udine, Arti Grafiche Friulane, 1993, p. 52.

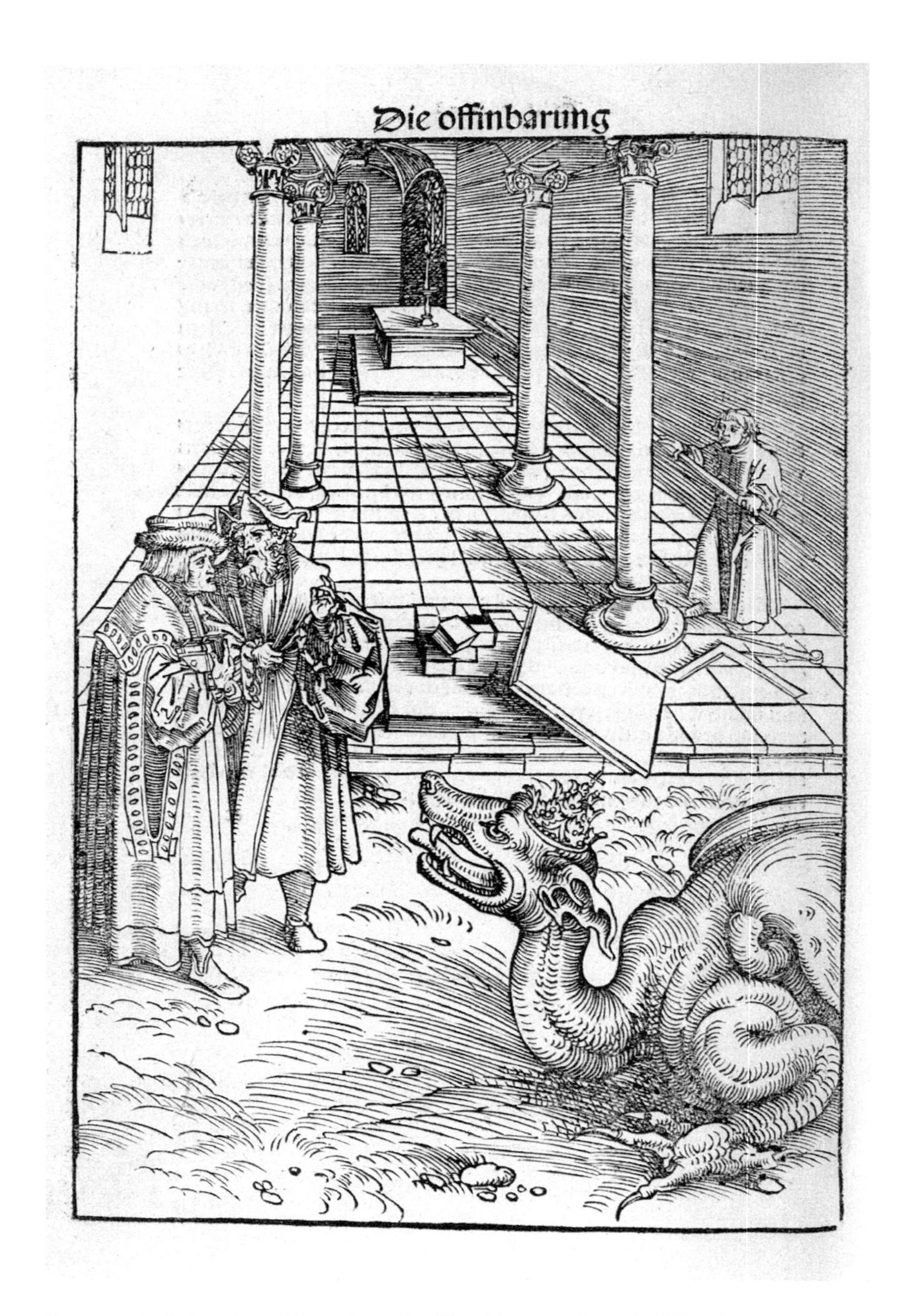

Fig. 1 La "misurazione del tempio" in *Das Newe Testament Deutzsch*, Wittenberg, 1522. Con l'autorizzazione della Bayerische Staatbibliothek, München, Res/2 B.g.luth. 8, c. ccv.

DI.S.GIOVANNI. 84

uendo capi,& per queſto nuocono.Et gli altri huomini che non ſono vcciſi da queſte piaghe,ne ſi rau
uiddono da le opere de le loro mani,accio che non adoraſſino i demoni,& i ſimulacri d'oro,& d'argen
to,& di rame,& di pietra,& di legno,iquali non poſſono
vedere ne vdire,ne andare, & non hebbono pentimento
de loro homicidi,ne de ſuoi veneficii,ne de la fornicatio-
ne ſua,ne de furti ſuoi.

CAP. X.

ET viddi vno altro angelo forte che diſcendeua di
cielo,veſtito di nube,& l'arco celeſte nel capo ſuo,
& la faccia ſua era come ſole, & i piedi ſuoi come
colonne di fuoco.Et haueua ne la ſua mano vn libro aper
to,& poſe il piede ſuo deſtro ſopra il mare,& il ſiniſtro ſo
pra la terra,& gridò con gran voce,come quando il Leo
ne muglia, & hauendo gridato parlorno i ſette tuoni le
voci ſue,& hauendo parlato i ſette tuoni le voci ſue,& io
haueuo à ſcriuere. Et vdi vna voce da cielo che mi diceua. Segna quelle coſe che hanno parlato i ſette tuoni, & *Deu. 12.c*
non le ſcriuere.Et l'angelo che io viddi che ſtaua ſopra il
mare,& ſopra la terra,leuò la ſua mano al cielo, & giurò
per il viuente ne ſecoli de ſecoli,che creò il cielo,& le coſe
che ſono in quello, & la terra, & le coſe che ſono in quella,& il mare,& le coſe che ſono in quello,che non ſara piu
tempo,ma nel di de la voce del ſettimo angelo quãdo co
minciera à ſonare con la tromba ſi cõſumera il miſterio
di Dio,come euangelizò à ſuoi ſerui propheti,& vdi vna
voce di cielo che di nuouo parlaua meco, & diceua,va &
piglia il libro aperto ne la mano de l'angelo che ſta ſopra il mare,& ſopra la terra,& andai à l'angelo dicẽdogli
che mi deſſe il libro.Et diſſemi piglia il libro,& diuoralo, *Eze. 3.a.*
& fara venire il ventre tuo amaro,ma ne la bocca tua ſa-

ra dolce come mele.Et preſi il libro da la mano de l'angelo,& diuoralo, & era ne la bocca mia come mele dolce,&
hauendolo diuorato,il ventre mio diuenne amaro.Et di
ſſemi di nuouo ti biſogna prophetare ne le genti, & lingue,& popoli,& molti Re.

CAP. XI.

ET fummi dato vno calamo ſimile à vna verga, &
fummi detto rizati, & miſura il tempio di Dio, &
l'altare,& quegli che adorano in quello, & l'andi-
to che è fuori del tempio,gittalo fuora, & non miſurare
quello perche è conceduto à le genti,& calcherãno la citta ſanta quaranta dua meſi, & darò à duoi miei teſtimo-
nii,& propheteranno mille dugento ſeſſanta duoi di,ve-
ſtiti di ſacchi.Queſti ſono duoi oliui,& duoi candellieri
lucenti,ſtanti nel coſpetto di Dio de la terra,& ſe alcuno
vorra nuocere loro,vſcira fuoco de la bocca loro & diuo
rera inimici loro.Et ſe alcun gli vorra nuocere,coſi biſogna che ſia vcciſo.Queſti hãno poteſta di chiudere il cielo che non pioua ne giorni de la prophetia di eſſi, & han
no poteſta ſopra l'acque di cõuertirle in ſangue,& di per
cuotere la terra d'ogni piaga quante volte vorranno.Et
quando haranno finito il loro teſtimonio, la beſtia che
aſceſe de l'abyſſo fara guerra cõtro à quegli,& vinceragli
et vcciderагli. Et i corpi loro giacerãno ne le piazze de la
citta grande, che ſpiritualmente ſi chiama Sodoma, et
Egytto,doue et il Signore noſtro è crocifiſſo.Et vedrãno
de le tribu, et popoli, et lingue,et genti i corpi di quegli
per tre giorni et mezo,et non laſcieranno porre i corpi lo

Bibl. Ll iiii

FIG. 2 La "misurazione del tempio" in *La Biblia*, Venezia, 1532. Con l'autorizzazione della Biblioteca Casanatense, Roma.

tra i quali quello di mons. Rinaldo Fabris intitolato: «L'*Apocalisse* di Giovanni tra esegesi e spiritualità»[2]. Con tali premesse il tema di questo convegno torinese è risultato quello giusto per riprendere e cercare di approfondire l'accenno del 1993.

In una storia dell'illustrazione dell'*Apocalisse* a stampa *in principio* c'è Dürer e la sua *Apocalipsis cum figuris*, pubblicata nel 1498 a Norimberga da Anton Koberger (che poi era il suo patrigno)[3]; ci furono un'edizione con testo in latino e una in tedesco, con una perfetta integrazione di parole e immagini. Nell'in-folio il testo è stampato sul verso delle quindici mirabili silografie (39,5 × 28,4 cm)[4], le quali dunque 'cancellano' le piccole e spesso confuse vignette che in precedenza avevano talvolta accompagnato l'opera, come succederà anche più avanti. Ma quelle di Dürer sono pur sempre quindici immagini contro le novanta di Angers.

L'*Apocalipsis cum figuris* di Dürer sarà ristampata a Norimberga nel 1511, ma avrà anche un'interessante imitazione veneziana nel 1516; prima però di fare il confronto fra le due Apocalissi figurate, dobbiamo ancora accennare a due edizioni illustrate dell'Apocalisse, che escono a Venezia nel 1506 e 1507, proprio per documentare la realtà delle tradizionali 'vignette' apocalittiche. Il 5 dicembre 1506, si pubblica la *Biblia Bohema*[5], che presenta sul frontespizio, stampato in rosso e giallo, un grande stemma della città di Praga[6], mentre l'*Apocalisse* è corredata da alcune vignette di 6/7 × 10/11 cm; le dimensioni dunque sono tali che ad esempio nella famosa scena dei *Quattro cavalieri dell'Apocalisse* sembra proprio che ce ne siano solo tre[7].

Più interessante è il caso della *Biblia vulgare historiata*, stampata nel 1507 da Lucantonio Giunta, dove come testo ritroviamo la versione del camaldolese Nicolò Malerbi[8], pubblicata per la prima volta a Venezia nel 1471[9] (e altre nove volte nel '400), che verrà illustrata per la prima volta nell'edizione dello stesso Giunta del 1490, dove ci sono 360 silografie [10].

2 *Apocalisse. L'ultima rivelazione*, a cura di A. Geretti, Milano, Skira, 2007, p. 13-23.

3 Nella scheda di ISTC (ij00022600), a parte l'intestazione: Johannes Evangelista, che quasi tutti i biblisti ritengono erronea, si segnala che in Italia l'edizione latina è posseduta solo dalla Biblioteca Correr e dalla Vaticana.

4 Vedi Giovanni Maria Fara, *Albrecht Dürer: originali, copie, derivazioni*, Firenze, Olschki, 2007, p. 252-254.

5 Victor Massena prince d'Essling, *Les livres à figures vénitiens de la fin du XVe siècle et du commencement du XVIe*, I, Firenze, Olschki-Paris, Le Clerc, 1907, n. 140, p. 140-143; *La vita nei libri. Edizioni illustrate a stampa del Quattro e Cinquecento dalla Fondazione Giorgio Cini*. Catalogo a cura di M. Zorzi, Venezia, Biblioteca Nazionale Marciana-Edizioni della Laguna, 2003, p. 209 II/3.

6 V. Essling, *Les livres à figures vénitiens*, *op. cit.*, I, p. 139.

7 *Ibid.*, I, p. 145.

8 Vedi la voce di Edoardo Barbieri in *Dizionario biografico degli Italiani*, Roma, Istituto Italiano per l'Enciclopedia, LXVIII, 2007, p. 149-151. Di seguito il *Dizionario* sarà indicato con la sigla *DBI*.

9 *La vita nei libri. Edizioni illustrate a stampa del Quattro e Cinquecento dalla Fondazione Giorgio Cini*, *op. cit.*, p. 209 II/1.

10 L'*Apocalisse* è alle cc. CXCVr-CCr. Ne *Il Fondo Guicciardini della Biblioteca Nazionale Centrale di Firenze. 2: Bibbie*, Catalogo a cura di A. Landi, Firenze - Milano, Giunta Regionale Toscana-

Nella stampa del 1507 ci sono otto silografie, sostanzialmente identiche alle otto dell' edizione del 1490 e con le stesse dimensioni[11]: *I quattro cavalieri*, tutti ben visibili, sono alla c. CXCVIv, mentre *Il drago a sette teste* è alla c. CXCVIIIr[12]. Anche qui, come in Dürer, talvolta nella stessa scena si rappresentano insieme due episodi.

La seconda edizione dell'*Apocalisse* di Dürer esce ancora a Norimberga presso Koberger nel 1511[13], ma questa volta ha un bel frontespizio figurato: sono [16] c., cioè la *Madonna col Bambino e S. Giovanni* del frontespizio, più le quindici silografie precedenti[14]. Sarà questa l'edizione imitata a Venezia nel 1516, in un in-folio che però ha illustrazioni rifatte e con dimensioni minori: dai 39.5 × 28,4 di Norimberga si scende ai 27 × 18 cm.

Il 7 aprile 1515 Alessandro Paganino pubblica a Venezia l'*Apocalipsis iesu christi* con traduzione ed esposizione del testo biblico del domenicano Federico Veneto (del XIV secolo)[15]; poi l'anno dopo il Paganino fa uscire il fascicolo con l'*Apochalypsis Ihesv Christi* di [16] c., con quindici tavole che rifanno Dürer; in più c'è un frontespizio illustrato originale con una barca tra i flutti, al di sotto della quale si legge: «Fluctuabit navicula: et non demergetur»[16]. Si è notata la qualità abbastanza modesta della silografia del frontespizio, ma sono anche evidenti le differenze tra i due artisti che imitano, più o meno liberamente, le silografie düreriane: quelle siglata Zoan Andrea[17] sono decisamente inferiori alle altre anonime, pare del più bravo Domenico Campagnola[18].

Nel confronto tra le prime due silografie di Dürer e quelle analoghe del 1516, si evidenziamo le varianti e i diversi incisori: nella prima, l'animato e affollato

Editrice Bibliografica, 1991, sch. 9, p. 16; *I Vangeli dei Popoli*, a cura di F. D'Aiuto, G. Morello e A. M. Piazzoni, Città del Vaticano, Biblioteca Apostolica Vaticana, 2000, p. 398, n. 109. Vedi poi Edoardo Barbieri, «La fortuna della *Bibblia vulgarizata* di Nicolò Malerbi», *Aevum. Rassegna di Scienze storiche, linguistiche e filologiche*, LXIII, 1989, p. 419-500.

11 EDIT 16, CNCE 5754.

12 Per un confronto con la prima ed. illustrata vedi la c. L 4r e poi la c. [L 6r].

13 VD 16, B 5248. Vedi anche la scheda n. 141 in Biblia - Biblioteca Medicea Laurenziana, *La Bibbia a stampa da Gutenberg a Bodoni*, a cura di I. Zatelli, Firenze, Centro D, 1991, p. 113-117.

14 Vedi *Bibbie a Bergamo. Edizioni dal XV al XVII secolo*, introduzione e catalogo a cura di G. O. Bravi, Bergamo, Comune di Bergamo, 1983, p. 48. In Italia è anche presente agli Uffizi, alla Bertarelli di Milano e al Museo Civico di Bassano.

15 V. Essling, *Les livres à figures vénitiens*, *op. cit.*, I, n. 205, p. 189-201.

16 La si veda riprodotta in *ibid.*, I, p. 191.

17 Zoan Andrea ha firmato le sue con vari monogrammi. Vedi *Tiziano e la silografia veneziana del Cinquecento*, a cura di M. Muraro e D. Rosand, Vicenza, Neri Pozza, 1976: schede n. 14, 14A e 14B p. 86-87; Matteo Giro, «Le illustrazioni xilografiche per l'*Apocalisse* del Brucioli», in *Visibile teologia. Il libro sacro figurato in Italia tra Cinquecento e Seicento*, a cura di E. Ardissino e E. Selmi, Roma, Edizioni di storia e letteratura, 2012, p. 44-49 e n. 43, che distingue tra gli omonimi.

18 Si veda la voce di L. Puppi in *Dizionario biografico degli Italiani*, *op. cit.*, XVII, 1974, p. 312-317. Per i rapporti tra Domenico da Campagnola e Dürer vedi la n. 48 p. 47 in M. Giro, «Le illustrazioni xilografiche», art. cit.

Martirio di S. Giovanni, Zoan Andrea (che la sigla) ha copiato (e semplificato) il modello per cui la sua immagine è rovesciata: S. Giovanni non è più a destra, ma finisce a sinistra. Nel rifacimento della seconda, *I sette candelabri d'oro* (non siglata) sono stati introdotti alcuni interessanti e importanti cambiamenti: il Signore non è più assiso in trono, ma è in piedi e i candelabri sono posti quasi su una linea e non in cerchio, mentre il veggente non è inginocchiato, ma disteso a terra. Questa bellissima silografia è stata attribuita a Domenico da Campagnola o, anche, a Ugo da Carpi[19] (fig. 3).

La quarta silografia di Dürer è una delle più famose e i *Quattro cavalieri* sono stati messi sulla copertina della ristampa della sua *Apocalisse* uscita a Milano, nei "Grandi libri illustrati" della BUR nel 1974. Questa illustrazione avrà tutta una serie di riprese ed imitazioni: intanto Zoan Andrea la capovolge; poi la vediamo imitata nel Nuovo Testamento di Erasmo, che esce a Basilea presso Bebel, nel 1526, sulla base di un disegno da Hans Holbein il Giovane[20], mentre nella Bibbia di Zurigo del 1536, edita da Froschauer, lo stesso Holbein torna a capovolgere i cavalieri[21].

Per completezza segnaliamo che il 15 aprile 1520 Giovann'Angelo Scinzenzeler stampa a Milano le *Prophetie seu Apocalipsis*, un in-folio che però presenta solo sul frontespizio un modesto 'San Giovanni sull'isola di Patmos'[22].

La storia dell'illustrazione dell'*Apocalisse* cambia completamente nel 1522 con l'apparizione della versione tedesca del Nuovo Testamento fatta da Lutero. Leone X il 15 giugno 1520 aveva condannato al rogo tutti i suoi libri passati e futuri e il 3 gennaio 1521 lo aveva scomunicato con la bolla *Decet Romanum Pontificem*, nel 1522, in tre mesi, nascosto nella Wartburg per sfuggire al 'terribile' editto di Worms di Carlo V, che autorizzava chiunque ad ucciderlo senza nessuna conseguenza, il monaco agostiniano traduce i *Vangeli*, le *Epistole* e l'*Apocalisse*; e così nel settembre di quell'anno esce *Das Newe Testament Deutzsch*[23]. L'edizione è senza note tipografiche e non ci sono riferimenti al traduttore: a parte il titolo, sul frontespizio compare solo il luogo di stampa: «Wittemberg» (!).

Le traduzioni della Sacra Scrittura in tedesco non erano una novità: prima di Lutero, tra il 1466 (Strasburgo) e il 1522 si datano diciotto Bibbie nelle diverse va-

19 V. Essling, *Les livres à figures vénitiens*, *op. cit.*, I, p. 195.

20 È un'edizione in 8° con silografie a piena pagina: vedi *La Bibbia. Edizioni del XVI secolo*, a cura di A Lumini, Firenze, Olschki, 2000, n. 246 a p. 219 e la ill. 22.

21 *Die Bibelfammtung im broßmünfter zu Zürich*, Zürich, Zwigli-Verlag, 1945, p. 26 e ill. 17.

22 Max Sander, *Le livre à figures italien depuis 1467 jusqu'en 1530: essai de sa bibliographie et de son histoire*, Milano, Hoepli, 1942, n. 3652; Luigi Balsamo, *Giovann'Angelo Scinzenzeler tipografo in Milano (1500-1526)*, Firenze, Sansoni Antiquariato, 1959, sch. 162, p. 180.

23 VD 16, B 4318. Si veda in Stefan Füssel, *Gutenberg und seine Wirkung*, Frankfurt am Main-Leipzig, Insel Verlag, 1999: scheda n. 63 p. 256; vedi anche *La Bibbia a stampa*, *op. cit.*, sch. 48, p. 122; M. Giro, «Le illustrazioni xilografiche», art. cit., p. 49-51.

Fig. 3 I "sette candelabri" in *Apochalypsis Ihesv Christi*, Venezia, 1516. Con l'autorizzazione della Biblioteca del Centro Giorgio Cini, Venezia.

rianti del tedesco di allora[24], ma con Lutero cambia tutto, da una nuova lingua ad una rinnovata teologia. Intanto ci fu una tiratura di 3.000 copie, subito esaurita[25] e Cranach il Vecchio, di cui ora diremo, fu anche uno dei due editori. Il volume in 4° conta CVII c., alle quali seguono gli ultimi quattro testi, che hanno solo le segnature, perché il traduttore riteneva dubbie l'*Epistola agli Ebrei*, quelle di *Giacomo* e di *Giuda* e appunto l'*Apocalisse*. In particolare, *Die Offinbarung* (!) *Samcti Johannis des theologen*, «La rivelazione di S. Giovanni il teologo» non è opera dell'Evangelista ed occupa le cc. aa r-[ee VIr]; contiene ventun silografie a piena pagina, incise da Cranach il Vecchio, fervente seguace di Lutero.

Dunque le illustrazioni sono passate dalle quindici di Dürer a ventuno, anche tralasciando famose scene precedenti, come *Il martirio di S. Giovanni* e *L'Arcangelo Michele fa precipitare il drago*; soprattutto l'opera di Cranach non è una nuova illustrazione dell'*Apocalisse*, ne è anche una interpretazione alla luce della teologia luterana. E le 'invenzioni' di Cranach sono all'origine di una breve filiera che arriva a Basilea nel 1523 e poi a Venezia nel 1532. Ma prima dobbiamo ricordare il Nuovo Testamento luterano del dicembre 1522,

Ora, le belle silografie di Cranach nel Nuovo Testamento di settembre si segnalavano anche per il chiaro contenuto antipapale: come indicava ad esempio il triregno messo in capo alla 'bestia dell'Apocalisse'; per questa e altre illustrazioni il duca Giorgio di Sassonia protestò vivacemente e Federico di Svevia, Elettore di Sassonia ordinò a Lutero di fare le necessarie modifiche[26]. Così nel Nuovo Testamento che esce a Wittenberg nel dicembre 1522[27] il triregno si riduce ad una semplice corona[28] e quella tiara sparisce anche nelle altre immagini incriminate. Naturalmente Holbein nel 1523 e poi l'incisore di Brucioli nel 1532 si sono rifatti al Testamento di settembre, ignorando del tutto le modifiche introdotte in seguito.

A Basilea nel 1523 Thomas Wolff pubblica *Das Neve Testament* nella traduzione di Lutero[29], con ventun silografie tratte da disegni di Hans Holbein il Giovane[30], che ha rifatto le silografie di Cranach. In questo caso il frontespizio è ricco di testo[31],

24 Danilo Curti-Arnaldo Loner, «La Koberger-Bibel: la nona Bibbia tedesca», in *La Cronaca del Mondo*, a cura di A. Loner e D. Curti, Bolzano, 1998, p. 66-68.

25 Secondo SBN nessuna copia è presente in Italia. Entro il 1524 a Wittenberg ci furono 14 edizioni della traduzione di Lutero, che avrà 66 edizioni in altre città della Germania (A. Lumini, *La Bibbia*, *op. cit.*, p. 125).

26 James Atkinson, *Lutero: la parola scatenata*, Torino, Claudiana, 1983, p. 263.

27 L'*Apocalisse* è alle cc. LXXIIr-XCIIIIv; VD 16, B 4319.

28 È alla c. LXXXIIv.

29 VD 16, B 4330 in 4°.

30 Silvia Urbini, «Arte italiana e arte tedesca fra le pagine dei libri», *I Quaderni della Fondazione Ugo da Como*, III, n. 4/5, 2001, p. 60-66.

31 È in rete l'esemplare colorato posseduto dalla Biblioteca Nazionale di Monaco di Baviera.

anche se manca ancora il nome del traduttore, ma vi si segnala che l'opera contiene anche *die Offenbarung Johannis*, che poi, al suo luogo, verrà specificata come: «sancti Jo. des Theologen»[32].

Nel maggio 1532 Lucantonio Giunta pubblica a Venezia *La Biblia* tradotta da Antonio Brucioli[33]: l'umanista fiorentino è il primo laico a tradurre la Sacra Scrittura ed è anche il primo a distaccarsi decisamente dalla *Vulgata*. Oltre al *Novum Testamentum* greco-latino di Erasmo, uscito a Basilea presso Froben nel 1519 e alla *Biblia*, tradotta dai testi originali dal domenicano Sante Pagnini, pubblicata a Lione da Jacopo Giunta nel 1528, Brucioli utilizza anche le versioni e i commentari biblici di teologi protestanti, in particolare di Martin Butzer. Tra l'altro, come è stato notato e come risulta eloquente, la sequenza dei libri biblici segue il 'canone' protestante.

Bisogna però sottolineare i diversi formati delle tre edizioni bibliche e soprattutto la varia dimensione delle immagini: nel 1522 in un volume in 4° le silografie a tutta pagina risultano di 23 × 16 cm; a Basilea nel 1523, in un'edizione sempre in 4°, le immagini sono inserite nella pagina e dunque scendono a 12,4 × 7,5 cm; infine *La Biblia* di Brucioli è un in-folio, ma qui ricompaiono le vignette (verticali) che misurano solo 11 × 6,3 cm e talvolta ne troviamo due nella stessa pagina. In generale nei suoi disegni Holbein riprende Cranach, con alcune saltuarie modifiche, mentre le illustrazioni de *La Biblia* di Brucioli si rifanno direttamente ad Holbein. La scelta di Brucioli di tornare alle vignette si spiega forse con la necessità di non attirare troppo l'attenzione su certi contenuti antiromani.

Delle ventun silografie della *Revelatione di San Giovanni*, che si trova alla fine del II volume de *La Biblia* di Brucoli[34], Matteo da Treviso ne fece sedici, riprendendo pari pari quelle dell'edizione di Basilea[35]. Più avanti parleremo anche dell'importante e famoso frontespizio figurato di questa edizione veneziana.

Per un confronto tra le tre serie silografiche citate possiamo partire proprio da quella descritta all'inizio, la decima di Cranach, con «la misurazione del tempio»[36], una scena nuova non presente in Dürer. L'immagine è sostanzialmen-

32 È alle cc. CCXXIIr-CCXLv.

33 EDIT 16, CNCE 3759. Vedi poi V. Essling, *Les livres à figures vénitiens*, I, n. 147, p. 150-151 con riproduzioni alle p. 152-54; Giorgio Spini, «Bibliografia delle opere di Antonio Brucioli», *La Bibliofilìa*, XLII, 1940, p. 129-180, in part. il n. 8, p. 138-141; Paolo Camerini, *Annali dei Giunta, I, Venezia*, I, Firenze, Sansoni Antiquariato, 1962, sch. 353, p. 249-250; *Bibbie a Bergamo*, *op. cit.*, p. 111-112; Edoardo Barbieri, *Le Bibbie italiane del Quattrocento e del Cinquecento. Storia e bibliografia ragionata delle edizioni in italiano dal 1471 al 1600*, Milano, Editrice Bibliografica, 1992, I, sch. 23 B, p. 246; A. Lumini, *La Bibbia*, *op. cit.*, sch. 70, p. 79.

34 Si trova alle cc. 81r-88r.

35 M. Giro, «Le illustrazioni xilografiche», art. cit., p. 55.

36 Nuovo Testamento settembre 1522, c. cc v.

te identica nelle tre versioni, però la cappella di Cranach diventa una chiesa in Holbein e Matteo da Treviso (e sarà una cattedrale nella Bibbia di Lutero del 1534, che ricorderemo più avanti), ma soprattutto il misuratore viene spostato dal lato destro della scena e posto davanti all'altare[37]; la ripresa di questa e altre varianti ne *La Biblia* di Brucioli/Matteo da Treviso[38] ci assicura che il modello è stato appunto Holbein e non Cranach.

Inoltre, al centro della scena del tempio, in Cranach a terra ci sono alcuni libri, tra i quali un grande in-folio (forse per significare un testo di diritto canonico) e una squadra; in Holbein vediamo invece dei libri e un foglio di pergamena[39]; in Brucioli (non è Matteo da Treviso) spariscono i libri, sostituiti da un oggetto indefinito: forse l'incisore non aveva ben capito la natura degli oggetti rappresentati a terra.

Una delle silografie più importanti nella serie di Cranach è la tredicesima: *La distruzione di Babilonia*, dove in basso a destra vediamo il crollo di Castel Sant'Angelo e in alto a sinistra quello di S. Pietro (la basilica costantiniana), con il porticato che lo caratterizzavano prima dei grandi lavori cinquecenteschi[40]. Dürer non aveva una tavola specifica per questa distruzione, che si vede solo in uno sfondo della silografia con la «prostituta di Babilonia».

Per questa rappresentazione di Babilonia/Roma abbiamo anche un celebre e bellissimo archetipo: nel grande volume di Hartmann Schedel, *Liber chronicarum*, pubblicato a Norimberga nel 1493[41], alle cc. LVIIv-LVIIIr troviamo una rappresentazione di Roma, lunga 41 e alta 17 cm: la parte centrale è stata il modello di Cranach. Sempre tenendo conto che il monumento simbolo della Roma papale non era il San Pietro medievale, ma Castel Sant'Angelo, dove, del resto, Clemente VII si rifugia durante il Sacco del 1527.

E tantissime immagini documentano la centralità simbolica del Castello: segnaliamo solo, per la sua singolarità polemica, la silografia del cosiddetto «Papa asino», che compare sul frontespizio di un opuscolo popolare tedesco del 1545, intitolato: *Monstrvm Romae inventvm mortvvm in Tiberi. Anno 1496*, dove si vede la figura mostruosa in piedi davanti alla fortezza di Castel Sant'Angelo sul quale sventola la bandiera con le chiavi papali[42].

37 Holbein c. CCXXXv.
38 *La Biblia* c. 84r. Vedi E. Barbieri, *Le Bibbie italiane*, *op. cit.*, II, tav. E 11.
39 c. CCXXXv.
40 c. dd r. Vedi l'illustrazione n. 105 in J. Atkinson, *Lutero: la parola scatenata*, *op.cit.*, p. 362, con la relativa didascalia.
41 Nel 2001 ne è uscita una ristampa anastatica a colori presso Taschen a Colonia (ma è l'edizione tedesca di dicembre, non quella latina di luglio).
42 Vedi la riproduzione n. 53 in Martin Lutero, *I concili e la chiesa (1539)*, a cura di G. Ferrari, Torino, Claudiana, 2002, p. 343.

Holbein nella distruzione di Babilonia riprende l'immagine di Cranach, ma sposta verso il centro Castel Sant'Angelo, che sembra quasi intatto, mentre S. Pietro sta crollando[43]; Matteo da Treviso poi inserisce alcune varianti di rilievo: in basso a destra c'è una grande chiesa che crolla, Castel Sant'Angelo è sempre al centro e sembra intatto, mentre S. Pietro è stato schematizzato in modo quasi irriconoscibile[44] (fig. 4). Naturalmente quest'ultima lettura non è facile, date le dimensioni della silografie, ma sicuramente Castel Sant'Angelo e S. Pietro erano i riferimenti ideali per identificare Babilonia con Roma.

Altrettanto significativa per la polemica antiromana di Lutero/Cranach è l'immagine della «prostituta di Babilonia in groppa al drago a sette teste», che ha in capo la tiara papale. Una straordinaria incisione di Dürer (la n. XIV) aveva titolo: *La prostituta di Babilonia offre il calice dell'infamia ai potenti della terra*, Cranach riprende quella organizzazione della scena, ma aggiungendovi un evidentissimo triregno[45], che, come detto, sparirà nel Nuovo Testamento luterano di dicembre, sostituito da una corona[46]. Il triregno sarà invece ben presente nei rifacimenti di Holbein[47] e di Matteo da Treviso, che imita Holbein[48] (figg. 5 e 6).

Naturalmente il triregno era il simbolo primario del papa e infinite sono le immagini che lo confermano: ne ricordo solo alcune, a partire dal bellissimo ritratto di Alessandro VI, a mezzo busto di profilo, con in testa una grande tiara blu con le tre corone d'oro, del Museo di Belle Arti di Digione. Ed è sempre Alessandro VI il papa rappresentato, in una terribile caricatura, come l'Anticristo con il triregno in testa e le grandi mani unghiute, conservata alla Staatsbibliothek di Monaco di Baviera[49]. Del resto il triregno sovrasta lo stemma di papa Leone X sul frontespizio della *Bulla contra errore Martini Lutheri et sequacium*, cioè la *Exsurge Dominem* stampata a Roma da Giacomo Mazzocchi nel 1520.

A proposito di triregno e delle polemiche antipapali, nel 1546 l'editore zurighese Christoph Froschauer dà alle stampe *Der Endtchrist* di Rudolf Walther (Gwalther)[50], che diventa, nella versione italiana uscita a Basilea presso Isengrin verso il 1551: *L'Antichristo di M. Ridolfo Gualtero, ministro della Chiesa Tigurina, cioè,*

43 C. CCXXXVv; vedi André Chastel, *Il Sacco di Roma-1527*, Torino, Einaudi, 1983, ill. 42.
44 C. 85r; V. Essling, *Les livres à figures vénitiens, op. cit.*, I, n. 147, p. 150-151.
45 È la n. 16 di Cranach, c. [ee 4r]. Vedi la riproduzione n. 67 in J. Atkinson, *Lutero la parola scatenata, op. cit.*, p. 263.
46 La silografia è alla c. LXXXIIv; è riprodotta in *Gutenberg und seine Wirkung, op. cit*, p. 257. Per un confronto vedi Robert W. Scribner, *Per il popolo dei semplici. Propaganda popolare nella Riforma tedesca*, Milano, Unicopli, 2008, ill. 140 e 142.
47 È alla c. CCXXXVv.
48 *La Biblia, op. cit.*, c. 86r.
49 R. Scribner, *Per il popolo dei semplici, op. cit.*, ill. n. 102-103.
50 VD 16, W 1058; questo repertorio indica il nostro autore come: «Walther Rudolf d. Ä.». L'opera uscì anche in latino, sempre presso Froschauer nel 1575: VD 16, W 1066.

DI SAN GIOVANNI 85

pardo,et i piedi ſuoi come pie d'orſo,et la bocca ſua come bocca di Leone. Et dettegli il drago la ſua virtu, & la
ſiede ſua,& poteſta grãde. Et viddi vno dẽ capi ſuoi quaſi vcciſo ne la morte, & la piaga de la ſua morte fu curata. Et fu marauigliata tutta la terra dietro à la beſtia. Et
adororno il dragone che dette la poteſta à la beſtia, &
adororno la beſtia, dicendo. Chi è ſimile à la beſtia? &
chi potra combattere con quella? & fugli dato la bocca
che parlaua gran coſe, & beſtemie, & fugli data poteſta
di fare quaranta duoi meſi. Et apri la bocca ſua in beſtemie à Dio, col beſtemiare il nome ſuo, & il tabernacolo
ſuo,& quegli che habitano ĩ cielo,& fugli dato fare guerra co ſanti,& vincergli. Et fugli data poteſta in ogni tribu,& popolo,& lingua,& gente,& adorauano quella tut
ti quegli che habitano la terra, i nomi dequali non ſono ſcritti nel libro de la vita de lo agnello, che è ſtato vcciſo dala origine del mondo. Se alcuno ha orecchio oda.
Quello che cõduce in cattiuita, va ne la cattiuita. Quel- *Gen. 9. a*
lo che amazzera col coltello, biſogna che ſia morto col *Mat. 26. c*
coltello, queſta è la patiẽtia & fede de ſanti. Et viddi vn'al
tra beſtia che ſaliua da la terra che haueua due corna ſi-
mili à lo agnello,& parlaua come il drago. Et fa ogni po
teſta de la prima beſtia ne la ſua preſentia,& fa che la terra, & quegli che habitano in eſſa adorino la beſtia prima, de la quale fu curata la piaga de la morte. Et fe gran
ſegni, in modo che anchora faceſſe diſcendere fuoco di
cielo in terra nel coſpetto de gli huomini, & ſeduce gli
habitãti ne la terra per i ſegni che gli ſono dati à fare nel
coſpetto de la beſtia, dicendo à quegli che habitano ſopra la terra che faccino la imagine de la beſtia
che ha la piaga del coltello, & viſſe. Et fugli conceduto che deſſe lo ſpirito à la imagine de la beſtia, &
che la imagine de la beſtia parli, & faccia che qualunche
non adoreranno l'imagine de la beſtia, ſiano vcciſi. Et fa
che tutti i piccoli & grandi, & ricchi, & poueri,& liberi,
& ſerui, piglino il charattere ne la ſua mano deſtra, ò ne le
fronti ſue. Et che neſſuno poſſa comperare, ò vendere, ſe
non quello che ha il charattere, ò il nome de la beſtia, ò il
numero del nome ſuo. Qui è la ſapientia. Quello che ha
intelletto computi il numero de la beſtia. Perche è numero d'huomo,& il numero di quello ſecento ſeſſanta ſei.

CAP. XIIII.

ET viddi & ecco vno agnello che ſtaua ſopra il mõ
te *Syon*,& con quello cento quaranta quattro mi
gliaia che haueuano il nome ſuo,& il nome del pa
dre ſuo ſcritto ne le fronti ſuoe. Et vdi vna voce di cielo co
me voce di molte acque,& come voce d'uno gran tuono.
Et vdi voce di citariſti che citarizauano con le citare ſue.
Et cantauano quaſi vn cantico nuouo auanti à la ſiede,
& auanti à quattro animali, & i vecchi, & neſſuno pote
ua imparare il cantico ſe non que cento quaranta quattro mila che ſono comperati di terra. Queſti ſono quegli
che non ſi ſono imbrattati con le donne, perche ſono ver
gini. Queſti ſeguitano l'agnello in qualũque luogo egli
andra, perche queſti de gli huomini ſono comperati pri-
mitie à Dio,& à lo agnello, & ne la bocca di quegli non ſi
è trouato inganno, perche ſono ſenza macula auanti al
throno di Dio. Et viddi vn'altro angelo che volaua pel

FIG. 4 La "distruzione di Babilonia" in *La Biblia*, Venezia, 1532. Con l'autorizzazione della Biblioteca Casanatense, Roma.

FIG. 5 La "prostituta di Babilonia" in *Das Newe Testament Deutzsch*, Wittenberg, 1522. Con l'autorizzazione della Bayerische Staatbibliothek, München, Res/2 B.g.luth. 8, c. ee4r.

Die offenbarung

Ich wil dir zeygen das vrteyl der grossen hůrenn/di da auff vilen wassern sitzt/ mit welcher gehůret habẽ die könige auf erden/vnd truncken worden seind von dem wein irer hůrerey/ die do wonen auff erdẽ. Vnd er bracht mich im geist in die wůsten/ Vñ ich sahe dz weib sitzen auf einem rosynfarben thier/ dz war vol namen der lesterung/ vñ hatte zehen hörner/vnnd das weib war bekhleidet mit scharlacken vnd rosynbar vnnd überguldet mit golde vnd edlẽ steinen vnd perlen/ vnd hatte ein gulden kelch in der hande vol grewels vnd vnsawberkeyt irer hůrerey/vñ an irer stirne geschribẽ den namẽ/ dz geheimniß/die grosse Babylon/die můtter der hůrerey vñ aller grewel auff erden. Vñ ich sahe das weib trunckẽ võ dem blůt der heiligẽ vñ võ dem blůt der zeugẽ Jesu/vñ ich verwundert mich seer/do ich sie sahe.

Vnd der engel sprach zů mir/ warumb verwunderstu dich? Ich wil dir sagen das geheimniß von dem weibe/ vñ võ dem thier dz sie tregt/ vñ hat sybẽ hewpter vñ zehenn hörner. Dz thier das du gesehẽ hast/ ist gewesen vñ ist nit vnd wirt auffsteygẽ vom abgrund/ vñ wirt geen ins verdãniß/vñ werden sich verwundern die auf erdẽ wonen/ der namẽ nit geschriben stehen inn dem bůch des lebens võ an-

FIG. 6 La "prostituta di Babilonia" in *Das Neve Testament*, Basel, 1523. Con l'autorizzazione della Basel University Library, FG VII 94, f.235v.

cinque homilie nelle quali si prova che il Papa Rom. è quel vero et grande Antichristo, il quale predissero li Profeti, Christo, et gli apostoli dover venire, et doversi da noi schiffare[51]. Si tratta di un'opera corposa, che nella stampa in italiano tocca le 336 p. in 8o[52]. Ora, all'interno della prima edizione zurighese troviamo alcune silografie di straordinaria forza espressiva e di violenta polemica teologica, in particolare quella che rappresenta il papa nelle sembianze di Anticristo: è una specie di grande satiro barbuto e cornuto, con in testa il triregno, rivestito del mantello pontificale, mentre brandisce con la destra uno spadone e con la sinistra sventola una bolla carica di

51 VD 16, W 1064.
52 EDIT 16, CNCE 78025: [28], 302, [6].

sigilli[53]. I piedi caprini della singolare creatura stanno calpestando due libri (uno aperto, l'altro chiuso) che vogliono rappresentare i due Testamenti[54].

Intanto, nel 1532, oltre a *La Biblia* di Brucioli, sempre a Venezia si ripubblica Malerbi (che nel Cinquecento avrà in tutto sedici edizioni, fino al 1567, ultima stampa di una Bibbia in volgare): Guglielmo da Fontaneto e Marchio Sessa editano la *Bibbia in lingua materna*, una rara edizione in-folio[55] con le consuete vignette, che sono anche segnalate sul bel frontespizio, stampato in rosso e nero, con l'indicazione: [...] *& Figure alli luochi congrui situate.* Qui *Lapocalipsi del beato Ioâne aplô* inizia alla c. CCCLXXXIv dove vediamo «S. Giovanni nello studio con i Sette candelabri»; alla c. CCCLXXXIIIIr c'è poi la «prostituta di Babilonia sul drago a sette teste».

Dodici anni dopo il Nuovo Testamento, a Wittenberg esce in un grande in-folio la *Biblia* tradotta in tedesco da Lutero, che sul ricco frontespizio figurato reca finalmente il nome del traduttore: *Mart. Luth.*[56]. Ad indicare il successo dell'opera, che cambierà la lingua tedesca, tra il 1534 e il 1620 si contano 100 edizioni, per una tiratura complessiva calcolata in 200 mila copie.

Nell'*Apocalisse* ci sono ventisei silografie (dunque cinque in più di quelle del 1522), dovute al bravo Erhard Altdorfer (fratello minore del grande Albrecht), diverse dalle precedenti anche per il formato, 11 × 15 cm. Naturalmente ci si rifà al modello ormai consolidato, a parte alcune varianti: ad es. nella «misurazione del tempio», che ora è una grande cattedrale, la «bestia dell'Apocalisse» oltre alla tiara in testa indossa un mantello (che nella copia colorata di Weimar è rosso porpora)[57]; nella silografia della distruzione di Babilonia/Roma, si vede un Castel Sant'Angelo quasi intatto, mentre quello che invece crolla rovinosamente, è un Colosseo completamente ricostruito[58].

A questo punto possiamo passare ad analizzare il frontespizio de *La Biblia* di Brucioli, molto discusso per le sue silografie, che, in qualche modo si collegano

53 Si veda la riproduzione nell'opera di Roland H. Bainton, *Bernardino Ochino esule e riformatore senese del Cinquecento, 1487-1563*, Firenze, Sansoni, 1940, tra le p. 108-109.

54 Un'altra famosa silografia contenuta nel libro di Walther rappresenta il papa che riceve da Satana le leggi del diritto canonico: si veda l'immagine in R. H. Bainton, *Bernardino Ochino*, *op. cit.*, tra le p. 66-67.

55 Edit 16, CNCE 5758 ne segnala solo 4 copie. V. Essling, *Les livres à figures vénitiens*, *op. cit.*, I, n. 148 e 151; E. Barbieri, *Le Bibbie italiane*, *op. cit.*, I, sch. 24, p. 251.

56 Vedi la scheda 60 p. 129 in *La Bibbia a stampa*, *op. cit.* Nel 2003 l'editore Taschen, Köln-Tokyo, ha pubblicato la ristampa anastatica di uno splendido esemplare, colorato in antico, conservato presso la Stiftung Weimarer Klassik/Herzogin Anna Amalia Bibliothek: *The Book of Books. The Luther Bible of 1534*, A cultural-historical introduction of S. Füssel. Per le illustrazioni vedi le p. 54-61.

57 C. CXCIr; e si vedono bene anche i libri a terra.

58 C. CXCIIIr.

direttamente a quelle finali dell'*Apocalisse*, come ora vedremo. Intanto, per sottolineare l'importanza storica e bibliografica degli antichi frontespizi e dunque per la necessità di una loro precisa e completa descrizione (e, se possibile, riproduzione), ricordo naturalmente il volume di Jean-François Gilmont e Alexandre Vanautgaerden, su *La page de titre à la Renaissance* del 2008[59], mentre nel 2004 Lorenzo Baldacchini aveva pubblicato: *Aspettando il frontespizio*[60].

Le nove scene sull'imponente 'page de titre' dei due volumi de *La Biblia* del 1532 hanno avuto contrapposte interpretazioni. Derivate da probabili disegni del grande Lorenzo Lotto, come ha sostenuto anni fa Giovanni Romano[61], confrontandole con le straordinarie tarsie lottesche di S. Maria Maggiore a Bergamo[62], dove ci sono particolari quasi sovrapponibili, sembrano indicare una precisa scelta di campo filo-protestante. In particolare ci si è soffermati sulle due silografie della parte bassa del frontespizio dove si impongono, anche per le maggiori dimensioni, le figure di Mosè che riceve le Tavole della Legge e quella di S. Paolo che predica (all'Areopago?), come sappiamo, fondamentali per la teologia luterana. Mentre sono state trascurate certe scene tradizionali come l'*Adorazione dei Magi* e la *Disputa al Tempio*, con le quali si voleva attestare la regalità di Cristo e soprattutto il magistero della Chiesa di Roma (fig. 7).

A motivare una lettura filo-protestante dell'insieme c'è poi da ricordare che nel 1540 Lotto farà i ritratti di Lutero e della moglie Katharina, sia pure su richiesta del nipote, che aveva interessi commerciali con un mercante tedesco residente a Venezia e voleva ingraziarselo. L'artista ricorda il fatto nel suo *Libro di spese diverse* sotto la data del 17 ottobre e pare anche non soddisfatto del compenso ricevuto, visto che scrive di aver ceduto i «doi quadretti [...] a bon mercato»[63].

Non tutti hanno condiviso l'attribuzione al Lotto dei disegni di partenza e soprattutto l'interpretazione teologica delle scene; a parte le antiche obiezioni di Francesca Cortesi Bosco[64], più recentemente Franco Giacone, in un intervento su *La Bible de Brucioli*, ha sostenuto che nel frontespizio non si evidenzia nessuna

59 Turnhout, Brepols, 2008.

60 Milano, Edizioni Sylvestre Bonnard.

61 Giovanni Romano, «La Bibbia di Lotto», *Paragone - Arte*, CCCXVII-CCCXIX, 1976, p. 82-91; Maria Calì, «Ancora sulla 'religione' di Lorenzo Lotto», *Ricerche di storia dell'arte*, XIX, 1983, p. 37-60.

62 Francesca Cortesi Bosco, *Il coro intarsiato di Lotto e Capoferri per Santa Maria Maggiore in Bergamo*, Cinisello Balsano, Silvana, 1988; *Le tarsie di Lorenzo Lotto. Un itinerario tra Bibbia e alchimia*, Clusone, Grafiche Ferrari, 1998.

63 Lorenzo Lotto, *Il libro di spese diverse*, a cura di P. Zampetti, Venezia-Roma, Istituto per la collaborazione culturale, 1969, p. 212.

64 Francesca Cortesi Bosco, «A proposito del frontespizio di Loreno Lotto per la Bibbia di Antonio Brucioli», *Bergomum*, I-II, 1976, p. 27-42.

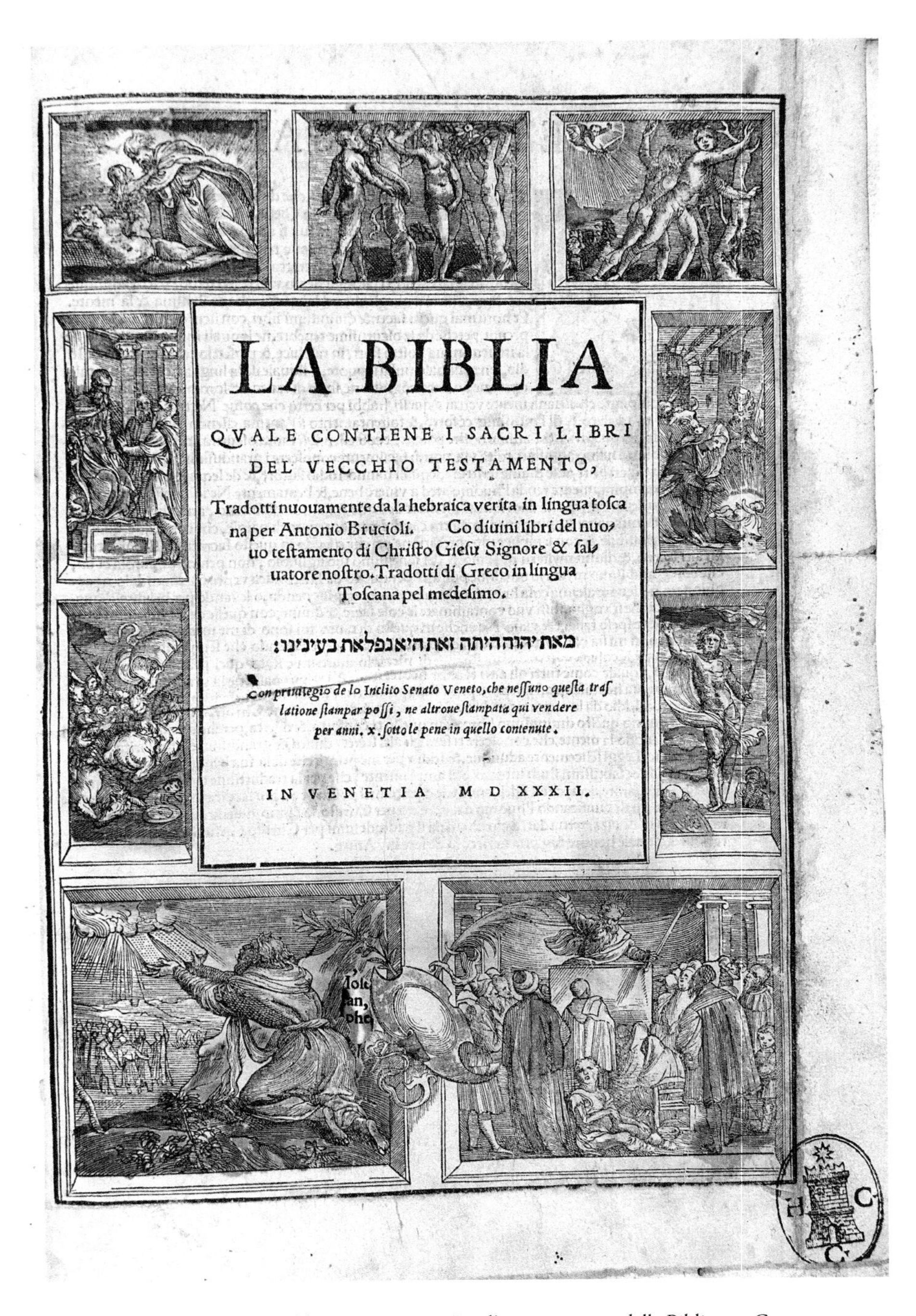

LA BIBLIA

QVALE CONTIENE I SACRI LIBRI
DEL VECCHIO TESTAMENTO,
Tradotti nuouamente da la hebraica verita in lingua tosca
na per Antonio Brucioli. Co diuini libri del nuouo testamento di Christo Giesu Signore & sal-
uatore nostro. Tradotti di Greco in lingua
Toscana pel medesimo.

מאת יהוה היתה זאת היא נפלאת בעינינו:

Con priuilegio de lo Inclito Senato Veneto, che nessuno questa tras
latione stampar possi, ne altroue stampata qui vendere
per anni. x. sotto le pene in quello contenute.

IN VENETIA M D XXXII.

Fig. 7 Frontespizio in *La Biblia*, Venezia, 1532. Con l'autorizzazione della Biblioteca Casanatense, Roma.

scelta iconografica filo-luterana[65]. Secondo questo studioso l'impegno primario dell'insieme figurativo è dichiarare il primato assoluto della Scrittura, come dimostra anche la citazione in ebraico che compare sul frontespizio: «Essa viene dal Signore, è una meraviglia ai nostri occhi»

Ma di un atteggiamento filo-luterano del Lotto, almeno nei suoi anni veneziani, ha parlato anche Massimo Firpo, in un suo importante volume del 2001[66]; e personalmente anch'io sono convinto di questo dato. Del resto il messaggio del frontespizio mi sembra 'semplice' e preciso: Mosè e S. Paolo rappresentano la *Legge* e il *Vangelo*, che proprio Lutero metteva in netta contrapposizione; ad esempio nella «Prefazione» al *Nuovo Testamento* del 1522 leggiamo: «Quindi cerca di non far di Cristo un Mosè, né dell'Evangelo un libro di leggi e di precetti, come è stato fatto finora e come anche san Gerolamo dà ad intendere in qualche sua prefazione»[67]. E Brucioli riprende la contrapposizione 'Legge-Vangelo' nella dedica a Francesco I re di Francia nel suo Nuovo Testamento del 1532, dimostrando di ben conoscere il precedente testo di Lutero.

Però, se le 'intenzioni' di Brucioli quale committente di quelle immagini mi sembrano chiare (ma ne avremo la conferma alla luce di quanto diremo appena sotto), oggettivamente esse non erano di per sé 'sovversive' o tali da generare dubbi interpretativi; infatti il mondo cattolico del tempo non le ha mai interpretate come pericolose e lo dimostra il ripetuto utilizzo di quel frontespizio per alcune altre Bibbie di sicuro ortodosse.

Nell'aprile 1538 esce a Venezia presso gli eredi di Lucantonio Giunta la *BIBIA* tradotta dal domenicano Santi Marmochino, un in-folio in 2 volumi, che ripropone il frontespizio del 1532[68] e per il Nuovo Testamento riprende la versione del confratello Zaccaria da Firenze (apparsa a Venezia, sempre dai Giunta, nel 1536)[69]; quest'ultimo, da parte sua, aveva appena ritoccato la traduzione del Brucioli[70]. I Domenicani, che da sempre 'avevano controllato' i volgarizzamenti biblici, così riaffermavano anche la specifica competenza dei religiosi in materia di Sacra Scrittura.

65 In *La Bible imprimée dans l'Europe moderne*, a cura di B. E. Schwarzbach, Paris, BnF, 1999, p. 260-287, in part. p. 276-278.

66 Massimo Firpo, *Artisti, gioiellieri, eretici. Il mondo di Lorenzo Lotto tra Riforma e Controriforma*, Roma-Bari, Laterza, 2001, in part. p. 106-110.

67 Martin Lutero, *Lieder e prose*, a cura di E. Bonfatti, Milano, Mondadori, 1992, p. 325.

68 V. Essling, *Les livres à figures vénitiens*, *op. cit.*, n. 150, p. 194; *La Bibbia a stampa*, *op. cit.*, sch. 67, p. 133; *Il Fondo Guicciardini*, *op. cit.*, sch. 14, p. 19 e la riproduzione fig. 6; vedi anche: A. Lumini, *La Bibbia*, *op. cit.*, sch. 72, p. 81.

69 *La Bibbia a stampa*, *op. cit.*, sch. 66, p. 133; E. Barbieri, *Le Bibbie italiane*, *op. cit.*, p. 130.

70 Edoardo Barbieri, «La lettura e lo studio della Bibbia nella Milano borromaica, prime schede» in *Milano borromaica, atelier culturale della Controriforma*, a cura di D. Zardin e M. L. Frosio, «Studia Borromaica», XXI, 2007, p. 45-46.

Ora, l'edizione del Marmochino, interpretata a lungo come la risposta 'cattolica' a Brucioli, intanto è stata definita una «libera imitazione della traduzione di Brucioli»[71], ma soprattutto «è in realtà corredata da apparati di indubbia provenienza eterodossa»[72]. Nella «Tavola prima [...]» compaiono espressioni del tipo: «La fede giustifica», oppure «Evangelio è parlar della croce», ma anche «colla predestinatione ogni cosa si regge e poi la Scrittura sola si debbe affirmare»[73]: affermazioni che sintetizzano alcuni dei temi di fondo della dottrina protestante.

D'altra parte Marmochino nelle glosse marginali «ebbe ancora modo di manifestare le proprie convinzioni savonaroliane, valorizzando il carisma del profeta e condannando la corruzione ecclesiastica»[74]. Comunque nella sua *Revelatiome di San Giovanni*, che si trova alle cc. 80r-85r c'è una sola silografia, subito all'inizio, quella dei *Sette candelabri* (la stessa del 1532).

Nel giugno 1538 Bindoni e Pasini pubblicano la seconda edizione de *La Biblia* di Brucioli, ma questa volta sono due volumi in 4° (h. 21.5), che presentano un rifacimento ridotto del precedente frontespizio, evidentemente voluto dal traduttore, che l'aveva scelto all'inizio e ne poteva disporre, probabilmente con l'assenso dei Giunta. Nell'*Apocalisse* però non ci sono silografie.

E la fortuna di quel frontespizio continua, perché lo ritroviamo nel 1542 all'inizio dell'in-folio con la *Vulgata*, stampata a Venezia da Peter Schoeffer e curata da Isidoro Cucchi da Chiari[75]. L'*Apocalisse* è alle pagine 223-232 del terzo volume e non ha illustrazioni. E il frontespizio naturalmente ricompare nella nuova edizione della Bibbia di Marmochino che esce nel 1545 e nella successiva emissione del 1546 dovute agli eredi Giunta[76]; ma lo troviamo ancora, rifatto molto maldestramente, in un volume sul Rosario di Bartolomeo Scalvo, stampato a Milano nel 1569 col titolo: *Rosariae preces*.

71 *La Bibbia a stampa*, *op. cit.*, sch. 67, p. 133.

72 Vedi la voce di Lisa Saracco su Marmochino in *DBI*, 70, 2008, p. 631-633, in part. p. 633.

73 Lisa Saracco, «Aspetti eterodossi della *Bibbia nuovamente tradotta dall'hebraica verità in lingua toschana* di Santi Marmochino: risultati di una ricerca», *Dimensioni e problemi della ricerca storica*, VI, n. 2, 2003, p. 81-108. Ma per i contenuti 'nicodemitici' della «Tavola prima» vedi la scheda di E. Barbieri *Le Bibbie italiane*, *op. cit.*, I, p. 314-315 sull'edizione del 1548, Al segno della Speranza.

74 *Dizionario biografico degli Italiani*, LXX, 2008, p. 633.

75 Vedi in proposito: Edoardo Barbieri, «Fra chiostro e torchio. Isidoro da Chiari e i tipografi della sua Bibbia» in *Isidoro Clario 1495 ca-1555 umanista teologo tra Erasmo e la Controriforma. Un bilancio nel 450° della morte*, a cura di F. Formenti e G. Fusari, Brescia, Associazione per la Storia della Chiesa Bresciana, 2006, p. 151-174; *id.*, «Le edizioni della Bibbia latina di Isidoro da Chiari», in *L'antiche e le moderne carte. Studi in memoria di Giuseppe Billanovich*, a cura di A. Manfredi e C. M. Monti, Roma-Padova, Antenore, 2007, p. 97-134.

76 Vedi le tavole A 28 e A 31 in E. Barbieri, *Le Bibbie italiane*, *op. cit.*, II.

Se il frontespizio de *La Biblia* di Brucioli non era 'sovversivo', le illustrazioni dell'*Apocalisse* certamente lo erano[77] e, a mio avviso, è proprio questa presenza a darci la giusta prospettiva per interpretare correttamente quelle figure iniziali, cioè le 'intenzioni' di quel frontespizio. E del contenuto fortemente antipapale e antiromano di parecchie immagini dell'*Apocalisse* del 1532 abbiamo già detto sopra. Ma allora la questione diventa un'altra: per quanto tempo le silografie 'protestanti' di Brucioli/Matteo da Treviso riuscirono a circolare in Italia?

Intanto, già nel 1544 il domenicano Ambrogio Catarino Politi, nel suo *Compendio d'errori et inganni Luterani*, uscito a Roma, denunzia in particolare le eresie presenti nel *Trattato utilissimo del beneficio di Christo crucifisso*, ne *Il sommario de la sacra scrittura* e poi nell'*Epistola* di Bernardino Ochino alla Balia di Siena, ma vi condanna anche le traduzioni bibliche di Brucioli. In proposito dice di aver letto «una traduzione del nuovo Testamento volgare con il commento» nella quale erano state trascritto *de verbo ad verbum* intere pagine di autori protestanti, in particolare Martin Butzer; e il passo si conclude con uno sprezzante: «Non mi curo di nominare questo autore: basta dire il Bruciolo. Maravigliomi fortemente che tali libri sieno lassati stampare e vendere, che solamente questo che ho recitato gli fa degni del fuoco»[78].

Lo stesso Politi scriveva in quegli anni la *Quaestio an expediat Scripturas in maternas linguas transferri* (che sarebbe uscita a stampa nelle sue *Enarrationes* del 1552), con la quale denunciava gli effetti devastanti delle scelte riformate in proposito, per le quali: «Facti sunt plebei et ignari homines non Deo, sed diabolo dociles»[79]. E certe preoccupazioni potevano avere un logico fondamento, dato che le posizioni dei novatori teologici riuscivano ad infiltrarsi e diffondersi nei modi più imprevedibili.

A proposito della 'traduzione con commento' del Nuovo Testamento, di cui parla Politi, ricordiamo che tra il 1542 e il 1547 escono i sette volumi del *Commento di Antonio Brucioli in tutti i sacrosanti libri del Vecchio & Nuovo Testamento, dall'hebraica verita, & fonte greco per esso tradotti in lingua toscana*, stampati a Venezia dai fratelli Brucioli; il tomo IV pubblicato nel 1542 reca il titolo *Nuovo commento di*

77 Un dato curioso: nel sito *La Bibbia nel '500* dell'Istituto Nazionale di Studi sul Rinascimento si trova riprodotta tutta l'edizione del 1532, ma non l'*Apocalisse*.

78 Il testo è compreso in Benedetto da Mantova, *Il beneficio di Cristo con le versioni del secolo XVI*, a cura di S. Caponetto, Firenze, Sansoni-Chicago, The Newberry Library, 1972, in part. p. 371-372.

79 Ambrogio Politi, *Enarrationes … in quinque priora capita libri Geneseos…*, Roma, Blado, 1552, coll. 330-339. Vedi anche Antonio Rotondò, «La censura ecclesiastica e la cultura», in *Storia d'Italia, V-2, I Documenti*, Torino, Einaudi, 1973, p. 1434-1435.

Antonio Brucioli ne divini et celesti libri evangelici. Secondo Mattheo, Marco, Luca et Giovanni. Quasi di sicuro è questo il volume segnalato da Politi.

Forse anche per la denunzia del domenicano, già nel 1545 le opere di Antonio Brucioli vengono inserite nella lista dei libri proibiti emessa dalla Repubblica di Lucca. Qualche anno fa, analizzando una redazione di questo 'Indice locale' diversa da quella pubblicata da J. M. De Bujanda[80], avevo evidenziato come già allora il Nostro fosse finito tra gli autori vietati; in questa altra stesura infatti si legge: «Opera omnia Bruccioli (!); Opera omnia Fratris Bernardini de Senis (Ochino: n. d. r.); Opera omnia D. Petri Matriris (!) Vermigli Florentini»[81]. Poi nel manifesto dell'Inquisizione fiorentina del 28 marzo 1552, intitolato *Edictum ad extirpandas omnes hereses* (!) *sanctissimum et Christianissimum*, i tre commissari diocesani denunciano la diffusione presso laici e chierici, uomini e donne, a Firenze e nel Dominio, di libri contenenti: «[...] improbas atque damnatas superstitiones haereticasque et erroneas opiniones, perversumque dogma et manifestas haereses [...]»; e proibisce in particolare, fra le opere dei 'seguaci di Lutero', quelle di tre eretici italiani: «Et praesertim omnia opera fratris Bernardini Ochini, fratris Iulii Mediolanensis et Antonii Bruccioli»[82].

Per quanto riguarda il seguito delle vicende censorie di Brucioli, il suo nome compare nell'Indice milanese del 1554 e i suoi *Commentaria* al Vecchio e Nuovo Testamento in quello veneziano del 1554/55[83], mentre gli *Opera omnia* dell'esule fiorentino sono condannati negli Indici universali del 1559 e del 1564[84]. Ma soprattutto nella I Appendice dell'Indice universale del 1559 c'è un divieto assoluto di tutti i volgarizzamenti biblici: non si potevano stampare, leggere o possedere traduzioni in una lingua moderna della Bibbia o del Nuovo Testamento senza l'autorizzazione scritta dell'Inquisizione[85]. E in particolare nella lista di stampe proibite compare la seconda edizione del Nuovo Testamento che fa parte de *La Biblia* di Brucioli, pubblicata nel giugno 1538 da Bindoni e Pasini, mentre, stranamente, non è inserita l'edizione 'illustrata' del 1532. Ma sappiamo che la condanna di un'opera comporta-

80 *Index des livres interdits*, III, *Index de Venise 1549; Venise et Milan 1554*, (ILI, III), a cura di J. M. De Bujanda, Sherbrooke, Centre d'Études de la Renaissance-Genève, Droz, 1987, p. 380-381.

81 Ugo Rozzo, «In margine agli "Indici dei libri proibiti" italiani del 1549 e 1554», *La Bibliofilia*, XCII, 1990, p. 314.

82 Lo si veda schedato e riprodotto in *La comunità cristiana fiorentina e toscana nella dialettica religiosa del Cinquecento*, Firenze, Becocci, 1980, sch. 28, p. 140-141.

83 *Index des livres interdits*, VIII, *Index de Rome, 1557, 1559, 1564*, a cura di J. M. De Bujanda, Sherbrooke, Centre d'Études de la Renaissance-Genève, Droz, 1990, p. 218, 396.

84 *Index des livres interdits*, VIII, *op. cit.*, p. 352, n. 24. *Thesaurus de la littérature interdite au XVIe siècle. Auteurs, ouvrages, éditions*, a cura di J. M. De Bujanda, Sherbrooke, Centre d'Études de la Renaissance-Genève, Droz, 1996, p. 99.

85 *Index des livres interdits*, VIII, *op. cit.*, p. 329.

va di fatto il divieto delle altre edizioni di quel testo e in sostanza di tutta la produzione di quell'autore. Gigliola Fragnito ha sintetizzato la situazione cinquecentesca della Scrittura, in particolare quella volgarizzata, in un suo importante libro del 1997, sotto il titolo: *La Bibbia al rogo*[86].

D'altra parte Brucioli aveva subìto un primo processo inquisitoriale nel 1548 per la diffusione di libri proibiti e poi un secondo nel 1555, conclusosi con un'abiura; nel terzo processo, del 1558, anche se c'erano accuse di eresia, venne solo condannato agli arresti domiciliari, data l'età e le condizioni di salute[87].

Matteo Giro in un articolo intitolato «Le illustrazioni xilografiche per l'*Apocalisse* del Brucioli», presenta un interessante panorama delle varie illustrazioni del testo biblico nel corso del Cinquecento[88] e in particolare ritiene convincente l'attribuzione al Lotto delle silografie del frontespizio del 1532, per l'alto livello artistico[89]; ma la sua conclusione a mio avviso è fuorviante. Lo studioso si chiede come mai il 'filo-luterano' Brucioli e Matteo da Treviso avessero scelto di «copiare letteralmente l'Apocalisse di Holbein e non quella di Dürer» e ne dà questa spiegazione: «probabilmente perché lo stile di Holbein rispondeva meglio ai gusti del tempo»[90].

Intanto, come spero risulti dalle pagine precedenti, l'*Apocalisse* di Dürer, in questa vicenda, è un capitolo a parte, di fatto inimitabile, ma soprattutto la scelta del 'filo-luterano' Brucioli non fu estetica, ma teologica: dunque l'alternativa poteva essere solo tra Cranach e Holbein; nel caso forse Brucioli non conosceva o non aveva sottomano l'edizione di Wittenberg del 1522, mentre più facilmente era arrivata in Italia la stampa di Basilea, tra l'altro uscita in una località meno compromettente.

Date la censura a partire già da Lucca 1545 e, soprattutto, con la condanna assoluta del 1559, *La Biblia* di Brucioli poté circolare, più o meno liberamente, solo per pochi anni; e sappiamo che le condanne censorie hanno avuto pesanti effetti retroattivi, per cui tanti libri furono distrutti anni dopo la loro prima stampa. Certo le sopravvivenze attuali delle Bibbie di Brucioli sono molto scarse. Facendo un confronto sulla base dei dati di Edit 16, abbiano nove esemplari dell'edizione del 1532 e sette di quella del 1538, invece dell'edizione di Marmochino del 1538

86 Gigliola Fragnito, *La Bibbia al rogo. La censura ecclesiastica e i volgarizzamenti della Scrittura (1471-1605)*, Bologna, Il Mulino, 1997. Nel 2003 è uscita la seconda edizione dell'opera.

87 Andrea Del Col, «Il controllo sulla stampa a Venezia e i processi di Antonio Brucioli (1548-1559)», *Critica Storica*, 17, 1980, p. 457-510; Edoardo Barbieri, «Giovanni Della Casa e il primo processo veneziano contro Antonio Brucioli», in *Giovanni Della Casa ecclesiastico e scrittore. Atti del convegno. Firenze-Borgo San Lorenzo, 20-22 nov. 2003*, a cura di S. Carrai, Roma, Edizioni di storia e letteratura, 2007, p. 31-70.

88 In *Visibile teologia*, *op. cit.*, p. 39-58.

89 Ivi, p. 40.

90 Ivi, p. 58.

se ne contano diciannove (ed era pur sempre un volgarizzamento), mentre della Bibbia latina, stampata da Stagnino nel 1538 (sono due modesti volumi in 8°) ne rimangono quarantacinque.

Per completezza ricordo che Giorgio Spini, nel 1940, nella *Bibliografia* di Brucioli, ha segnalato come nell'*Apocalisse* compresa ne *Il Nuovo Testamento*, in 2 volumi in 16°, edito a Lyon nel 1547 da Guillaume Gazeau ci siano una serie di vignette[91]: le dimensioni sono però tali da renderne vana la lettura; come dimostra la *Distruzione di Babilonia* riprodotta nell'articolo citato a p. 347, che mostra il crollo di vari edifici non chiaramente identificabili.

91 G. Spini, «Bibliografia», art. cit., p. 346 n. 23.

UN *LONG SELLER* BIBLICO nell'Italia moderna: le *Epistole e vangeli* di Remigio Nannini da Firenze

Edoardo Barbieri
(Università Cattolica di Milano)

Quale è il modo più usuale per leggere la Bibbia? Il modello mentale della *sola scriptura* luterana, curiosamente sovrapposto a quello della libera interpretazione di scuola liberale, ha creato in alcuni studiosi (forse piuttosto distanti dalla pratica non episodica col testo biblico stesso) l'idea che il modo *naturale* per leggere la Bibbia non sia in fondo diverso da un corso universitario di Filologia biblica o da una *lectio divina* della FUCI durante un ritiro a Camaldoli[1]. Come dire che (a partire dagli specialisti del settore, cioè il clero e i religiosi) la Bibbia si legga (o sia da leggere) un libro dopo l'altro o comunque un libro alla volta, guidati da criteri più narrativi che teologici. Tale immagine di 'lettura personale diretta' non solo è quella che generò un tempo le fole del povero mugnaio friulano Menocchio[2] o in tempi più recenti gli spropositi dei Testimoni di Geova, ma che sembra, proprio per la conseguente interpretazione 'creativa', perfettamente giustificare le preoccupazioni inquisitoriali che un approccio al testo biblico non condotto sui binari dell'interpretazione ecclesiale portasse a deviare dalla fede tràdita, cioè ortodossa in quanto corrispondente alla tradizione. Quantomeno nell'ambito delle letture dei laici (nel senso dei semplici battezzati) la storia ci insegna, invece, altro[3].

1 Si veda l'illuminante saggio di Jean-François Gilmont, «Riforma protestante e lettura», in *Storia della lettura*, a cura di G. Cavallo e R. Chartier, Roma, Laterza, 1998, p. 243-275.

2 Basti qui il rimando a Carlo Ginzburg, *Il formaggio e i vermi. Il cosmo di un mugnaio del '500*, Torino, Einaudi, 1976 e *Domenico Scandella detto Menocchio: i processi dell'Inquisizione (1583-1599)*, a cura di A. Del Col, Pordenone, Edizioni Biblioteca dell'Immagine, 1990.

3 Un mio primo tentativo di illuminare la prospettiva qui indicata è reperibile in Edoardo Barbieri, «Fra tradizione e cambiamento: note sul libro spirituale del XVI secolo», in *Libri, biblioteche e cultura nell'Italia del Cinque e Seicento*, a cura di E. Barbieri e D. Zardin, Milano, Vita e Pensiero, 2002, p. 3-61. Si vedano anche: *Lay Bibles in Europe 1450-1800*, a cura di M. Lamberigts e A. den Hollander, Leuven, University Press, 2006 e *Cultures of Religious Reading in the Late Middle Ages. Instructing the Soul, Feeding the Spirit, and Awakening the Passion*, a cura di S. Corbellini, Turnhout, Brepols, 2013.

EPISTOLE,
ET EVAGELII,
CHE SI LEGGONO TVTTO L'ANNO
alla Meſſa, ſecondo l'uſo della Santa Romana Chieſa.
NVOVAMENTE TRADOTTI IN LINGVA TOSCANA,
dal R. P. M. REMIGIO Fiorentino, dell' ordine de' Predicatori.
CON ALCVNE ANNOTATIONI MORALI A CIASCHEDVNA
EPISTOLA ET EVANGELIO, FATTE DAL MEDESIMO.
CON DVE TAVOLE, VNA DA RITROVAR L'EPISTOLE, ET EVANGELII,
ET L'ALTRA DELLE COSE PIV NOTABILI.

CON PRIVILEGIO.

APPRESSO GABRIEL GIOLITO
DE'FERRARI. MDLXVII.

FIG. 1 Remigio Nannini, *Epistole e vangeli*, Venezia, Gabriele Giolito de Ferrari, 1567, frontespizio.

Chi andasse a Cortona, presso la bella Chiesa di S. Francesco, avrebbe l'occasione di vedere esposte alcune reliquie attribuite all'assisiate: fra le altre spicca un libro che la tradizione vuole gli appartenesse[4]. Si tratta in effetti di un codicetto latino del XII secolo, scritto in gotica italiana e contenente un *Evangelistario*, cioè la serie delle pericopi evangeliche lette durante la messa, già separate e inserite nella successione dell'anno liturgico[5]. Ora, se è vero che nel film diretto da Liliana Cavani e interpretato da Mickey Rourke, Francesco nelle carceri di Perugia maneggia un minuscolo vangelo volgare già appartenuto a un eretico[6], è certo o quantomeno assai probabile che il 'vangelo' di Francesco fosse quel libro (o uno a esso assai simile). Quindi un vangelo in latino e antologizzato, segmentato e disposto secondo l'uso liturgico (la narrazione secondo l'ordine cronologico della sua successione era già, ovviamente, ben nota, per esempio attraverso un'opera come la *Historia scholastica* di Petrus Comestor, o sue rielaborazioni)[7]. Ciò detto non ci si stupirà, quindi, che già nel Medioevo la serie delle letture bibliche prevista per la celebrazione eucaristica, distribuite secondo la scansione dell'anno liturgico, costituisse la più normale e comune via d'accesso al testo biblico, qui, in qualche modo, compendiato e, per certo verso, colto nei suoi passaggi essenziali e più significativi, quantomeno nell'ottica cristiana.

La tradizione volgare di tale raccolta, già da tempo individuata e indicata come assai rilevante, gode però solo di studi molto parziali e approssimativi, vere e proprie introduzioni a un universo ancora pressoché inesplorato[8]. Le cose non vanno

4 *L'eredità del padre. Le reliquie di san Francesco a Cortona*, a cura di S. Allegria e S. Gatta, Padova, Messaggero, 2007.

5 C. Tristano, «Il libro del Santo, il Santo del libro: l'Evangelistario di Cortona. Il libro», in *L'eredità del padre, op. cit.*, p. 41-75, ma si veda tutta la sezione dedicata a «Il libro» con anche i saggi di Gianluca M. Millesoli e Simone Allegria, dedicati rispettivamente al testo e al calendario liturgico inserito.

6 *Francesco di Assisi*, Liliana Cavani, Italia, 1989. Si veda Paolo Mereghetti, *Il Mereghetti. Dizionario dei film 2017*, 2 vol., Milano, Baldini & Castoldi, 2017, I, p. 1705.

7 Sul versante delle armonie evangeliche si veda Edoardo Barbieri, «Oltre la censura. Domande aperte su un compendio neotestamentario italiano del XVI secolo», *Titivillus*, 1, 2015, p. 185-210; su quello dei racconti basati sulla narrazione evangelica invece *id.*, «Forme e tipologie delle "Vitae Christi" negli incunaboli volgari italiani», in *L'agiografia volgare. Tradizioni di testi, motivi e linguaggi. Atti del congresso internazionale, Klagenfurt, 15-16 gennaio 2015*, a cura di E. De Roberto e R. Wilhelm, Heidelberg, Winter, 2016, p. 351-381.

8 Si vedano almeno Giuseppe Landotti, *Le traduzioni del messale in lingua italiana anteriori al movimento liturgico moderno. Studio storico*, Roma, Edizioni Liturgiche, 1975; Gianpaolo Garavaglia, «Traduzioni bibliche a stampa tra Quattrocento e Settecento», *Mélanges de l'École française de Rome. Moyen Âge*, CV, 1993, p. 857-862 e *id.*, «I lezionari in volgare italiano fra XIV e XVI secolo. Spunti per una ricerca», in *La Bibbia in italiano tra Medioevo e Rinascimento. Atti del Convegno di studi promosso dalla Fondazione Ezio Franceschini e dall'École Française de Rome (Firenze, Certosa del Galluzzo, 8-9 novembre 1996)*, a cura di L. Leonardi, Firenze, SISMEL-Edizioni del Galluzzo, 1998, p. 365-392.

certo meglio per ciò che riguarda la tradizione a stampa, per la quale a mala pena sappiamo quantificare il numero complessivo delle edizioni, ma ancora ignoriamo se si tratti delle ristampe di un'unica traduzione o di diverse, nonché il ruolo in esse svolto dall'apparato illustrativo[9]. Ciò è in certa parte dovuto all'anonimato di quel testo, per cui ciò che esattamente contengano le edizioni comunemente titolate *Epistole e vangeli* ci è, in realtà, quasi ignoto[10]. Un'altra difficoltà è costituita dalla rarità degli esemplari superstiti, dovuta in questo caso tanto al destino di autoconsunzione dei libretti reiteratamente usati da un ampio spettro di fasce e tipologie di lettori, quanto alle persecuzioni e alle distruzioni censorie[11].

Poco oltre la metà del XVI secolo uscì però un'edizione delle *Epistole e vangeli* che si fregiava di una forte autorialità (ma, come si vedrà, non per questo il testo fu meno fluido, specie nei primi decenni) garantita dal nome del suo curatore, il domenicano Remigio Nannini da Firenze, che non solo si assunse la responsabilità della traduzione pubblicata, ma la accompagnò con un suo commento[12]. È a tale opera che si intende in questa occasione volgere l'attenzione. Non tanto per indagare uno dei molti libri proibiti, come di solito si fa. Cosicché quei testi, per l'appunto censurati e la cui lettura era interdetta, risultano spesso noti e conosciutissimi da noi, almeno tanto quanto non lo erano tra gli uomini del XVI secolo, cui era

9 Oltre alla bibliografia citata alla nota precedente, ai repertori bibliografici di uso comune (cui si aggiungerà Anne Jacobson Schutte, *Printed Italian Vernacular Religious Books 1465-1500: a Finding List*, Genève, Droz, 1983), sul tema delle edizioni illustrate si veda l'edizione delle *Epistole e Evangeli*, London, The Roxburghe Club, 1910 che riproduce le silografie dell'edizione di Firenze luglio 1495, mentre il testo è ricomposto. Il tutto è tratto da un esemplare Dyson Perrins con una preziosa introduzione di Alfred Pollard. Le silografie sono le stesse impiegate poi dai Giunti di Firenze a metà XVI secolo. Lilian Armstrong, «Venetian and Florentine Renaissance Woodcuts for Bibles, Liturgical Books, and Devotional Books», in *A Heavenly Craft. The Woodcut in Early Printed Books. Illustrated Books Purchased by Lessing J. Rosenwald at the Sale of the Library of C. W. Dyson Perrins*, a cura di D. De Simone, Washington (DC), Library of Congress, 2004, p. 25-45.

10 Fino al punto che le si è addirittura confuse con l'apocrifo cristiano denominato *Epistola della domenica*: Edoardo Barbieri, «Un apocrifo nell'Italia moderna: la "epistola della domenica"», in *Monastica et Humanistica. Scritti in onore di Gregorio Penco O.S.B.*, a cura di F. G. B. Trolese, 2 vol., Cesena, Badia di Santa Maria del Monte, 2003, II, p. 717-732.

11 Sul tema della sopravvivenza dei libri antichi si vedano almeno Neil Harris, «Marin Sanudo Foreunner of Melzi», *La Bibliofilìa*, XCV, 1993, p. 1-37; 101-145; XCVI, 1994, p. 15-42; Jonathan Green, Frank McIntyre, Paul Needham, «The Shape of Incunable Survival and Statistical Estimation of Lost Editions», *Papers of the Bibliographical Society of America*, CV, 2011, p. 141-175; Alfredo Serrai, «Speculazioni quantitative sul numero degli Incunabuli e delle cinquecentine scomparsi, vuoi si tratti di edizioni o di esemplari», *Bibliothecae.it*, V/1, 2016, p. 193-196; *Lost Books. Reconstructing the Print World of Pre-Industrial Europe*, a cura di F. Bruni e A. Pettegree, Leiden, Brill. 2016.

12 Un quadro dell'insieme delle tradizioni del lezionario volgare, in cui spicca la presenza dell'opera del Nannini, era già stato presentato da Jacopo Maria Paitoni, *Biblioteca degli autori antichi greci e latini volgarizzati*, V, *In cui si da la relazione de' volgarizzamenti della Bibbia, e delle cose spettanti al Messale e al Breviario*, Venezia, Storti, 1767, p. 147-162.

impedito accostarvisi. Ma invece per studiare proprio uno dei libri comunemente concessi, e se non addirittura consigliati dalla Chiesa di Roma.

L'*Index librorum prohibitorum* interdiceva infatti ai comuni lettori le traduzioni volgari della Bibbia[13]. Questo già si sapeva, ma una serie di importanti studi, soprattutto successivi alla messa a disposizione degli storici della ingente documentazione conservata dall'ex Sant'Uffizio, ha permesso di documentare nel dettaglio le strategie e le forme applicative di tali norme[14]. Riguardo alle traduzioni del lezionario, si preferì applicare la regola in forma restrittiva, anche se più volte proprio la traduzione-commento proposta da Remigio Nannini venne più che proibita, concessa, se non quasi consigliata. Tra le tante testimonianze a proposito della reale applicazione delle norme, basti qui citare un parere espresso dalla Curia romana nel 1583 su richiesta del cardinale Gabriele Paleotti, che si interrogava circa la liceità o meno della lettura del lezionario volgare: «l'epistole et evangeli volgari di tutto l'anno correnti si possono permettere a persone pie e dabene [...] quelle però tradotte del R. P.re Remigio da Firenze, stampate in Venezia»[15]. Si osserverà anzi che, a partire dalla quarta edizione giolitina del 1575, le ristampe dell'opera del Nannini potevano inserire in apertura un privilegio decennale concesso da papa Gregorio XII datato al 7 luglio 1574: pur con tutti i distinguo del caso, la concessione di tale *copyright* e la sua ostentata pubblicazione integrale (fenomeno come è noto non così comune in ambiente italiano) poteva suonare, di fatto, una sorta di autorizzazione o benedizione pontificia[16]. Vi si legge tra l'altro:

13 Per un'edizione moderna degli *Indices* cinquecenteschi si veda la monumentale e indispensabile edizione curata da Jesús Martìnez de Bujanda, *Index des livres interdits*, 11 vol., Sherbrooke (Québec, Canada), Éditions de l'Université – Genève, Droz, 1985-2002.

14 Basti ricordare i fondamentali volumi di Gigliola Fragnito, *La Bibbia al rogo. La censura ecclesiastica e i volgarizzamenti della Scrittura 1417-1605*, Bologna, Il Mulino, 1997[2] e *ead.*, *Proibito capire. La Chiesa e il volgare nella prima età moderna*, Bologna, Il Mulino, 2005.

15 G. Fragnito, *La Bibbia al rogo*, *op. cit.*, p. 138.

16 Sui privilegi di stampa si vedano almeno Christopher L. C. E. Witcombe, *Copyright in the Renaissance. Prints and* privilegio *in Sixteenth-Century Venice and Rome*, Leiden, Brill, 2004; Angela Nuovo, Christian Coppens, *I Giolito e la stampa nell'Italia del XVI secolo*, Genève, Droz, 2005, p. 171-212; Angela Nuovo, «Privilegi librari a Milano (secoli XV-XVI)», in *Incunabula, Printing, Trading, Collecting, Cataloguing. Atti del convegno internazionale, Milano, 10-12 settembre 2013*, a cura di A. Ledda, *La Bibliofilia*, CXVI, 2014, p. 93-204; Paola Arrigoni, «Privilegi librari a Milano (secoli XV-XVI): una analisi quantitativa», in *Incunabula, Printing, Trading, Collecting, Cataloguing*, *op. cit.*, p. 205-214 e i siti *Primary Sources on Copyright (1450-1900)*, a cura di L. Bently, M. Kretschmer (<www.copyrighthistory.org>, consultato il 18-09-2018) e *Book privileges in Venice (1469-1545)* (<http://emobooktrade.uniud.it/db/public/frontend/index>, consultato il 19-12-2018). Si aggiungano *L'invenzione dell'autore. Privilegi di stampa nella Venezia del Rinascimento*, a cura di S. Minuzzi, Venezia, Marsilio, 2016; *Privilèges d'auteurs et d'autrices en France (XVIe-XVIIe siècles). Anthologie critique*, a cura di M. Clément e E. Keller-Rahbé, Paris, Classiques Garnier, 2017; *Privilèges de librairie en France et en Europe XVIe-XVIIe siècles*, a cura di E. Keller-Rahbé, Paris, Classiques Garnier, 2017.

> Dilecto filio Gabrieli Iolito de Ferrariis Gregorius PP. XIII. Dilecte fili salutem et apostolicam benedictionem. Cum (sicut accoepimus) tu ad communem omnium et praesertim studiosorum utilitatem, tuis propriis impensis et industria Epistolas et Evangelia, quae toto anno secundum consuetudinem Sanctae Romanae Ecclesiae leguntur, conversa de sermone latino in italicum vulgarem sermonem a dilecto et reveren(do) filio f. Remigio Florentino ordinis Praedicatorum, additis praeterea eiusdem adnotationibus quibusdam singulis Epistolis et evangeliis ac omnia alia opera impraessa, aut imprimenda, revidenda prius a sanctissimo Inquisitionis officio, imprimi facere intendas [...].[17]

Si deve quindi partire da un semplice dato di fatto: nell'Italia cattolica dell'età moderna le *Epistole e Vangeli* erano sostanzialmente proibite, tranne quelle redatte da Remigio da Firenze che erano invece concesse: questo è semplicemente un dato di fatto, comprovato *in re* dall'alto numero di edizioni, circa 125 nell'arco di tre secoli. È dunque interessante provare a porre alcune domande per cercare di comprendere e interpretare storicamente questa evidenza. Innanzitutto chiarire chi fosse e cosa facesse esattamente Remigio Nannini. In secondo luogo capire per quale ragione proprio la sua traduzione non fosse proibita, ma anzi consigliata, ovvero che cosa aveva di diverso dalle altre in circolazione. In terzo luogo indagare quale considerazione dell'opera del Nannini avevano gli editori a lui coevi. Da ultimo ricercare come un simile successo si è posto nell'ambito della storia editoriale dell'Italia moderna.

*

Remigio era nato a Firenze sembra nel 1518 (o 1521) ed entrò ancor giovane tra i domenicani di Santa Maria Novella dove compì i suoi studi.[18] Dopo un periodo di formazione padovana dove fu allievo del teologo Sisto Medici[19], nel 1553 divenne *magister theologiae*[20]. Al 1547 risale l'edizione delle *Rime*, pubblicate da Ludovico

17 Cito dalla ristampa 1584, c. a4v-b1r.

18 Oltre che sui classici Jacques Quétif, Jacques Echard, *Scriptores Ordinis Praedicatorum*, 2 vol., Lutetiae Parisiorum, apud J. B. Christophorum Ballard et Nicolaum Simart, 1719-1721, II, p. 259-260 e sulla recente voce di Claudia Tomei, «Nannini, Remigio», in *Dizionario biografico degli Italiani*, LXXVII, Roma, Istituto dell'Enciclopedia Italiana, 2012, p. 734-738, mi baso qui sulle ricerche finora inedite della ottima tesi di laurea di Erika Testoni, *Il lavoro del redattore editoriale del '500: il caso di Remigio Nannini da Firenze*, Lettere moderne - Filologia moderna, Università Cattolica di Milano, a.a. 2008-2009, relatore prof. Edoardo Barbieri.

19 E. Del Soldato, «Medici, Sisto», in *Dizionario biografico degli Italiani*, *op. cit.*, LXXIII, 2009, p. 172-174.

20 Il nome di Remigio Nannini però non compare in *Acta graduum academicorum Gymnasii Patavini ab anno 1501 ad annum 1550, index nominum cum aliis actibus praemissis*, a cura di E. Martellozzo Forin, 4 vol., Padova, Antenore, 1982.

Domenichi, una non ingenua sintesi di *topoi* e forme petrarcheschi[21]. Di lì a poco ecco la prima collaborazione editoriale come curatore della versione italiana del *De remediis* del Petrarca, una operazione con la quale si rimetteva in circolazione il testo del volgarizzamento trecentesco[22]. Seguono una breve serie di traduzioni di storici della classicità latina, Cornelio Nepote[23] e Ammiano Marcellino[24] (più tarda, ma assai fortunata per l'intrinseca qualità letteraria, la traduzione delle *Heroides* di Ovidio)[25]. Dopo un breve passaggio ad Ancona, dal 1556 Remigio fu nel convento veneziano dei Santi Giovanni e Paolo (San Zanipolo) dove ricoprì anche incarichi di responsabilità. Risale al venticinquennio veneziano la maggior parte degli interventi editoriali del Nannini: egli «divenne uno dei più attivi collaboratori della tipografia giolitina, per la quale pubblicò molte sue opere e curò un numero considerevole tra edizioni e traduzioni di altri autori antichi e moderni, anche se il rapporto non fu esclusivo e Nannini lavorò con altre stamperie veneziane»[26]. Nell'ambito della produzione volgare, non è allora difficile individuare due fondamentali linee di interesse, le scritture devozionali e quelle storiche, per entrambe le quali alterna il ruolo di traduttore e di curatore. Eccolo allora farsi promotore di edizioni (sempre volgari) della *Imitatio Christi*[27], nonché di Antonio Guevara[28], Girolamo Sirino[29], Marco Marulič[30], Domenico Cavalca[31]. In quest'ambito si collocano perfettamente anche la ricordata edizione italiana delle *Epistole e vangeli* (*princeps* 1567) nonché quella della *Summa armilla*, un manuale per l'attività pastorale del clero[32]. È però nell'ambito storico che il Nannini riversò forse le sue maggiori energie. Prima allestì due importanti raccolte, l'una di *Orazioni mi-*

21 EDIT 16 on line CNCE 23467. Se ne veda l'edizione moderna Remigio Nannini, *Rime*, a cura di D. Chiodo, Torino, RES, 1997 (per nulla convincente risulta però la macchinosa illustrazione delle presunte aspirazioni riformate del Nannini).

22 EDIT 16 on line CNCE 38569; Giancarlo Petrella, «Il volgarizzamento del *De Remediis*», in *Il fondo petrarchesco della Biblioteca Trivulziana. Manoscritti ed edizioni a stampa dal XIV al XIX secolo*, a cura di G. Petrella, Milano, Vita e Pensiero, 2006, p. 177-179, n° 37.

23 EDIT 16 on line CNCE 15294.

24 EDIT 16 on line CNCE 1564.

25 EDIT 16 on line CNCE 47170. Un'edizione moderna in Remigio Nannini, *Epistole d'Ovidio*, a cura di D. Chiodo, San Mauro Torinese, RES, 1992. Si veda anche Giuseppina M. S. Galbiati, «Primi sondaggi sulla traduzione delle ovidiane 'Heroides' di Remigio Nannini», in *Dynamic Translation in the European Renaissance. La traduzione del moderno nel Cinquecento europeo. Atti del convegno internazionale, Università di Groningen 21-22 ottobre 2010*, a cura di P. Bossier, H. Hendrix e P. Procaccioli, Manziana, Vecchiarelli, 2011, p. 41-62.

26 C. Tomei, *Nannini, Remigio*, art. cit., p. 735.

27 EDIT 16 on line CNCE 16188.

28 EDIT 16 on line CNCE 22193 e 22194.

29 EDIT 16 on line CNCE 54917.

30 EDIT 16 on line CNCE 54917.

31 EDIT 16 on line CNCE 10413.

32 EDIT 16 on line CNCE 66504 e 20028.

Fig. 2 Remigio Nannini, *Epistole e vangeli*, Venezia, Gabriele Giolito de Ferrari, 1567, c. d4v-A1r.

1

EPISTOLE, ET EVANGELII,

CHE SI LEGGONO TVTTO L'ANNO ALLA MESSA, SECONDO L'VSO DELLA SANTA ROMANA CHIESA.

NVOVAMENTE TRADOTTI IN LINGVA TOSCANA, DAL R. P. M. REMIGIO FIORENTINO, DELL'ORDINE DE' PREDICATORI.

CON LE DICHIARATIONI MORALI DI MOLTI LVOGHI, che in essi si contengono, fatte dal medesimo.

DOMENICA PRIMA DELL'AVVENTO.

EPISTOLA DI SAN PAOLO APOSTOLO A' ROMANI.

RATELLI [1]. SAPPIATE CH'EGLIÈ *hoggi mai hora di suegliarci dal sonno, perche la nostra salute ci è più uicina, che quando noi gia lo credeuamo. La notte è passata, & è uenuto il giorno* [2]. *Adunque leuiamo uia l'opere delle tenebre, & uestiamoci dell' armi della luce. Andiamo honestamente come di giorno* [3]. *Non in mangiamenti, ne in imbriachezze, non ne i letti, & nelle impudicitie: non in contentione & inuidia, ma uestiteui del nostro Signor* GIESV CHRISTO.

Cap. 13.

2.

3

A

litari[33], l'altra di *Orazioni in materia civile e criminale* tradotte dal latino[34]. Poi si diede all'edizione delle opere storiche di diversi autori: Giovanni Villani[35], Antonio Cornazzano[36], Olao Magno[37] e Tommaso Fazello[38], nel caso voltati in italiano, ma soprattutto Francesco Guicciardini, cui riserbò particolari cure[39]. Da tale esperienza derivano le importanti *Considerazioni civili*, pubblicate postume (1582) dal confratello Sisto da Venezia[40]: il Nannini morì infatti a Firenze, nel 1580, al termine di un periodo di soggiorno nella città natale.

Il domenicano Remigio da Firenze per tutta la vita fu, di fatto, quello che definiremmo oggi un *editor*[41]. Lavorava per diverse officine editoriali, anche se si legò soprattutto a colui che fu forse il più rappresentativo editore italiano della metà del XVI secolo, Gabriele Giolito de Ferrari. Si deve credere che questa sua attività fosse ben remunerata, anche se egli non godette mai del patrimonio accumulato, che alla sua morte restò a disposizione del convento[42]. Per il Cinquecento veneziano si parla dello sviluppo dell'attività dei 'poligrafi', intellettuali minori, raramente autori in proprio, legati al lavoro delle officine tipografiche: si tratta anzi dei primi letterati in grado di mantenersi autonomamente senza esercitare la professione dell'insegnante di vario grado[43]. Si tratta solitamente di laici (non di ecclesiastici) che hanno più o meno brillantemente lavorato per conto degli editori, soprattutto veneziani. L'interesse per questo genere di lavoratori intellettuali si è particolarmente sviluppato negli ultimi decenni nell'ambito degli studi della letteratura italiana. Figure

33 EDIT 16 on line CNCE 26254.
34 EDIT 16 on line CNCE 26330.
35 EDIT 16 on line CNCE 28234.
36 EDIT 16 on line CNCE 13332. In particolare si vedano Andrea Comboni, «"Non mutando, né modo di scrivere, né parole, né voci": Remigio Nannini editore della "Vita di Pietro Avogadro" di Antonio Cornazano», *Anticomoderno*, 3, 1997, p. 103-130 e Diego Zancani, «Un recupero quattrocentesco: "*La vita di Pietro Avogadro Bresciano*" di Antonio Cornazzano e il lavoro di un editore del Cinquecento (Remigio Nannini)», in *Libri Tipografi Biblioteche. Ricerche storiche dedicate a Luigi Balsamo*, 2 vol., Firenze, Olschki, 1997, I, p. 145-167.
37 EDIT 16 on line CNCE 23509.
38 EDIT 16 on line CNCE 18663.
39 EDIT 16 on line CNCE 22308.
40 EDIT 16 on line CNCE 39488.
41 Brian Richardson, *Print Culture in Renaissance Italy. The Editor and the Vernacular Text, 1470-1600*, Cambridge, Cambridge University Press, 1994.
42 C. Tomei, *Nannini, Remigio*, art. cit., p. 737.
43 Carlo Dionisotti, *Chierici e laici*, in *id.*, *Geografia e storia della letteratura italiana*, Torino, Einaudi, 1971, p. 55-88; Claudia Di Filippo Bareggi, *Il mestiere di scrivere. Lavoro intellettuale e mercato librario a Venezia nel Cinquecento*, Roma, Bulzoni, 1989, con le correzioni suggerite nella mia recensione in *Aevum*, LXIV, 1990, p. 591-596.

come quelle di Antonio Brucioli, Ludovico Domenichi, Girolamo Ruscelli o Lodovico Dolce godono di un loro spazio tra gli esperti di studi culturali italiani[44].

Da più parti la figura del Nannini è anzi stata additata come particolarmente significativa proprio per questa sua attività di revisore editoriale[45]. L'ampio spettro e il largo numero di testi volgari di cui si occupò, la rilevanza del suo rapporto col Giolito, a sua volta indicato da tempo come centrale nella individuazione di sviluppi e mutamenti nella cultura italiana negli anni del Concilio di Trento[46], l'autorevolezza che ne circondò l'operato, l'hanno reso oggetto ideale degli studi di settore[47]. In questo senso, più che sondaggi a campione sulla sua opera, può però rivestire un significato esemplare un oggetto librario segnalato in anni non remoti, ma non mi pare fin qui oggetto di studio. Si tratta di un pezzo della celebre Rosenthal Collection oggi a New Haven, cioè della collezione di libri a stampa postillati del XVI secolo messa insieme da Bernard Rosenthal e poi ceduta alla biblioteca della Yale University[48]. Come si ricorderà, il libraio italo-tedesco ma americano d'adozione Rosenthal, nipote del grande Jacques e figlio di Irwin, cugino degli Olschki, con fine acume è andato negli anni allestendo una raccolta di libri cinquecenteschi considerati di scarso valore commerciale proprio perché deturpati da annotazioni

44 Si vedano rispettivamente: *Antonio Brucioli. Humanisme et évangélisme entre réforme et contre-réforme. Actes du colloque de Tours, 20-21 mai 2005*, a cura di É. Boillet, Paris, Champion, 2008; *Lodovico Domenichi (1515-1564) curatore editoriale, volgarizzatore, storiografo. Una raccolta di studi per il quinto centenario della nascita*, a cura di E. Garavelli, «Bollettino storico piacentino», CX, 2015; *Girolamo Ruscelli. Dall'accademia alla corte alla tipografia. Atti del Convegno internazionale (Viterbo, 6-8 ottobre 2011)*, a cura di P. Marini e P. Procaccioli, Manziana, Vecchiarelli, 2012; Girolamo Ruscelli, *De' commentarii della lingua italiana*, a cura di Ch. Gizzi, Manziana, Vecchiarelli, 2016; Lodovico Dolce, *Lettere*, a cura di P. Procaccioli, Manziana, Vecchiarelli, 2015.

45 Si vedano almeno Paolo Trovato, *"Con ogni diligenza corretto". La stampa e le revisioni editoriali dei testi letterari italiani (1470-1570)*, Bologna, Il Mulino, 1991 e Brian Richardson, *Stampatori, autori e lettori nell'Italia del Rinascimento*, Milano, Sylvestre Bonnard, 2004.

46 Carlo Dionisotti, *La letteratura italiana nell'età del concilio di Trento*, in *id.*, *Geografia e storia*, *op. cit.*, p. 227-254; Amedeo Quondam, «"Mercanzia d'onore" "Mercanzia d'utile": produzione libraria e lavoro intellettuale a Venezia nel Cinquecento», in *Libri, editori e pubblico nell'Europa moderna: guida storica e critica*, a cura di A. Petrucci, Roma – Bari, Laterza, 1977, p. 53-103; Amedeo Quondam, «La letteratura in tipografia», in *Letteratura italiana*, II, *Produzione e consumo*, a cura di A. Asor Rosa, Torino, Einaudi, 1983, p. 555-686.

47 Andrea Comboni, «Remigio Nannini curatore-correttore editoriale di testi in volgare: appunti per una ricerca», in *Dal manoscritto al web: canali e modalità di trasmissione dell'italiano. Tecniche, materiali, usi nella storia della lingua. Atti del XII Congresso SILFI, Società internazionale di linguistica e filologia italiana (Helsinki, 18-20 giugno 2012)*, a cura di E. Garavelli e E. Suomela-Härmä, 2 vol., Firenze, Franco Cesati, 2014, I, p. 103-113.

48 Bernard M. Rosenthal, *The Rosenthal Collection of Printed Books with Manuscript Annotations. A Catalog of 242 Editions Mostly Before 1600 Annotated by Contemporary or Near-Contemporary Readers*, New Haven, Yale University, 1997, p. 122-124, n° 43.

manoscritte, soprattutto nei margini[49]: forte delle sue ampie conoscenze linguistiche, delle sicure competenze librarie, di una lucida intuizione, ha così costituito e valorizzato la più ampia collezione libraria caratterizzata proprio dal suo essere composta da volumi più o meno ampiamente annotati[50]. Fra questi volumi ne spicca uno, già a suo tempo segnalato da Giuseppe Frasso, appartenuto al Nannini[51]. Si tratta di un esemplare di Dionigi di Alicarnasso, *Delle cose antiche della città di Roma*, traduzione italiana di Francesco Venturi, Venezia, Niccolò Bascarini per Michele Tramezzino, 1545[52]. L'esemplare, legato in pergamena sei-settecentesca, è dotato di ampi margini e appartenne probabilmente al celebre collezionista Matteo Luigi Canonici,[53] il quale, in una nota manoscritta inserita, suggerisce che l'antico proprietario fosse proprio il Nannini, i cui interventi si riconoscerebbero in molte sezioni del volume, che evidentemente servì alla fine degli anni '50 per allestire le raccolte di orazioni militari e civili pubblicate presso il Giolito. Come scrive Rosenthal, «This volume is of great interest for the history of classical scholarship as well as for the history of printing. There are thousands of manuscripts notes, deletions, emendations, crossed-out text passages and numerous printer's casing off marks in the margins»[54]. Perciò a chi volesse comprendere davvero l'esatto *modus agendi* del Nannini collaboratore editoriale non si potrebbe che suggerire di studiare proprio questo eccezionale reperto (ma è possibile che, estendendo le ricerche, si riesca a individuarne altri).

*

In effetti lo storico del libro si volgerà alle figure di redattori, curatori e "correttori" con uno sguardo un po' diverso da quello di letterati, filologi e linguisti. Innanzitutto più attento ai reali rapporti organizzativi, economici e progettuali

49 B. M. Rosenthal, «Catalogare note manoscritte in libri a stampa», in *Nel mondo delle postille. I libri a stampa con note manoscritte. Una raccolta di studi*, a cura di E. Barbieri, Milano, C.U.S.L., 2002, p. 9-30. L'amico Rosenthal è mancato a inizio 2017: vedi *La Bibliofilìa*, CXX, 2018, p. 143-145.

50 *Libri a stampa postillati: atti del Colloquio internazionale, Milano, 3-5 maggio 2001*, a cura di E. Barbieri e G. Frasso, Milano, C.U.S.L., 2003; Edoardo Barbieri, «I libri postillati: tra storia dell'esemplare e storia della recezione», in *Le opere dei filosofi e degli scienziati. Filosofia e scienza tra testo, libro e biblioteche. Atti del convegno Lecce 7-8 febbraio 2007*, a cura di F. A. Meschini, Firenze, Olschki, 2011, p. 1-27.

51 Giuseppe Frasso, *Per chi ama le postille a margine*, «Il Sole 24 Ore-Domenica», 4 gennaio 1998, p. 23.

52 Edit 16 on line CNCE 37313 e 17249; Alberto Tinto, *Annali tipografici dei Tramezzino*, 2 vol., Venezia-Roma, Istituto per la collaborazione culturale, 1966, I, p. 24, n° 57.

53 Nereo Vianello, «Canonici, Matteo Luigi», in *Dizionario biografico degli Italiani*, *op. cit.*, XVIII, 1975, p. 167-170.

54 B. M. Rosenthal, *The Rosenthal Collection*, *op. cit.*, p. 124.

tra collaboratore editoriale ed editore. In secondo luogo ponendo al centro non tanto i testi pubblicati, ma l'opera stessa del redattore: da questo punto di vista non porrà in primo piano quindi un giudizio di valore sull'opera in esame (per es. Dante *versus* un poetastro quattrocentesco). Supererà anche un interesse riservato ai soli testi letterari in lingua italiana, ma avrà anzi come campo di interesse l'intera produzione libraria, solo in parte riservata alla letteratura in senso proprio e che oltre tutto, nell'Italia del XVI secolo, è ancora per circa la metà in latino... Allora, dopo aver considerato il versante delle collaborazioni editoriali in volgare, si può scoprire un'altra metà della storia. Con una serie di edizioni piuttosto interessanti il Nannini fu infatti protagonista di una differente fetta del mercato librario, sviluppata questa volta in ambito propriamente teologico e in lingua latina. Si tratta di pubblicazioni tutte collocabili agli inizi degli anni '60, ma allocate presso diversi editori, come a dire che si trattò non tanto di un progetto voluto da un particolare imprenditore, quanto piuttosto di un più diretto interesse che ebbe per protagonista il Nannini stesso e i suoi studi.

Si ricorda innanzitutto un'ampia raccolta in due tomi di scritti dedicati alla autorità del Sommo Pontefice e alla residenza dei vescovi, due temi allora di scottante attualità[55]. Poi l'edizione "critica" di alcune opere di san Tommaso dedicate all'esegesi biblica neotestamentaria, il Commento alle Lettere di san Paolo e alle Lettere cattoliche[56] e quello all'Apocalisse[57]. Quindi nel '63 un lavoro di natura filosofica, l'edizione della *expositio* di Tommaso all'*Ethica ad Nicomacum* di Aristotele[58]. Addirittura il Nannini fu uno dei collaboratori per una delle grandi operazioni culturali del suo tempo, l'edizione degli *opera omnia* di san Tommaso d'Aquino voluta da papa Pio V, curata da Tomás Manrique e pubblicata da un gruppo di editori romani nel 1570-1571[59]. Se a questo punto si ricongiungono le linee delle vicende biografiche e della bibliografia personale del Nannini, ne vien fuori un *curriculum vitae* assai interessante. Un domenicano, *magister theologiae*, esperto del mondo editoriale sia latino sia volgare, circondato della fama di uomo colto ed erudito, perfettamente in grado di muoversi nell'ambito della letteratura religiosa edificante, che aveva espresso in proprio sentimenti di sicura ortodossia e si era addirittura occupato dell'edizione del testo di san Tommaso. Così viste le cose, non c'è più alcuno stupore: Nannini era l'uomo giusto per approntare una versione volgare delle *Epistole e vangeli* che rappresentasse in modo sicuro la dottrina cattolica.

55 EDIT 16 on line CNCE 16232.
56 EDIT 16 on line CNCE 27268.
57 EDIT 16 on line CNCE 27271.
58 EDIT 16 on line CNCE 27282.
59 EDIT 16 on line CNCE 48116.

Non solo perché la sua traduzione abbandonava il vecchio volgarizzamento sino ad allora in circolazione, come spiega nella sua epistola ai lettori: «ma perché le traduttioni vecchie erano assai ben oscure, ancor ch'elle fossero fedeli, però attenendomi al mio proprio dire (o bello o brutto che sia) mi sono sforzato di ridurli in più chiara e bella lingua che sia stato possibile» (ed. 1567, c. d3v)[60]. Sia detto tra parentesi, per diversi anni il volgarizzamento tradizionale, sia pur variamente adattato dal punto di vista linguistico, ebbe diverse riedizioni che circolarono parallelamente alla nuova impresa editoriale. Il fenomeno è del tutto parallelo alla costante fortuna delle reiterate edizioni della Bibbia volgare di Nicolò Malerbi anche quando (dopo il 1532) era ampiamente diffusa la nuova versione di Antonio Brucioli, anche in diversi rifacimenti, come quelli dovuti a Zaccaria da Firenze, Sante Marmochini e l'Anonimo della Speranza[61]. Certo, la versione tradizionale non avrà rappresentato alcuna deviazione dal punto di vista teologico, cioè la versione volgare del Nannini non sarà stata più ortodossa (ma più moderna sì) delle versioni medioevali, in quanto dal punto di vista dottrinale è comunemente pressoché impossibile (tranne che in alcuni, pochissimi passi) cogliere nelle versioni bibliche delle sfumature interpretative che facciano autenticamente cogliere possibili deviazioni rispetto all'ortodossia teologica. Nannini era invece l'uomo giusto per il fatto che il testo non era proposto nudo e crudo, ma invece accompagnato da una specie di commento che ne favoriva l'interpretazione nell'alveo della teologia cattolica. Scrive infatti nella citata nuncupatoria: «E perché io era certissimo che questo libro doveva venir nelle mani di molte persone religiose e spirituali, le quali se ben non hanno la piena cognitione della lingua latina, hanno però buon giudicio circa le cose che leggono nella materna favella loro, io ho fatto quelle poche anno-

60 A tale rilevazione della oscurità delle vecchie traduzioni risponderà quasi in diretta un editore della versione tradizionale: nel 1569 uscirono infatti a Venezia presso Johann Criegher in 4° le «EPISTOLE, EVANGELI, || ET LETTIONI, || Che si dicono in tutto l'Anno nella Messa. || Tradotte in lingua Toscana, per beneficio di chi || volentieri ascolta la parola di Dio. || *Con la Tavola necessaria da trovar gli Evangeli, & l'Epistole,* || *che corrono in tutto l'Anno.* || Ornate di nuove figure, & poste à quei luoghi, che veramente si richiede. || CON LICENTIA DE' SVPERIORI». Nella dedica datata al 27 ottobre 1568 l'editore sostiene che, poiché il testo del lezionario deve essere «scolpito nelle viscere del cuore et con molta divotione letto et considerato», senza risparmio si è assunto l'onere di una revisione linguistica per superare la «rozza et inculta forma» nella quale era diffuso, della realizzazione di una serie di «bellissime figurine nuove» per sollecitare la memorizzazione e di una correzione teologica per ricondurre il testo «alla sua vera lettione» (EDIT 16 on line CNCE 11369: dell'edizione, rarissima, ho consultato l'esemplare London, British Library, 3020.b.9). In realtà la questione della necessaria revisione del testo era già stata posta diversi anni prima dai Giunta di Firenze nella loro edizione del 1559-1560 (EDIT 16 on line CNCE 11360: anche di questa assai rara edizione ho consultato l'esemplare London, British Library, 3205.f.23).

61 Edoardo Barbieri, *Le Bibbie italiane del Quattrocento e del Cinquecento. Storia e bibliografia ragionata delle edizioni in lingua italiana dal 1471 al 1600*, 2 vol., Milano, Editrice Bibliografica, 1992, *ad indicem*.

tationi più tosto morali che literali, accioché possino con quei sensi pigliar qualche gusto; et essendo a cura d'anime e volendo ragionar al popolo, possino con qualche destrezza di giudicio servirsi de' motivi e de' luoghi che son notati in quelle e accomodarli a' loro ragionamenti» (ed. 1567, c. d3v-4r).

Il passo citato è oltremodo interessante. Innanzitutto perché individua il pubblico dei lettori tanto nel mondo dei religiosi (clero, ordini maschili e femminili) quanto in quello dei laici devoti legati alle confraternite. In secondo luogo perché attribuendo a tale categoria di persone sì una incompetenza in ambito linguistico latino, ma dicendole al contempo invece esperte della lingua materna, giustifica in tal modo l'accesso per l'appunto al testo biblico volgarizzato, e in particolare al commento predisposto. In terzo luogo perché suggerisce che questo materiale possa trovare un suo compiuto utilizzo nella predicazione popolare. Qui cioè esplicitamente il Nannini propone i suoi commenti come uno strumento di facile accesso messo a disposizione dei sacerdoti in cura d'anime per la predisposizione delle omelie. Non si scorderà che nel medesimo giro d'anni anche la versione volgare dovuta a Francesco Sansovino di un'opera di stretta impronta neotestamentaria, ma sviluppata in un'ottica meditativa a metà strada tra devozione personale e riflessione teologico-patristica come la monumentale *Vita Christi* di Ludolfo di Sassonia (Venezia, Jacopo Sansovino, 1570 = EDIT 16 on line CNCE 31136), presentata al pubblico da un altro celebre religioso spesso impegnato nel mondo della produzione editoriale come il carmelitano Francesco Turchi da Treviso, aveva come sottotitolo «Nella quale con pia et santa dottrina si espongono con facilità gli evangelij che corrono in tutto l'anno secondo le sentenze de santi et più approvati dottori et con più divote meditationi et orationi conformi all'evangelio. Opera non meno necessaria a predicatori et parrocchiani, i quali nelle feste principali dichiarano l'evangelio a' popoli loro, che ad ogni altro christiano che desideri viver secondo la santa fede cattolica», mischiando di nuovo pubblico dei laici devoti con quello del clero impegnato nella predicazione[62].

Quanto alla disposizione del testo sulla pagina non sarà inutile soffermarsi in una breve descrizione, perché essa configura non tanto un problema estetico, ma una vera scelta di struttura grafica per rendere il più possibile parlante e chiara la *mise en page*. Ciascuna 'giornata' (domenica, solennità o festa) è composta da un brano tratto dalle epistole neotestamentarie o da un libro veterotestamentario e da uno dai vangeli. La epistola è in un grosso corsivo, seguito dal commento in un

62 Edoardo Barbieri, «Organizzare il testo / organizzare la lettura. Alcuni libri di devozione tra XV e XVI secolo», in *Disciplinare la memoria: strumenti e pratiche nella cultura scritta (secolo XVI-XVIII): atti del Convegno internazionale Bologna, 13-15 marzo 2013*, a cura di M. Guercio, M. G. Tavoni, P. Tinti e P. Vecchi Galli, Bologna, Pàtron, 2014, p. 25-44.

2 DOMINICA PRIMA

ANNOTATIONE DELL'EPISTOLA.

1 ESSORTA SAN PAOLO IN QVESTA EPISTOLA I Romani, a deſtarci dal ſonno della ignoranza, e de' peccati, perche la gratia, e la ſalute per GIESV CHRISTO ci s'è auuicinata, anzi ci s'è fatta tãto preſſo, che non fu mai Santo alcuno de gli antichi, che l'haueſſe coſi uicina, come l'habbiamo noi[1], che l'habbiamo per la uenuta di Chriſto, ueſtito di queſta noſtra carne, il che nõ hebbero i Santi del uecchio teſtamento.

2 LEVAR uia l'opere delle tenebre, e ueſtirſi l'armi della luce, è ſpogliarſi de' peccati, e ueſtirſi della gratia di GIESV CHRISTO, con le quali armi (che ſono ſpirituali) poſsiamo combattere contra gli auuerſarij noſtri, e l'armi ſono, lo ſcudo della fede, la celata della ſperanza, la corazza della giuſtitia: i gambali dell'Euangelio, e la ſpada del uerbo di Dio, come dice il medeſimo Apoſtolo in diuerſi luoghi.

3 SEI SORTI di uitij prohibiſce qui l'Apoſtolo, cio è, il troppo mangiare, il troppo bere, lo ſtar troppo nel letto, le libidini, le diſcordie, e l'inuidie. E queſto fa, perche queſti ſono quei peccati, ne' quali piu facilmente cade l'huomo, e ce ne debbiamo guardare, perche, il troppo mangiare ci aggraua il corpo, il troppo bere ci fa imbriachi, il troppo ſtar nel letto ci fa pigri, le libidini ci fanno geloſi, e ne tolgano l'intelletto, le diſcordie ci fanno ſtar mal contenti, e con deſiderio di uendetta, e l'inuidie non ci laſciano hauer mai quiete alcuna. Per tanto, ci conchiude che noi ci ueſtiamo di CHRISTO, perche ci ueſtiremo con eſſo tutte le Sante uirtù, e tutti i buoni deſiderij.

EVANGELIO SECONDO LVCA.

Cap. 21. 1.

IN QVEL TEMPO, DISSE GIESV A' SVOI Diſcepoli[1]. Ei ſaranno ſegni nel Sole, & nella Luna & nelle Stelle, & ſopra la terra oppreſsioni di genti per la confuſione del ſuon del mare, & dell'onde: Et gli huomini diuenteranno macilenti, & pallidi per la gran paura & timore, aſpettando quelle coſe che ſoprauerranno a tutto il mondo[2]. 2. Perche le uirtù del Cielo ſi commoueranno, & allhora ſi uedra il figliuolo dell'huomo uenir nelle nugole con gran poſſanza, & maieſtà. Et quando queſte coſe comincieranno a uenire[3]. 3. alzate i capi uoſtri, e guardate in ſu, imperoche s'appreſſa la uoſtra redentione. Et diſſe loro una ſimilitudine. Vedete il fico, & gli altri arbori, quando gia cominciano a produrre il frutto, uoi conoſcete ch'egli è uicina la ſtate. Et coſi uoi, quando uedrete uenir queſte coſe, ſappiate ch'egliè preſſo il Regno di Dio. Io ui dico in uerità, che non paſſerà

FIG. 3 Remigio Nannini, *Epistole e vangeli*, Venezia, Gabriele Giolito de Ferrari, 1567, c. A1v-2r.

DELL'AVVENTO. 3

passerà questa generatione insino a tanto, che tutte queste cose saranno fatte. Il Cielo & la Terra mancheranno, ma le mie parole non uerranno mai meno.

ANNOTATIONE DELL'EVANGELIO.

QUESTI SEGNI, CHE PRECEDERANNO IL GIORNO del Giudicio, si possono anche intender moralmente, per l'Euangelio, per la Chiesa, e per i Christiani, cio è l'Euangelio sarà male inteso, la Chiesa patirà molti trauagli, e molti Christiani cadranno dal l'altezza della Catolica Fede, pero che, il Sole si puo intendere per l'Euangelio, la Luna per la Chiesa, e le stelle per i Christiani, lequali cose uedendosi adesso manifestamente, non si puo far altra coniettura, senon che quel giorno sia uicino, poi che al fiorir de gli alberi si conosce la uicinanza della state. E' poi dichiarato questo luogo in San Mattheo al 26. cap. doue Christo dice. Il Sole s'oscurerà, la Luna non darà lume, e le stelle cadranno dal cielo, iquali mancamenti saranno fuor dell'uso naturale dell'Ecclisse del Sole, e della Luna, che spesso si uedono, & il cader delle stelle, cio è di quei uapori che s'accendono di notte, che par che sieno stelle che caschino, sarà tanto spesso, che gli huomini n'haranno spauento. 1

LE VIRTU DEL CIELO.] Per le uirtu del Cielo s'intendono gli Angeli, iquali nel giorno del giudicio si commoueranno, poi che uerranno con Iesu Christo al giudicio, si come testifica Christo in San Matteo, ò uero uuol dire, secondo che l'espone Teofilatto, che nella commotione di tutte le creature si commoueranno anche gli Angeli per lo spauento dell'imutatione, e turbatione di tutto l'uniuerso. 2

ALZATE I CAPI VOSTRI.] Qui si dice, che in quei giorni tanto trauagliati, e spauenteuoli, i buoni, e fideli debbon quasi respirare, e confortarsi, inteso per l'alzar della testa, come suol far colui, che uicino all'uscir di qualche gran trauaglio, & afflittione, comincia a mostrarsi allegro: ma noi per ogni picciol male ci perdiamo d'animo, e quasi ci disperiamo, e con tutto cio, uogliamo esser chiamati Christiani, e fideli. 3

DOMENICA SECONDA DEL L'AVVENTO.

EPISTOLA DI SAN PAOLO APOSTOLO A' ROMANI, CAPITOLO XV.

RATELLI, [1] QVELLE COSE CHE SONO state scritte, tutte sono state scritte a nostro ammaestramento, acciochè per la patientia, et consolatione delle scritture; noi habbiamo speranza: Dio adunque della patientia, et della consolatione, ui conceda c'habbiate il medesimo sentimento fra uoi, secondo CHRISTO GIESV, acciochè con uno animo e con una bocca 1.

A ij

piccolo romano; segue il vangelo in un grosso romano, cui segue il commento in un piccolo corsivo: grazie anche alle iniziali silografiche parlanti o decorative (da numerose serie diverse e mischiate) che aprono sia le pericopi sia i commenti, si ottiene così una disposizione del tutto semplice e lineare (nulla a che vedere coi commenti biblici latini disposti intorno al testo!) che permette al contempo una facile identificazione 'a colpo d'occhio' della funzione svolta da ciascuna sezione testuale. Con una certa frequenza vengono poi anche inserite, di solito ad apertura di giornata, sempre senza spezzare l'unità del brano testuale, le illustrazioni silografiche di cui s'è detto.

Per analizzare il commento proposto occorrerebbe in realtà molto spazio e molto tempo. Si può però dire che l'intento del Nannini non è certo quello di problematizzare temi teologici o di imbarcarsi in sottili discussioni. Egli svolge una semplice funzione esegetica di spiegazione della lettera (anche inserendo riferimenti incrociati a passaggi biblici diversi da quello via via analizzato: si noti la parca presenza di rimandi interni ai margini). Le sue spiegazioni sono spesso allegoriche e sfociano in esortazioni di tipo morale. Con ciò il dettato, oltre a brillare per una sua coerenza stilistica piana ma non banale, si cimenta talvolta in spiegazioni che non ignorano certo il dibattito religioso del suo tempo. Forse la cosa migliore è fornire però un esempio, la spiegazione della epistola per la II messa del giorno di Natale (Tito 3, 4-7) (ed. 1584, p. 32):

> Qui dimostra l'apostolo s. Paolo che noi debbiamo ascriver tutta l'opera della prima salute nostra alla sola misericordia d'Iddio, e non a' meriti nostri, peroché l'opere nostre, che andarono innanzi alla ricevuta gratia, erano più tosto degne di gastigo e di pena, che di dono sì raro, qual fu l'incarnatione del Figliuol di Dio, e mostrando qual sia l'instrumento di questa divina gratia, dice esser il sacro battesimo, nel quale l'huomo per la virtù dello Spirito Santo, che in esso si contiene, rinasce a Dio. Molti, malamente intendendo queste parole del santo apostolo, dicono che non occorre far buone operationi, poiché noi siamo salvati per misericordia d'Iddio, e non per l'opere nostre, ancor che giuste: i quali parlano ignorantissimamente, non conoscendo che san Paolo parla della prima gratia, per la quale Giesù Christo prese carne humana per venirci a salvare, e non parla di quell'opere che, fondate nella fede e carità christiana, concorrono alla nostra salute, delle quali habbiamo tanti testimoni nelle Scritture Sante, che la metà basterebbono. E, quando non ci fusse altro, ci doverebbe bastar quell'autorità di Giesù Christo, il qual dice che, nel giorno del giudicio, saremo esaminati dell'opere di misericordia, e saremo domandati di quanto haremo operato, e non di quanto haremo creduto, e che il dar d'un bicchier d'acqua, non sarà senza la sua mercede.

*

Il Nannini, pur avendo pubblicato in vita con numerosi editori, fu senza dubbio fortemente legato al Giolito. Come si ricorderà, la collaborazione si estende per ben un trentennio, partendo dal 1550 sino alla morte del Nannini e contando una dozzina di *editiones principes* a indicare un rapporto che da semplice prestazione professionale adeguatamente remunerata si sarà trasformato in un vero legame, se non amicale, certo di stima e di stretta collaborazione. Senza dubbio, facendo forza sul suo ruolo di religioso, il Nannini fu in relazione diretta anche con le donne di casa Giolito, visto che dedicò l'edizione della *Imitatio* alla moglie di Giolito, Lucrezia Bini[63]. Pur potendo accedere alle indispensabili ricerche di Salvatore Bongi[64], nonché agli studi recenti di Angela Nuovo e Christian Coppens[65], non ci sono però documenti espliciti che testimonino quale considerazione il Giolito avesse del Nannini. Certo, per la sua opera, oltre al privilegio papale di cui s'è detto, era stato richiesto e poi reiterato un privilegio al Senato della Repubblica di Venezia: il 26 aprile 1567, assieme a molte altre pubblicazioni, quello per la *princeps* e poi il 28 settembre 1575 «per le annotationi da novo aggionte all'Epistole»[66]. Ma esistono altri strumenti per valutare il grado di attesa generato dalla operazione 'pubblicazione epistole e vangeli del Nannini'?

Occorrerebbe poter soppesare l'investimento economico iniziale messo in atto dal Giolito, così da poter almeno ipotizzare una valutazione editoriale del prodotto, in considerazione anche delle numerose riedizioni giolitine dell'opera (uscite con le date 1567, 1569, 1570, 1573, 1575, 1576, 1582, 1583, 1584, 1587, 1588, 1589, 1590, 1598, anche se alcune sono semplici emissioni contemporanee). In assenza di documentazione esplicita, una strada però forse c'è. Si provi ad analizzare brevemente l'*editio princeps* secondo criteri bibliologici. Il volume è in 4° di 16 carte non numerate seguite da 527 [1] pagine con fascicolatura regolare a-d^4, A-Z^{8}AA-KK^8. Il titolo suona *Epistole, et euangelii, che si leggono tutto l'anno alla messa, secondo l'uso della Santa Romana Chiesa. Nuouamente tradotte in lingua toscana dal r.p.m. Remigio*

63 Salvatore Bongi, *Annali di Gabriel Giolito de' Ferrari da Trino di Monferrato, stampatore in Venezia, descritti e illustrati*, 2 vol., Roma, Ministero della Pubblica Istruzione, 1890-1895, II, 1895, p. 23-24 e Martine Delaveau, Yann Sordet, *Un succès de libraire européen l'*Imitatio Christi *1470-1850*, Paris, Éditions des Cendres – Bibliothèque Mazarine, 2012, p. 83-86, n° 12.

64 S. Bongi, *Annali di Gabriel Giolito de' Ferrari*, *op. cit.* Sul Bongi e la sua opera si veda Marco Paoli, «Gli Annali di Gabriel Giolito de Ferrari. Storia di una edizione», in *Salvatore Bongi nella cultura dell'Ottocento: archivistica, storiografia, bibliologia. Atti del Convegno nazionale Lucca, 31 gennaio-4 febbraio 2000*, a cura di G. Tori, Roma, Ministero per i beni e le attività culturali, 2003, p. 205-220.

65 A. Nuovo, C. Coppens, *I Giolito e la stampa*, *op. cit.*

66 *Ibid.*, p. 427-429: 428 e 435-437: 436. Altri privilegi per opere del Nannini sono pubblicati *ibid.*, p. 404 (1549), 414 (1555), 414-415 (1556), 418 (1560).

Fiorentino[67]. Il testo delle pericopi scritturistiche, organizzate secondo l'anno liturgico, è accompagnato, come si diceva, dal commento sempre del Nannini. Non meno interessanti sono gli indici inseriti, sui quali sarà utile spendere qualche parola. La distribuzione infatti degli apparati paratestuali è piuttosto indicativa. Alle c. 2r-4r si ritrova una non molto significativa dedica a Jacopo Dei, monaco benedettino cassinese di S. Paolo di Roma. Segue una fitta serie di strumenti per l'uso dell'opera: c. a4v-b3r *Tavola e calendario delle feste solenni*; c. b3v *Tavola e calendario delle feste mobili dal 1567 al 1596*[68]; c. b4r-c1r *Tavola da trovare più commodamente le lettioni, epistole et evangelii che occorrono per tutto l'anno secondo l'ordine della Chiesa romana*; c. c1v-d3r *Tavola delle cose più notabili*; c. d3v-d4r *A' lettori* (l'avvertenza del Nannini qui più volte citata); c. d4v apertura dell'opera con al centro silografia di s. Paolo e citazioni del Salmo 51 (50), 17 («Signore, tu aprirrai le labra mie e la mia bocca annuntierà la tua loda») congiunta all'invocazione paolina di I Corinzi 1, 23-24 («Noi predichiamo Christo crocifisso, a' Giudei veramente scandolo, et a' Gentili pazzia, ma a quei che si salvano, cioè a noi, è virtù e sapienza d'Iddio»). L'indice tematico proposto è ovviamente relativo soprattutto ai commenti inseriti a corredo dei brani scritturistici e meriterebbe una lettura attenta, visto che il Nannini non ignora temi anche caldi di quegli anni: *armi spirituali*, *battesimo*, *beneditioni*, *beneficio di Christo*, *Chiesa militante*, *Christo* (24 voci), *croce* (3 voci), *digiuno* (6 voci), *Dio* (16 voci), *eletti* (5 voci), *fede* (14 voci), *gratia/gratie* (5 voci), *heretici* (3 voci), *imagini*, *Legge* (4 voci), *Maria Vergine* (7 voci), etc. Le edizioni successive manterranno più o meno inalterato tutto l'apparato degli strumenti di accesso al testo creati dal Nannini[69].

67 Si è preso in considerazione l'esemplare della *princeps* conservato a Venezia, Biblioteca del Museo Correr, F 1048. Misure mm 240 × 176, legatura settecentesca in pergamena floscia con tracce di legacci e rinforzi da un ms. quattrocentesco. Al piatto anteriore incollata una silografia intestata «Regina carmelitarum ora pro nobis»; qualche annotazione ai margini, soprattutto *notabilia*. L'edizione è molto rara: in Edit 16 on line CNCE 11366 sono segnalati solo 5 esemplari, tra cui non compare quello Correr segnalato però dall'OPAC di SBN (IT\ICCU\CNCE\011366). Oltre ad aver consultato l'esemplare Correr, ho potuto avvantaggiarmi di alcune fotografie dello stesso. Comunemente ho potuto però lavorare in modo più disteso su esemplari digitalizzati disponibili on line di altre due edizioni giolitine più tarde, quella 1584 (già Collegio Romano, ora Biblioteca Nazionale Vittorio Emanuele di Roma: <https://books.google.it/books?vid=IBNR:CR000159525>, consultato il 18-09-2018) e quella 1590 (già S. Pietro in Vincoli di Roma, ora Nazionale di Roma: <https://books.google.it/books?vid=IBNR:CR000159525>, consultato il 18-09-2018).

68 Questo tipo di tavole cronologiche, comuni in messali e breviari, nelle opere cioè connesse col ciclo liturgico ma anche con l'alternanza del calendario solare, dal punto di vista editoriale indicano l'arco cronologico di 'validità prevista' di una certa edizione.

69 Sull'importanza degli indici si veda almeno Maria Gioia Tavoni, *Circumnavigare il testo. Gli indici in età moderna*, Napoli, Liguori, 2009, che però, pur prestando particolare attenzione alle Bibbie volgari, non considera l'opera del Nannini.

Proseguendo l'analisi dell'edizione, in particolare occorre però notare una larga presenza di silografie, che è forse la spia più chiara dell'alto valore dell'investimento economico relativo. Si tratta, ovviamente, di una bella serie di illustrazioni silografiche di argomento biblico quasi tutte della medesima dimensione di mm 57x78 e tutte di stile rinascimentale italiano. Tale coerenza stilistica e di misura mostra che si tratta di una serie di matrici realizzate organicamente, che richiesero un forte investimento da parte dell'editore. Si osserverà però che la dimensione della singola illustrazione è più piccola di quella necessaria per illustrare una pagina sia pur in formato in quarto, per cui è necessario inserirla in una cornice silografica. Queste illustrazioni sarebbero invece adatte a prendere posto in una edizione in folio stampata su due colonne, per le quali è probabile fossero programmate. In effetti tale serie non è ignota ai bibliografi, anche se manca uno studio storico-artistico specifico, che non guasterebbe. Qualche anno fa, infatti, sono state fatte oggetto di attenzione le silografie di tema scritturistico usate dal Giolito nella sua edizione della Bibbia latina del 1588[70]. Nello studio citato si dimostra che tale serie era in realtà già stata incisa da alcuni decenni. Si considerino innanzitutto le specifiche caratteristiche stilistiche, che sembrano rimandare sicuramente alla prima metà del secolo; in secondo luogo si osservi che alcune silografie erano già singolarmente comparse in una edizione del *Decameron*, pubblicata dal Giolito nel 1552[71], e l'anno dopo in una delle *Trasformazioni* del Dolce tratte da Ovidio[72]. Questa data costituisce il *terminus ante quem* per la realizzazione della serie. Infatti, un documento di tipo archivistico, la richiesta di un privilegio di stampa, e una indicazione dello stesso Giolito in una lettera di dedica permettono di essere informati circa una iniziativa editoriale giolitina poi fallita. Negli anni '40 Giolito progettava infatti una riedizione della Bibbia volgare di Antonio Brucioli, la prima traduzione della Bibbia (*editio princeps* 1532) condotta direttamente sull'ebraico e sul greco[73]. Il Brucioli però, che si era alimentato di un certo anticlericalismo fiorentino e che orecchiava idee erasmiane e riformate (quando addirittura non attingeva pesantemente all'esegesi protestante per i suoi commenti biblici in volgare), venne accusato di eresia

70 EDIT 16 on line CNCE 5803. Il saggio cui ci si riferisce è costituito da Ch. Coppens, A. Nuovo, «The Illustrations of the Unpublished Giolito Bible», art. cit., p. 119-141. Lo si cita qui dando per acquisite integrazioni e correzioni proposte dagli stessi in *I Giolito e la stampa*, *op. cit.*, in particolare alle p. 226-230.

71 EDIT 16 on line CNCE 6328; Ruth Mortimer, *Harvard College Library Departement of Printing and Graphic Arts. Catalogue of Books and Manuscripts, Part II. Italian 16th Century Books*, 2 vol., Cambridge (Mass.), Harvard University Press, 1974, I, p. 100-101, n° 72.

72 EDIT 16 on line CNCE 27046 e 54429; R. Mortimer, *Harvard College Library*, *op. cit.*, II, p. 494-496, n° 342.

73 EDIT 16 on line CNCE 5759. Mi permetto di rimandare semplicemente a E. Barbieri, *Le Bibbie italiane*, *op. cit.*

12 DELLE QVATTRO TEMPORA

VENERDI DELLE QVATTRO TEMPORA DELL'AVVENTO.
LETTIONE D'ISAIA PROFETA.

Ca.11
1

QVESTO DICE[1]*. IL SIGNORE DIO, EGLI uſcirà una uerga della radice di Ieſſe, & il fiore della radice di quella naſcerà, & ſopra quello ſi poſerà lo Spirito del Signore: Lo ſpirito di ſapientia, & d' intelletto: Lo ſpirito di conſiglio, & di fortezza: Lo ſpirito di ſcienza, & di pietà; e riempierallo lo ſpirito del timor di Dio*[2]*. Egli non giudicherà ſecondo il uedere de gli occhi, & non riprenderà ſecondo l'udire de gli orecchi: ma giu dicherà con giuſtitia i poueri, & riprenderà con diſcretione i manſueti della terra: & percoterà la terra con la uerga della ſua bocca: et con lo ſpirito delle ſue labbra ucciderà l' impio, & ſarà la giuſtitia cinto de ſuoi lombi, & la fede cintura delle ſue reni.*

2

ANNOTATIONE DELLA LETTIONE D'ISAIA PROFETA.

1 QVEST'E' VN'ALTRA PROFETIA D'ESAIA, INTORNO ALLA Natiuità di IESV CHRISTO nato di MARIA, peroch' ella è inteſa per la uerga, & nel fiore è inteſo CHRISTO ſopra del quale, ſi poſarono tutti i doni dello Spito

FIG. 4 Remigio Nannini, *Epistole e vangeli*, Venezia, Gabriele Giolito de Ferrari, 1567, c. A6v-7r.

DELL'AVVENTO. 13

Spirito ſanto che ſono ſette, cio è, Scienza, Pietà, Conſiglio, Fortezza, Intelletto, Sapienza, e Timor d'Iddio. E dice il Profeta, che lo ſpirito Santo ſi poſera ſopra CHRISTO, perche ne gli altri ſuol paſſare, e non fermarſi, ma in CHRISTO ſi fermò, perche non gli fu dato lo ſpirito à miſura, ma tutta la pienezza d'eſſo, della quale anche noi ſiamo ſtati partecipi.

NON GIVDICHERA.] Qui ſi moſtra che CHRISTO al quale è ſtata da Dio data l'autorità di giudicare, non è puro huomo, perche il giudicio de gli huomini, è ſecondo quel che ſi uede, e ſi ſente, ma quel d'Iddio è ſecondo quel che ſi penſa, è s'ha dentro al core, del quale egli è ſcrutatore, però ſarà Dio & huomo, e con queſto giudicio giudicherà i ſuperbi, e l'impio cio è Antichriſto, il quale giudicato che ſarà, i giuſti, inteſi per la iuſtitia s'accoſteranno a CHRISTO come un cinto, che cinge i lombi, i fideli, inteſi per la fede, s'aderiranno a lui, come aderiſce la cintura, che lega le reni, cio è, ſaranno in perpetuo congiunti inſeparabilmente con eſſo.

EVANGELIO SECONDO LVCA.

Luc. 1

IN QVEL TEMPO LEVANDOSI SV MARIA, andò con preſtezza nelle Montagne alla città di Iuda: & entrò nella caſa di Zacheria, & ſalutò Eliſabetta. Et come Eliſabetta udì il ſaluto di MARIA: il fanciullo le cominciò a ſaltar nel uentre: & fu ripiena di Spirito ſanto Eliſabetta, & con gran uoce diſſe [1]: Tu ſei benedetta fra le donne: & benedetto è il frutto del uentre tuo. Onde ho io queſto, che la madre del mio Signor, uenga a trouar me? Perche, ecco che, come la uoce del tuo ſaluto

dalle autorità veneziane[74]. Probabilmente per tale ragione l'edizione, ormai avviata, non fu mai stampata: la serie delle matrici lignee fatte incidere per questo progetto era però già stata realizzata, ed è quella testimoniata dalla Bibbia latina del 1588. Fin qui l'articolo citato.

Ora però si può osservare che la serie di illustrazioni fu largamente impiegata già nel 1567 (oltre un ventennio prima!) proprio nella *princeps* delle *Epistole e vangeli* del Nannini (e poi nelle ristampe): lo stesso curatore nella sua dedicatoria *Ai lettori* scriveva tra l'altro: «E se il libro vi parrà vago a vedere e adorno di molte bellissime figure, darete la lode al molto magnifico e honorato messer Gabriel Gioliti, che desideroso di giovare e dilettare le persone spirituali con le sue stampe, ha voluto adornarli quanto è stato possibile per le forze sue» (ed. 1567, c. d3v)[75]. Questo senza dubbio dimostra la capacità del Giolito di valorizzare il materiale silografico che aveva già fatto realizzare, nonché le aspettative riposte nell'impresa delle *Epistole e vangeli*. Soprattutto, più sottilmente, suggerisce come, nel volgere di un ventennio dagli anni '40 ai '60 del XVI secolo, un progetto editoriale dedicato alla Bibbia in italiano dovesse/potesse trasformarsi nella edizione dell'opera del Nannini, che viene di fatto a sostituire, nell'ambito dell'editoria volgare, l'accesso diretto alla Bibbia.

*

Se la prospettiva individuata è reale, che influsso ha avuto sulla storia editoriale delle *Epistole e vangeli* del Nannini? Cioè, l'importanza dell'operazione editoriale giolitina che conseguenze ha avuto sul mercato librario in una prospettiva di lunga durata? Pur in assenza di una bibliografia specifica, grazie soprattutto agli strumenti informatici ma anche alle ricerche precedenti, è stato possibile proporre in altra sede una mappatura delle edizioni pervenute (in larghissima maggioranza veneziane), e a quella si rimanda[76]. Sarà qui invece opportuno osservare come il Giolito sin

74 Edoardo Barbieri, «Giovanni Della Casa e il primo processo veneziano contro Antonio Brucioli», in *Giovanni della casa ecclesiastico e scrittore: atti del Convegno (Firenze-Borgo San Lorenzo, 20-22 novembre 2003)*, a cura di S. Carrai, Roma, Edizioni di storia e letteratura, 2007, p. 31-69.

75 Addirittura la serie delle silografie di tema biblico compare già nella citata *Imitatio Christi* tradotta dal Nannini nel 1562! Si vedano le illustrazioni proposte da M. Delaveau, Y. Sordet, *Un succès de librairie européen*, *op. cit.*, p. 82 e 85.

76 Si veda Edoardo Barbieri, «The Bible in Contention: Roman Prohibitions and the Italian Biblical Texts for the Mass», in *Conflict and Controversy*, a cura di A. Wilkinson, Leiden, Brill, in stampa. Per la natura di tale mappatura si intende qui col termine edizione un prodotto editoriale i cui dati bibliografici permettano di distinguerlo da un altro, conteggiando perciò anche quelle che sono di per sé semplici emissioni diverse della medesima edizione (come l'edizione giolitina col *colophon* datato 1582, ma frontespizi datati all'82, all'83 e all'84), ma conglomerando quelle che una semplice somma delle diverse voci catalografiche porterebbe a separare.

da subito creò un vero e proprio modello editoriale che verrà largamente ripetuto, pur con le dovute eccezioni: l'opera del Nannini costituita dalla traduzione volgare delle pericopi della messa ordinate secondo l'anno liturgico è stata quasi sempre proposta secondo specifiche caratteristiche: in formato in 4°, dotata di un ricco apparato illustrativo, organizzata con successioni ordinate di testo-commento, accompagnata da diversi indici. Questo è lo standard editoriale rispetto al quale si potranno individuare alcune eccezioni (formati più piccoli come 8° o 12°, versioni ridotte, edizioni prive di illustrazioni, edizioni divise in due tometti), ma che resta il modello comune di presentazione dell'opera.

Quanto alla sua storia editoriale, che andrà – specie per i primi decenni – incrociata con quanto già osservato circa i privilegi di cui furono titolari i Giolito, si potranno individuare alcune "forme" di presentazione dell'opera. Innanzitutto solo le edizioni giolitine degli anni 1567, 1569 e 1570 trasmettono la versione originale del Nannini coi testi «nuovamente tradotti» (cioè *recentemente* tradotti), come recita il frontespizio. Infatti, dal 1575 (ma si ricordi che il relativo privilegio pontificio è dell'anno precedente) il Giolito proporrà una revisione dell'opera, quella che avrà poi il più duraturo successo, cioè quella riorganizzata secondo «l'ordine del messale nuovo» e arricchita da quattro discorsi del Nannini stesso. Era infatti accaduto che dopo la discussione conciliare a Trento, papa Pio V avesse delegato una commissione per la riforma del Messale, che venne pubblicato nel 1570: *Missale Romanum ex decreto sacrosancti Concilii Tridentini restitutum Pii V Pont. Max. iussu editum*, Romae, Apud Heredes Bartholomei Faletti, Joannem Varis cum et socios, [MDLXX][77]. Perciò il Nannini aveva provveduto a riallineare il lezionario ai mutamenti introdotti appunto dal messale conciliare, il cui uso veniva reso obbligatorio[78]. Quanto ai quattro discorsi, rispettivamente «del Digiuno, della Invocation de' Santi, dell'Uso dell'Imagini, della Veneration delle Reliquie loro, utili e necessarii a chi fosse desideroso d'intender le Sante usanze della Santa Romana Chiesa», è Remigio fiorentino stesso a spiegare ragioni e metodo di tale inclusione: «Ho ampliato poi le dichiarationi, e accresciutele in assai buon numero, v'ho aggiunto ancora quattro discorsi [...] acciò ch'ogn'uno possa più stabilirsi nella sua divotione, e conoscer con quanto torto sono i Catolici biasimati da gl'heretici, intorno a

77 Si veda il *Missale romanum. Editio princeps (1570)*, a cura di M. Sodi e A. M. Triacca, Città del Vaticano, Libreria Editrice Vaticana, 1998, in particolare la «Introduzione» dei curatori p. VII-XLVI con la bibliografia indicata.

78 Anche la versione tradizionale delle *Epistole e vangeli* si adeguò a tale esigenza: basti vedere le rarissime «EPISTOLE, || ET || EVANGELI, || Che si dicono tutto l'anno || nella Messa. || *Tradotte in lingua Toscana.* || Nuouame(n)te corrette, & riformate se- || condo il Messale Romano, stam- || pato d'ordine del Santo || Concilio di Trento» pubblicate a Venezia dai fratelli Guerra in 16° nel 1579 (EDIT 16 on line CNCE 11380: si è esaminato l'esemplare London, British Library, 3015.a.11).

quella santissima usanza» (ed. 1584, c. d6r). Questo mi pare sostanzialmente l'unico rilievo, a livello paratestuale, di una valenza propriamente "controriformistica" dell'opera, che, come normale negli scritti volgari, si astiene da una vera e propria discesa in campo nella polemica teologica antiprotestante.

Mancato il Nannini nel 1580, nella edizione del 1584 compare una dedica di Giovanni Giolito datata al 15 novembre e indirizzata a Bianca Capello granduchessa di Toscana (alle c. a2r-4v)[79]. Dopo le solite affermazioni d'occasione, tra le quali spicca però anche l'indicazione che i diritti sul testo erano frattanto interamente passati agli eredi Giolito (c. a3r), si legge l'importante annotazione che «fu composta la detta opera [...] perché potesse ogn'uno, e le donne in particolare, cavar qualche utile spirituale dalla volgar lettione dell'Epistole et Evangeli che si leggono tutto l'anno a la Messa, dalle quali s'apprende il vero modo di vivere christianamente e catholicamente» (c. a3v), con il che si individua nel pubblico femminile un altro segmento dei lettori potenziali dell'opera. Nelle edizioni successive non manca qualche ulteriore aggiustamento, come nel 1587 quando i Giolito inseriranno anche «il nuovo calendario de' santi instituito da n. s. papa Sisto quinto»[80]. Il 1590 segna un anno di svolte importanti. Innanzitutto perché costituisce la fine dell'esclusiva editoriale giolitina, per cui nel giro di un quinquennio l'opera verrà pubblicata – sempre a Venezia – anche da Giorgio Angelieri, Giovanni Battista Porta, il Guerra, Domenico Imberti. In secondo luogo perché proprio l'Angelieri allestirà una alternativa forma editoriale, che sarà tipica quasi esclusivamente delle sue diverse edizioni (nelle quali ci si riferisce all'adozione del nuovo lezionario dicendo che le pericopi sono organizzate secondo l'«ordine del messal riformato»): si tratta dell'inserzione di «alcuni sommari fatti latini dal p. Pietro Canisio [...] tradotti in volgare da Camillo Camillo», nonché della giunta di «alquanti sermoni sopra l'oratione, digiuno et elemosina cavati dall'opere del r. p. f. Luigi di Granata»[81]. Evidentemente l'Angelieri aveva potuto saccheggiare l'edizione Nannini ma nella versione originale, e aveva provveduto a rimaneggiare il testo aggiungendovi altro materiale di varia provenienza che la facesse vagamente assomigliare alla versione aggiornata del Nannini proposta dai Giolito. È probabile che l'operazione sia stata coordinata da Camillo Camilli, nominato nel frontespizio, in quegli anni collaboratore editoriale piuttosto attivo[82]. In realtà gli eredi Giolito nel ripubblicare l'opera proprio nel '90 annoteranno polemicamente nel loro *Avvertimento a' lettori* alla c. a4v:

79 Gaspare De Caro, «Bianca Capello, granduchessa di Toscana», in *Dizionario biografico degli Italiani*, *op. cit.*, X, 1968, p. 15-16.

80 Edit 16 on line CNCE 27791.

81 Edit 16 on line CNCE 28994.

82 Renato Pastore, «Camilli, Camillo», in *Dizionario biografico degli Italiani*, *op. cit.*, 17, 1974, p. 214-217.

> Nell'ultima impressione di quest'opera (benigni lettori) molti miglioramenti in essa si sono fatti, li quali habbiamo giudicato esser bene farveli sapere, accioché havendo da comperare tal libro, non siate delusi e ingannati: perché questo anno si sono stampate qui in Venetia da un certo stampatore (il nome del quale per honor suo, e per nostra modestia vogliamo tacere) certe Epistole et Evangeli volgari imperfette, e manchevoli assai; essendo le prime, che furono fatte stampare pur da noi fino dell'anno 1567, dall'autore stesso, prima che morisse, rifiutate, e a pena per sue riconosciute; alle quali mancano tutte le cose seguenti. Prima, quelle sono poste in confuso, non secondo l'ordine del Messal nuovo, riordinato dalla Sant. Mem. di Pio V come sono queste nostre. Poi vi manca gran numero di annotationi ad ogni Epistola et Evangelo; e da questo si può espressamente conoscere essendo cresciuto il volume in quest'ultima nostra impressione più di quello, ch'era lo stampato del 67 almeno 25 fogli. Quelle di colui sono anco diffettuose per lo mancamente de' quattro Discorsi, cioè del Digiuno etc., li quali sono nelle nostre; e inoltre non vi sono né l'Epistole, né gli Evangeli con le loro Annotationi, che si recitano nelle Feste de' Santi aggiunti ultimamente nel Calendario dalla Santità di Nostro Signor Papa Sisto quinto e di quanto v'habbiamo avvertiti, facilissimamente ve ne potrete chiarire, quando quelle con queste nostre diligentemente confronterete.

Il XVII secolo vede la massima diffusione dell'opera del Nannini che se, nel secolo precedente, era stata impressa anche fuori Venezia a Torino e Bologna, viene ora proposta anche a Verona, di nuovo Torino, e Brescia; ancora qualcuno sperimenta forme alternative di presentazione, usando i formati minori 8° o 12°. A Venezia l'opera è ormai di pubblico dominio e sono numerosi i tipografi che se ne contendono l'edizione attingendo di volta in volta alla redazione Giolito o a quella Angelieri. Da segnalare però l'iniziativa dei fratelli Giorgio e Giovanni Battista Galignani, che nel 1607 pubblicano un'edizione che presenta una nuova serie di illustrazioni che riprendono espressamente la serie giolitina[83], mentre nel 1614 Niccolò Misserini inserisce 64 calcografie di Catarino Doino e Francesco Valesio[84]. Nella seconda metà del secolo alcune edizioni vantano in particolare di pubblicare un testo ricorretto: si veda l'edizione 1672 di Giacomo Zattoni che presenta il testo come «nuovamente corretto da me Gio. Pietro Erico correttor approvato»[85].

Nel Sette e Ottocento si tratta, ovviamente, di ristampe piuttosto ripetitive ma di sicuro smercio dalle quali non si astengono nemmeno aziende importan-

83 *Le edizioni veneziane del Seicento*, a cura di C. Griffante, 2 vol., Venezia – Milano, Regione Veneto – Editrice Bibliografica, 2003-2006, I, p. 207, n° 1223.

84 *Ibid.*, I, p. 207, n° 1229.

85 *Ibid.*, I, p. 209, n° 1254. Le correzioni sono dunque attribuite al celebre linguista Johann Peter Ericus, sul quale si veda: Christian Gottlieb Jöcher, *Allgemeines Gelehrten-Lexikon*, 4 vol., Leipzig, Johann Friedrich Gleditsch, 1750-1751, II, 1750, col. 382; *Deutscher Bibliographischer Index*, herausgegeben von W. Gorzny, bearbeitet von H.-A. Koch, U. Koch, A. Koller, 3 vol., München – London – New York – Oxford – Paris, Saur, 1986, I, p. 502.

ti come quelle di Niccolò Pezzana, Antonio Zatta, Bartolomeo Occhi, Giacinto Marietti, Pietro Fiaccadori e il Fibreno, dislocate, oltre che a Venezia (che resta, fino al 1826, il maggior centro di diffusione delle *Epistole e Vangeli* del Nannini)[86], a Lucca[87], Torino, Firenze e Napoli, dove l'opera, ormai estenuata, veniva ristampata fino al 1859[88]. Un discorso a parte meriterebbero forse le ristampe procurate dai Remondini di Bassano, datate al 1720[89], 1722, 1729, 1736, 1754 (Venezia) e 1764 (Verona)[90].

*

Che cosa si può ricavare da questa ricerca? Innanzitutto la certezza di aver individuato uno dei maggiori, e misconosciuti, *long seller* della produzione editoriale

86 Sull'attività editoriale nella Venezia del tempo si veda ora Marco Callegari, *L'industria del libro a Venezia durante la Restaurazione (1815-1848)*, Firenze, Olschki, 2016.

87 Circa la circolazione dell'opera fra tutte le classi sociali, interessante il caso dell'edizione procurata dal Marescandoli di Lucca nel 1719 in 4°, in cui peraltro si pubblica solo il discorso del digiuno (Opac di SBN IT\ICCU\LIAE\044242). Nel corso delle ricerche è stato possibile identificare a Chicago, Newberry Library, Case C 865.719 mm 221 × 157 l'esemplare appartenuto al doge Pietro Grimani (1741-1752), le cui armi in oro sono impresse sulla legatura coeva in pelle biondo-castana, tagli dorati, risguardi in carta decorata, mutilo del fascicolo Dd in fine. Dono alla biblioteca nei primi anni '60 del Novecento di Heinz W. Maienthau (ma nel libro è scritto Maicuthau: devo a Paul Gehl l'identificazione del personaggio), titolare della libreria Museum Books di Chicago, allora sita presso l'Università, specializzata in volumi di *Americana* di seconda mano. Per l'attività dei Marescandoli si veda la tesi di dottorato di Giada Marcazzani, *I Marescandoli di Lucca: l'azienda, il catalogo*, Università di Pisa, Scuola di Dottorato in Storia, Orientalistica e Storia delle arti, XXII ciclo, Tutor Prof.ssa Maria Iolanda Palazzolo (disponibile on line all'indirizzo: <https://etd.adm.unipi.it/theses/available/etd-12172011-124131/unrestricted/I_Marescandoli_di_Lucca.pdf>, consultato il 18-09-2018), che però ignora la suddetta edizione.

88 Fino alle soglie proprio dell'unità d'Italia, quindi. Naturalmente, l'attenzione di una parte dei lettori si sarà anche spostata da una semplice intenzione devota a più specifiche domande storico-culturali: si veda per esempio l'esemplare di Chicago, Newberry Library, Bonaparte 4803 (Victor Collins, *Attemptat a Catalogue of the Library of the Late Prince Louis-Lucien Bonaparte*, [London], Henry Sotheran, 1894, p. 249) dell'edizione Venezia, Sebastiano Valle, 1826 (ignota all'OPAC di SBN) appartenuto a Luigi Luciano Bonaparte (1813-1891), studioso di linguistica ed editore di testi biblici (basti qui il rimando al bel saggio di [Giovanni Lupinu], «Bonaparte, Babele, il sardo», in *Il Vangelo di san Matteo votato il logudorese e cagliaritano. Le traduzioni ottocentesche di Giovanni Spano e Federigo Abis*, a cura di B. Petrovszki Lajszki e G. Lupinu, Cagliari, Centro di Studi Filologici Sardi – CUEC, 2004, p. IX-LXXXIII).

89 L'esemplare di tale edizione (Opac di SBN IT\ICCU\RAVE\002679) conservato a Gerusalemme, Biblioteca Generale della Custodia di Terra Santa, già Q VII 17 ora in attesa di collocazione, reca questa interessante annotazione che ne indica l'ambito di circolazione tra i francescani lì insediati: «Supuesto el permiso del R.^{mo} P. Custode || de T. Sta es este libro de la Capilla de la infer- || meria del Conv.^{to} de Relig.^{s} Franciscanos de || S^{n} Salvador».

90 Sulla produzione remondiniana si veda da ultimo Laura Carnelos, *I libri da risma. Catalogo delle edizioni Remondini a larga diffusione (1650-1850)*, Milano, Franco Angeli, 2008 con la bibliografia pregressa.

italiana per circa tre secoli. Senza dubbio le edizioni mostrano via via un sostanziale degrado della qualità propriamente libraria: carta di minore grammatura, illustrazioni sempre più consunte, caratteri tipografici logori, impressione approssimativa, scadimento del disegno grafico complessivo. Ciò indica però come il libro fosse entrato a pieno titolo fra le pubblicazioni di tipo religioso di più ampia circolazione, un tempo si sarebbe parlato di vere e proprie 'edizioni popolari'[91]. Anche superando tale categoria (che trova nelle reiterate indicazioni di interesse da parte del clero una sua ineludibile contraddizione), il dato bibliologico conferma quello bibliografico, permettendo di parlare di una serie di edizioni estremamente comune e capillarmente diffusa tra la popolazione, di edizioni quindi 'di larga circolazione'. Questa considerazione si allarga allora in maniera decisa dal piano della storia del libro alla vera e propria storia religiosa e della cultura.

Forse è giunto il tempo, e l'annunciata pubblicazione di un monumentale *Dizionario biblico di letteratura italiana* pare ben allocabile in tale ottica[92], di imparare a superare la geremiade più volte ripetuta circa la mancata lettura della Bibbia nell'Italia moderna. Ricordo che a tale *querelle* fu costretto già il grande biblista Alberto Vaccari, incalzato nell'agone da alcuni scritti polemici di parte protestante[93]. Occorre invece iniziare positivamente a interrogarci circa la reale presenza dell'opera del Nannini, nonché di altri compendî biblici, tra le letture comuni degli Italiani dell'età moderna. O, se si vuole, circa l'altrettanto reale penetrazione del messaggio e financo del testo biblico nella cultura italiana attraverso la mediazione di una varietà di opere, tra cui quella del Nannini. Saremo cioè costretti, anche in ambito volgare e anche nell'Italia della cosiddetta 'Controriforma' e sia pur secondo una gran varietà di specifiche fattispecie, a parlare non più, semplicisticamente, di una *assenza* della Bibbia, ma di una sua *presenza*[94].

91 *Libri per tutti: generi editoriali di larga circolazione tra antico regime ed età contemporanea*, a cura di L. Braida e M. Infelise, Torino, UTET, 2010.

92 *Dizionario biblico di Letteratura Italiana*, dir. da M. Ballarini, a cura di G. Frasso, P. Frare e G. Langella, Milano, Biblioteca Ambrosiana, Centro Ambrosiano-IPL, 2018.

93 Il contributo di Alberto Vaccari, «Una geremiade su "La Bibbia e la Riforma"» è del 1935, ma può essere comodamente letto in *id.*, *Scritti di erudizione e di filologia*, 2 vol., Roma, Edizioni di Storia e Letteratura, 1958, II, p. 391-400 (per i temi che qui interessano, lì si veda anche dello stesso «La lettura della Bibbia alla vigilia della Riforma protestante», p. 365-390).

94 Ringrazio, oltre a Erminia Ardissino e Élise Boillet per l'invito al convegno torinese e i colleghi presenti a tale iniziativa che presero parte ai vivaci e preziosi momenti di discussione, i primi lettori di queste carte, Giuseppe Frasso, Michele Colombo, Luca Rivali e Davide Martini.

Post scriptum

A bozze ormai chiuse aggiungo una notizia di un qualche momento. Presso la Biblioteca Generale della Custodia di Terra Santa a Gerusalemme, segnatura CIN B 105, si conserva un esemplare di una sconosciuta edizione delle *Epistole* attribuite al Nannini (ma prive del "commento"): «EPISTOLE || ET EVANGELII, || CHE SI LEGGONO TVTTO || l'Anno alle Messe, secondo l'vso della S. Romana || Chiesa, & ordine del Messale riformato. ||| *Tradotti in lingua Toscana.* ||| DAL R. P. M. REMIGIO FIORENTINO || dell'ordine de' Predicatori. ||| *Con il calendario de' Santi; & la Tauola de' Giorni, che si leggono* || *le Epistole, & Euangelij.* || [marca CNCM 163 con due putti alati recanti corone d'alloro e il motto "ET ANIMO ET CORPORI"] || [linea tipografica] || IN VENETIA || Appresso Gio. Antonio Rampazetto, 1593.»; p. 264 «In Venetia, per Gio. Antonio Rampazzetto. 1593». Si tratta di un in 4°, p. [12] 264, a6 A-Q8 R4, carattere R82 su due fitte colonne, fittamente illustrato. Una dettagliata descrizione nel catalogo di tale fondo realizzato da Luca Rivali, in stampa. Ancora più interessante però un'altra informazione. La lezione del volume 1593 è simile ma diversa a quella di un'altra edizione collegata al Rampazetto; si tratta di Edit16 45506 = SBN IT\ICCU\RMLE\001344, un'edizione delle *Epistole e Vangeli* non però attribuite al Nannini (ma il testo è in realtà in parte differente anche da quello tradizionalmente in circolazione), pubblicata a Venezia nel 1584 e sottoscritta al frontespizio da Fabio e Agostino Zoppini, mentre in fine dagli eredi di Francesco Rampazetto. L'edizione ha inoltre una breve dedica a suor Pacifica Tornielli del monastero agostiniano di San Daniele di Venezia (c. a2r-v, datata al 25 marzo 1583 *more veneto*) firmata proprio da Giovanni Antonio Rampazetto; si osserverà anche che nell'edizione 1584 è riprodotta per intero la serie delle piccole silografie "con cornicetta" che sono parzialmente impiegate nell'edizione del '93. Uno dei due esemplari noti dell'edizione '84, quello di Roma, Biblioteca Alessandrina, W.e.30 (riprodotto sul web senza che la sua digitalizzazione sia segnalata né nell'OPAC della biblioteca né da quello di SBN: <https://books.google.it/books?id=tLg56JePqVcC&hl=it&pg=PP5#v=onepage&q&f=false>, consultato il 19-12-2018) proviene dalla biblioteca del monastero romano di S. Pudenziana (per il quale si veda Enrico P. Ardolino, «Libri e biblioteche della Congregazione fogliante italiana (1592-1802). Una prima rassegna tra Roma e Perugia», *Bibliothecae.it*, II/2, 2013, pp. 161-185: 182-183). In basso al frontespizio una nota di dono di papa Alessandro VII (1655-1667), a confermare una indubbia tolleranza (se non un certo favore) per questo genere di pubblicazioni da parte dei vertici stessi della Chiesa cattolica... [Si veda più distesamente il mio intervento «Una sconosciuta edizione delle Epistole e vangeli del Nannini conservata a Gerusalemme», *Biblioteche oggi. Trends*, dicembre 2018, in stampa].

TRA CENSURA E TOLLERANZA.
Le due edizioni del volgarizzamento dei salmi penitenziali di Domenico Buelli, inquisitore di Novara (1572 e 1602)

Élise Boillet
(CNRS - Centre d'études supérieures de la Renaissance,
Université de Tours)

Tramite l'esempio del volgarizzamento dei salmi penitenziali di Domenico Buelli si intende riflettere su aspetti del rapporto tra censura ecclesiastica e produzione libraria nel periodo della Controriforma, in particolare nell'ultimo trentennio del Cinquecento e i primi anni del Seicento. In effetti, tale riflessione richiede di interessarsi non solo ai libri proibiti ma anche a quelli tollerati o autorizzati e, tra questi, non solo ai best-sellers ma anche a quelli che ebbero una fortuna editoriale molto limitata, e non solo alle opere di autori rinomati ma anche a quelle di personaggi poco conosciuti. In tutti i casi, un approccio pluridisciplinare tra storia della Chiesa, storia dell'editoria e storia della letteratura si rivela molto utile, in quanto consente di prendere in considerazione oggetti altrimenti negletti dalla critica perché ritenuti di insufficiente interesse nei singoli campi di ricerca. Il libro di Buelli, che non ha suscitato nessuna attenzione fino ad ora, costituisce una particolare e interessante illustrazione, insieme teorica e pratica, del dibattito cinquecentesco sulla liceità dei volgarizzamenti biblici.

1. Il domenicano Domenico Buelli da Arona, inquisitore generale di Novara dal 1570 alla morte nel 1603, pubblicò la traduzione e il commento dei sette salmi penitenziali, un libro in octavo di 340 pagine, a Novara nel 1572[1]. Nella lettera dedicatoria, datata Novara 1 dicembre 1571 e indirizzata a Gian Paolo Della Chiesa, nato a Tortona e fatto cardinale inquisitore da Pio V alla fine del 1568[2], l'autore precisa la genesi dell'opera. Spiega come, nello stesso periodo in cui due cittadini tortonesi

1 *I sette salmi penitentiali tradotti et esposti per il r.p.f. Domenico Buelli, dell'ordine de predicatori general inquisitor di Nouara*, Novara, Francesco Sessalli, 1572.

2 Ugo Rozzo, «Della Chiesa, Gian Paolo», in *Dizionario Biografico degli Italiani*, vol. 36, 1988 (<http://www.treccani.it/enciclopedia/della-chiesa-gian-paolo_%28Dizionario-Biografico%29/>, consultato il 18-09-2018).

andarono a ringraziare il papa per la nomina a cardinale di Della Chiesa, si ritrovò priore del convento di S. Domenico di Tortona. Fu l'amenità del luogo a incitarlo a dedicarsi, malgrado gli impegni, alla vita contemplativa e a comporre la traduzione ed esposizione dei salmi penitenziali «in pochi mesi»[3]. Dice di essere stato incoraggiato nella scelta del dedicatario da Giovanni Stefano Curoli, uno dei due tortonesi che parteciparono all'ambasciata presso il papa, e da Cipriano Uberti, inquisitore di Vercelli[4].

Giovanni Michele Piò, autore di una storia dell'ordine domenicano apparsa nel 1615, ricorda Domenico Buelli nel capitolo dedicato al convento di San Pietro Martire di Novara per la costruzione di carceri e di stanze ad uso dell'Inquisizione e per la pensione annua di cento scudi che l'inquisitore ottenne per sé e per i suoi ministri da Pio V[5]. Affidandosi alla testimonianza di Cipriano Uberti, ricorda anche Buelli per la diligenza nel perseguire eretici e streghe, menzionando in particolare la causa di Battista Farina, eretico relasso impenitente, che fu consegnato al braccio secolare nel 1586[6].

Documenti conservati nell'Archivio Storico Diocesano Novarese e presso il Trinity College di Dublino testimoniano dei numerosi processi per stregoneria che Buelli condusse contro donne della Val d'Ossola alla metà degli anni 1570 e poi nel 1580[7]. In quegli anni, nel ducato di Milano, vigeva la bolla pontificia *Multorum quaerela* emanata da Clemente V all'inizio del XIV secolo: essa stabiliva che *in causis fidei* il tribunale episcopale e quello locale dell'Inquisizione romana potevano prendere indipendentemente l'iniziativa di raccogliere evidenze e aprire processi, ma dovevano agire in concerto al momento di fare uso della tortura e di pronunciare le sentenze[8]. Se sembra che la normativa pontificia sia stata generalmente

3 Domenico Buelli, *I sette salmi penitentiali*, ed. 1572, c. [a]2r e [a]3v.
4 *Ibid.*, c. [a]4r-[a]4v.
5 Giovanni Michele Piò, *Della nobile et generosa progenie del p. s. Domenico in Italia*, Bologna, Bartolomeo Cochi, 1615, p. 404.
6 *Ibid.*, p. 404. Cipriano Uberti pubblicò la sua *Tavola delli inquisitori* a Novara presso Francesco Sessali nel 1586.
7 Thomas Deutscher, «The Role of the Episcopal Tribunal of Novara in the Suppression of Heresy and Witchcraft (1563-1615)», *The catholic historical review*, LXXVII, 1991, 3, p. 403-421: 415; Battista Beccaria, «Inquisizione e stregoneria a Novara tra Cinque e Seicento», in *Una terra tra due fiumi, la privincia di Novara nella storia: l'età moderna (secoli XV-XVIII)*, a cura di S. Monferrini, Novara, Provincia di Novara-Assessorato alla cultura, 2003, p. 545-581: 547-549, 568-570; *id.*, «Inquisizione episcopale e inquisizione romano-domenicana di fronte alla stregoneria nella Novara post-tridentina (1570-1615). I processi del Buelli (1580) conservati al Trinity College di Dublino», *Novarien*, 34, 2005, p. 165-221: 179-197.
8 Agostino Borromeo, «Contributo allo studio dell'Inquisizione e dei suoi rapporti con il potere episcopale nell'Italia spagnola del Cinquecento», *Annuario dell'Istituto Storico Italiano per l'Età Moderna e Contempornea*, XXIX-XXX, 1977-1978, p. 219-276: 219-222; T. Deutscher, «The role

osservata, ci furono anche momenti di scontro frontale. In particolare, i processi condotti da Buelli negli anni 1591-1592 suscitarono l'intervento del vescovo Pietro Martire Ponzone che non volle riconoscere la validità degli interrogatori condotti dall'inquisitore con l'uso sistematico della tortura in assenza di rappresentanti del tribunale vescovile[9]. Nuovi contrasti sorsero nel 1593 con l'arrivo del nuovo vescovo Carlo Bascapè[10]. Discepolo, ex segretario e primo biografo di Carlo Borromeo, questi intendeva seguire il modello dell'arcivescovo di Milano, difendendo le prerogative vescovili, in particolare in materia di inquisizione, nella propria diocesi di Novara. La sua corrispondenza, conservata nell'Archivio provinciale dei Barnabiti a Milano[11], come la sua biografia, scritta dal barnabita Innocenzo Chiesa e pubblicata nel 1636[12], testimoniano di rapporti inizialmente molto tesi con Buelli, il vescovo e l'inquisitore scrivendo a Roma per accusarsi a vicenda di intromissione e abuso[13]. Il contrasto aveva anche risvolti economici: pochi mesi dopo l'arrivo in diocesi, il vescovo, che doveva fronteggiare una situazione di debiti creata dai predecessori, scriveva al suo agente a Roma ciò che gli era stato riferito a proposito dell'inquisitore generale, cioè che «ha fabricato un palazzo, dove habita, et vi tiene mobili pretiosi»[14], notando anche come la Val d'Ossola era considerata dai domenicani come le loro «Indie», una terra di missione, ma soprattutto un territorio per arricchirsi tramite la confisca dei beni dei condannati al rogo o la commutazione di pene di morte o di carcere perpetuo in anni di esilio[15]. Sembra che, dopo queste iniziali tensioni tra Bascapè e Buelli, i loro tribunali abbiano proceduto in relativo accordo[16]. Ma nel 1597 un nuovo contrasto sorse in rapporto con l'implementazio-

of the episcopal tribunal», art. cit., p. 404-406; B. Beccaria, «inquisizione e stregoneria», art. cit., p. 559.

9 T. Deutscher, «The role of the episcopal tribunal », art. cit., p. 408; B. Beccaria, «Inquisizione e stregoneria», art. cit., p. 561; *id.*, «Inquisizione episcopale e inquisizione romano-domenicana», art. cit., p. 174-175; Thomas Deutscher, *Punishment and Penance: Two Phases in the History of the Bishop's Tribunal of Novara*, Toronto, University of Toronto Press, 2013, p. 19.

10 Fu vescovo di Novara fino alla morte nel 1615. Cfr. Paolo Prodi, «Bascapè, Carlo», in *Dizionario Biografico degli Italiani*, vol. 7, 1970 (<http://www.treccani.it/enciclopedia/carlo-bascape_(Dizionario-Biografico)/>, consultato il 18-09-2018).

11 T. Deutscher, «The role of the episcopal tribunal», art. cit., p. 406.

12 Innocenzo Chiesa, *Vita di Carlo Bascapè, barnabita e vescovo di Novara (1550-1615)*, nuova edizione a cura di S. Pagano, Firenze, Olschki, 1993, p. 371-374. Prima edizione: Milano, Filippo Ghisolfi, 1636.

13 I. Chiesa, *Vita di Carlo Bascapè*, *op. cit.*, p. 371-372; T. Deutscher, *Punishment and Penance*, *op. cit.*, p. 29.

14 I. Chiesa, *Vita di Carlo Bascapè*, *op. cit.*, n. 150, p. 374.

15 T. Deutscher, «The role of the episcopal tribunal», art. cit., p. 408; B. Beccaria, «Inquisizione e stregoneria», p. 561; *id.*, «Inquisizione episcopale e inquisizione romano-domenicana», art. cit., p. 166, 172-173; T. Deutscher, *Punishment and Penance*, *op. cit.*, p. 29.

16 T. Deutscher, «The role of the episcopal tribunal», art. cit., p. 409-410.

ne dell'Indice clementino[17]. Di quest'ultimo punto, che ci interessa maggiormente nell'ambito di questo contributo, si parlerà in dettaglio più avanti.

Si chiuderà questa parte accennando al fatto che le vicende della cosidetta «Grande Caccia» alle streghe condotta nel Novarese tra il 1575 e il 1620 hanno ispirato il romanzo storico *La Chimera*, in cui Sebastiano Vassalli narra la vita dell'orfanella Antonia, da quando fu abbandonata all'ingresso della casa di carità di San Michele di Novara nel 1590 fino alla morte sul rogo nel 1610[18]. In questo romanzo, Buelli è descritto come un personaggio megalomane, che una mania di grandezza spinse ad edificare in piazza San Quirico (ora piazza Antonio Gramsci), dove sorgeva il convento dei domenicani, una vera «cittadella della fede», facendovi costruire prima il palazzo dell'Inquisizione e poi la nuova chiesa dei domenicani (ora San Pietro del Rosario)[19]. Di fatto, si può leggere l'iscrizione latina della lapide commemorativa fatta porre dall'inquisitore nel 1585 a fianco dell'ingresso del palazzo inquisitoriale nella storia degli uomini illustri di Novara scritta da Lazaro Agostino Cotta (1701)[20].

2. La traduzione con commento dei salmi penitenziali, a cui Giovanni Michele Piò si limitò ad accennare, è l'unico testo edito a stampa che si conosce di Domenico Buelli. Filippo Argelati, autore di una storia degli scrittori milanesi (1745), ha fornito un elenco delle opere del domenicano, menzionando, oltre alle due edizioni dei salmi con l'aggiunta di una sezione di poesie sacre nella seconda, diversi testi in italiano e in latino conservati in un manoscritto della biblioteca del convento domenicano di Novara: «Quaresimale di Prediche», «Tractatus de Sacramentis», «Dialogus Disputativus inter Accusatorem Sacramentarium Haereticum, & Defensorem Catholicum», «De Reali praesentia Corporis Christi in Sacramento Altaris», «Lezioni XXXVII. sopra li sette Salmi Penitenziali», «Predica sopra la

17 T. Deutscher, *Punishment and Penance*, *op. cit.*, p. 29.

18 Sebastiano Vassali, *La Chimera*, Torino, Einaudi, 1990.

19 La nuova chiesa fu iniziata nel 1599 con l'approvazione del vescovo Bascapè, che ne benedisse la prima pietra, e consecrata nel 1618 dal cardinal vescovo Ferdinando Taverna (<https://novartestoria.wordpress.com/2011/12/27/s-pietro-al-rosario/>, consultato il 18-09-2018).

20 « D.O.M. CATHOLICAE RELIGIONI, ET SANCTAE INQUISITIONI, DUM EI PRAEFUERIT ORDO PRAEDICATORUM, ET SS. PETRI EJUSDEM ORDINIS, ET QUIRICI MARTYRUM NUMINI FR. DOMINICUS BUELLIUS S. THEOLOG. PROFESSOR, ET INQUISITOR NOVARIAE HANC PORTICUM CUM ADJUNCTIS AEDIBUS EXSTRUCTAM DICATAM ESSE VULT ANNO MDLXXXV. » (Lazaro Agostino Cotta, *Museo Novarese* [...] *diviso in quattro stanze con quattro indici*, Milano, eredi di Filippo Ghisolfi, 1701, p. 101; anche in Giammaria Mazzuchelli, *Gli scrittori d'Italia cioè notizie storiche, e critiche intorno alle vite, e agli scritti dei letterati italiani*, vol. II, part. IV, Brescia, Giambattista Bossini, 1763, p. 2272).

Passione di Gesù Christo», «De Christi Sepulcro, Sermo latinus» e «Lezioni LI. in forma di Sermoni appropriati a molte Feste dell'Anno, e de' Santi»[21].

Le trentasette lezioni sui salmi penitenziali, menzionate come un'opera in volgare, andrebbero confrontate, in una ricerca che per ora non ci è stato possibile condurre, con la traduzione commentata degli stessi testi edita a stampa. L'attenzione ai salmi e in particolare ai salmi penitenziali non è certamente sorprendente per un inquisitore, in quanto i salmi erano tra i testi biblici non solo maggiormente suscettibili di veicolare tesi eterodosse, ma anche più soggetti ad usi superstiziosi e magici[22], mentre la recitazione dei salmi penitenziali poteva d'altra parte rientrare nella correzione dei rei[23]. Nondimeno, la scelta di comporre e offrire alla stampa, non le sopramenzionate trentasette lezioni, oppure una raccolta di sermoni come altri scrittori produssero negli stessi anni[24], ma una traduzione in versi accompagnata da un commento, è una scelta che lo zelante inquisitore sente di dover spiegare e che affronta nel proemio.

La prima metà del proemio, che inizia con il consueto riferimento a san Girolamo, spiega, tramite ragioni pure frequentemente allegate nei volgarizzamenti dei salmi, la scelta di quel corpus biblico e specificatamente dei sette salmi della penitenza. L'autore fornisce l'elenco dei padri e dottori della Chiesa con l'aiuto dei quali ha nutrito la propria meditazione prima di prendere la decisione, per non contravvenire al comandamento divino di amore verso il prossimo, di «farne parte a quell'anime fedeli et di cuor humili che volontieri si pascono della parola del Signore»[25].

La seconda metà del proemio, che in questa sede interessa di più, offre una difesa dell'opera, in cui l'autore inizia con il rispondere a una prima obiezione che gli si potrebbe fare:

21 Filippo Argelati, *Bibliotheca scriptorum Mediolanensium, seu Acta, et elogia virorum omnigena eruditione illustrium, qui in metropoli Insubriæ, oppidisque circumjacentibus orti sunt; additis literariis monumentis post eorumdem obitum relictis, aut ab aliis memoriæ traditis*, Mediolani, in ædibus Palatinis, 1745, col. 234. L'elenco è ripreso in Mazzuchelli, *Gli scrittori d'Italia*, p. 2273.

22 Edoardo Barbieri, «Fra tradizione e cambiamento: note sul libro spirituale del XVI secolo», in *Libri, Biblioteche e Cultura nell'Italia del Cinque e Seicento*, a cura di E. Barbieri e D. Zardin, Milano, Vita e Pensiero, 2002, p. 3-61: 45.

23 Così, nel 1596, il chirurgo Eusebio Isorno della città di Intra, citato in giudizio dal tribunale vescovile per il possesso di libri superstiziosi e l'uso della magia nella cura dei malati, torturato alla presenza dell'inquisitore Buelli, fu condannato a recitare i salmi penitenziali e una litania ogni settimana per un anno in ginocchio in Santa Maria di Suna (T. Deutscher, *Punishment and Penance*, *op. cit.*, p. 100).

24 Si veda la n. 54.

25 I padri e dottori elencati sono « Girolamo, Agostino, Ambrogio, Gregorio, Cassiodoro, Bernardo, Basilio, il cardinal Ugone, la Glosa ordinaria, Thomaso, Nicolao Lira, Innocentio terzo, Giacomo da Valenza, et alcuni altri eccellentissimi Dottori, non men catolici che eruditi » (D. Buelli, *I sette salmi penitentiali*, ed. 1572, *op. cit.*, c. [a]6v).

> [...] son sicuro che alcuni, biasimando questa mia spiritual fatica, diranno ch'io sono stato non pur troppo licentioso, ma temerario, havendo ridotto il testo di questi salmi in versi volgari et sopra di quelli spiegatone il commento, quasi ch'io mi habbia voluto formar un novo testo a modo mio, non essendo lecito a persona che viva, per intelligente et religiosa ch'ella si sia, d'aggiungere et sminuire una sol parola a i testi delle divine scritture.[26]

La proposta di una traduzione in versi volgari va legittimata rispetto alla versione latina da cui è derivata, ma anche rispetto al commento, fatto non sopra il testo latino ma sopra la versificazione italiana. L'inquisitore ribatte che, oltre l'essersi «sempre affaticato di star fermo non pur ne i sensi, ma anco nell'istesse parole della traduttion latina», ha scelto di comporre una traduzione poetica, che precisa essere in versi sciolti, per tre ragioni. La prima ragione è stata «per dilettare il lettore», perché una traduzione «in prosa di parola in parola» avrebbe trasformato i salmi in testi «freddi et mutoli», il «dolce» e il «dilettevole» della poesia consentendo invece di trarre il lettore «al salutifero amaro della devozione», come d'altronde sanno bene i prelati della Chiesa che approvano l'uso del canto e della musica per attirare i fedeli alla messa e agli uffici. Aggiunge poi:

> [...] et s'io havessi havuto altro intento, non havrei accompagnato col testo latino i versi miei, i quali servono non per novo et semplice testo, che per Dio gratia ciò non dirò mai, ma per dichiaratione et elucidation di quello.[27]

Buelli attribuisce alla traduzione poetica la stessa funzione dichiarativa abitualmente associata alla parafrasi, al sermone o al commento (chiamato anche esposizione e dichiarazione), tutte forme di scritture derivate che incorporano parti di traduzione del testo originale in un testo più ampio. Per Buelli, la traduzione poetica, che non vale come testo a se stante, costituisce un primo livello di chiarimento del testo biblico, approfondito poi nel commento. La seconda ragione allegata è l'imitazione del profeta David che, «come sanno i dotti», «scrisse tutto il Salterio in versi elegantissimi et molto artificiosi». Buelli propone qui una forma di ritorno alla fonte ebraica concepito nei limiti della fedeltà all'originaria natura poetica di questi testi biblici[28]. Sulla scia di Agostino, Buelli valorizza la bellezza ritmica del

26 *Ibid.*, c. [a8]v.
27 *Ibid.*, c. [a]9r.
28 Tra le prime traduzioni italiane del Cinquecento dichiarate come tratte dalla fonte ebraica, vanno segnalate quelle del laico fiorentino Antonio Brucioli (*Psalmi di David nuovamente dalla hebraica verità tradotti in lingua toscana*, Venezia, Lucantonio Giunta, 1531) e del domenicano fiorentino Santi Marmochino (*La Bibia nuovamente tradotta dalla hebraica verita in lingua toschana*, Venezia, eredi di Lucantonio Giunta, 1538). Quest'ultima fu riedita dallo stesso stampatore nel 1545 in un'edizione rivista da anonimi che menziona nel titolo l'inclusione di una versione poetica dei salmi, la quale rispetta l'uso antico: «Et accio l'opera sia piu perfetta quanto alla disputa

«poema di David» che, stando agli esperti di lingua ebrea, va definito «epico et heroico» e quindi tradotto in versi sciolti (qui endecasillabi non rimati), giacché «le rime toscane, per la dolcezza loro, hanno troppo del molle et poco del grave». La poesia rimata è presente nel libro con il *Sonetto dell'autore* introduttivo e la *Sestina dell'autore* conclusiva[29]. La terza ragione che ha condotto l'autore a tradurre ed esporre i salmi penitenziali «in così fatto modo» è infine che il libro, destinato a lettori non esperti di Sacra Scrittura, deve essere per quanto più possibile di facile comprensione. Buelli giustifica quindi la sua opera con una serie di ragioni che, pur non essendo perfettamente articolate tra di loro, si possono riassumere con due parole chiavi: autenticità e accessibilità. Vuole infatti offrire un testo basato sulla Vulgata senza ignorare la fonte ebraica e adatto a tutti i lettori inclusi i semplici.

3. Va detto che la proposta letteraria di Buelli interveniva a ridosso della fortuna che le versificazioni dei salmi conobbero nel decennio precedente. Tale fortuna iniziò con Bernardo Tasso nel 1560 e conobbe un picco nel 1568 con le versioni del canonico regolare Cornelio Cattaneo e di Bartolomeo Arnigio[30] e con la raccolta collettiva edita dal carmelitano Francesco Turchi, in cui si leggevano i versi del vescovo Antonio Sebastiano Minturno (1a ed. 1561), del francescano Bonaventura Gonzaga (Ia ed. 1566), di Laura Battiferri (1a ed. 1564), di Luigi Alamanni (1a ed. 1532), di Pietro Orsilago (1a ed. 1546) e dello stesso Turchi (1a ed.)[31]. Mentre quest'ultimo aveva scelto i versi sciolti, gli altri autori erano ricorsi alla terza rima (Alamanni e

di Iob co suoi amici, & quanto a tutti e salmi di David quali per altri sono tradotti in prosa, sono stati nuovamente translatati in versi volgari misurati, secondo che furon composti da proprii auttori, per modo poetico o vero prophetico, secondo che in quel tempo era consueto» (Edoardo Barbieri, *Le Bibbie italiane del Quattrocento e del Cinquecento*, Milano, Editrice Bibliografica, 1992, vol. 1, p. 291-294). Negli anni 1560 e all'inizio degli anni 1570, si possono segnalare le traduzioni di Michele Scoter [Michael Shoter] (*I sette salmi penitentiali [...] tradotti dal testo ebraico*, Brescia, Giovanni Battista Bozzola, 1566), di Domenico da Rimini (*Alcuni salmi e canzoni di Davide profeta tradotti dall'hebreo in lingua volgare*, Modena, Paolo Gadaldino e fratelli, [1569]) e di Pellegrino degli Erri (*Salmi di David tradotti con bellissimo e dottissimo stile dalla lingua ebrea nella latina e volgare*, Venezia, Giordano Ziletti, 1573). Su quest'ultimo, si veda la n. 52.

29 D. Buelli, *I sette salmi penitentiali*, ed. 1572, *op. cit.*, c. [a]1v e p. 315-317. La *Sestina dell'autore* (con il sottotilo: *Esorta l'anima nostra con belle et efficaci ragioni a voler abbandonar le cose terrene, vili et corrottibili, per inalzarsi a Dio, in cui sono riposti i veri et immortali tesori: et unita una volta al suo Creatore non voglia più prevaricando da lui separarsi*) si compone di dodici sestine e una strofa in terza rima.

30 Si veda Ester Pietrobon, « Riscritture liriche di Salmi e poetica davidica in Bartolomeo Arnigio », in *La Bibbia in Poesia. Volgarizzamenti dei Salmi e poesia religiosa in età moderna*, a cura di R. Alhaique Pettinelli, R. Morace, P. Petteruti Pellegrino e U. Vignuzzi, Roma, Bulzoni, 2015, p. 83-101.

31 *Salmi penitentiali di diuersi eccellenti autori. Con alcune rime spirituali, di diuersi illust. cardinali; di reuerendissimi vescoui, & d'altre persone ecclesiastiche. Scelti dal reuerendo p. Francesco da Triuigi carmelitano*, Venezia, Gabriel Giolito de' Ferrari, 1568. Si veda Rosanna Morace, « I Salmi tra Riforma e Controriforma », in *La Bibbia in Poesia*, *op. cit.*, p. 55-81.

Orsilago), alla canzone-ode (Tasso, Battiferri, Gonzaga, Cattaneo) e alla canzone (Minturno e Arnigio). Nelle prime edizioni, molti avevano incluso il testo latino (a fronte della versione italiana o in margine a quella) come anche una spiegazione in prosa volgare (cioè un argomento prima del salmo e/o un commento dopo il salmo). Nell'edizione di Francesco Turchi, il testo latino appare in margine ai versi degli autori (ma non a quelli di Alamanni), mentre i commenti sono assenti.

La chiesa diffidava particolarmente delle traduzioni della Bibbia in versi, molte delle quali riguardavano i salmi. Negli anni 1570, gli organi romani responsabili della censura inviarono alle inquisizioni periferiche delle direttive che erano tese al ripristino progressivo, dopo l'Indice tridentino, delle disposizioni più severe dell'Indice paolino, alcune delle quali contenevano specifici divieti contro le versificazioni bibliche. Tali direttive, anche se parziali e puntuali, molto probabilmente crearono un clima non favorevole per la produzione di traduzioni bibliche e specificatamente di versificazioni in Italia. Di fatto, la riedizione della Bibbia di Malerbi del 1567 fu l'ultima Bibbia volgare integrale ad essere stampata in Italia nel Cinquecento[32], mentre, come si preciserà, la produzione poetica sui salmi si interruppe dopo il 1574 prima di riprendere negli anni 1590.

In un contesto che vedeva la crescente fortuna delle versificazioni bibliche e l'altrettanto crescente diffidenza delle autorità romane, l'inquisitore Buelli prese quindi posizione a favore dell'uso della poesia nei limiti del rispetto dello stile «epico et heroico» del «poema» davidico, il quale determinava una specifica scelta metrica. D'altronde, nel libro di Buelli, la traduzione poetica non forma un blocco leggibile separatamente, ma compare versetto per versetto combinata con l'originale latino e il commento volgare[33]. A costituire una versione volgare continua del salmo, facilmente recitabile dal lettore, è invece la breve orazione in prosa, di tipo riassuntivo, posta alla fine di ogni salmo[34].

Nella seconda parte del proemio, Buelli affronta poi un'altra obiezione, più direttamente legata all'attualità della censura ecclesiastica e al proprio statuto di inquisitore, cioè di responsabile dell'implementazione locale delle direttive romane confrontato al problema della loro interpretazione. Vale la pena trascrivere sia l'obiezione sia la risposta, in quanto costituiscono un'eco diretta ed esplicita, raramente incontrata nei volgarizzamenti cinquecenteschi dei salmi, del dibattito ecclesiastico sulla liceità dei volgarizzamenti biblici:

32 Gigliola Fragnito, *La Bibbia al rogo. La censura ecclesiastica e i volgarizzamenti della Scrittura (1471-1605)*, Bologna, Il Mulino, 1997, p. 121-142: 130-132.

33 La traduzione di ogni versetto biblico del Miserere si trova così distribuita dalla p. 135 alla p. 191.

34 Quella posta alla fine del Miserere è alle pagine 196-197.

> Ancor che tu habbi fedelmente et con ottima intentione tradotti questi salmi, non sai tu che la Chiesa santa abborrrisce il veder i testi della sacra scrittura fatti volgari, sapendo con quanto pericolo di cader in errore siano letti dal volgo, il quale, non havendo alle volte né spirito né intelligenza alcuna, non è capace di potergli sanamante intendere ? Perciò tu dovevi astenertene. A questa obiettione facilmente rispondendo, dico che non mi è nascoso in quanti errori siano caduti i Valdesi, i Begardi, i Turelupini et molt'altri ignoranti heretici per haver lette nelle lor lingue materne et mal intese le divine scritture. So anco di quanto danno sia stato cagione l'empio Lutero in Germania, havendo dato a leggere a quei popoli il Testamento novo in lor linguaggio ridotto. Ond'io dico et dirò sempre che la pura et semplice lettera dell'uno et dell'altro Testamento è molto pericolosa nelle mani d'ogni plebeo in volgar idioma tradotta. Di che accorgendosi la Chiesa, non permette che le Bibie volgari possino essere indifferentemente concesse a tutti, ma solamente ad alcuni, conosciuti per ben fermi et stabili nella fede, dalla prudenza de' Vescovi et de gli Inquisitori; il che forse non farebbe, s'ella vedesse tutto il volume delle divine scritture fedelmente tradotto da qualche eccellente spirito, veramente dotto, pio et catolico, et accompagnato da un'espositione che totalmente levasse tutte quelle difficultà ch'esser sogliono il veleno ch'uccide l'anime d'alcuni semplici, ignoranti et troppo curiosi, per non dir temerarii; imperoché un'opera tale, all'anime christiane che di molte lettere dottate non sono, apportarebbe un utile et giovamento grandissimo, conciosia che, essendo ella commune a tutti i catolici, leggendo s'anderebboro continuamente più confermando nella fede, et molti heretici si convertirebboro [...]. Hor con questa santa intentione ho io tradotti et esposti questi miei salmi, nei quali si vede chiaramente che, a tempo e luogo et secondo che l'occasione mi si porge, non manco di far (come si dice) la contramina a gli heretici. Né mai sarei stato oso di tradur il testo solo, senza accompagnarlo con qualche spirituale et fruttuosa dichiaratione.[35]

La funzione dichiarativa del testo volgare, che sia la traduzione o il commento, è di nuovo quella che legittima, nel contesto della censura ecclesiastica allora in vigore, il volgarizzamento biblico di cui l'inquisitore vuole difendere la liceità. L'altra giustificazione risiede nel fatto che la traduzione poetica, nello stesso modo che non compare, quasi «nuovo e semplice testo», senza il testo latino, non compare neanche senza un commento che ne consenta la corretta interpretazione e fruizione. Traduzione e commento sono così atti a soddisfare controllandola la curiosità dei «semplici», la quale, benché «troppa», va nondimeno riconosciuta dalla Chiesa come una realtà da affrontare. A giusto titolo, precisa l'inquisitore, la Chiesa ha deciso di non concedere la lettura di bibbie volgari a tutti, in modo che non capitino nelle mani dei semplici, ma solamente alle persone conosciute e approvate dalle autorità locali: qui Buelli rimanda alle disposizioni dell'Indice tridentino del 1564 che, tramite la quarta regola, dava la possibilità a vescovi ed inquisitori di rilascia-

35 D. Buelli, *I sette salmi penitentiali*, ed. 1572, *op. cit.*, c. b2r-v.

re licenze di lettura a membri del clero secolare e regolare come a laici[36]. Ma, pur difendendo le direttive romane allora in vigore, propone di sorpassare questo regime di eccezionalità con la soluzione di una traduzione commentata della Bibbia che, approvata dalla Chiesa, potrebbe diventare una sorta di Vulgata per tutti gli Italiani. Con i propri salmi penitenziali, l'inquisitore offre un campione e un modello di quel che potrebbe essere questa versione italiana.

Nella seconda metà del proemio alla sua opera, Buelli affronta quindi il problema della liceità delle traduzioni bibliche in volgare articolando diversi aspetti della questione in una visione che vuole tenere conto della realtà, cioè le aspirazioni spirituali dei fedeli e lo sviluppo di un mercato librario che connette questi lettori troppo curiosi con autori potenzialmente incompetenti o mal intenzionati. Inoltre, come si dirà ora, l'inquisitore mostra di tenere conto dell'attrattiva di una spiritualità che valorizzava la bontà di Dio e la sua immensa misericordia e che si era largamente diffuso nell'Italia del Cinquecento.

4. Anche se l'autore ha scelto i versi sciolti e ha cercato di «star fermo [...] nell'istesse parole della traduttion latina», la traduzione di Buelli rimane una versificazione non letterale (a seguire «parola per parola» il testo biblico è la prosa alla quale l'autore non ha voluto ricorrere). Prendendo l'esempio del Miserere, si nota che la ricerca di *variatio* determina la traduzione nei primi versetti di *misericordia* e di *miseratio* con «pietà», «clemenza» e «bontà» e quella di *iniquitas*, ricorrente nel salmo, con diversi sintagmi («ogni mio grave error», «del mio peccar», «l'opere mie prave», «tutti gli empi miei perversi andari»), l'opposizione tra giustizia e misericordia divina essendo affrontata nel commento[37]. Oltre che sull'uso di un lessico scelto, l'amplificazione poetica verte sull'uso di metafore e sull'aggiunta di aggettivi secondo ritmi binari e ternari o anche di singoli aggettivi: «le membra humili, afflitte e lasse», «il tuo santo e sacro altare», «i tuoi puri vitelli»[38]. Tale amplificazione tende nell'insieme a rafforzare l'idea della bontà divina: il Signore, «di clemenzia fonte», prende l'issopo purificatore «con [s]ua benigna man», ridà gioia al penitente «col dolce suon dell'alte [s]ue parole» e perdona le colpe «per [s]ua immensa bontà»; il «dolce Signore» guarda «lieto» il cuor contrito del penitente ed è pregato di mirare «con occhio almo e benigno / la [s]ua santa Sion sposa diletta»[39].

36 G. Fragnito, *La Bibbia al rogo*, *op. cit.*, p. 98.
37 D. Buelli, *I sette salmi penitentiali*, ed. 1572, *op. cit.*, p. 135, 137, 140, 142, 162.
38 *Ibid.*, p. 157, 191.
39 *Ibid.*, p. 140, 155, 157, 162, 182, 186, 189.

Il commento al primo versetto (i.e. alla prima parte del versetto biblico 3, *Miserere mei Deus, secundum magnam misericordia tua*, tradotta «Habbia Signor di me pietà, con quella / Tua gran clemenza, che null'altra adegua») si estende sul tema della misericordia divina che non è solo «stupenda e grande», ma «infinita»[40]. Il commento al secondo versetto (i.e. alla seconda parte del versetto biblico 3, *Et secundum miserationarum tuarum dele iniquitatem meam*, tradotta «Et con l'eterna tua bontà infinita / Ogni mio grave error spegne et annulla») mette poi in guardia contro due «estremi vizii» - potenzialmente due eresie - quello della disperazione di fronte alla gravità del proprio peccato e quello della troppa fiducia nelle proprie forze, prima di chiudere sull'evocazione dell'infinita misericordia divina riprendendo i versi della sua traduzione[41]. La valorizzazione della grandezza della misericordia di Dio nella traduzione e nel commento fa eco a una sensibilità religiosa che, con la diffusione in volgare del trattato latino *De immensa Dei misericordia* di Erasmo[42], aveva avuto grande sviluppo in Italia, raggiungendo anche esiti eterodossi quando la focalizzazione sull'«immensa» e addirittura «infinita» misericordia divina sfociava nella certezza che Dio non avrebbe potuto mancare alla promessa di salvezza fatta a tutti gli uomini[43]. Ma, mentre l'umanista olandese ricorreva all'immagine degli scogli Scilla e Cariddi per descrivere il pericolo dell'eccessiva fiducia nelle proprie forze e quello, ben peggiore, della disperazione in Dio, la quale andava combattuta appellandosi appunto all'infinita misericordia di Dio, Buelli ridimensiona un tale discorso evocando prima il vizio della disperazione e poi quello dell'eccessiva confidenza ed equiparandoli con l'avverbio «medesimamente». L'evocazione della terribile giustizia di Dio è presente quanto quella della sua dolce misericordia. Più avanti, nel commento al versetto 7 (i.e. 8), tale equilibrio consente di fare spazio all'espressione dell'attesa fiduciosa che David fonda sulla promessa di salvezza che un Dio «obligato» a perdonare gli ha rivelato[44]. Quanto alla defini-

40 *Ibid.*, p. 136-17.

41 Buelli denuncia l'atteggiamento sia di «colui che talmente si dispera della propria salute, che ardisce di dire che più forza habbiano i suoi peccati per farlo cader nell'eterno precipitio, che la misericordia di Dio per sollevarnelo» sia di «quell'altro, la pazza arrogantia del quale l'induce a presumere di poter, con le sole proprie forze et virtù, lavar le macchie et risanar le ferite dell'anima sua» (*ibid.*, p. 137).

42 Pubblicato per la prima volta a Venezia nel 1526, il trattato ebbe tre traduzioni italiane stampate a Brescia nel 1542, a Venezia nel 1551 e a Firenze nel 1554.

43 Si veda Silvana Seidel Menchi, *Erasmo in Italia (1520-1580)*, Torino, Bollati Boringhieri, 1987, cap. 4, *Il cielo aperto, ovvero l'infinita misericordia di Dio*, p. 143-167.

44 «Già ti dignasti di rivelarmi i tuoi segreti, promettendomi di mandar il tuo figliuolo [...] a scancellar le mie colpe et quelle di tutte l'humane creature; et questa promessa mi fa comparer animosamente innanzi a te a dimandarti, quasi per ragione, che mi vogli perdonare, essendo tu a ciò obligato, per le promesse fatte et per esequir gli ordini della sapientia tua, a me scoperti et manifestati da te» (D. Buelli, *I sette salmi penitentiali*, ed. 1572, *op. cit.*, p. 155).

zione del perdono divino, Buelli insiste sul fatto che Dio non «copre» le colpe del peccatore (come nella teologia protestante)[45] ma le «annulla» e le «scancella», termini che ricorrono nell'argomento introduttivo al Miserere (intitolato *Historia et introduttione al quarto salmo*), nella traduzione commentata e ancora nell'orazione finale che offre una breve parafrasi in prosa del salmo.

5. Nello stesso modo che la traduzione commentata dei salmi penitenziali di Buelli si presenta come il campione di quello che potrebbe essere una versione della Bibbia comune a tutti gli Italiani, la città di Novara, le cui dinamiche politico-sociali si riflettono nell'opera, si presenta come un microcosmo esemplare. In effetti, il commento, che appare come il frutto di discussioni con un *entourage* di alto rango, è l'occasione per l'autore, nominato di recente inquisitore generale, di pubblicizzare la propria inserzione nella città e la preminenza del suo ruolo di guida nella comunità urbana. Così, prendendo sempre l'esempio del commento al Miserere, esso menziona sette persone tra ecclesiastici e laici che hanno pregato l'autore di rispondere a dubbi nati dalla lettura dei salmi penitenziali; tra queste personalità figura d'altronde un vicario del vescovo, con il quale l'inquisitore conversa con familiarità, non senza valorizzare le proprie competenze teologiche.[46] La dinamica di questi scambi e la loro influenza sulla genesi del commento sono in particolar modo illustrate dal commento al versetto 20 (i.e. versetto biblico 21):

> Una breve spositione haveva io già dato a questo verso, nella quale si lasciava in disparte la consideratione de i sagrifici dell'antica legge, et alcun'altre cose. Ma lo illustre signor conte Manfredi Torniello [i.e. Tornielli], capitano

45 Si veda la traduzione e il commento di Lutero al primo versetto del secondo salmo penitenziale (*Beati quorum remissae sunt iniquitates, et quorum tecta sunt peccata*), in Martin Lutero, *I sette salmi penitenziali (1525). Il Bel «Confitemini» (1530)*, introduzione, traduzione e note di F. Buzzi, testo tedesco a fronte, Milano, BUR, 1996, p. 74-75.

46 Nel commento al versetto 6 (*i.e.* versetto biblico 7), Buelli menziona due dubbi, sollevati da Prospero Zanelletti, vicario di Giovanni Antonio Serbelloni, che fu vescovo di Novara dal 1568 al 1574, e che riguardono il peccato originale e i peccati commessi dagli uomini (D. Buelli, *I sette salmi penitentiali*, ed. 1572, *op. cit.*, p. 149-150). Nel commento al versetto 9 (*i.e.* 10), risponde a una domanda di Giovanni Francesco Carli, «oratore diligentissimo della sua città di Novara et che sopra modo si diletta delle divine lettere», su «che cosa è la profezia, quali sono i tempi suoi et in quanti modi ella si faccia» (p. 158). Nel commento al versetto 12 (*i.e.* 13), risponde a un dubbio del signor Marco Antonio Brusati, nobile novarese, e illustra il suo discorso facendo l'ipotesi – in rapporto con la posizione sociale dell'interlocutore – di due ordini contrari che sarebbero stati dati contemporaneamente dal principe di Milano e dal conte di Novara (p. 167-168). Nel commento al versetto 13 (*i.e.* 14), risponde a una domanda di messer Giovanni Battista Albergoni, che, «dilettandosi molto di questi salmi», vuole sapere dei tre distinti spiriti menzionati dal salmista, il retto, il santo e il principale (p. 171). Nel commento al versetto 17 (*i.e.* 18), risponde a un dubbio posto «dalla felice memoria del S. Rinatto Leonardi, dottor di leggi eccellentissimo» e relativo ai sacrifici graditi da Dio (p. 184).

> invitto et fedelissimo della Maiestà Catolica, et vero soldato di Christo, vuol per ogni modo che non trapassando con silentio i sagrifici legali, gli dia una dichiaratione alquanto più fruttuosa et abondante.[47]

Tali scambi hanno anche una dimensione proprio contrastiva, come fa vedere il dubbio sollevato nel commento al versetto 14 (i.e. 15), che offre all'autore l'opportunità di spiegare la pratica inquisitoriale non ben capita, anzi contestata, dei roghi di libri. Buelli insiste in effetti sul fatto che David cominciò ad insegnare non quando si trovava ancora nello stato di peccato mortale, ma dal momento che gli fu restituito lo spirito detto principale, il che è illuminante riguardo la ragione per la quale l'Inquisizione ordina di bruciare gli scritti degli eretici.[48] Buelli riporta di seguito «un'obbiezzione che molti, quantunque catolici, alla giustitia de' libri soglion fare» e alla quale il signor Giovanni Battista Avogradi, «fiscale inteligentissimo del santo ufficio et della mensa episcopale» desidera che egli fornisca una risposta:

> Dicono costoro che l'arder tutt'i libri de gli heretici apporta più danno che utile a i catolici, imperoché quantunque ne gli scritti loro si veggono alcuni errori, nondimeno vi sono anco di molte cose buone, egregiamente dette, et con vera dottrina insegnate, le quali forse non si ritrovano nell'opere de' catolici, di che mancando noi per l'incendio loro, par che la santa Inquisitione ci faccia ingiustitia.[49]

Buelli risponde che la Chiesa «giudica esser molto meglio il privarsi del buono et del cattivo, che ingiotir l'uno e l'altro», allegando l'esempio di Cristo che impedì ai demoni di parlare e sottolineando che le scritture sono più pericolose ancora delle parole in quanto «durano per molti secoli».[50] Ma se il bruciare i libri degli eretici è cosa giusta e necessaria, tocca però ai cattolici scrivere i libri che possano far loro concorrenza. Buelli commenta in effetti: «Onde si avvertiscono i sacri Theologi come il frutto della dotrina loro non consiste nello speculare et contemplar solamente la verità di quella [i.e. la fede], ma in convertir i peccatori et ammaestrargli nei precetti di Dio», l'oggetto di questo ammaestramento essendo poi precisato come «la misericordia tua [i.e. di Dio] et la verità insieme».[51]

47 *Ibid.*, p. 191.
48 «Et di qui è che la santa, romana et universale Inquisitione, non senza inspiration divina, prohibisce tutt'i libri, ancor che in apparenza buoni, de gli heretici, temendo che i semplici, sotto quel poco di buono che leggono in essi, non bevino il veleno, che dentro vi si nasconde. Né contenta di questo, studia quanto più può d'estinguer il nome di questi Antichristi, donando al fuoco l'opere loro» (*ibid.*, p. 173-174).
49 *Ibid.*, p. 174.
50 *Ibid.*, p. 175-177.
51 *Ibid.*, p. 179.

Qui l'inquisitore valorizza implicitamente la propria attività di traduttore e commentatore della Bibbia, capace di chiarire i dubbi dei lettori e di soddisfare la loro curiosità, non mancando, come affermato nel proemio, di «far la contramina a gli eretici».

Il rinvio alle discussioni tra membri delle classi dirigenti della città con l'esposizione di risposte che sono fruibili da tutti i cittadini delinea una comunità urbana esemplare, dove le autorità ecclesiastiche e civili collaborano nella guida della città sulla via della vera fede. L'inquisitore vi occupa il ruolo preminente, come principale responsabile di un'attività inquisitoriale che egli presenta come non solo restrittiva e punitiva, ma capace di rispondere alle attese dei fedeli e di offrire un sostegno alla loro devozione. Cosiccome la Milano di Carlo Borromeo poteva ergersi nell'Italia controriformistica come modello di potere episcopale, la Novara di Domenico Buelli vuole apparire come modello per l'azione degli inquisitori locali.

6. Se la riedizione della Bibbia di Malerbi del 1567 fu l'ultima bibbia volgare integrale ad essere stampata in Italia nel Cinquecento, le traduzioni parziali come diversi altri tipi di volgarizzamento biblico continuarono ad essere stampati in gran numero nell'ultimo trentennio del secolo. Negli anni 1570, dopo la traduzione commentata di Buelli, venne pubblicata una serie di opere lunghe in prosa: traduzione e commento (di Pellegrino degli Erri nel 1573)[52], commenti (del minoritano Geremia Bucchio nel 1572[53] e di Bartolomeo Marescotti nel 1573), meditazioni (del domenicano Giuseppe Alcaini nel 1573) e prediche (la raccolta dell'arcivescovo agostiniano Gabriele Buratelli nel 1574 e l'ultima riedizione cinquecentesca dei sermoni di Lodovico Pittorio limitata ai salmi penitenziali nel 1578)[54]. Negli anni 1580, apparirono diversi volgarizzamenti composti da ecclesiastici - con la notevole eccezione di Chiara Matriani (1586)[55] - tra i quali vanno segnalate l'esposizione

52 Si veda Élise Boillet, «Pellegrino degli Erri, un umanista modenese tra eresia e azione inquisitoriale», in *Eretici, dissidenti, inquisitori. Per un dizionario storico mediterraneo*, a cura di L. Al Sabbagh, D. Santarelli e D. Weber, Roma, Aracne Editrice, 2016, p.177-181.

53 La lettera dedicatoria è datata 25 maggio 1572.

54 Sulla raccolta di G. Buratelli, si veda Élise Boillet, «Vernacular Sermons on the Psalms Printed in Sixteenth-Century Italy: An Interface between Oral and Written Cultures», in *Voice and Writing in Early Modern Italian Politics, Religion, and Society*, ed. by S. Dall'Aglio, B. Richardson and M. Rospocher, London, Routledge, 2017, p. 200-211: 205-206. Sui salmi di L. Pittorio, si veda *ead.*, «La fortune du *Psalterio Davitico* de Lodovico Pittorio en Italie au XVIe siècle», *La Bibliofilía*, CXV-3, 2013, p. 563-570, e *ead.*, «Vernacular Biblical Literature in Sixteenth-Century Italy: Universal Reading and Specific Readers», in *Discovering the Riches of the Word. Religious Reading in Late Medieval and Early Modern Europe*, a cura di S. Corbellini, M. Hoogvliet e B. Ramakers, Leiden-Boston, Brill Publishers, 2015, chap. 9, p. 213-233: 220-223.

55 Si veda Élise Boillet, «I Salmi di David al femminile in Italia tra Riforma e Controriforma: Laura Battiferri e Chiara Matraini», in *La Bibbia, le donne, la profezia. A partire dalla Riforma*, a cura

dei salmi penitenziali dell'ecclesiastico Flaminio Nobili (1583)[56] e la dichiarazione dell'intero salterio del francescano Francesco Panigarola (1585)[57], in quanto furono gli unici testi sui salmi ad essere tollerati dalle autorità romane al momento dell'implementazione dell'Indice clementino del 1596[58]. Sono parafrasi che uniscono insieme traduzione e commento in una prosa dove la lettera del testo biblico, pur non sparendo, risulta meno direttamente visibile e la sua esposizione più breve. Negli anni 1590, le versificazioni tornano di moda con la voga, che il benedettino Germano Vecchi aveva anticipata nel 1574, delle «lagrime penitenziali» (di David e anche di Pietro e di Maddalena) composte da ecclesiastici e da laici.

La pubblicazione nel 1602 della seconda edizione della traduzione commentata dei salmi penitenziali di Buelli[59] intervenne a ridosso sia di questo nuovo sviluppo delle versificazioni bibliche che del periodo in cui l'inquisitore dovette confrontarsi con le nuove disposizioni romane sfocciate nell'Indice clementino del 1596. Nel dicembre 1594, il Sant'Ufficio aveva deciso la condanna, pronunciata dal papa, non solo delle bibbie volgari, ma anche dei compendi di Sacra Scrittura e delle raccolte di *Epistole e vangeli*, decisione seguita poco dopo dalla revoca della facoltà concessa a vescovi ed inquisitori locali di rilasciare licenze di lettura[60]. Nel maggio 1595, l'inquisitore di Vercelli, Cipriano Uberti, nominato da Buelli nella lettera dedicatoria dei suoi salmi come una delle persone che lo avevano consigliato nella scelta del dedicatario, rilasciò un editto relativo alla rigorosa applicazione del decreto romano[61]. Lo stesso mese, il vescovo Bascapè chiedeva invece di venirne personalmente informato, «perché qui non è venuto aviso alcuno, né al Padre Inquisitore dominicano, né a me», «acciò che facciamo secondo l'obedienza che dovemo a cotesto supre-

di L. Tomassone e A. Valerio, Firenze, Nerbini, 2018.

56 Flaminio Nobili, *I sette salmi penitentiali con una breve et chiara spositione*, Venezia, Domenico Nicolini, 1583. Su questa opera tradotta in francese (*Exposition des sept pseaumes pénitenciels. Prise de l'italien de Flam. Nobili [...]*, Tours, Jamet Mettayer, 1592), si veda Élise Boillet, «Les Psaumes de l'italien au français: langage biblique et traduction à la fin du XVIe siècle», in *Traduire et collectionner les livres en italien à la Renaissance*, a cura di Ch. Lastraioli, É. Boillet, B. Conconi e M. Scandola, Paris, Champion, [in stampa, 2019].

57 Francesco Panigarola, *Dichiarazione de i salmi di David*, Firenze, Filippo e Iacopo Giunta, 1585. Si veda Danilo Zardin, «Tra latino e volgare: la dichiarazione dei salmi del Panigarola e i filtri alla materia biblica nell'editoria della Controriforma», *Sincronie*, IV-7, 2000, p. 125-165.

58 G. Fragnito, *La Bibbia al rogo*, *op. cit.*, p. 204, 303.

59 *I sette salmi penitentiali, tradotti, et esposti per il molto rev. padre fra Domenico Buelli, dell'ordine de' Predicatori, dottor di sacra theologia, et general inquisitor di Novara. In questa seconda impressione augumentati, et illustrati, come nell'Epistola dedicatoria si può vedere. All'illustriss. Sig. Conte Rinato Borromeo*, Milano, eredi di Pacifico Ponzio e Giovanni Battista Piccaglia, 1602.

60 Gigliola Fragnito, *Proibito capire. La Chiesa e il volgare nella prima età moderna*, Bologna, Il Mulino, 2005, p. 93.

61 *Ibid.*, n. 35, p. 94.

mo tribunale»[62]. Nell'agosto 1596, nell'ambito ormai dell'applicazione dell'Indice clementino, emanò un editto che comandava a qualsiasi persona di consegnare «il vecchio, o nuovo Testamento, o alcuna parte di esso che habbia in lingua volgare; & così Sommarii, & Compendii ancora historici, della medesima scrittura sacra; non ostante qual si voglia licenza che di ciò forse havesse da noi, o da nostri Vicarii»[63]. Nel febbraio 1597, l'inquisitore Buelli si rivolse al cardinale Agostino Valier, membro della Congregazione dell'Indice, per ottenere chiarimenti riguardo le tipologie di libri biblici da sequestrare. Se non aveva dubbi per i lezionari e i compendi biblici, chiedeva invece cosa fare con i libri in cui il testo biblico era accompagnato da una qualche forma di commento:

> Et l'occasione che mi move a dubitar è che prohibendo la santa Chiesa il mero et puro testo volgare della Scrittura affinché leggendolo gli idioti et non essendo capaci d'intendere i suoi veri et pii sensi molte volte cadono in errore, così all'incontro, havendolo poi accompagnato con dechiarationi, prediche, homelie, et meditationi catoliche et divote, ne possino cavar gran frutto, senza pericolo et detrimento dell'anime loro, et per ciò che forse intention non sia della Santità di N. S., né di cotesta Ill.ma et sacra Congregazione che tai libri siano compresi nel numero de prohibiti.[64]

I testi citati da Buelli come esempio di libri da autorizzare sono le prediche e le meditazioni, allora di grande diffusione, di Vincenzo Bruni, di Andrea Capiglia (Andrés Capilla) e di Bartolomeo Lantana, tutti autori ecclesiastici, e «altri simili», categoria vaga nella quale la propria traduzione commentata dei salmi penitenziali avrebbe potuto rientrare. Si sa che al vescovo di Verona, Gaspare Silingardi, che formulava contemporaneamente lo stesso tipo di domanda, facendo menzione dei sermoni sui salmi di Pittorio e della parafrasi del salterio di Panigarola, il cardinale Valier rispose che questi libri non andavano sequestrati[65].

Se l'inquisitore, autore di un volgarizzamento biblico apparso venticinque anni prima, appariva come un interprete moderato del divieto romano, si mostrava molto geloso del proprio potere nell'applicazione del nuovo indice.[66] In effetti, sempre

62 Lettera a Orazio Besozzi del maggio 1595, citata in I. Chiesa, *Vita di Carlo Bascapè*, p. 427, e in G. Fragnito, *Proibito capire*, *op. cit.*, n. 35, p. 94.
63 Citato in G. Fragnito, *La Bibbia al rogo*, *op. cit.*, n. 19, p. 237.
64 Lettera del febbraio 1597, citata in G. Fragnito, *Proibito capire*, *op. cit.*, p. 102.
65 *Ibid.*, n. 56, p. 102.
66 Questa gelosia dell'inquisitore rientrava nel quadro generale delineatosi sin dall'*Instructio circa Indicem librorum prohibitorum*, redatta nel febbraio 1559 dalla Congregazione dell'Inquisizione ad uso degli inquisitori confrontati all'esecuzione del primo indice universale, la quale decretava che il sequestro dei libri proibiti spettava agli inquisitori e ai loro vicari e, solo laddove questi non fossero presenti, ai vescovi, dando peraltro agli inquisitori locali la facoltà, per quanto riguardava le traduzioni bibliche, di rilasciare licenze di lettura. Si veda G. Fragnito, *La Bibbia la rogo*, *op. cit.*, p. 93-94.

nel febbraio 1597, il vescovo Bascapè scriveva al cardinale Giulio Antonio Santori per rispondere ai capi di accusa formulati contro di lui dall'inquisitore:

> [...] cioè [...] che ho commesso a' medesimi [i.e. venti otto Vicarrii foranei in questa diocesi] l'essecutione dell'indice nuovo de' libri prohibiti; che uno d'essi Vicarii ha fatto abbruciare il Cathechismo Romano tradotto in lingua volgare d'ordine di Pio V di santa memoria, et però comanda ch'io faccia restituire un simil libro al padrone; che un altro ha levato ad un prete le figure della Bibbia che le teneva con licenza del Padre Inquisitore, pretendendo esso Vicario che l'Inquisitore non potesse dare la licenza, come se un Vicario foraneo fuse sopra l'Inquisitore, giudice deputato dal Papa, e comanda che si faccia restituire tal libro.[67]

La risposta del vescovo fece sì che Roma confermasse le ragioni del vescovo e che l'inquisitore fosse costretto a presentargli delle scuse. Sembra però che le tensioni non cessarono del tutto, se ancora nel 1599 il vescovo lamentava il fatto che il giurista Giacomo Menocchio lo riteneva responsabile della proibizione di una sua opera nella diocesi di Novara, la quale era invece emanata dall'inquisitore, e se, al contrario, nel 1600 un curato a cui erano stati sequestrati libri proibiti dal tribunale vescovile si rivolse all'inquisitore per ottenere una licenza retrodatata[68]. Appare quindi che per Buelli la pratica della censura, che si trattasse di sequestrare libri proibiti o di autorizzarne la lettura, fu determinata, oltreché da consistenti posizioni ideologiche riguardo la liceità delle traduzioni bibliche, anche da motivazioni politiche legate all'esercizio in senso monopolistico del proprio potere.

7. La lettera dedicatoria, datata Novara 26 ottobre 1602, della seconda edizione dei salmi penitenziali di Buelli stampata a Milano è indirizzata al conte Rinato Borromeo. La lode del dedicatario si allarga a quella della sua famiglia, partendo dallo zio Giberto, dalla sorella Maddalena e dal padre Giulio Cesare per arrivare al defunto cugino Carlo, cardinale e arcivescovo di Milano, e al fratello Federico, successore di questi dal 1595. È interessante notare come Buelli, al termine di un mandato inquisitoriale non privo di conflitti con un vescovo di Novara che guardava al modello di Carlo Borromeo, si trovò a rendere omaggio a quest'ultimo quando si trattò di curare la riedizione milanese del suo libro, per la quale ottenne l'*imprimatur* da Agostino Galamini, inquisitore di Milano, da Alessandro Moneta, rappresentante del potere arcivescovile, e da Antonio Poggio, rappresentante del senato[69].

67 I. Chiesa, *Vita di Carlo Bascapè*, *op. cit.*, n. 150, p. 373. Si veda anche T. Deutscher, *Punishment and Penance*, *op. cit.*, p. 29.
68 I. Chiesa, *Vita di Carlo Bascapè*, *op. cit.*, n. 150, p. 373-374.
69 D. Buelli, *I sette salmi penitentiali*, ed. 1602, *op. cit.*, p. 317.

Nella nuova lettera dedicatoria, Buelli scrive a proposito della prima edizione dei suoi salmi:

> [...] furono si bene avventurati, che di mille volumi, che se ne stamparono, hora nella bottega, ove hebbero il lor primo origine, pochi, o forse nissuno, più se ne ritrova, mercè di coloro, a i quali sono parsi giovevoli et cari, i quali gli hanno fatto havere uno spaccio assai più grande di quello, ch'io mi credeva, quando m'uscirono dalle mani.[70]

Il catalogo online Edit16 segnala diciotto copie della prima edizione conservate nelle biblioteche italiane[71], il che effettivamente non è poco per la singola opera a stampa di un autore più che minore del Cinquecento e per un libro che di fatto rientrava nella categoria proibita delle traduzioni bibliche. Lo statuto di inquisitore dell'autore avrà permesso questa relativa buona diffusione e conservazione. Nella nuova lettera dedicatoria, l'autore spiega anche che ha deciso di allestire una seconda edizione dei suoi salmi penitenziali per rispondere alla richiesta sia dello stampatore sia dei suoi superiori di «apportar utile et contento all'anime fedeli et penitenti che di spiritual cibo volontieri si pascono». Si nota che, riscrivendo qui una frase della precedente dedica, Buelli sostituisce l'espressione «parola del Signore» con «spiritual cibo» per sottolineare l'indirizzo devozionale dell'opera che fondamentalmente la giustifica. L'autore segnala le novità della nuova edizione: la traduzione è stata rivista e il commento ampliato; il proemio è stato diviso in due parti, di modo che la difesa contro le eventuali critiche, che l'autore chiama ora «protestazione» e che si può leggere separatamente[72], acquista maggior visibilità e importanza; infine, per dare più «ornamento» all'opera, ha aggiunto alcune rime spirituali, introducendo un altro po' di quelle «rime toscane» rigettate per la versificazione dei salmi[73].

70 *Ibid.*, c. +2r-v.

71 Esemplari conservati a Venezia, Torino (2 es.), Cremona, Cuneo, Borgomanero, Bologna, Modena, Parma, Perugia, Faenza, Guastalla, Lucca, Montepulciano, Roma (4 es.). Sono biblioteche civili tranne quella diocesana di Cuneo, quella Maldotti di Guastalla (inizialmente biblioteca sacerdotale) e quelle romane. Il catalogo online CCFR delle biblioteche francesi menziona un solo esemplare conservato alla Bibliothèque du Saulchoir di Parigi (Biblioteca della Provincia domenicana di Francia).

72 *A tutti quelli, che con pia et santa mente havranno letto, o son per leggere la presente opera: salute et pace nel Signore*, in D. Buelli, *I sette salmi penitentiali*, 1602, *op. cit.*, c. +9v-+12r.

73 La *Sestina dell'autore* già presente nell'edizione del 1572 (si veda la n. 29) è seguita da tredici sonetti (uno senza titolo, *Per il giorno dell'Annontiatione della Madonna*, *Per il giorno che la Vergine se n'andò a visitar la sua parente Elisabet*, *Fatto per il giorno di Natale*, *Per il giorno della Circoncisione di Nostro Signore*, *Per il giorno dell'Epifania*, *Per il giorno della Purificazione della Vergine*, *Sopra la disputa fatta da Nostro Signore co i Dottori*, *Fatto sopra le Nozze di Galilea*, *Per il giorno che nostro Signor fu battezzato*, *Fatto per il Vener Santo*, *Fatto per il giorno di Pasca*, *Fatto per il giorno dell'Ascensione*, *Fatto per il giorno della Pentecoste*, *Fatto per il giorno dell'Ascensione della*

Prendendo di nuovo l'esempio del Miserere, si osserva che la traduzione è stata rivista nel senso di una maggiore fedeltà al testo della Vulgata. La traduzione dei primi sei versetti è stata addirittura riscritta:

[1] Habbia Signor di me pietà, con quella	[1] Misericordia abbia di me Signore,
Tua gran clemenza, che null'altra adegua.	Con quella gran pietà, ch'in te s'annida.
[2] Et con l'eterna tua bontà infinita	[2] Et con gli immensi tuoi benigni effetti,
Ogni mio grave error spegne et annulla.	Scancella priego, la nequitia mia.
[3] Col tuo sì chiaro di clementia fonte	[3] Anzi con maggior gratia et più efficace,
Lava del mio peccar le macchie immonde;	Lava del mio peccar le macchie immonde;
Et lavami assai più ch'io non so dirti.	
[4] Però ch'io scorgo l'opere mie prave,	[4] Però che le mie colpe conosco,
Et il peccato mio m'è sempre infesto.	Et il peccato mio m'è sempre infesto.
[5] Contra di te Signor solo ho peccato,	[5] A te solo ho peccato, e innanzi a gli occhi
Et fatto fu l'error nel tuo conspetto,	Tuoi sì gran fallo feci: nondimeno
Ma non voler ch'io moia; accioché 'l mondo	Perdonami, ti priego, accioché sempre
Giustissimi conosca i tuoi sermoni,	Resti verace nelle tue parole,
Et al tuo ceda il suo giuditio vano.	A chi altramente giudicar presume.
[6] Ecco in molti peccati fui concetto,	[6] Ecco fai che in peccato fui concetto,
Et peccatrice fu la madre mia.[74]	E in quel mi partorì la madre mia.[75]

Il commento corrispondente rimane invece lo stesso, con la sola modifica delle citazioni della traduzione riviste in funzione della nuova versione. Nel caso del versetto numerato 1, la nuova traduzione, che menziona esplicitamente la misericordia divina, corrisponde ora meglio al commento: «Cioè non voler operar meco Signore secondo il rigor della giustitia tua, ma secondo la piacevolezza della tua misericordia. Né bisogna che questa misericordia sia poca o mediocre, ma grande, conveniente alla clementia tua et al mio peccato»[76]. Invece, nel caso del versetto numerato 2, il commento, che continua a riprendere testualmente un sintagma della precedente traduzione, riesce meno vicino alla nuova traduzione: «Quasi volendo dire: io ricorro all'infinita tua clemenzia et bontà, accioché tu mi risani le gravissimi et profonde ferite del mio peccato con la triaca della remissione che dar mi poi»[77].

Vergine, *Precatorio in laude di Maria Maddalena*, *Fatto in sprezzo del Mondo*) e da un *Capitolo precatorio d'un penitente, che desidera di ben osservar il digiuno quadragesimale* in terza rima (*ibid.*, p. 302-317).

74 D. Buelli, *I sette salmi penitentiali*, ed. 1572, *op. cit.*, p. 135-147. La numerazione dei versetti è quella introdotta da Buelli.

75 D. Buelli, *I sette salmi penitentiali*, ed. 1602, *op. cit.*, p. 129-141. La numerazione dei versetti è quella introdotta da Buelli.

76 D. Buelli, *I sette salmi penitentiali*, ed. 1572, *op. cit.*, p. 136, e *id.*, *I sette salmi penitentiali*, ed. 1602, *op. cit.*, p. 129.

77 D. Buelli, *I sette salmi penitentiali*, ed. 1572, *op. cit.*, p. 138, e *id.*, *I sette salmi penitentiali*, ed. 1602, *op. cit.*, p. 131-132.

Nei ventiquattro versi seguenti della traduzione, le correzioni sono minime: «benigna» viene sostituito da «dolce» (dato che un «benigni» è stato introdotto più su e che si ha ancora un «benigno» più avanti); «le membra» diventano «quest'ossa», termine presente nella Vulgata; «i malvagi» e «essi» sono ora «gli iniqui» e «gli empi», più vicini al testo latino[78]. Poi gli ultimi ventiquattro versi non vengono toccati. Il commento al Miserere non illustra l'ampliamento del commento annunciato nella lettera dedicatoria e si nota d'altra parte che i riferimenti alle personalità che parteciparono alle discussioni preliminari alla sua stesura definitiva non sono state modificate né soppresse.

L'esempio di Domenico Buelli fa vedere come lo studio dei testi letterari (anche se non si parla qui di grande letteratura ma di un testo religioso che prende parte al dibattito letterario) e della loro fortuna editoriale (limitata nella fattispecie a due edizioni poco visibili per chi guarda oggi al panorama editoriale delle traduzioni bibliche) viene a completare il quadro che l'analisi degli archivi storici consente di delineare. L'incrocio degli approcci consente di meglio individuare le componenti di una posizione che fu determinata da più fattori, cioè l'appartenenza di Buelli a uno specifico corpo ecclesiastico, la sua comprensione di un contesto generale, la sua inserzione in un contesto locale, e infine i suoi interessi personali. La proposta formulata nel 1572 e ribadita nel 1602, benché avanzata da uno zelante inquisitore, era una proposta moderata, che teneva conto del fatto che, con lo straordinario sviluppo dell'industria tipografica e della produzione letteraria e religiosa in volgare, non si poteva contrastare la diffusione dell'eresia con il divieto radicale delle traduzioni bibliche. La sua proposta illustrava anticipatamente la decisione che la Congregazione dell'Indice, di fronte alle difficoltà incontrate dagli esecutori locali dell'Indice clementino del 1596, finì con il prendere nel 1605: riguardo il caso specifico delle versificazioni bibliche, un genere molto diffuso ma sul quale il nuovo indice non aveva esplicitamente statuito, essa si risolvé a limitare il divieto a quelle prive di commento[79]. Una vittoria relativa però, più orientata al passato che al futuro e che non profittò a Buelli, dato che dell'edizione milanese del 1602 dei suoi salmi penitenziali si conservano solo cinque esemplari nelle biblioteche italiane[80], contro i diciotto dell'edizione novarese del 1572, e che non ci furono altre edizioni

78 D. Buelli, *I sette salmi penitentiali*, ed. 1572, *op. cit.*, p. 155, 157, 173, e *id.*, *I sette salmi penitentiali*, ed. 1602, *op. cit.*, p. 148, 151, 165.

79 G. Fragnito, *La Bibbia al rogo*, *op. cit.*, p. 303.

80 Il catalogo online OPAC SBN segnala la presenza di esemplari solo a Novara e ad Asti, e poi a Serra Sant'Abbondio nelle Marche e a Palermo (2 es.). Il catalogo CCFR non segnala nessun esemplare nelle biblioteche francesi.

dopo la morte dell'inquisitore. Come si è accennato, per quanto riguarda il salterio, la versione autorizzata dalla Chiesa e comune a tutti gli Italiani auspicata da Buelli, si incarnò nella parafrasi in prosa di Francesco Panigarola, che ebbe una trentina di edizioni dal 1585 al 1602 e poi una quindicina fino al 1729, con l'effetto di saturare il mercato e di ridurne l'offerta[81].

81 Si veda la n. 57. La parafrasi dei soli salmi penitenziali di Flaminio Nobili, che fu pure tollerata dalla Chiesa, ebbe soltanto tre edizioni a Venezia nel 1583 e a Vercelli nel 1590 e nel 1592.

II

CONTESTI
E PRASSI DI LETTURA BIBLICA

CIRCOLAZIONE E USI
delle *Epistole ed evangeli* nell'Italia post-tridentina

Danilo Zardin
(Università Cattolica del Sacro Cuore, Milano)

Il genere editoriale delle traduzioni in lingua italiana delle *Epistole ed evangeli che si dicono tutto l'anno nella messa* – ormai è stato ampiamente chiarito – fu investito da una clamorosa contraddizione a partire dalla svolta di fine Cinquecento. Nel momento in cui si rafforzava pesantemente il controllo inquisitoriale sulla circolazione dei libri, si richiusero molte delle vie per l'accesso autonomo alla materia biblica travasata nel linguaggio della comunicazione culturale di più largo dominio pubblico. Una florida tradizione di divulgazione della letteratura religiosa, dai volgarizzamenti manoscritti del tardo Medioevo passata, fin dai primordi della stampa, al veicolo tipografico, fu costretta a fare i conti con la crescente pressione di una offensiva limitatrice e repressiva fondata sull'accentramento romano dei poteri di custodia dell'ortodossia cattolica[1].

Le aperture dell'indice tridentino del 1564, sancite in particolare dalla quarta regola sulle sue modalità di applicazione, che lasciava nelle mani delle autorità periferiche, vescovi e inquisitori locali, la possibilità di concedere i permessi di lettura della Bibbia in volgare, furono progressivamente erose da una politica di reinterpretazioni restrittive, a partire da dubbi e casi controversi su cui affluivano nel centro direttivo del Sant'Ufficio e della Congregazione dell'Indice richieste di chiarimenti che tendevano a essere risolte nel senso dell'irrigidimento radicale

1 Per il contesto istituzionale e le linee di sviluppo nel tempo del fenomeno, anche in rapporto alle osservazioni che seguiranno, è d'obbligo il rinvio ai noti lavori di Gigliola Fragnito: in primo luogo, *ead.*, *La Bibbia al rogo. La censura ecclesiastica e i volgarizzamenti della Scrittura (1471-1605)*, Bologna, Il Mulino, 1997; *ead.*, *Proibito capire. La Chiesa e il volgare nella prima età moderna*, Bologna, Il Mulino, 2005. Sulla fortuna preesistente della tradizione dei lezionari cfr. anche Gianpaolo Garavaglia, «I lezionari in volgare italiano fra XIV e XVI secolo. Spunti per una ricerca», in *La Bibbia in italiano tra Medioevo e Rinascimento, Atti del convegno internazionale (Firenze, Certosa del Galluzzo, 8-9 novembre 1996)*, a cura di L. Leonardi, Tavarnuzze (Firenze), SISMEL-Edizioni del Galluzzo, 1998, p. 365-392.

della norma. L'effetto che si produsse fu quello di una de-legittimazione via via ampliata del riversamento della Sacra Scrittura nell'editoria di meno impervio consumo, accostabile dal basso anche su iniziativa dei lettori digiuni di latino. Gli spiragli di parziale valorizzazione del testo biblico volgarizzato, fino ad allora in vario modo difesi negli ambienti più sensibili agli ideali del rinnovamento cattolico cinquecentesco in campo educativo e missionario, furono scavalcati dalle superiori esigenze di un ordine disciplinare incanalato secondo le strategie di una lotta senza riserve contro ogni anomalia o rischio di dissenso nel campo della dottrina e dei costumi. Prevalse, già prima della pubblicazione dell'indice clementino del 1596, la linea del contenimento pressoché indiscriminato del libero accesso al Libro Sacro[2]. Eppure restava evidente che il rapporto con il suo dettato autorevole non poteva essere reciso del tutto: ciò avrebbe comportato il prosciugamento della sorgente primaria di alimentazione della coscienza cristiana, in qualunque modo la si fosse articolata nei suoi contenuti. Solo che l'accesso al testo biblico doveva ormai passare attraverso le strettoie della sua forma canonica, fissata nel codice della *Vulgata* latina, e intorno a questo nucleo blindato dalla sacralità della tradizione plurisecolare della Chiesa si potevano disporre, in chiara funzione subalterna, unicamente parafrasi e rielaborazioni in volgare finalizzate all'esercizio della predicazione, all'apprendimento devoto di religiosi, monache e laici, al nutrimento della vita culturale delle élite alfabetizzate[3]. La via maestra della predicazione rimandava, a sua volta, al canale dell'offerta della materia biblica connessa agli atti di culto del ciclo liturgico. E la liturgia, da parte sua, si riconfermava come l'altro grande pilastro di sostegno della religione collettiva.

Questo doppio ancoraggio[4] – da una parte all'istruzione dei fedeli mediante la parola disseminata dal pulpito, dall'altra al primato della formazione religiosa sulla

2 G. Fragnito, *La Bibbia al rogo*, *op. cit.*, in particolare cap. III-V, p. 111 e sgg.; *ead.*, *Proibito capire*, *op. cit.*, p. 81 e sgg.

3 Questa dimensione di continuità del filone latino nell'accostamento alla tradizione biblica mi sembra resti decisamente in ombra nelle ricostruzioni di G. Fragnito sull'estromissione della Bibbia dall'orizzonte cattolico, come ho cercato di sottolineare in diversi miei contributi precedenti: rimando in primo luogo a Danilo Zardin, «Bibbia e letteratura religiosa in volgare nell'Italia del Cinque-Seicento», *Annali di storia moderna e contemporanea*, t. 4, 1998, p. 593-616 (che prende spunto dalla recensione di *La Bibbia al rogo*); *id.*, «Tra latino e volgare: la "Dichiarazione dei salmi" del Panigarola e i filtri di accesso alla materia biblica nell'editoria della Controriforma», *Sincronie*, IV, 2000, 7 (*La sorgente e il roveto: la Bibbia per il XXI secolo fra storia religiosa e scrittura letteraria*, a cura di S. Giombi), p. 125-165; *id.*, «Sul libro e la letteratura religiosa nell'Italia del Seicento», in *Barocco padano 7, Atti del XV convegno internazionale sulla musica italiana nei secoli XVII-XVIII (Milano, 14-16 luglio 2009)*, a cura di A. Colzani, A. Luppi e M. Padoan, Como, AMIS (Antiquae Musicae Italicae Studiosi), 2012, p. 9-27.

4 Punto di vista più ampiamente argomentato in Danilo Zardin, «Bibbia e apparati biblici nei conventi italiani del Cinque-Seicento. Primi appunti», in *Libri, biblioteche e cultura degli ordi-*

solida traccia della tradizione liturgica – aiuta a spiegare il residuo margine di credito che le traduzioni delle *Epistole ed evangeli* riuscirono in ogni caso a garantirsi nel mare delle proscrizioni dell'ultimo trentennio del Cinquecento. La logica di fondo del giro di vite inquisitoriale spingeva nel senso del rifiuto a tutto campo del libero approdo individuale al patrimonio scritturistico volgarizzato. E difatti, già dagli anni Settanta in poi, non mancarono pronunciamenti delle autorità centrali del Sant'Ufficio, decreti degli organi di censura e liste di libri proibiti che estesero il divieto imposto alla lettura del testo integrale o di parti della Bibbia in volgare anche ai lezionari in lingua italiana, in senso globalmente inclusivo[5]. Ma nello stesso tempo, in direzione contraria, nella corrispondenza con i tribunali periferici dell'Inquisizione e con gli ordinari delle diocesi continuavano a essere concepite ammissioni molto circoscritte di tolleranza, come quella prevista in una lettera del 19 marzo 1580 indirizzata all'inquisitore di Bologna: le «Bibie volgari» certamente avrebbero dovuto essere vietate senza il minimo riguardo per «sorte alcuna di persone», «ché questo [era] mente et ordine di Nostro Signore» (il papa), mentre non si escludeva l'eccezione per cui sempre l'inquisitore avrebbe potuto «sì concedere gl'evangelii volgari *per annum* di buona stampa *et habita fide a confessariis de probitate et pietate eorum quibus concedi debent*»[6]. Ancora a lungo negli interventi dei vertici inquisitoriali, come meglio vedremo proseguendo nell'analisi, si oscillò tra la fagocitante estensione per eccesso dei sospetti, da una parte, che portava al divieto pregiudiziale di qualunque tipo di volgarizzamento biblico, anche ridotto ai semplici termini di un assemblaggio di frammenti o rielaborazioni limitate, in prosa tanto quanto in versi, del testo scritturistico, e, dall'altra, la concessione di un trattamento privilegiato, tale da poter proteggere dal rigetto totale almeno alcuni degli esiti editoriali meglio garantiti, sia pure subordinandoli alle severe misure di accertamento preventivo introdotte dall'indice tridentino e successivamente messe a punto nel fitto intreccio dei rapporti con Roma[7].

È importante rilevare l'emergere di questo ostracismo attenuato solo in rapporto a obiettivi fortemente delimitati, gravati anche da filtri irrobustiti di controllo dall'alto e in primo luogo dal centro romano. Svuotando, di fatto, lo spirito dell'impostazione su cui si erano modellati i compromessi prudenziali dell'indice tridentino, giudicati ormai troppo elastici e fonte di insidie pericolose, ci si arrestava alla soglia minima di

ni regolari nell'Italia moderna attraverso la documentazione della Congregazione dell'Indice, Atti del convegno internazionale (Macerata, 30 maggio-1 giugno 2006), a cura di R. M. Borraccini e R. Rusconi, Città del Vaticano, Biblioteca Apostolica Vaticana, 2006, p. 63-103.

5 G. Fragnito, *La Bibbia al rogo, op. cit.*, p. 132, 184. Si veda, più in generale, p. 132-138, 199-200.

6 Biblioteca Comunale dell'Archiginnasio di Bologna, ms. B 1861, n. 5, citato *ibid.*, p. 133.

7 Si veda *ibid.*, p. 138-139 (si parla di «rettifica» di precedenti divieti riconosciuti eccessivamente dilatati dalle autorità preposte), 170.

eccezioni negoziate in via straordinaria su singoli generi di opere o speciali edizioni tutelate da un sigillo di più comprovata attendibilità. Lo schermo repulsivo del rifiuto categorico si diradava solo davanti ai libri in volgare che riproponevano porzioni ridotte o che, invece di tradurre alla lettera, si limitavano a commentare e in qualche caso semplicemente parafrasavano i testi del *corpus* biblico, come per esempio avveniva nelle edizioni della fortunata *Dichiaratione dei salmi* di Francesco Panigarola. In questa cornice, un margine di instabile libertà vigilata prese presto a delinearsi come destino possibile, appunto, per le *Epistole ed evangeli* del ciclo liturgico. Se da una parte poteva capitare di vederle ripiombare nel cono d'ombra dell'editoria soggetta a volontà di cancellazione, dall'altra si sedimentò per loro una fragile reputazione di buona fama, non sempre, comunque, dotata della forza di travalicare il muro delle diffidenze ostili. Di particolare rilievo, in questo senso, è il pronunciamento della Congregazione dell'Indice del 26 gennaio 1583, in risposta a una serie di quesiti sottoposti al parere dell'organismo curiale dal cardinale di Bologna Gabriele Paleotti: «Le Bibie volgari nonostante la regola dell'Indice non si permettino. Ma l'Epistole et evangelii volgari di tutto l'anno correnti si possono permettere a persone pie et dabene etc. Quelle però tradotte dal reverendo padre maestro Remigio da Firenze, stampate in Venetia etc.»[8].

La puntualizzazione correggeva, con il conforto di circostanziate specificazioni bibliografiche, l'indebita generalizzazione dei provvedimenti di condanna dei volgarizzamenti biblici avallata in altri precedenti interventi delle autorità di censura, disegnando un alone protettivo che si concentrava su una sola versione dei lezionari liturgici, isolata a scapito di tutte le altre fino ad allora allestite e largamente circolanti nell'editoria religiosa del pieno Cinquecento. Si salvava solo quella con le versioni in volgare delle letture della messa attribuite alla paternità del padre domenicano Remigio Nannini, sostenute nella loro compatibilità con l'ordine dottrinale della fede cattolica dal ricco apparato di «annotationi morali a ciascuna epistola et evangelio». Solo questa versione 'normalizzata' dei lezionari poteva ancora sperare di trovare un briciolo di accoglienza. Tutte le altre preesistenti, con la sola traduzione delle letture liturgiche, con i volgarizzamenti giustapposti ai testi liturgici in lingua latina o con le annotazioni di commentatori diversi, restavano esposte molto più facilmente al rischio dei provvedimenti di sequestro e, di fatto, cessarono di essere oggetto di nuove immissioni sul mercato librario[9].

8 Antonio Rotondò, «Nuovi documenti per la storia dell'"Indice dei libri proibiti" (1572-1638)», *Rinascimento*, serie II, III, 1963, p. 145-211 (alla p. 171), che cito sulla scorta di G. Fragnito, *La Bibbia al rogo*, *op. cit.*, p. 138.

9 Sui diversi esiti della fortuna editoriale cinquecentesca delle *Epistole ed evangeli*, oltre al contributo per il presente convegno di Edoardo Barbieri, rimando per brevità al solo abbozzo preliminare

Lo sdoganamento delle *Epistole ed evangeli* curati da Remigio Nannini non divenne, però, una piena riabilitazione cordiale: non si arrivò a proclamarla a chiare lettere, in modo coerente e senza impacci di contraddittoria ambiguità, nel quadro della politica inquisitoriale sviluppata nelle varie aree dell'Italia post-tridentina. Il recupero di legittimità, imposto prima di tutto da semplici ragioni pratiche di realismo, per rimediare al rischio di creare, con la proibizione dei lezionari, un vuoto che avrebbe travolto uno dei pilastri dell'accesso ai supporti scritti in uso nel modello religioso tradizionale, non sembra essere stato l'oggetto di una sistematica campagna di aggiornamento da parte del centro inquisitoriale romano in direzione delle propaggini periferiche dell'apparato di controllo ecclesiastico[10]. Si autorizzava il ripristino di un minimo grado di tolleranza non in termini di strategia generale, ma reagendo a interrogativi specifici sui criteri da adottare nell'azione repressiva sollevati dalle autorità operanti nei diversi contesti locali. Le informazioni di risposta non arrivavano dovunque in modo tempestivo e omogeneo. Le discontinuità e gli scarti, sul filo del tempo e nella distribuzione attraverso gli spazi del territorio, rendevano la normativa tutt'altro che assolutamente limpida, incontrovertibile e sicura. Anche nel centro romano, il coinvolgimento di figure e organi istituzionali molteplici deputati a gestire le procedure per il controllo delle letture proibite alimentava flussi di interscambio con la periferia che lasciavano aperte incertezze e aporie su come stabilire il confine che doveva separare il lecito dall'illecito, ciò che era da ammettere a una circolazione comunque vigilata rispetto a quanto andava guardato, invece, con la più ferma circospezione ostile e, fin dove possibile, eliminato. Nella difficoltà di determinare i limiti precisi fino a cui doveva espandersi l'area dei volgarizzamenti biblici ormai da espungere o sottoposti quanto meno a provvedimenti di correzione, gli scrupoli dei ministri dell'apparato inquisitoriale più propensi all'inflessibilità, o semplicemente meno a loro agio nell'interpretare il senso di direttive, in materia di controllo dell'ortodossia dei prodotti librari, accumulate senza sosta, continuamente riviste e dettagliate in termini che non apparivano sempre univoci, si tradussero nella spinta a forzare la lettera delle ingiunzioni

di dati offerto in Giuseppe Landotti, *Le traduzioni del messale in lingua italiana anteriori al movimento liturgico moderno. Studio storico*, Roma, Edizioni Liturgiche, 1975.

10 Si veda la precoce reazione di difesa, a tutela delle pratiche religiose del pubblico devoto femminile, innescata già nel contesto dell'applicazione dell'indice dei libri proibiti di Paolo IV, quale traspare dalla documentazione fiorentina: «Il levar le Biblie volgari alle donne et gli evangelii dello anno le confonde et quasi si risolvono a non lo poter credere». Bisognava che da Roma fosse concessa maggior quantità di tempo per «accomodarvi l'animo loro»: Alessandro Strozzi a Bartolomeo Concini, 13 marzo 1559, in Antonio Panella, «L'introduzione a Firenze dell'Indice di Paolo IV», *Rivista storica degli archivi toscani*, t. 1, 1929, p. 20, secondo G. Fragnito, *La Bibbia al rogo*, *op. cit.*, p. 280-281. Altri dati sulla vasta diffusione di questo genere di strumenti librari, in riferimento a un'epoca più avanzata, *ibid.*, p. 292-302.

liquidatorie. Si colpirono così anche testi e autori inclusi in una più vasta area grigia di indeterminatezza che era quella non del libro condannato come tale, ma del libro sospetto o a rischio di censura, a danno di voci della circolazione libraria che invece avrebbero potuto essere risparmiate e rimanere indenni, stando a una applicazione coscienziosamente ragionevole dell'intera massa delle prescrizioni elaborate in dialogo con il centro romano. Il gioco delle oscillazioni consentiva le eccezioni che si discostavano dalla norma prevalente. Si poteva arrivare alla revisione di condanne e rifiuti decretati in altri precedenti contesti, oppure ripiegare su scelte di prudente compromesso tendenti a evitare la distruzione completa di ciò che era da tante parti ricercato per alimentare la formazione religiosa e l'esperienza devota di clero e fedeli. Anche là dove il libro di legittimità controversa era lasciato intatto, d'altra parte si introduceva poi la complicazione del filtro ulteriore delle licenze di lettura che le varie autorità preposte al governo del popolo cristiano erano tenute a rilasciare per concedere il loro via libera. Almeno in teoria, solo passando per questo tramite evidentemente molto selettivo si poteva consentire, a chi dimostrava di essere in possesso dei necessari requisiti di affidabilità, di aprirsi dei varchi nell'intricata foresta del libro ormai a rischio e messo sotto tutela, subordinato al controllo dei tutori della pubblica disciplina cristiana[11].

Questa dialettica complessa fra tensioni contrapposte è ben visibile sul fronte della non facile navigazione a vista grazie alla quale le traduzioni delle *Epistole ed evangeli* poterono aggirare lo scoglio della reazione antibiblica di fine Cinquecento, sopravvivendo a lungo nel panorama della letteratura religiosa della penisola. I tentativi di salvaguardia, le richieste di esenzione dai dinieghi più drastici e le dichiarazioni saltuarie di legittimità, sia pure vincolata alle restrizioni della regola quarta dell'Indice tridentino, si alternarono ai segnali di insofferenza inasprita che discendevano dalla linea più rigida tenuta dalla Santa Inquisizione rispetto a quella della Congregazione dell'Indice[12]. Già il 22 novembre 1596 i cardinali dell'Indice ribadirono l'ammissione delle *Epistole ed evangeli*, comunque nella sola edizione annotata a cura di Remigio Nannini, alla continuità di un accesso puntellato dalle licenze di vescovi e inquisitori locali[13]. Ma si trattava evidentemente di un principio

11 Sul sistema complessivo del rilascio delle licenze a partire da fine Cinquecento: Vittorio Frajese, «Le licenze di lettura tra vescovi ed inquisitori. Aspetti della politica dell'Indice dopo il 1596», *Società e storia*, t. 22, 1999, p. 767-818; *id.*, *Nascita dell'Indice. La censura ecclesiastica dal Rinascimento alla Controriforma*, Brescia, Morcelliana, 2006, p. 415-431.

12 Per la nuova fase aperta dalla promulgazione dell'indice clementino del 1596 cfr. G. Fragnito, *La Bibbia al rogo*, *op. cit.*, p. 199-204, 217, 290, 292-302. Tutta la problematica è ripresa con nuovi apporti di documentazione in G. Fragnito, *Proibito capire*, *op. cit.*, in particolare si veda alle p. 115-116, 226-231, 304-308.

13 *Ibid.*, p. 116-117 (da Archivio della Congregazione per la Dottrina della Fede, Indice, vol. V/1, f. 94bv).

delicato su cui continuare a insistere, se di nuovo il 12 gennaio 1597, per esempio, il cardinale Valier comunicava agli esecutori chiamati ad applicare i divieti stabiliti nell'indice clementino dei libri proibiti che i lezionari tradotti e annotati dal Nannini erano esclusi dalle restrizioni dell'*Observatio ad quartam regulam* e, quindi, erano da ritenere ancora autorizzabili come in passato tramite il rilascio dei permessi di lettura, in base a quanto determinato dalle regole di attuazione dell'indice tridentino[14]. L'andirivieni di *input* contrastanti dal centro, tra alleggerimenti delle condanne e ripristino delle sanzioni più dure, ancora a pochi mesi dalla promulgazione dell'ultimo indice, non favorì di certo la lineare uniformità degli interventi del potere ecclesiastico preposto al controllo della fede. Vi furono vescovi e inquisitori che si attennero alle nuove disposizioni, concedendo l'uso dei lezionari curati dal Nannini, come fece l'inquisitore di Adria premurandosi di segnalarlo puntualmente a Roma, nel 1599[15]. Altri rimasero impigliati nelle perplessità e tornarono a chiedere lumi alle congregazioni romane[16]. Ma vi fu anche chi, come l'inquisitore di Rimini, Pesaro e Fano, seppe togliersi d'impiccio nel modo più sbrigativo. Dopo essersi consultato con il vescovo di Pesaro e una serie di dottori teologi, filosofi e giuristi del luogo, informò le autorità romane di essere arrivato alla conclusione che proprio le *Epistole ed evangeli* del Nannini, «per essere la parte della Sacra Scrittura volgare, se non maggiore, almeno del pari dell'annotationi e sermoni», erano da reputare anch'esse fra i libri sospetti. Perciò, sciogliendo ogni dubbio residuo, ci si era convinti *in loco* che «si dove[vano] abrugiare con gl'altri, et tanto fu eseguito in publico e'l simile si farà in Arimino, quando però da Vostra Signoria Illustrissima et Reverendissima non mi sia dato altro ordine»[17].

All'interno di questa perdurante ambivalenza di atteggiamenti, che rifletteva la tutt'altro che granitica compattezza dei meccanismi di disciplinamento religioso pilotati dall'alto attraverso le redini del sistema inquisitoriale, si creavano inevitabilmente distorsioni, equivoci, ondivaghi cambi di rotta nelle linee di condotta operativa da un luogo all'altro e in diversi momenti successivi. L'offensiva contro l'accesso ai materiali biblici volgarizzati si disegnò a macchia di leopardo. In qualche caso i margini di manovra rimasero più allentati, in altri si estremizzarono le in-

14 Biblioteca Apostolica Vaticana, ms. *Vat. Lat.* 10945, f. 113r, estratto di lettera all'inquisitore di Venezia; G. Fragnito, *La Bibbia al rogo*, *op. cit.*, p. 201, 297. Concessioni di tenore analogo dovettero essere divulgate anche da altri cardinali della Congregazione dell'Indice: cfr. per il cardinal Colonna (Ascanio?), entro 9 maggio 1597, V. Frajese, «Le licenze di lettura tra vescovi ed inquisitori», art. cit., p. 789.

15 Archivio della Congregazione per la Dottrina della Fede, Indice, vol. XVIII/1, f. 52r; G. Fragnito, *La Bibbia al rogo*, *op. cit.*, p. 297 (n. 71).

16 *Ibid.*, p. 108-109, 297 (n. 72).

17 Archivio della Congregazione per la Dottrina della Fede, Indice, vol. XVIII/1, f. 209r, lettera non datata; G. Fragnito, *La Bibbia al rogo*, *op. cit.*, p. 297-298; *ead.*, *Proibito capire*, *op. cit.*, p. 229.

terdizioni con interventi radicalmente punitivi. E la stessa variabilità dei criteri con cui se ne orientava l'applicazione nei singoli contesti finiva con il favorire la ricerca di scorciatoie di aggiramento. Si metteva in campo l'elusione dei controlli quando questi minacciavano di farsi troppo stringenti. Ci si sentiva autorizzati a tessere manovre e a ordire compromessi per tutelare pratiche di lettura e usi religiosi a cui si era tenacemente legati, e il cui sconfinamento nei territori dell'illecito era tutt'altro che assolutamente inoppugnabile. Questo spiega lo stridente squilibrio dei possessi librari che rimasero consentiti, con i relativi lasciapassare ribaditi per via inquisitoriale, dal 1596 in poi, per ciò che concerne i lezionari commentati da Nannini (e altri generi contigui di sussidi biblici in volgare giudicati compatibili con le norme restrittive della censura), rispetto agli episodi simultanei, riflessi in una forse ancora più ampia documentazione superstite, che si inquadrano, invece, nell'opposta cornice della dilatazione generalizzata dei divieti. La rottura del credito a favore della Bibbia in volgare non fu l'unico esito: vi fu anche molto altro. Dall'ostilità intransigente innalzata contro ogni residuo di accesso sorvegliato alle scritture bibliche volgarizzate scaturirono i sequestri delle edizioni messe a rischio, aprendo la strada alla frequente distruzione dei libri caduti nel limbo di un non più garantito diritto di cittadinanza. Non sorprende, perciò, che nelle liste di libri proibiti o anche solo vagamente sospetti individuati dagli esecutori dell'indice del 1596 nelle dotazioni librarie che essi riuscirono a ispezionare in tempi rapidi e in modo diretto finissero con l'essere incorporati anche titoli che invece, stando alla lettera dei pronunciamenti delle autorità centrali degli apparati di censura, avrebbero potuto aspirare a una patina di rispettabilità più protetta, come appunto le *Epistole ed evangeli* nella versione con le annotazioni di Nannini, in teoria salvaguardata dal destino avverso previsto per i lezionari privi di commento, commentati da altri interpreti o pubblicati anonimi. La parziale riammissione alla liceità di una circolazione eterodiretta, dai margini ristretti e sempre precaria nei suoi esiti selettivi, tollerata a fatica, con continui sbandamenti e ricadute all'indietro, veniva ad infiltrarsi nel vasto mare della letteratura esegetica finalizzata allo sviluppo in senso didattico ed edificante del patrimonio biblico ed era del resto condivisa, insieme ai lezionari, da un ventaglio articolato di apparati didascalici, di parafrasi e di rielaborazioni narrative, di raccolte di meditazioni e di sermoni, di riscritture poetiche, in cui le perdite e i provvedimenti di blocco continuarono a lungo a intrecciarsi con le possibilità di recupero e la residua accettazione di modalità di impostazione dell'esperienza religiosa che restavano familiari a un pubblico non esiguo di fedeli, infine favorendo l'aggiunta di nuovi apporti editoriali sovrapposti alla continuità di generi premiati da una larga fortuna anche fuori dalle cerchie più elitarie dei lettori colti[18].

Ma è da escludere, in base ai dati della documentazione esistente, che il controllo dei libri proibiti potesse svolgersi ovunque e a ogni livello della comunità sociale con la medesima serietà e aggressiva efficacia, estendendosi dallo spazio ecclesiastico all'insieme del mondo laico che dialogava con le istituzioni della Chiesa e l'universo clericale. Quando anche l'intervento di matrice inquisitoriale approdava senza intoppi al dispiegamento dei suoi meccanismi invasivi, non è comunque detto che riuscisse a restare sempre negli argini di una rigorosa implacabilità, tale da spazzare via ogni inerzia reticente e ogni impulso più o meno sotterraneo di resistenza. Una parte del patrimonio librario circolante, non possiamo certo stabilire quanto estesa con esattezza matematica, sfuggì sicuramente alla presa autoritaria dei tutori dell'ordine religioso, che non avevano i mezzi, di uomini e di risorse, per poter agire dovunque come una inarrestabile piovra totalitaria[19]. Ma anche nelle liste di libri apertamente proibiti o più vagamente soltanto sospetti che gli esecutori dell'indice del 1596 riuscirono a far compilare, piegando a una non scontata obbedienza le comunità religiose del loro territorio, sottoponendo a scrutinio i fondi di mercanti di libri e di editori o tipografi, arrivando a perquisire i possessi librari di singoli ecclesiastici e fedeli laici, la comparsa di titoli a rischio va interpretata nel suo significato preciso[20]. Bisogna ogni volta verificare se i libri erano semplicemente denunciati all'autorità superiore, trasmettendo la registrazione della loro presenza problematica, o se erano poi anche effettivamente sequestrati per sottrarli alla continuità dell'uso, al fine di consentire un controllo più fiscale del loro contenuto o procedere a una eventuale espurgazione successiva. Il rigore del linguaggio da usare è qui assolutamente decisivo, se non si vuole indulgere allo schematismo semplificatore. Segnalare una voce giudicata anomala nella cornice di un possesso librario non equivaleva in modo automatico alla sua definitiva rimozione, né

18 G. Fragnito, *La Bibbia al rogo*, *op. cit.*, p. 290-295. Le oscillazioni aperte a esiti molteplici, nella valutazione soggettiva dei lettori/proprietari prima ancora che nel giudizio formulato dalle autorità di controllo preposte alla tutela della disciplina religiosa collettiva, proseguirono per tutto il secolo successivo all'emanazione dell'indice clementino: *ibid.*, p. 298-313 (per le *Epistole ed evangeli*, in particolare, p. 299-302).

19 Cfr. i dati forniti da Germano Maifreda, *I denari dell'inquisitore. Affari e giustizia di fede nell'Italia moderna*, Torino, Einaudi, 2014, che entra nel vivo del discorso sulla graduale e tutt'altro che agevole ramificazione periferica delle strutture inquisitoriali.

20 Per le prospettive tracciate dalle ricerche più recenti sull'applicazione dell'indice clementino, messa in rapporto con le dinamiche e i lineamenti della circolazione libraria complessiva, rimando a *Libri, biblioteche e cultura degli ordini regolari nell'Italia moderna attraverso la documentazione della Congregazione dell'Indice*, *op. cit.*; *Dalla «notitia librorum» degli inventari agli esemplari. Saggi di indagine su libri e biblioteche dai codici Vaticani latini 11266-11326*, a cura di R. M. Borraccini, Macerata, EUM, 2009.

l'avvenuta confisca di un libro sospetto precludeva, di per sé, alla pena devastante del fuoco purificatore. La distruzione materiale va dimostrata, certificandola: si è verificata senza ombra di dubbio in varie circostanze, ne esistono prove attendibili, ma non può essere congetturata a priori come l'unico sbocco. Sono documentati, infatti, anche i movimenti in senso contrario della restituzione ai proprietari dopo i controlli eseguiti, con il freno opposto alla eliminazione indiscriminata di ciò che poteva comunque essere tollerato in quanto riconosciuto privo di minacce esiziali per gli equilibri dell'ordine cattolico, ovviamente con le preclusioni e nei termini ristretti consentiti dalla normativa vigente, ripensata alla luce di criteri fortemente penalizzanti dopo le timide concessioni del concilio tridentino. Senza questo margine residuo di elasticità condizionata, non si giustificherebbe fino in fondo la sopravvivenza seicentesca delle *Epistole ed evangeli* curati da Nannini, così come di altri generi di prodotti editoriali ugualmente modellati sulla ripresa della materia biblica in lingua volgare che ne condivisero l'incerta, poco agevole, ma non rovinosamente annullata possibilità di traghettamento verso l'età barocca[21].

L'esigenza di una misurata cautela nell'interpretazione complessiva del significato delle liste di libri proibiti e da espurgare, raccolte in sede locale attraverso il doppio canale degli agenti delle curie vescovili e delle diramazioni periferiche dell'apparato inquisitoriale, a seguito della pubblicazione dell'indice clementino (per effetto della sua spinta a una nuova revisione generale dei possessi librari) e confluite poi nel centro romano della Congregazione dell'Indice, è imposta con oggettiva eviden-

21 Nelle ricostruzioni sugli effetti del progressivo irrigidimento inquisitoriale ostile ai volgarizzamenti biblici fornite da G. Fragnito mi pare che si tenda invece a far coincidere il contenuto degli elenchi dei libri proibiti e dei libri sospetti predisposti nei diversi ambiti locali e trasmessi a Roma, in particolare a seguito dell'indice del 1596, con l'insieme del materiale librario effettivamente requisito negli archivi inquisitoriali e vescovili, o comunque negato al libero uso dei suoi proprietari, reso oggetto di una sistematica volontà, se non di distruzione fisica globale, di espropriazione senza vie di uscita con approdi finali diversi. È significativo che il cap. VIII di *La Bibbia al rogo* (p. 275 e sgg.), costruito sull'analisi delle liste di titoli di libri proscritti o sottoposti ad esame confluite nell'Archivio della Congregazione dell'Indice e ora in parte riunite anche nel *corpus* dei codici *Vat. Lat.* 11266-11326 (qui in particolare nel codice *Vat. Lat.* 11286), porti il titolo: «Il sequestro dei volgarizzamenti biblici». Per il quadro delle fonti in proposito utilizzate si veda anche *ibid.*, p. 246-249. Sul ricorso al sistema sbrigativo dei roghi, di cui dovettero subire i costi anche i lezionari volgarizzati e la stessa versione commentata da Nannini, sempre in bilico tra rifiuto intransigente e tolleranza valorizzatrice, varie indicazioni alle p. 249, 278-279, 282. Nella cerchia della Congregazione dell'Indice e in diversi settori dell'apparato ecclesiastico locale non mancavano ovviamente posizioni di segno ben diverso. Esemplare è l'invito rivolto da Valier al vescovo di Colle Val d'Elsa, che aveva chiesto istruzioni sulla possibilità di concedere in lettura volgarizzamenti con il nudo testo delle pericopi evangeliche. L'ordinario fu esortato a «non abrusciarli, perché forse un giorno potrà consolare quelli che hora lo ricercano, poiché sopra ciò Nostro Signore da diverse parti viene del continuo ricercato»: Archivio della Congregazione per la Dottrina della Fede, Indice, vol. V/1, f. 54v, 8 marzo 1597, secondo G. Fragnito, *Proibito capire, op. cit.*, p. 117.

za dal codice vaticano che ne riunisce un esteso campionario: *Vat. Lat.* 11286[22]. Gli elenchi assemblati al suo interno non sono solo elenchi di libri sequestrati e rimossi per sempre dalla circolazione, che fotografano i termini estremi di un processo di normalizzazione religiosa spinto frequentemente persino al di là della lettera dei divieti formalizzati in sede ufficiale. Senza che ci possiamo dilungare in una analisi minuziosa, segnalo almeno che i «sequestri» di cui la documentazione attesta la dilagante avanzata potevano avvenire, anche quando investivano i fondi delle botteghe di librai e il materiale smerciato dai rivenditori di stampe, non requisendo le edizioni sospette negli archivi dell'istituzione ecclesiastica, ma semplicemente ingiungendone il blocco della vendita e tenendole 'in riserva' presso i loro detentori (il meccanismo è stato studiato in dettaglio, per esempio, nel caso delle confische di libri inflitte ai librai romani, oppure a seguito della «visita» dell'inquisitore di Ancona alla fiera di Recanati nel 1600)[23]. L'ispezione che almeno i censori più scrupolosi si sentivano chiamati a compiere, per sceverare ciò che era da proibire senza sconti da ciò che doveva essere corretto e poi magari riammesso alla fruizione dei lettori, dentro la massa eterogenea dei libri penalizzati da titoli sospetti, privi delle necessarie indicazioni tipografiche, provenienti da luoghi in odore di eresia o magari semplicemente anonimi, poteva avvenire in un secondo momento, anche «doppo» che i responsabili del sequestro inquisitoriale avevano «mandato la nota» dei libri pericolosi al centro della Congregazione dell'Indice (come scrive espressamente l'inquisitore di Ancona al cardinale Valier il 27 febbraio 1602)[24]. E a seguito del completamento delle operazioni di accertamento censorio, poteva anche capitare che fra i libri temporaneamente sequestrati si riconoscesse che «alcuni d'essi erano buoni e se li sono lasciati», restituendoli all'uso dei loro proprietari, mentre «gl'altri che [erano] da correggere» venivano più faticosamente avviati al lavoro tutt'altro che agevole della ripulitura, predisponendoli alla eventualità di una futura rimessa in circolazione sorvegliata («ho lasciato ordine che sieno corretti e restituiti a padroni», a riconferma del fatto che «il sequestro fu fatto nelle mani loro senza portarli fuori

22 A fianco di questo, un altro nucleo documentario fondamentale è quello tuttora conservato in ciò che rimane dell'Archivio della Congregazione dell'Indice (vol. XVIII/1), messo in evidenza e analizzato da G. Fragnito in *La Bibbia al rogo*, *op. cit.*, p. 246-249, 275 e sgg. Le liste del volume presso l'Archivio dell'Indice «riguardano solo i libri *consegnati* da laici e clero secolare [mio è il corsivo] o rinvenuti durante le ispezioni presso i librai» (*ibid.*, p. 247).

23 Maria Cristina Misiti, «"Torchi famiglie e libri": nuove indagini sui librai romani di fine Cinquecento», in *Libri, biblioteche e cultura degli ordini regolari nell'Italia moderna attraverso la documentazione della Congregazione dell'Indice*, *op. cit.*, p. 439-471; Rosa Marisa Borraccini, «Un sequestro librario alla fiera di Recanati del 1600», in *Libri, biblioteche e cultura degli ordini regolari nell'Italia moderna attraverso la documentazione della Congregazione dell'Indice*, *op. cit.*, p. 397-438.

24 *Ibid.*, p. 430-431 (da Archivio della Congregazione per la Dottrina della Fede, Indice, vol. III/5, f. 69).

[i libri sospetti] di botegha»)[25]. Anche in rapporto ai possessi librari di monache e di religiosi, la procedura del sequestro preventivo (con i libri sospetti semplicemente 'congelati', tenuti sotto osservazione lasciandoli nelle mani di un singolo loro proprietario o dell'ente che li ospitava nella propria sede, senza passare attraverso la via obbligata dell'incameramento d'autorità né, tantomeno, la distruzione immediata), o più modestamente ancora la stesura delle liste di titoli di dubbia legittimità fatte compilare per sottoporre a verifica il contenuto di una dotazione libraria, potevano aprire la strada a scandagli censori e a negoziazioni sui casi problematici i cui risultati si riflettevano sui rapporti continui di interscambio e di consultazione reciproca tra il centro romano e la periferia dei diversi territori presidiati dall'apparato ecclesiastico, sfociando, nei casi più fortunati, anche in provvedimenti di restituzione sanciti dal sistema delle licenze di lettura[26], o semplicemente tradotti nei margini di tolleranza riservati a pratiche di fruizione dei testi che guadagnavano il diritto di essere perpetuate, una volta vinte incertezze e perplessità di una prima valutazione generica. Di queste perplessità cadevano frequentemente vittime le opere costruite sul riversamento in lingua volgare delle scritture bibliche, e fra queste, ovviamente, anche i lezionari liturgici, senza lasciare del tutto immune la stessa versione più 'garantita' di Remigio Nannini. Ma è esattamente in questo vasto spazio di manovra che si apriva tra il rilievo di un sospetto di irregolarità e l'esito finale dell'intervento normalizzatore delle autorità censorie che i lezionari potevano trovare la strada per resistere agli assalti e tentare di sopravvivere, costringendo le autorità superiori a ridefinire con approssimazioni diverse, nel corso del tempo, ciò da cui si doveva invece prendere le distanze, respingendolo nell'area del proscritto. Le possibilità di reintegro, a favore dei lezionari e di altri generi librari di reputazione discussa, dovevano essere ancora più forti, logicamente, quando le liste di titoli confluite nella massa delle liste di libri confiscati, messi sotto sequestro presso i loro possessori o semplicemente ispezionati in ossequio alla volontà dei compilatori dell'indice del 1596 si estendevano, come appare documentato per alcune delle liste di provenienza claustrale oggi conservate in *Vat. Lat.* 11286, alla *totalità* dei libri esistenti o che «si

25 *Ibid.*, p. 431.

26 Si veda su questo anche la documentazione di Adelisa Malena, «Libri "proibiti", "sospesi", "dubii d'esser cattivi": in margine ad alcune liste dei canonici regolari lateranensi», in *Libri, biblioteche e cultura degli ordini regolari nell'Italia moderna attraverso la documentazione della Congregazione dell'Indice*, *op. cit.*, p. 555-580. Di particolare interesse è la lista di provenienza genovese che l'autrice segnala a p. 574-575: «Notta di alcuni libri di don Marco Antonio da Genova, gli quali al principio della pubblicatione del nuovo indice, trovandosi all'hora confessore di monache in Genova, furono da lui consignati al molto reverendo padre frate Giovan Battista Lanzo all'hora inquisitore nel dominio della Republica di Genova [...] e di ordine di detto reverendo inquisitore furono detti libri revisti et espurgati, et concesso il ritenerli et portarli intorno, et sono gli infrascripti [...]» (Biblioteca Apostolica Vaticana, *Vat. Lat.* 11286, f. 490r per l'intestazione).

legg[evano]» tra le mura del chiostro[27]. È evidente che il «tutto», nel suo insieme, non poteva essere oggetto di proibizione, o anche solo di sequestro provvisorio a scopo cautelativo. Ciò avrebbe comportato la scomparsa di un supporto irrinunciabile per la vita religiosa comunitaria. Anche da fonti esterne alle risultanze delle operazioni di controllo promosse dalla Congregazione dell'Indice dopo la pubblicazione dell'indice clementino si ricavano indizi che attestano la non automatica sovrapponibilità tra le «note» con le liste di titoli sospetti consegnate a vescovi e inquisitori e il raggio a cui si estese l'azione di confisca materiale e di distruzione del libro pericoloso per opera del Sant'Ufficio e degli ordinari diocesani in rapporto con esso. È documentato il caso di ordini e congregazioni, come quella dei benedettini cassinesi, che riuscirono a farsi riconoscere dalla Congregazione dell'Indice la facoltà di trattenere presso i propri conventi i libri espurgabili, con la consegna però di tenerli «servati», e d'altra parte «dandone di quelli la nota a' vescovi et inquisitori», mentre solo i libri proibiti non più recuperabili dovevano essere consegnati materialmente[28].

Il privilegio di conservare presso di sé i libri da risanare, per provvedere in proprio al loro restauro e consentirne, così, il ritorno agevolato alla fruizione degli usi interni, fu concesso, il 3 agosto 1596, anche ai padri oratoriani di Santa Maria in Vallicella, nel cuore della Roma papale[29]. Questa modalità di trattamento dovette divenire una prassi adottata in riferimento a molti altri contesti simili. Gli effetti che ne poterono sortire sono messi in luce con una eloquenza che si può ritenere paradigmatica dalla lista dei libri sospettati di essere fuori norma o ai limiti dei canoni di accettabilità successivamente compilata dai padri della Vallicella e trasmessa, nel 1597, alla Congregazione dell'Indice[30]. È solo una delle innumerevoli emergenze isolabili all'interno della congerie di fonti che documentano l'impatto del nuovo censimento dei libri portatori di insidie predisposto secondo i canoni fissati nell'indice clementino dei libri proibiti, da poco entrato in esecuzione. Ma il suo

27 Biblioteca Apostolica Vaticana, *Vat. Lat.* 11286, f. 262r: «Questi sonno tutti gli libri che sonno in nel monasterio de Santo Basilio» (L'Aquila). Ugualmente f. 235r: «Nota delli libri che si leggono nel monasterio de Santa Maria delle Recomandate della città dell'Aquila».

28 Archivio della Congregazione per la Dottrina della Fede, Indice, Protocolli, II, 15, f. 95-96 (entro 22 giugno 1596), che cito sulla scorta di V. Frajese, «Le licenze di lettura tra vescovi ed inquisitori», art. cit., p. 779-780 (l'autore aggiunge che «analoga istruzione fu impartita alla congregazione di Vallombrosa»: *ibid.*, p. 780).

29 *Ibid.*, p. 779, che rimanda a Biblioteca Apostolica Vaticana, *Vat. Lat.* 11286, f. 25r.

30 Archivio della Congregazione per la Dottrina della Fede, Indice, Protocolli, P (II.a.14), ff. 236-280: due liste con sovrapposizioni, ora edite in *Chierici regolari minori*, a cura di L. Marinelli e P. Zito; *Congregazione dell'Oratorio*, a cura di E. Caldelli e G. Cassiani; *Ordine dei Frati scalzi della B. V. Maria del Monte Carmelo*, a cura di G. Grosso OCarm con la collaborazione di C. Compare e A. Pincelli, Città del Vaticano, Biblioteca Apostolica Vaticana, 2015, p. 155-192.

interesse particolare è esaltato dal fatto di collegarsi a una dotazione libraria la cui ossatura di fondo, nei suoi nuclei più antichi, si è tramandata fino ai nostri giorni, a motivo della continuità istituzionale dell'ente che l'ha gestita. La lista (in realtà una doppia lista) del 1597 riunisce numerose stampe bibliche, testi patristici, edizioni umanistiche e opere di erudizione penalizzate dalla macchia di luoghi di stampa collocati in terre di eresia o dall'intervento redazionale di autori di fama compromessa, come Erasmo. Fra i titoli revocati in dubbio e sottoposti allo scrutinio delle autorità di censura, figurano anche tre edizioni di *Epistole ed evangeli*: due senza indicazione dell'esistenza di un corredo di annotazioni (Venezia 1565 e 1579); la terza, però priva di data, con rinvio esplicito all'allestimento di Remigio Nannini[31]. I curatori della recente edizione delle liste confermano che «una parte consistente» dei titoli registrati risulta tuttora presente nella biblioteca Vallicelliana, anche se dei tre lezionari al momento attuale non è stato possibile rilevare traccia[32]. Ciò significa chiaramente che, in questo caso romano privilegiato in modo singolare da una documentazione meno esile del solito, i testi di legittimità dubbia o scarsamente accreditata, o da ricondurre comunque a una più discreta fruizione domestica per necessità di studio e di controversia religiosa, non furono ceduti, venendo sequestrati nella loro generalità dall'autorità inquirente, e a maggior ragione non andarono dispersi o distrutti in blocco per decreto. Almeno molti di loro si incardinarono nella stabilità di un possesso che poté resistere al giro di vite inquisitoriale. I libri sospetti e da rassettare furono messi in evidenza e sottoposti a speciale vigilanza, lasciandoli però in uso ai loro qualificati possessori. La stessa sorte incontrarono anche altrove i classici irrinunciabili dell'antichità greca e latina, i repertori enciclopedici di sostegno e i manuali di orientamento per i diversi rami del sapere destinati alla formazione del *vir bonus dicendi peritus*, che potevano finire nelle liste di denuncia dei libri «pericolanti» ed essere persino requisiti anche se portavano nomi di autori come Dante, Petrarca, Baldassarre Castiglione, Giovanni Della Casa, o pur fregiandosi di titoli illustri al pari di quello che aveva segnato la duratura fortuna di *Polyanthea*.

31 Gennaro Cassiani, «I padri della Vallicella, i loro libri e l'*inquisitio* della Congregazione dell'Indice sulle biblioteche degli ordini religiosi in Italia», in *Chierici regolari minori. Congregazione dell'Oratorio. Ordine dei Frati scalzi della B. V. Maria del Monte Carmelo*, *op. cit.*, p. 109-136 (alla p. 131).

32 *Ibid.*, p. 136. Nello stesso senso, Elisabetta Caldelli, «Tra le carte: all'interno della lista degli oratoriani», in, *Chierici regolari minori. Congregazione dell'Oratorio. Ordine dei Frati scalzi della B. V. Maria del Monte Carmelo*, *op. cit.*, p. 137-153, specialmente p. 148-151 (vi è un «continuo richiamo di specchi tra lista [dei libri dichiarati nel 1597] e biblioteca reale», p. 149). Insistenti furono gli sforzi dei padri per difendere il possesso dei loro libri (*ibid.*, p. 138-140), anche evitando di rinunciare ai libri *omnino prohibiti* (p. 150), di cui i padri avvertivano la necessità per le loro attività elevate di militanza intellettuale e di predicazione missionaria. Ringrazio Gennaro Cassiani per il controllo effettuato presso l'attuale Vallicelliana e per le informazioni che mi ha fornito.

Ma non si trattava certo di libri proibiti come tali, da far sparire per sempre. Quei testi restarono accessibili con larghissima disponibilità, in forme solo più controllate e 'normalizzate'. Vennero ristampati e continuarono a plasmare in modo decisivo la fisionomia culturale dei lettori italiani dell'età moderna. Identico salvataggio fu consentito per le *Epistole ed evangeli*, tramite l'unica edizione approvata, per altro senza eccessi di sincero entusiasmo, dagli organi inquisitoriali dell'età post-tridentina, anche se i lezionari caddero sotto il fuoco dei sospetti persino ingigantiti in sede periferica rispetto ai piani di intervento delle autorità di controllo del centro romano e non seppero sfuggire del tutto alla presa dei nuovi standard censòri ormai difficilmente eludibili. Lo svantaggio da oltrepassare era il discredito insinuato su ogni prodotto librario non perfettamente in grado di rivendicare l'assenza di qualsiasi elemento di problematicità.

Nel solco dell'esempio oratoriano appena richiamato, possiamo provare ad allineare altri semplici indizi che aiutino a valutare il peso reale degli effetti di compressione sull'accesso alla materia biblica mediata dalle versioni in lingua volgare delle letture liturgiche nell'Italia cattolica dell'estremo Cinque e del Seicento. Alcune evidenze significative possono essere estratte dalle stesse ricostruzioni storiche di Gigliola Fragnito, che ha seguito con puntiglio le dinamiche della volontà di emarginazione della Bibbia in volgare. Spostandoci verso l'analisi dello scenario profilatosi dopo l'urto iniziale della promulgazione dell'indice del 1596 e a seguito dell'avvio della sua attuazione concreta, l'ambivalenza delle attestazioni che si ricavano dalle fonti non fa altro che essere largamente confermata: il paesaggio continuava a mantenersi mosso e variegato, mostrando la necessità di non rinchiudere in un unico solco tracciato rigidamente dall'alto la lotta contro la circolazione della letteratura parabiblica trasportata nella lingua del popolo. Se ci fermiamo al solo *test* dei lezionari, ci imbattiamo ancora a Seicento inoltrato in inquisitori che si ostinavano nell'opzione radicale di escludere per essi ogni genere di licenza di lettura. Per eccesso di rigore, quando non per inesperienza, ingenuità, o difficoltà di procedere a selezioni più accurate, arrivavano a scomunicare anche i possessori di testi in teoria autorizzati come le *Epistole ed evangeli*, vietandoli senza possibilità di eccezione (a favore della versione annotata di Nannini) nei loro editti. A loro premeva recidere ogni più impercettibile rischio di interpretazioni deformate del testo sacro da parte degli «idioti»: al primo posto stava la difesa contro lo spettro ancora incombente dell'eresia e le distorsioni delle superstizioni e degli errori «popolari»[33]. Però vi era-

33 G. Fragnito, *Proibito capire*, *op. cit.*, p. 230; *ibid.*, n. 127, è riportata la battuta polemica del vicario del vescovo di Lucca contro gli «idioti» che dalla libera lettura dei lezionari potevano essere sospinti nelle grinfie degli errori ereticali (24 maggio 1611).

no anche colleghi del tribunale della fede che non si facevano scrupolo di rivolgersi direttamente alle autorità centrali di Roma per ratificare la concessione in uso ai fedeli dei sussidi riconosciuti innocui o con le giuste cautele comunque integrabili nel nuovo ordine religioso. E agivano così disponendosi in linea con le decisioni formulate già in anni precedenti ai massimi vertici della Congregazione dell'Indice, che non aveva potuto ignorare del tutto la pressione degli orientamenti di una parte dell'episcopato di indirizzo più conciliante, sensibile ai bisogni del governo pastorale, così come dei settori più tolleranti del ceto cardinalizio e della cerchia di alcuni fra i sommi pontefici in prima persona.

Le risposte che arrivavano da Roma potevano inclinarsi a favore della rivendicazione di un potere di arbitrio esclusivo in materia di ammissione alla fruizione riservata dei prodotti editoriali sottoposti a regime di sorveglianza speciale. Questa pretesa di monopolio, centralizzando la concessione delle licenze di lettura, perseguiva il fine di ridurre gli spazi di pubblica accessibilità dei generi in quarantena. Ma l'esito non era sempre e comunque il rifiuto ostile. Anche a vantaggio di semplici «signore genovesi» poteva capitare di vedere confermato, come accadde nel 1623 attraverso la corrispondenza scambiata con l'inquisitore della loro città, il noto Eliseo Masini, il permesso di «tenere et leggere le Epistole et evangeli del Remigio, gli Evangeli del padre Bruno gesuita e i Salmi del Panigarola»[34].

Le incursioni dal basso nell'accidentato territorio dell'approccio ai sussidi paraliturgici, ai commenti e alle riscritture del codice biblico organizzati secondo i canoni più diversi dovevano esercitare una forza di attrazione che tendeva persino a erodere le barriere di contenimento innalzate dal supremo tribunale della fede cattolica. Nel caso delle *Epistole ed evangeli*, la spinta verso lo scavalcamento delle norme limitatrici che ne avevano imbrigliato la diffusione, facendola rientrare nei poteri discrezionali delle autorità romane, si coniugò con il flusso di una proposta editoriale decisamente ingente e continua, a cui non si può non prestare la dovuta attenzione. Se si continuavano a stampare certi libri, vuol dire che esisteva una loro richiesta sul mercato, e a essa si riteneva di poter lecitamente rispondere, senza rischi eccessivi di ritorsioni punitive o di deludenti rovesci economici. Stando alla testimonianza di una lettera del 1606 inviata dal maestro del Sacro Palazzo Giovanni Maria Guanzelli, detto il Brisighella, all'inquisitore di Modena Arcangelo Calbetti,

34 *Ibid.*, p. 230-231 (n. 127, da Archivio di Stato di Genova, Archivio Segreto, 1406 B). A questi permessi di lettura che Masini cercò di procurarsi appoggiandosi all'autorità superiore di Roma, a favore di «persone di molto garbo», fa riferimento anche V. Frajese, «Le licenze di lettura tra vescovi ed inquisitori. Aspetti della politica dell'Indice dopo il 1596», art. cit., p. 788-789, però attingendo da altra documentazione incrociata (Archivio della Congregazione per la Dottrina della Fede, Stanza storica, O 2 c, f. 138r).

«quanto a gl'Evangelii volgari anche qua [cioè a Roma] si è talmente allargato la facenda e ne vengono in tanta quantità che senz'altra licenza sono communi a tutti. Parlo però solo di quelli di Remigio ch'hanno l'annotatione, restando tutti gl'altri banditi. E qui entra quel detto: *communis error facit legem*»[35]. La forza tenace dell'attaccamento a consuetudini e bisogni religiosi che restavano inestirpabili dall'orizzonte della pietà collettiva tracimava, evidentemente, dalle linee di sbarramento progettate per incapsularla: i lettori di un libro che restava in un certo senso di successo, come i lezionari annotati da Nannini, cercarono la via dell'approccio diretto al testo anche evitando di passare attraverso le strettoie della certificazione da richiedere alle autorità superiori di vigilanza. Potevano muoversi così perché erano intercettati da un'offerta di prodotti editoriali che, a sua volta, tendeva a rifluire in una capillare circolazione autogestita, difficile da riassorbire nelle maglie paralizzanti della censura ecclesiastica. Ma l'evasione plateale degli obblighi imposti dalle disposizioni canoniche dei vertici romani, se era un vizio arduo da estirpare alle radici, restava pur sempre un'anomalia che, dal punto di vista dei ministri dell'apparato istituzionale, era doveroso proporsi di combattere: «Tuttavia alla prima congregatione dell'Indice ne moverò parola – aggiungeva perentorio il Brisighella nella lettera che abbiamo citato – et avvisarò subito Vostra Paternità»[36].

Le immissioni di *Epistole ed evangeli* sul mercato librario seicentesco non dovettero forse assumere, se vogliamo essere sobriamente obiettivi, i contorni di una vera e propria marea dilagante. Anche se già la sola cifra di 61 stampe veneziane seicentesche, tutte nella versione curata e annotata da Nannini, fornita da Fragnito in *Proibito capire* sulla base di fonti bibliografiche secondarie autorizza a pensare a una fortuna tutt'altro che solo residuale: le proporzioni non sono certo quelle del gracile relitto di un passato ormai decaduto, relegato ai bordi estremi dell'impianto religioso della trionfante Controriforma[37]. Ma una ricerca sistematica sull'insieme delle edizioni in vario modo certificabili, in grado di sfruttare tutti gli strumenti di informazione oggi disponibili, potrebbe facilmente condurre a un aumento consistente dell'ordine di grandezza delle nostre stime attuali. In primo luogo risulta possibile estendere all'industria tipografica esterna alla città lagunare il reperimento di allestimenti seicenteschi delle *Epistole ed evangeli*, certamente nella sola versione autorizzata sotto le insegne di Remigio Nannini, che costringono a congetturare l'idea di una proposta editoriale ben più cospicua, duratura e ramificata, di quanto

35 Archivio di Stato di Modena, Inquisizione, busta 286, 1 aprile 1606; citata in G. Fragnito, *Proibito capire*, *op. cit.*, p. 231.
36 *Ibid.*
37 *Ibid.*, p. 227 (n. 120). Non aggiunge elementi di informazione diversi V. Frajese, «Le licenze di lettura tra vescovi ed inquisitori», art. cit., p. 789 (n. 54).

suggerisca l'immagine del declino, pur reale, subìto da un genere di libri confinato ai limiti della legalità. Possiamo citare – ma sono solo i primi riscontri di una verifica che andrà ulteriormente perfezionata – una stampa torinese del 1612[38]; una bresciana del 1619[39]; una seconda stampa torinese del 1625[40]. La presenza effettiva sul mercato di questo tipo di prodotti è confermata, in qualche caso con evidenze molto significative, dagli inventari notarili dei fondi di magazzino delle botteghe di librai che, uniti alla documentazione di segno analogo relativa ad accordi di società e appalti di vendita tra produttori e commercianti di libri, fotografano la circolazione dei libri in maniera più libera e diretta di quanto non consenta il passaggio attraverso la griglia delle operazioni di controllo delle biblioteche esistenti e la confisca dei testi proibiti varate dalle autorità religiose[41]. Ai nuovi esiti, costantemente arricchiti, dell'offerta libraria, destinata a prolungarsi senza interruzioni

38 Opac SBN (Catalogo del Servizio Bibliotecario Nazionale), IT\ICCU\CAGE\028226.
39 *Ibid.*, IT\ICCU\NAPE\042775.
40 *Ibid.*, IT\ICCU\TO0E\042091. Controlli collaterali su altri cataloghi elettronici di sistemi bibliotecari stranieri non hanno finora consentito di rinvenire altre edizioni seicentesche di *Epistole ed evangeli* impresse fuori di Venezia.
41 Mi soffermo su quattro esempi relativi a luoghi diversi. Il primo è genovese: Archivio di Stato di Genova, Notai antichi, G.T. Poggio, 6789 bis, inventario della libreria ceduta in gestione da Paola Orero, figlia ed erede di Antonio Orero, a Biagio Marchiani, allegato ad atto del 3 marzo 1642 (una sola menzione di *Epistole ed evangeli*). Sono debitore a Oriana Cartaregia (Biblioteca Universitaria di Genova) dell'interessamento per poter avere a disposizione una riproduzione del documento, a cui si viene rinviati a partire da Edoardo Grendi, *I Balbi. Una famiglia genovese fra Spagna e Impero*, Torino, Einaudi, 1997, p. 96-98. Il secondo esempio riguarda le forniture di volumi dei librai-editori bresciani, su cui ha indagato Luca Rivali (da ultimo: L. Rivali, *Profilo della libreria bresciana del Seicento. Bozzola, Turlino, Tebaldini, Fontana*, Saonara [Padova], Il prato, 2013). Nell'inventario *post mortem* di Francesco Tebaldini, del 1641, compaiono dieci copie delle *Epistole et evangeli*, mentre in quello di Vincenzo Fontana, figlio di Bartolomeo e ultimo erede dell'attività di famiglia, datato 16 marzo 1648, «risultano ancora in magazzino due copie delle *Epistole ed evangeli*», indicazione da ricollegare al fatto che proprio Bartolomeo Fontana ne aveva allestito in città la citata riedizione apparsa nel 1619 (comunicazione scritta di L. Rivali, che ringrazio). Il terzo riscontro, ancora più articolato, lo offrono gli inventari di magazzini tipografici e librari raccolti per la realtà della Parma del Seicento da Federica Dallasta, *Al cliente lettore. Il commercio e la censura del libro a Parma nell'epoca farnesiana. 1545-1731*, Milano, Angeli, 2012, p. 188, 193, 210, 217, 224, 230, 288, 289, 301 (inventari distribuiti sull'arco degli anni 1611-1633, con attestazioni ripetute della presenza di lezionari, a volte esplicitamente ricondotti alla versione annotata del Nannini, di frequente anche in copie multiple, per esempio due; in un caso, p. 224, cinque esemplari). Il quarto esempio è il dato singolarmente persuasivo che si deduce dall'inventario *post mortem* (entro 3 febbraio 1695) del libraio, tipografo, incisore e mercante di stampe veneziano Antonio Bosio, sui cui scaffali di bottega si poté contare un centinaio esatto di esemplari di *Epistole et evangeli*: Sabrina Minuzzi, *Il secolo di carta. Antonio Bosio artigiano di testi e immagini nella Venezia del Seicento*, Milano, Angeli, 2009, p. 210; *ead.*, *Inventario di bottega di Antonio Bosio veneziano (1646-1694)*, Venezia, Regione del Veneto-Edizioni Ca' Foscari, 2013 (<http://www2.regione.veneto.it/cultura/cms/allegati/Biblioteche/Inventario-Bosio.pdf>, consultato il 18-09-2019), p. 56, 65, 91, 145. Per i contratti di vendita, segnalo la lista di titoli allegata al contratto stipulato a Pavia, nel 1598, tra Vincenzo Somasco e Agostino Bordone: Kevin M. Stevens, «Selling Books on Commission: Two Studies from Milan (1594) and Pavia (1598)», *Bibliologia*, III, 2008, p. 125-143 (alla p. 142).

quanto meno fino a Ottocento avanzato[42], bisogna poi aggiungere la continuità dell'uso rivolto agli esemplari superstiti delle iniziative editoriali del passato; uso probabilmente esteso anche a stampe dei lezionari che ignoravano la traduzione con le annotazioni di Nannini, messe in salvo dal naufragio delle requisizioni imposte dall'apparato inquisitoriale e dalle distruzioni che ne seguirono attraverso i canali dell'elusione, arginando con la difesa ostinata di privilegi e autonomie consuetudinarie la richiesta di adeguamento disciplinare agli ordini delle centrali di comando romane rivolti a singoli individui, comunità religiose ed enti ecclesiastici. Tutt'altro che disprezzabile, nei suoi termini quantitativi, è la sussistenza di testimoni delle emissioni editoriali delle *Epistole ed evangeli* anteriori all'affermazione sulla scena di Remigio Fiorentino che si incontrano nei fondi antichi del patrimonio bibliotecario, italiano e internazionale, dei nostri giorni. L'entità delle sopravvivenze è, da sola, palese conferma della scampata estinzione: quei testimoni non possono, evidentemente, essere approdati nelle biblioteche provenendo per via esclusiva dai depositi del carcere librario inquisitoriale. La storia dei passaggi di proprietà degli esemplari superstiti rimanda in modo inestricabile all'evoluzione complessiva dell'intero panorama della circolazione dei libri nel contesto dell'Italia post-tridentina. E per tentare di restituirne un'immagine convincente, veramente puntuale e organica, non frammentata in senso settoriale a partire da un unico punto di vista dominante, diventa indispensabile proiettarsi al di fuori degli archivi delle istituzioni repressive dell'apparato inquisitoriale romano, per abbracciare in uno sguardo più articolato ciò che hanno da insegnarci, sul versante della residua fortuna dei volgarizzamenti biblici, le liste dei possessi di libri e gli inventari delle raccolte bibliotecarie di tutta la lunga fase sei-settecentesca. Solo così si può andare al di là del più ovvio rilievo dell'incidenza esercitata attraverso la selezione delle letture consentite in base agli schemi delineati dagli indici e con l'estensione-manipolazione che essi hanno conosciuto in fase di applicazione concreta. I dati che se ne possono evincere vengono ad allinearsi in modo persuasivo con i sondaggi più aggiornati condotti sui residui di elasticità dell'offerta libraria e della circolazione dei testi nell'area italiana anche dopo la svolta restrittiva del tardo Cinquecento, che lasciano intravedere la porosità mantenuta dallo sforzo di regolamentazione della Controriforma. Costringendo a ripensare l'enfasi posta tradizionalmente sul registro distruttivo della censura, emerge in primo piano il suo diffuso combinarsi con la vischiosità delle inerzie conservatrici, le tendenze all'aggiramento dei divieti

42 G. Fragnito, *La Bibbia al rogo*, *op. cit.*, p. 300; *ead.*, *Proibito capire*, *op. cit.*, p. 227. Una immediata verifica consente al riguardo, di nuovo, lo spoglio di SBN. Per la fase intermedia del Settecento, basti qui rimandare, in aggiunta, a Laura Carnelos, *I libri da risma. Catalogo delle edizioni Remondini a larga diffusione (1650-1850)*, Milano, Angeli, 2008, p. 106-107.

formali, l'impossibilità di tradurre pienamente nella realtà pratica il disegno dei modelli ideali additati come meta da perseguire nelle più autorevoli sedi centrali: aspetti che si sono con ogni evidenza accentuati inoltrandosi nel cuore del Seicento, tra il riemergere di una indisciplina difficile da incanalare per addomesticarla e il declino dell'impegno frontale vigoroso contro la minaccia dell'eterodossia che aveva innescato l'irrigidimento della proibizione dei libri nocivi[43].

Un primo giacimento straordinario di documentazione sfruttabile in questo senso, che non riflette solo i disegni di ingabbiamento del panorama intellettuale sostenuti dalle centrali romane del potere ecclesiastico, ma ci restituisce anche i grandi lineamenti generali dell'orizzonte culturale e religioso su cui l'intervento disciplinatore del tardo Cinquecento finì con il gravare, è l'insieme delle liste di libri raccolte, entro i primissimi anni del Seicento, dalla Congregazione dell'Indice, nell'ambito della sua ambiziosissima – e solo in parte riuscita – campagna di verifica del patrimonio librario in primo luogo dei religiosi di tutto il territorio italiano[44]. Qui non ci si concentrava più soltanto sui libri proibiti, sospetti o da sequestrare. Erano inclusi anche questi, con una attenzione a volte dichiarata in termini di privilegio. Ma lo sguardo da qui si estendeva alla globalità del posseduto, in modo che il nesso con gli interventi di sequestro a scopo di epurazione non risulta più isolabile come la finalità prioritariamente immediata. Le liste dei libri dei religiosi italiani sono oggi riunite nella serie dei codici Vaticani latini 11266-11326 e, insieme a poche altre andate altrove disperse, risultano sistematicamente consultabili attraverso la banca dati «Le biblioteche degli ordini regolari in Italia alla fine del

43 Per una impostazione non schiacciata in senso unilaterale sui binari dell'incapsulamento conformistico, senza dialettiche e resistenze interne, ricostruito assumendo il punto di vista praticamente esclusivo (con la relativa documentazione di supporto) degli «ingranaggi repressivi», rimando ai materiali riuniti nel dossier monografico *Aggirare la censura*, ospitato in *Rivista di storia del cristianesimo*, IX, 2012. Qui in particolare si veda l'introduzione di Marina Caffiero, p. 291-294 (da cui, p. 291, la citazione); inoltre i contributi di Marco Cavarzere, «Commercio librario e lettori nel Seicento italiano. I cataloghi di vendita», p. 363-383, e Federico Barbierato, «Attraverso la censura. La circolazione clandestina dei testi proibiti nella Repubblica di Venezia fra oralità e scrittura (secoli XVII-XVIII)», p. 385-403. Sempre di Cavarzere, cfr. *La prassi della censura nell'Italia del Seicento. Tra repressione e mediazione*, Roma, Edizioni di Storia e Letteratura, 2011; M. Cavarzere, «Un cantiere aperto della storiografia religiosa: alcuni nuovi studi sulla censura in Italia», *Rivista di storia e letteratura religiosa*, XLVIII, 2012, p. 179-192.

44 Nella scia dei quadri di sintesi delineati in sedi diverse soprattutto da Roberto Rusconi, si veda ora, in particolare, *Libri, biblioteche e cultura degli ordini regolari nell'Italia moderna attraverso la documentazione della Congregazione dell'Indice*, *op. cit.*; Rosa Marisa Borraccini, «Da strumento di controllo censorio alla "più grande bibliografia nazionale della Controriforma": i codici Vaticani latini 11266-11326», in *Disciplinare la memoria: strumenti e pratiche nella cultura scritta (secc. XVI-XVIII), Atti del convegno internazionale (Bologna, 13-15 marzo 2013)*, a cura di M. Guercio [*et al.*], Bologna, Pàtron, 2014, p. 177-189.

secolo XVI», oltre che essere in via di integrale pubblicazione a stampa[45]. Scorrerle con pazienza, consente di misurare con vistosi riscontri quantitativi il grado di persistenza dei testi che puntavano al riuso del materiale biblico volgarizzato, come i nostri volumi di *Epistole ed evangeli*, per altro tenuti sempre in stretto dialogo con la continuità della fruizione dell'editoria biblica bilingue e con il nucleo primordiale del testo-principe della Bibbia latina[46]. Ma ancora più interessante è spostarsi in avanti negli anni, allontanandosi da quelli immediatamente successivi alla restrizione degli spazi di accesso al codice biblico volgarizzato imposta dalla Congregazione del Sant'Ufficio, e allo stesso tempo allargandosi al di fuori del raggio di azione delle istituzioni censorie del centro romano, per tentare di valutare quali lineamenti presentasse il panorama librario su cui si era ormai abbattuta la scure degli interventi di 'bonifica' orchestrati secondo l'ottica degli indici di libri proibiti del secondo Cinquecento, a loro volta irrigiditi nelle loro implicazioni sanzionatrici dalla crescita del ruolo di vigilanza suprema rivendicato dai vertici della Santa Inquisizione.

In questa linea, si possono passare a setaccio gli inventari che ci sono giunti dal vastissimo mondo del clero secolare, dove i testi biblici, i compendi, le parafrasi e gli stessi lezionari, specialmente se corredati da annotazioni di commento nello stile di Nannini, si offrivano come supporti essenziali sia per l'*iter* di formazione, sia per l'esercizio delle funzioni connesse alla celebrazione della liturgia e dei sacramenti, alla predicazione, all'educazione dei fedeli e alla direzione delle coscienze: incombenze a cui dovevano fare fronte se non altro gli ecclesiastici deputati al governo delle anime e all'esercizio delle funzioni di tipo pastorale. La casistica radunabile a questo proposito si presenta tutt'altro che sporadica e distribuita nei più diversi contesti regionali, con prolungamenti che arrivano ad abbracciare senza problemi la seconda metà del Seicento, per proiettarsi poi in avanti come eredità mai smentita. Se ne può fornire qui una prima esemplificazione molto sommaria[47].

45 Nella serie «Libri e biblioteche degli ordini religiosi in Italia alla fine del secolo XVI», curata da Roberto Rusconi, che trova posto all'interno della collana «Studi e testi» della Biblioteca Apostolica Vaticana, sono finora apparsi tre volumi, dedicati alle liste librarie della congregazione monastica dei vallombrosani (2013), a quella camaldolese (2014) e a tre realtà di più modesta rilevanza (chierici regolari minori, oratoriani, carmelitani scalzi, 2015). La banca dati con l'edizione informatica delle liste dei codici vaticani e la schedatura delle edizioni censite è accessibile all'indirizzo <http://rici.vatlib.it/>, consultato il 18-09-2018.

46 Una prima serie di puntualizzazioni su queste risultanze è offerta nei miei precedenti lavori «Libri e biblioteche negli ambienti monastici dell'Italia del primo Seicento», art. cit., e soprattutto in «Bibbia e apparati biblici nei conventi italiani del Cinque-Seicento. Primi appunti», art. cit., qui in particolare p. 82-87.

47 Le edizioni di *Epistole ed evangeli* compaiono in ben tre delle nove biblioteche parrocchiali individuate nella documentazione relativa alle visite pastorali di Gregorio Barbarigo nel territorio della diocesi di Bergamo (anni 1658-1660): Daniele Montanari, *Gregorio Barbarigo a Bergamo (1657-1664). Prassi di governo e missione pastorale*, Milano, Glossa, 1997, appendice III, *La bi-*

La destinazione privilegiata delle *Epistole ed evangeli* come strumento di servizio a favore del clero e dei religiosi chiamati a «ragionar al popolo», in primo luogo nello spazio degli atti del culto liturgico, era stata deliberatamente prevista da Remigio Nannini. Per incentivarla, tornava utile il copioso corredo di indici di cui i lezionari a stampa cinque-seicenteschi si dotarono[48]. Nel corpo del testo, le finalità di carattere pratico erano potenziate dalle appendici che arricchirono già nel corso del XVI secolo la fortuna editoriale dei lezionari: una serie di «discorsi» di indirizzo pedagogico-prescrittivo sul digiuno, sull'invocazione dei santi, sulla venerazione delle reliquie, sull'uso delle immagini, uniti a una selezione di «sermoni» dedicati al tema dell'orazione, di nuovo al digiuno e ai doveri di carità, questi ultimi «cavati dalle opere di Luigi di Granata», un altro dei punti di riferimento obbligati dei modelli di educazione del clero e dei religiosi nello scenario del rinnovamento cattolico cinque-seicentesco (in varie edizioni, come per esempio quelle veneziane dell'ultimo decennio del XVI secolo per i tipi di Giorgio Angelieri, o in quelle degli anni intorno al 1620 presso Giovanni Guerigli, «aggiuntovi alcuni sommari, fatti latini dal reverendo padre Pietro Canisio, tradotti in volgare da Camillo Camilli»)[49].

Ma lo sbocco ecclesiastico, in vista del quale la materia esibita dalle edizioni di *Epistole ed evangeli*, soprattutto se arricchita da annotazioni e commenti, poteva

blioteca del curato, a cura di G. Dell'Oro, D. Montanari e D. Zardin, p. 195, 213, 226. Le ritroviamo nella consistente dotazione di libri di un sacerdote trentino del pieno Seicento: Liliana De Venuto, «La biblioteca di un sacerdote roveretano: don Giuseppe Ferrari (1621-1687)», *Studi trentini di scienze storiche*, t. 80, 2001, sezione I, p. 3-99 (alla p. 44: l'edizione del Nannini, insieme a un «Libretto d'evangeli [...] in stampa vecchia», registrato a p. 25). Oppure nell'inventario del 1688 dei libri dell'arciprete di Bondeno, Ippolito Venetici, in area ferrarese: Andrea Faoro, «Il laserpizio librario, ovvero biblioteche private a Bondeno nei secoli XVII e XVIII», *Deputazione provinciale ferrarese di storia patria. Atti e memorie*, serie IV, XIV, 1997, *Studi di storia civile bondonese*, p. 147-199 (alla p. 188). Per il Settecento avanzato, aggiungo l'esempio savonese attestato da Romilda Saggini, «La biblioteca del prete Giacomo Filippo Bormioli ed altre biblioteche ecclesiastiche», in *Erudizione e storiografia settecentesche in Liguria*, Genova, Accademia Ligure di Scienze e Lettere, 2004, p. 87-111 (p. 103).

48 Non solo indici «delle cose più notabili», si noti, ma anche «la tavola dei giorni» in cui era fissata la lettura delle epistole e dei vangeli raccolti nell'antologia delle loro versioni volgarizzate. Per l'intenzione espressa da Nannini di giovare in primo luogo con le sue «annotationi» a quanti si trovavano implicati in funzioni di «cura d'anime», «come sono piovani, o altri curati, o superiori et prelati d'ogni sorta», specialmente attraverso l'esercizio della predicazione, si veda la citazione riportata da G. Fragnito, *La Bibbia al rogo*, *op. cit.*, p. 295 (n. 62).

49 Per le edizioni di Giorgio Angelieri, 1590-1599: Opac SBN, IT\ICCU\RMLE\015735, IT\ICCU\LO1E\031776, IT\ICCU\MILE\000930. Giovanni Guerigli, 1614-1627: *ibid.*, IT\ICCU\CAGE\028225, IT\ICCU\BVEE\043861, IT\ICCU\RCAE\015177 e IT\ICCU\BA1E\003066. L'attribuzione a Luis de Granada della scelta di sermoni non figura però esplicitata con elevata frequenza, stando almeno ai dati informativi, non sempre completi, forniti da SBN. La ritroviamo anche in altre stampe come quella di Francesco Barezzi del 1648 (IT\ICCU\PALE\001761).

venire a intrecciarsi con altri strumenti di acculturazione religiosa e di sussidio didascalico come i fortunati *Discorsi* di Gabriele Fiamma «sopra l'epistole e vangeli di tutto l'anno»[50], o con altre opere di indirizzo convergente quali i più modesti *Ragionamenti famigliari, utili, brevi et facili sopra l'epistole et gli evangelii di tutte le domeniche* di Onofrio Zarrabini[51], non divenne mai l'esito esclusivo. I lezionari rimasero un filtro semplificato attraverso cui il tesoro sapienziale, la ricchezza di dottrina e i registri di linguaggio dell'insieme dei testi biblici potevano essere abbordati vincendo ostacoli per molti insormontabili in primo luogo negli ambienti claustrali e nei circoli di spiritualità rivolti in modo particolare alle donne di forte impronta religiosa. Tornando di nuovo all'ampio ventaglio delle liste di libri raccolte nell'ambito della campagna di accertamenti sulle biblioteche del mondo conventuale italiano a seguito della promulgazione dell'indice dei libri proibiti del 1596, si può rilevare che le edizioni in volgare delle *Epistole ed evangeli* raggiungono le vette dei titoli attestati con maggiore frequenza nel campione di una trentina di liste eccezionalmente provenienti dai chiostri femminili, lasciati ai margini dell'inchiesta della Congregazione dell'Indice[52]. Per effetto dei divieti post-tridentini a danno dei volgarizzamenti biblici e parabiblici, anche in questo genere di documentazione si rispecchia, come già abbiamo sottolineato, la difficoltà crescente di tollerare il rapporto di familiarità con letture e pratiche religiose che fino ad allora avevano largamente dominato i livelli più elevati dell'approccio alle fonti scritte del culto cristiano. Dei venti esemplari di lezionari che figurano in trenta liste di provenienza claustrale, ben dieci risultano inclusi negli elenchi di libri da espurgare stilati per i monasteri di Perugia[53]. Non sappiamo – anche in questo caso – quale sia stato il loro destino successivo, negli anni che videro dispiegarsi il massimo sforzo per garantire piena efficacia all'*index* del 1596: non è documentato in modo diretto il sequestro dei libri sospetti su ingiunzione dei delegati della macchina inquisito-

50 Varie edizioni, sempre veneziane, attestate da SBN (anni 1571-1584).

51 Abbiamo notizia dell'edizione di Venezia, Giovanni Battista Somasco, 1587 (Opac SBN, IT\ICCU\RMLE\012398); di quella di nuovo veneziana per i tipi di Matteo Valentini, 1592 (*ibid.*, IT\ICCU\VIAE\018721); delle stampe di Como, Girolamo Frova, 1592-594 (*ibid.*, IT\ICCU\TO0E\021105, IT\ICCU\BVEE\017927). Per un livello editoriale più alto, rimando a Danilo Zardin, «Le "Adnotationes et meditationes" illustrate di Nadal sui Vangeli del ciclo liturgico: il modello e il riuso», in *Visibile teologia. Il libro figurato in Italia tra Cinquecento e Seicento*, a cura di E. Ardissino ed E. Selmi, Roma, Edizioni di Storia e Letteratura, 2012, p. 3-23.

52 Già in un precedente tentativo di analisi complessiva di questo ristretto campione di liste librarie di provenienza claustrale ho anticipato che la presenza dei lezionari in lingua italiana raggiunge la soglia di ben venti esemplari: Danilo Zardin, «Libri e biblioteche negli ambienti monastici dell'Italia del primo Seicento», in *Donne, filosofia e cultura nel Seicento*, a cura di P. Totaro, Roma, Consiglio Nazionale delle Ricerche, 1999, p. 347-383 (alla p. 361).

53 *Ibid.*, p. 363 (con riferimento in particolare alle liste incluse in Biblioteca Apostolica Vaticana, ms. *Vat. Lat.* 11286).

riale, né possiamo stabilire se furono tutti o in parte distrutti per eccesso di cautela preventiva, o se furono poi comunque lasciati in mano alle loro tradizionali fruitrici, dopo i controlli d'autorità e gli eventuali interventi di censura 'normalizzatrice'. Alla prudenza in sede di valutazione invita il fatto contestuale che, in alternativa, gli altri dieci esemplari di edizioni delle *Epistole ed evangeli* registrati tra le mura dei chiostri risultano, sembra pacificamente, segnalati all'interno degli elenchi generali del complesso di libri posseduti dalle comunità religiose o dati in uso a singole monache, senza che l'accertamento della loro presenza si riversi in modo automatico in una sanzione di condanna, per altro sempre attivabile in un momento successivo e da ricostruire, quando verificatasi, a partire dalle sue eventuali attestazioni specifiche. Da segnalare, come ulteriore dato interessante, è che in un paio di queste rilevazioni non biasimate come sospette della presenza dei lezionari in volgare fra i libri di monache si incontra un rinvio dichiarato al nome di Remigio Nannini come curatore (già da solo, garanzia di approssimativa affidabilità, anche se, come abbiamo visto, non propriamente al riparo in modo assoluto da assalti di revoche sempre in agguato), mentre in un altro paio di menzioni le versioni delle letture liturgiche possedute dalle religiose si pongono, altrettanto prudentemente, sotto l'insegna dell'adeguamento imposto dalla riforma del «messale romano stampato de ordine del santo conciglio di Trento»[54]. Tolte quelle indicate, restano sempre le sei ricorrenze in cui le *Epistole ed evangeli* comprese nel patrimonio librario delle religiose sono censite senza indicazione di curatore, in edizioni che riportano alla fase degli incunaboli o a tutto il XVI secolo: ma sono le edizioni che, stando alla severità più inflessibile della lettera delle norme inquisitoriali, avrebbero dovuto essere ritirate e del tutto interdette, per lasciare il posto unicamente, con gli intralci, le riserve e le complicazioni di cui abbiamo riferito, all'edizione con i commenti a cura del Nannini[55]. Sta di fatto che ancora a metà del Seicento il «libro delli evangelii» poteva figurare come elemento non certo obbligatorio in senso generalizzato, ma nemmeno osteggiato come anomalia di per sé da sradicare, nei corredi delle dotazioni per l'ingresso delle monache nei chiostri, insieme ai più ovvi e ricercati libri di preghiera e agli altri testi liturgici, cominciando naturalmente dal breviario, dall'ufficio della Vergine, dai sussidi agiografici come il *Flos sanctorum* e i martirologi, per finire con una scelta modesta di testi di edificazione religiosa in senso lato, che potevano spaziare su tutto il panorama dell'editoria di più largo consumo, dai classici testi della tradizione più antica e venerata fino alle opere dei maestri di

54 Biblioteca Apostolica Vaticana, ms. *Vat. Lat.* 11286, f. 271r; D. Zardin, «Libri e biblioteche negli ambienti monastici», art. cit., p. 363.
55 *Ibid.*

vita cristiana degli ultimi secoli o anche solo affermatisi nel contesto internazionale della Riforma cattolica e della Controriforma[56]. È anche per questa via che le nuove edizioni seicentesche delle *Epistole ed evangeli* continuarono ad aprirsi dei varchi per avere accesso agli spazi delle comunità conventuali femminili[57].

Ma mondo ecclesiastico, comunità di religiosi e religiose non hanno esaurito in sé, neppure nella nuova fase aperta dopo la svolta di fine Cinquecento, la capacità di diffusione dei lezionari liturgici. Tutt'altro che disprezzabile dovette rimanere il debordamento verso i contesti di cultura laica, che non rinunciarono alla possibilità di accedere a questo filone particolarmente qualificato di letteratura a scopo edificante e di formazione educativa, estraniandosene per imposizione coercitiva dall'alto. E tali possibilità di contatto rimaste praticabili sono da riconoscere compatibili anche con l'esercizio di funzioni professionali e ruoli sociali derivanti dai doveri di «stato» di uomini e donne pienamente immersi nella vita del mondo secolare.

Una pista significativa da sondare promette di essere quella dei libri circolanti nell'ambito delle cerchie devote e dei sodalizi confraternali aperti alla frequentazione di vasti settori del popolo dei fedeli, su cui faceva presa la richiesta di spingersi al di là dell'osservanza degli obblighi minimali della pratica religiosa governata dal primato del sacramento eucaristico. Ancora dopo la svolta tridentina, come doveva essere stata abitudine largamente condivisa nell'età precedente, in questi snodi di incrocio tra Chiesa e società laica i lezionari potevano diventare oggetto non solo di lettura individuale, ma prima di tutto di una ritualizzata lettura comune in contesto cerimoniale, almeno idealmente connessa alle cadenze dell'officiatura liturgica. È quanto lascia intravedere, per esempio, una regola confraternale parmense del 1617, dove si indica nell'«espositione sopra il vangelo corrente» uno dei contenuti raccomandati per gli atti solenni di edificazione religiosa comunitaria, diretti dal «ministro» della confraternita, con la declamazione dei testi praticata «ad alta voce et distintamente», «in mezzo l'oratorio»[58]. Dagli spazi delle celle monastiche, delle

56 Si veda l'esempio documentato da Archivio Distrettuale Notarile di Parma, filza 6213, 12 dicembre 1647, «Libri acquistati da Violante Scotti per monacarsi in S. Domenico», di cui si fornisce regesto in Federica Dallasta, *Eredità di carta. Biblioteche private e circolazione libraria nella Parma farnesiana (1545-1731)*, Milano, Angeli, 2010, p. 350-351.

57 Nella realtà napoletana: oblate di suor Orsola Benincasa, secondo Vittoria Fiorelli, «Scrigni di parole. Lettura e preghiera nella collezione libraria di un convento napoletano (secoli XVI-XVII)», *Dimensioni e problemi della ricerca storica*, II, 2008, p. 49-68 (p. 60 e p. 68, n. 47: possesso di edizione per i tipi di Giovanni Francesco Valvasense, Venezia 1689).

58 F. Dallasta, *Eredità di carta. Biblioteche private e circolazione libraria nella Parma farnesiana (1545-1731)*, *op. cit.*, p. 336. In alternativa, il testo della regola prevedeva la possibilità dell'opzione a favore della «vitta del santo di cui sarà la festa, od altro libro spirituale come a lui [il ministro] parerà meglio».

chiese e degli oratòri il libro delle letture liturgiche che mediava per i più l'accesso al patrimonio della scrittura biblica poteva arrivare a essere inglobato, alla fine, nelle reti di un possesso privato che apriva ai lezionari l'accesso anche agli spazi interni delle famiglie dei laici, isolatamente prese. Insinuandosi nelle loro abitazioni e tra gli scaffali dei loro beni di più alto valore simbolico, invece di essere messi al bando in modo indiscriminatamente ostile quei discussi volgarizzamenti biblici con commento autorizzato poterono continuare a proporsi come motivo di richiamo per le strategie di approccio di chi decideva di farsene fruitore anche soltanto saltuario e nei limiti ristretti di qualche momento privilegiato. Il possesso laicale delle *Epistole ed evangeli* è in effetti documentabile nel quadro italiano del maturo Seicento (e anche oltre) in riferimento a diversi casi distribuiti nel tempo e come collocazione geografica, tra grandi centri urbani e aree più periferiche; casi che sono da vedere come la punta emergente di un universo di interessi religiosi e pratiche di lettura ben più ramificato e proteiforme.

Il primo caso che si può segnalare riguarda il pittore lombardo Daniele Crespi, per cui abbiamo l'attestazione del possesso di un lezionario liturgico ricavabile dalla lista di «libri diversi» inclusa nell'inventario *post mortem* del 1630[59]. Il secondo indizio è estraibile dalla biblioteca della famiglia milanese dei Maggi, nobilitata dal successo letterario di Carlo Maria a fine Seicento: segretario del Senato, al servizio della più elevata magistratura dello Stato di Milano, ma anche poeta edificante cresciuto alla scuola dei gesuiti e prolifico autore di teatro in lingua dialettale, egli vide proseguire la dimestichezza con il mondo delle arti espressive attraverso il figlio Michele, che divenne professore di umane lettere e lingua greca nelle Scuole Palatine della città. Il catalogo di vendita dell'ingente patrimonio della «Maddiana», immessa sul mercato librario nel 1726, una volta scomparsi i due numi tutelari del prestigio intellettuale della casa, di nuovo non trascura di abbracciare, insieme a una scelta variegata di edizioni bibliche e di strumenti di supporto per la piena valorizzazione della Sacra Scrittura, almeno un esemplare (Venezia 1599) delle *Epistole ed evangeli*[60]. Ci spostiamo a Brescia con i dati che sono stati raccolti a proposito dei possessi librari di un esponente dell'élite nobiliare del luogo, protagonista di una mobilità che lo ha visto trasferirsi, nel corso della sua esistenza, anche a Bologna e a Roma: Francesco Gambara[61]. L'ultimo riscontro

59 Archivio di Stato di Milano, Notarile, Castorio Zerbi, 28796, inventario 27 agosto 1630, edito in Nancy Ward Neilson, *Daniele Crespi*, Soncino (Cremona), Edizioni dei Soncino, 1996, p. 90.

60 *Catalogus bibliothecae Maddianae seu index librorum olim spectantium clarissimis viris Carolo Mariae Maddio a secretis excellentissimi Senatus Mediolanensis, et Michaeli filio literarum humanarum, et graecae linguae in scholis Palatinis publico professori*, Mediolani, 1726, p. 96.

61 Barbara Bettoni, *Raccolte di libri e interni domestici attraverso gli inventari di beni mobili di Francesco Gambara (1600-1630)*, in corso di stampa negli atti della sesta giornata di studi su *Libri*

riguarda un'altra biblioteca nobiliare, quella degli Alberganti di Varallo, una delle parentele eminenti della Valsesia, oggi territorio piemontese, nel comparto prealpino a ovest del Lago Maggiore (inventari dei libri di famiglia, secolo XVIII)[62]. Ogni volta che si forniscono specificazioni bibliografiche, i rinvii sono sempre e soltanto alle edizioni annotate da Nannini.

e lettori a Brescia tra Medioevo ed Età moderna (di cui Luca Rivali mi ha gentilmente anticipato le bozze; si veda appendice A, «Inventario di libri che rimangono in Brescia l'anno 1626», n. 130).

62 Gianpaolo Garavaglia, «La biblioteca degli Alberganti di Varallo Sesia. Un esempio di cultura nobiliare tra Controriforma e Barocco», *Archivio storico lombardo*, CXVIII, 1992, p. 183-359 (p. 322). Ringrazio Annalisa Albuzzi per le segnalazioni bibliografiche e i controlli effettuati su diversi dei punti toccati nel presente contributo, che mi hanno consentito di arricchire l'analisi svolta.

LA LETTURA DOMESTICA
della Bibbia nell'Italia rinascimentale*

Abigail Brundin
(University of Cambridge)

«Take for thy breakfast, in the Name of the Lord,
a Chapter of the blessed Bible»[1].

Numerosi sono gli studi che attestano il ruolo centrale della Bibbia nella devozione domestica dei riformatori inglesi[2]. Il protestantesimo nord europeo del Cinque- e Seicento è stato spesso definito come la religione del Libro: la Bibbia, tradotta in volgare, è lì presentata come l'unico nutrimento necessario perché la gente potesse mantenere in vita la propria fede. Infatti, come osserva, forse in modo eccessivamente ottimistico, William Crashaw nel suo trattato, il nutrimento biblico dovrebbe costituire non solo la colazione, ma anche la cena del lettore devoto.

Tuttavia, la tendenza a giudicare il protestantesimo come la religione del Libro è spesso accompagnata da una tendenza meno costruttiva, ossia quella di giudicare il cattolicesimo dello stesso periodo come una fede nella quale il Libro è assente[3].

* Questo contributo è stato scritto nel contesto di una ricerca condotta nell'ambito del progetto *Domestic Devotions: The Place of Piety in the Renaissance Italian Home, 1400-1600*, presso l'Università di Cambridge, finanziato dallo European Research Council (direttrici: Abigail Brundin, Deborah Howard, Mary Laven). Ringrazio di cuore Irene Galandra e Marco Faini per il loro aiuto con la traduzione, e Marco Faini e Alessia Meneghin per alcune tra le fonti archivistiche esaminate in questo contributo.

1 «Abbi come colazione, nel Nome di Dio, un Capitolo della Santa Bibbia»: William Crashaw, *Londons lamentation for her sinnes and complaint to the Lord her God. Out of which may bee pickt a prayer for priuate families, for the time of this fearefull infection. And may serue for a helpe to holinesse and humiliation for such as keepe the fast in priuate: together with a soueraigne receipt against the plague. By W.C. pastor at White chappell.* London: Printed [by William Stansby] for G. Fayerbeard at the north side of the Royall Exchange, 1625, sig. C8v. Citato in Alec Ryrie, *Being Protestant in Reformation Britain*, Oxford, Oxford University Press, 2013, p. 271.

2 Sul ruolo della Bibbia nel mondo protestante, si veda, insieme a Ryrie sopracitato: *The Bible as Book: The Reformation*, a cura di O. O'Sullivan e E. N. Herron, Londra, Oak Knoll Press, 2000; *Shaping the Bible in the Reformation: Books, Scholars and Their Readers in the Sixteenth Century*, a cura di B. Gordon e M. McLean, Leiden, Brill, 2012.

3 Si veda ad esempio, Ilvo Diamanti, *Gli italiani e la Bibbia*, Bologna, EDB, 2014.

Tale visuale ignora tutto quel corpo di prove, raccolte da vari studiosi durante gli scorsi decenni, che chiaramente dimostra una ricca tradizione, anche in Italia, della lettura della Bibbia, sicuramente nel periodo che precede il Concilio di Trento, e anche probabilmente in quello successivo, sia in latino che in volgare[4]. Tuttavia, nonostante persista la dicotomia, assai controproducente, tra protestantesimo/Bibbia e cattolicesimo/assenza della Bibbia, non si sono ancora raccolte prove sufficienti che dimostrino quale fosse l'uso della Bibbia all'interno delle case italiane durante la prima epoca moderna. I riformatori inglesi tendono a lasciare numerose tracce della propria lettura domestica della Bibbia, sotto forma di ricche annotazioni e altri segni d'interazione con il Libro, ma tale testimonianza appare molto più scarsa nel caso dei cattolici italiani[5]. Eppure, l'ampio numero di Bibbie in latino e in italiano stampate in Italia tra la fine del Cinquecento e per tutto il Seicento, indica l'esistenza di un notevole pubblico interessato alla lettura del sacro Libro (questo tenendo conto non solo delle varie edizioni, ma anche della tiratura di ogni edizione)[6]. Era questo un pubblico di laici? E quante di queste Bibbie finirono nelle case degli Italiani? Attraverso l'analisi di possibilità finora rimaste inesplorate, in questo contributo intendo rimettere a fuoco quella che fu l'esperienza dei lettori della Bibbia all'interno delle case italiane durante la prima epoca moderna.

Qualsiasi riflessione sulla concezione della Bibbia nelle case italiane del periodo deve per forza confrontarsi con una domanda fondamentale: cosa s'intende per «Bibbia» in quest'ambiente[7]? Tenendo in considerazione il fatto che, per motivi di comodità, il periodo esplorato si estende dalla seconda metà del Quattrocento,

4 Ad esempio (in ordine cronologico): *Bibbie a Bergamo: Edizioni dal XV al XVII secolo*, a cura di G. O. Bravi e C. Buzzetti, Bergamo, Comune di Bergamo, 1983; Edoardo Barbieri, *Le Bibbie italiane del Quattrocento e del Cinquecento. Storia e bibliografia ragionata delle edizioni in lingua italiana dal 1471 al 1600*, 2 vol., Milano, Editrice Bibliografica, 1991-1992; Carlo Buzzetti, Giulio Orazio Bravi, «Edizioni della Bibbia. Versioni nelle lingue parlate con particolare riferimento all'Italia», in *La Bibbia nell'epoca moderna e contemporanea*, a cura di R. Fabris, Bologna, EDB, 1992, p. 23-41; Gigliola Fragnito, *La Bibbia al rogo: La censura ecclesiastica e i volgarizzamenti della Scrittura (1471-1605)*, Bologna, Il Mulino, 1997; *La Bibbia in poesia: Volgarizzamenti dei Salmi e poesia religiosa in età moderna*, a cura di R. Alhaique Pettinelli, R. Morace, P. Petteruti Pellegrino e U. Vignuzzi, Roma, Bulzoni, 2015.

5 Sulla lettura della Bibbia in inglese, si veda Kate Narveson, *Bible Readers and Lay Writers in Early Modern England*, Londra, Routledge, 2012; più in generale, sulle annotazioni, William H. Sherman, *Used Books: Marking Readers in Renaissance England*, Philadelphia, University of Pennsylvania Press, 2008.

6 Per una visione d'insieme sulla produzione delle Bibbie a stampa in Italia nel periodo rinascimentale, si rimanda al lavoro di E. Barbieri, *Le Bibbie italiane*, *op. cit.*

7 Questa è la domanda che si pone E. Barbieri, *Le Bibbie italiane*, *op. cit.*, p. XIV. Barbieri enumera tre categorie di testo biblico: il testo originale, sia intero sia in parte, ma riprodotto fedelmente senza altri interventi testuali; il testo parziale, inserito in qualche altro contesto testuale per motivi di interpretazione; il testo riscritto in una nuova versione. Il suo censimento si limita alla prima di queste tre categorie.

ossia dall'avvento della stampa, sino alla fine del Cinquecento, un primo possibile approccio, nel rispondere alla domanda posta, è di cercare la presenza di libri della Bibbia, del Vecchio e Nuovo Testamento, uniti o separati, e sia in Latino sia in Italiano, all'interno di singole case. Quest'approccio appare ottimistico e necessita della collaborazione di strumenti metodologici complementari, dei quali parlerò qui sotto. Tuttavia, ciò che manca a quest'approccio è la possibilità di capire i molteplici modi in cui gli Italiani, nelle loro case, potevano entrare in contatto con la Bibbia. Infatti, per la maggior parte degli Italiani, era impossibile poter acquistare una Bibbia a stampa, nonostante le numerose edizioni prodotte da tipografie veneziane e non solo[8]. Vi erano, però, altri tipi di testi che, dai contenuti biblici, erano disegnati per soddisfare diverse tipologie di lettori. Così, per esempio, si deve tener conto dei Libri d'Ore, uno dei testi più comuni tra gli inventari domestici di questo periodo, e che conteneva numerosi passaggi estrapolati dalla Bibbia[9]; o considerare testi quale le *Epistole e evangeli* di Remigio Nannini, uno dei libri che, accettato dalla censura nonostante il suo contenuto biblico, divenne uno dei più venduti durante la prima epoca moderna[10]; o prestare attenzione alle numerose edizioni dei Salmi che vennero pubblicate nel Cinquecento[11]; infine, si potrebbe tentare di fare un sondaggio su quei libretti e fogli volanti dal contenuto biblico che potevano essere acquistati per pochi soldi da venditori ambulanti[12]. Tutti questi erano testi basati, o che traevano ispirazione, dalla Bibbia, scritti in volgare, e indirizzati a un vasto pubblico di lettori laici[13]. Giuliano Dati, nel suo adattamento in versi del libro

8 Un'analisi molto utile sul costo di una Bibbia nel primo Cinquecento a Bergamo si trova in E. Barbieri, *Bibbie a Bergamo*, *op. cit.*, p. 125-126. Una Bibbia in latino, in ottavo, stampata a Leone: (Lyon?) e importata in Italia, con 1220 pagine e poche immagini, costava 6 lire e 15 soldi a Bergamo nel 1536. Nello stesso periodo il salario mensile di un capomastro a Bergamo era intorno a 12 lire, il salario mensile di un manovale 6-7 lire. Un medico guadagnava da 50 a 60 lire per mese, e poteva dunque facilmente comprare un libro del genere. (L'analisi dell'autore si basa sui dati che si trovano nelle *Polizze d'Estimo del 1527*, nell'Archivio storico comunale, Biblioteca Civica di Bergamo.)

9 Sull'uso dei libri d'ore, si rimanda al recente studio di Virginia Reinburg, *French Books of Hours: Making an Archive of Prayer, c. 1400-1600*, Cambridge, Cambridge University Press, 2012. Sul contesto italiano si veda: *Pregare nel segreto: libri d'ore e testi di spiritualità nella tradizione cristiana*, a cura di G. Cavallo, B. Tellini Santoni e A. Manodori, Roma, De Luca, 1994; Bronwyn Stocks, «Text, image and a sequential "sacra conversazione" in early Italian books of hours», *Word & Image*, XXIII, 2007, p. 16-24; Margaret M. Manion, «The Development of the Italian Book of Hours», *Parergon*, II, 1984, p. 175-184.

10 La prima edizione era: *Epistole et evangelii, che si leggono tutto l'anno alla messa, secondo l'uso della Santa Romana Chiesa. Nuovamente tradotte in lingua toscana dal r. p. Remigio Fiorentino*, Venezia, Gabriel Giolito de' Ferrari, 1567. Si veda anche G. Fragnito, *La Bibbia al rogo*, *op. cit.*, e gli interventi di Edoardo Barbieri e Danilo Zardin nel presente volume.

11 Rosanna Morace, «I Salmi tra Riforma e Controriforma», in *La Bibbia in poesia*, *op. cit.*, p. 55-82.

12 Rosa Salzberg, *Ephemeral City: Cheap Print and Urban Culture in Renaissance Venice*, Manchester, Manchester University Press, 2014.

13 Per una visione d'insieme sulla letteratura spirituale dell'epoca, si rimanda a Edoardo Barbieri, «Fra tradizione e cambiamento: note sul libro spirituale del XVI secolo», in *Libri, biblioteche e*

di Giobbe, rileva l'importanza, per l'ambiente domestico, di tali testi derivati dalla Bibbia:

> I' te l'ho messe in versi per amore
> che sono a qualchedun più dilettose;
> poi tal potrà quest'opera tenere
> che non può la gran Bibia in casa avere.[14]

Un altro possibile indirizzo di ricerca è rappresentato dagli studi di storia di cultura materiale, che ci permettono di accedere ad altri numerosi modi con cui i testi biblici erano adottati entro le dimore italiane. In casa, la Bibbia poteva essere letta, ovviamente, sotto forma di libro, ma veniva anche trasmessa attraverso altre forme dai significati mistici e apotropaici. Numerosi erano gli oggetti domestici con iscrizioni e formule bibliche, come anelli, piatti, placchette, stampe, amuleti e oggetti d'arredamento come stoffe e mobili[15]. A volte, le stesse mura domestiche divenivano luoghi su cui incidere iscrizioni bibliche – come suggerito da un testo della prima epoca moderna, *Il Salmista secondo la Bibbia*, così che gli abitanti di una casa vivessero circondati da quelle parole e dalla loro vicinanza potessero trarre profitto[16]. Persino i mattoni della casa potevano divenire forme attraverso cui trasmettere testi e iscrizioni bibliche[17]. La casa italiana era così infusa da un significato biblico anche nelle (numerose) eventualità per cui la Bibbia stessa, come libro, non fosse presente[18].

cultura nell'Italia del Cinque e Seicento, a cura di E. Barbieri e D. Zardin, Milano, Vita e Pensiero, 2002, p. 3-61.

14 Citato in G. Fragnito, *La Bibba al rogo*, *op. cit.*, p. 49.

15 Per un punto di partenza sul tema delle iscrizioni bibliche presenti sugli oggetti domestici, si veda Jacqueline Marie Musacchio, *Art, Marriage and Family in the Florentine Renaissance Palace*, New Haven, Yale University Press, 2009, p. 190-243; Donal Cooper, «Devotion», in *At Home in Renaissance Italy*, a cura di M. Ajmar-Wollheim e F. Dennis, Londra, V&A Publishing, 2006, p. 190-202. Si rimanda anche a: Katherine Tycz, «Material Prayers: The Use of Text in Early Modern Italian Domestic Devotions», Tesi di dottorato, University of Cambridge, 2017 (scritta come parte del progetto *Domestic Devotions*).

16 XL *Beatus qui intelligit*: «Vale se il si scriverà ne i muri dilla casa, accioché quelli i quai in essa habitaranno, la misericordia e la benedittione possano conseguire. Et santo Cassiodoro dice che per la vertù di questo Salmo, il tuo nemico venerà da ti con buona pace, se sarai disposto da rimettere le ingiurie e di restituire i beni del prossimo come è il dovere»: *Il Salmista secondo la Bibia il quale fece il propheta David* [...], Venezia, per Pietro Nicolini da Sabbio, 1536.

17 Si veda Peter Davidson, «The Inscribed House», in *Emblem Studies in Honor of Peter M. Daly*, a cura di M. Bath, P. F. Campa e D. S. Russell, Baden Baden, Koerner, 2002; Andrew Morrall, «Inscriptional Wisdom and the Domestic Arts in Early Modern Northern Europe», in *Formelhaftigkeit in Text und Bild*, a cura di N. Filatkina, B. U. Münch e A. Kleine-Engel, Weisbaden, Reichert, 2012, p. 121-38.

18 Un'analisi della cultura materiale della devozione domestica si trova in: Mary Laven, «Devotional Objects», in *Early Modern Emotions: An Introduction*, a cura di S. Broomhall, Oxford, Routledge, 2016, p. 147-152; e per il contesto napoletano, Irene Galandra, «The Materiality of Domestic

Durante la prima epoca moderna, gli Italiani potevano accedere alla Bibbia, entro il proprio ambiente domestico, attraverso le numerose riformulazioni bibliche, sia testuali sia materiali. Nel resto di questo contributo, mi focalizzerò solo sul punto di partenza di tale ricerca, e cioè su come i libri della Bibbia, non necessariamente in forma completa, ma nella loro forma originale, e quindi non ricontestualizzati e riscritti, entrassero nelle case degli Italiani[19]. Per giungere a un quadro chiaro di quando, dove, e come fosse la struttura dell'uso domestico della Bibbia, anche per questa fase iniziale della ricerca ho utilizzato diversi approcci metodologici. Quest'ultima parte del contributo si concentrerà sulla descrizione di alcuni di tali approcci metodologici complementari e dei relativi meriti.

Fonti archivistiche

Una delle più importanti risorse metodologiche utilizzate dal nostro progetto internazionale presso l'Università di Cambridge, *Domestic Devotions: The Place of Piety in the Italian Renaissance Home*, è un'intensiva ricerca d'archivio, tesa ad indagare la varietà di oggetti devozionali, inclusi i libri, che gli Italiani tenevano nelle loro case. Siamo particolarmente interessati alle classi sociali più basse, per le quali un alto livello d'istruzione e il possesso di una ricca biblioteca non costituivano la norma. Le analisi condotte dai colleghi nel progetto su inventari domestici e altri tipi di materiali archivistici hanno rilevato come il possesso di un libro tra le classi socio-economiche più basse fosse un fatto limitato. Già nel 1997 la storica Gigliola Fragnito aveva espresso i suoi dubbi sull'effettiva utilità degli inventari domestici come possibili fonti attraverso cui indagare il possesso della Bibbia, o di qualsiasi altro libro[20]. Purtroppo, e aspettandocelo, Fragnito aveva ragione: uno studio ampio condotto su inventari domestici provenienti dalle diverse aree oggetto d'indagine del nostro progetto ha finora portato alla luce solo rari barlumi per quanto riguarda il possesso della Bibbia a casa[21]. Inoltre, quando le Bibbie appaiono in inventari domestici, appartengono a case di famiglie altolocate, che potevano permettersi di acquistare i libri più costosi, oppure in case che appartenevano a ordini religiosi. Più si scende nella scala sociale, e meno frequente sono le tracce di un possesso della

Devotion in Sixteenth-Century Naples», Tesi di dottorato, University of Cambridge, 2017 (scritta come parte del progetto *Domestic Devotions*).

19 Faccio qui riferimento alla prima categoria di testi biblici che ha definito Barbieri, e citata alla n. 7.

20 G. Fragnito, *La Bibbia al rogo*, *op. cit.*, p. 46-48.

21 Il progetto *Domestic Devotions* si focalizza sulla terraferma veneta, le Marche e la città di Napoli. Tale scelta è stata dettata dalle loro caratteristiche intrisiche che le differenziano l'una dall'altra (a livello di popolazione, ma anche di località di pellegrinaggio ecc.). Inoltre, tale scelta è stata condizionata dalla volontà di sorpassare il «triangolo d'oro» costituito da Venezia, Firenze e Roma, città che hanno a lungo dominato la critica anglofona del rinascimento italiano.

Bibbia[22]. Tuttavia, nonostante sia secondario allo scopo della mia ricerca, è interessante notare come durante lo studio degli inventari domestici sia emerso che in certi casi la Bibbia è descritta «in folio», un importante promemoria sul fatto che non dobbiamo dare per scontato che, per essere 'domestico', un libro debba essere necessariamente di formato piccolo.

Negli inventari domestici, i Libri d'Ore appaiono molto più frequentemente delle Bibbie, e in particolar modo l'*Ufficiolo della Madonna*. Quest'ultimo, infatti, compare con una certa frequenza all'interno di case appartenenti a famiglie dall'estrazione sociale medio-bassa, ed è spesso l'unico libro presente nell'inventario[23]. Molto spesso, un'unica casa presenta più di una copia dell'*ufficiolo*, il che farebbe presumere che ogni membro della famiglia possedesse una copia del libro da utilizzare durante i momenti di devozione domestica. Per esempio, nel testamento di un certo mercante di nome Lucio Parma, di Treviso, si trova scritto di come avesse voluto lasciare al suo erede «un paro de manilli d'oro con tre officietti». Purtroppo, le intenzioni di Lucio non poterono essere soddisfatte perché «fu detto esser in pegno né si sa per hora, per quanto, né di chi siano [...]»[24]. Questo esempio ci segnala l'esistenza di un'altra categoria di documenti archivistici che ci permettono un contatto raro con libri e oggetti devozionali presenti nelle case dei più poveri. I dati riguardanti i *Monti di Pietà* marchigiani sono stati analizzati in grande dettaglio da Alessia Meneghin, un altro membro del nostro progetto *Domestic Devotions*. Dalla trascrizione di tali documenti cinque e seicenteschi sono emerse poco più di trecento voci di natura devozionale, ma solo otto descrivono un libro devozionale. Un'altra voce si riferisce, invece, a un numero non specificato di «antifonari in una scatola vecchia» lasciati in pegno, e con ogni probabilità di provenienza ecclesiastica[25]. Nessuno degli altri otto libri devozionali presenti nei quaderni dei pegni è una Bibbia, ma i cittadini marchigiani, costretti da situazioni finanziare estremamente avverse, consegnano ai *Monti di Pietà* un «libretto di salmi», quattro breviari, e un Libro d'Ore decorato «con lettere d'oro». Nonostante la Bibbia non sia espli-

22 Edoardo Barbieri, nel suo censimento, fa notare l'alta frequenza di Bibbie stampate all'estero (il 30 per cento), e ipotizza che «forse la domanda di cultura biblica in volgare si indirizzava verso altro genere di produzione» (E. Barbieri, *Le Bibbie italiane*, *op. cit.*, p. X-XI).

23 Ricerche condotte sul possesso di libri nelle case private a Firenze confermano queste tendenze: Caroline Anderson, «The Material Culture of Domestic Religion in Early Modern Florence, c. 1480 to c. 1650», Tesi di dottorato, University of York, 2007, p. 139-174; Christian Bec, *Les livres des Florentins*, Firenze, Olschki, 1984; Armando F. Verde, «Libri tra le parete domestiche: una necessaria appendice a Lo Studio Fiorentino, 1473-1503», *Memorie domenicane*, XVIII, 1987, p. 1-225.

24 Archivio Storico di Treviso, Notarile I, Notaio Giorgio Zuccareda, b. 1187, fasc C, doc. 26: agosto 1618, f. 2v.

25 Alessia Meneghin, «Fonti per la storia della devozione popolare nelle Marche (secoli XV-XVI). I registri dei pegni nelle serie dei Monti di Pietà», *Ricerche Storiche XLVII*, III, 2017, p. 5-24.

citata, è certo che ognuno di questi otto testi contenesse materiale biblico. Inoltre, tra i vari individui presenti nei documenti si trovano due preti che lasciano i loro breviari in pegno al *Monte*. Nessuno dei due, però, per motivi che non sapremo mai, sembra averne più reclamato il possesso.

Accanto agli inventari domestici e i pegni dei *Monti di Pietà*, i processi del tribunale dell'inquisizione rappresentano un'ulteriore fonte per lo studio dell'uso domestico della Bibbia[26]. Non sorprende che il possesso di Bibbie in volgare, per esempio, sia spesso presente nei processi contro pratiche luterane. Un esempio indicativo si ritrova nel processo svoltosi a Venezia nel 1568 contro un certo Francesco da Lucca, accusato di pratiche luterane. Durante il processo, Francesco afferma di possedere una copia della Bibbia tradotta in italiano da Antonio Brucioli:

> Mio fradel Francesco morto mi diede avanti la morte sua forse sei mesi un libretto di carta bergamina alta un deo et mezo lunghetto, et mi disse che io dovesse asconderlo che nissuno el vedese et maxime che non andasse in man de mio fradel Steffano, et io il messe infra una soaza et il muro in portego in questa casa dove stemo adesso, et l'ho fatto cercar a mio padre hieri ma e' 'l me disse non haverlo trovato.
>
> Interrogatus che libro era questo, dixit: Io non so legger ma lui me disse che questo era un libro del Bruccioli. Interrogatus se lui ha havuto altri libri o veduti in man de' suoi fratelli o de altri in casa sua, Respondit: Mio fradello che è andato via portava con lui sempre adosso un Testam[en]to nuovo, et lo ha anche portato con lui. L'haveva anche un Furioso, ma lo vendete, ma altri libri non mi ricordo haver veduti.[27]

Tuttavia, altre fonti attestano di come il possesso di una Bibbia in volgare non fosse solamente di luterani o cripto-protestanti. Per esempio, verso la fine del Cinquecento, imitando l'Indice clementino, furono stampati, a livello locale, numerosi Indici di libri proibiti che dimostrano come la gente acquistasse copie di Bibbie in volgare anche dopo che ne fu ufficialmente proibito il possesso. Per dare un solo esempio, la lista dei *Libri prohibiti et sospesi ritrovati in questa città et Diocese di Bari, de' quali ve n'è copia grande*, compilata nel 1596, indica chiaramente come traduzioni in volgare della Bibbia fossero presenti in numerose case in Bari nel periodo tra la pubblicazione dell'Indice di libri proibiti del Concilio di Trento e quella dell'Indice clementino, così da provocare grande costernazione tra le autorità inquisitoriali locali.

26 Buzzetti e Bravi già notavano l'importanza dei processi inquisitoriali come fonti di informazione sul possesso ed uso della Bibbia in ambienti domestici: *Edizioni della Bibbia*, *op. cit.*, p. 38-39.

27 Archivio di Stato di Venezia, Savi all'Eresia (Sant'Ufficio), b. 27, processo contro Francesco da Lucca, accusato di luteranesimo (1568), f. 29v-30r.

Libri prohibiti et sospesi ritrovati in questa città et Diocese di Bari, de' quali ve n'è copia grande (1596)

Epistole et evangelia vulgaria
Biblia vulgaria
Facetiae Poggii florentini
Decades Buccacci
Flores virtutum
Silva nuptialis
Pratica Papiensis
Leonardus Fucsium
Ludovici Castelveteris opera
Hieronumus Savonarola in Exodum
Christiana institution...[28]

Un'altra prova della presenza di copie proibite della Bibbia in volgare in città italiane nello stesso periodo si ritrova in una lettera spedita da Ancona al cardinale di Santa Severina nel 1593, e nella quale lo si allertava del problematico arrivo nel porto di Ancona di barche inglesi e olandesi che trasportavano materiale proibito, tra cui un ampio numero di Bibbie:

Nicolò da Ancona al card. di Santa Severina, Ancona, 2 febbraio 1593:

Non son capitati in questo porto sin'hora vascelli né d'Inghilterra né meno d'Holanda, nondimeno ho ordinato e al'Amiraglio e al Capitano del Porto ch'arrivando simili vascelli subbito me ne diano aviso. Non mancherò usare ogni debita diligentia e con destrezza quanto a quello che m'ordina Vostra Signoria illustrissima e ritrovandosi libri perniciosi e massime quelle Biblie delle quali ella m'accenna, pigliarle apresso di me e subito darne aviso a Vostra Signoria illustrissima.[29]

Ciò che ho illustrato finora aveva l'intenzione di mostrare brevemente, e non di analizzare approfonditamente, le possibilità che le fonti archivistiche possono offrire per rintracciare l'uso della Bibbia nell'ambiente domestico. Il lavoro archivistico intrapreso dal nostro progetto ha rivelato finora solo barlumi di prove sull'uso della Bibbia

28 Archivio della Congregazione della Fede, *Indice*, vol. xviii, *Miscellanea rerum ad Congr. Indicis spectant.* (t. I), f. 58r. Sugli Indici dei libri proibiti, si veda *Thesaurus de la littérature interdite au XVIe siècle. Auteurs, ouvrages, éditions avec* Addenda *et* corrigenda, a cura di J. M. De Bujanda, Sherbrooke – Geneva, Centre d'Études de la Renaissance, Université de Sherbrooke, 1996; *Church, Censorship and Culture in Early Modern Italy*, a cura di G. Fragnito, Cambridge, Cambridge University Press, 2001; *ead., Proibito capire. La Chiesa e il volgare nella prima età moderna*, Bologna, Il Mulino, 2005; Elisa Rebellato, *La fabbrica dei divieti. Gli indici dei libri proibiti da Clemente VIII a Benedetto XIV*, Milano, Bonnard, 2008; Ugo Rozzo, *La letteratura italiana negli 'Indici' del Cinquecento*, Udine, Forum, 2005; e per un riassunto della questione, si veda Christopher F. Black, *The Italian Inquisition*, New Haven – Londra, Yale University Press, 2009, p. 158-207.

29 Archivio della Congregazione per la Dottrina della Fede, *Stanza Storica DD 1-e*, f. 54r.

in casa, che, nonostante il loro fascino e suggestività, non sono sufficienti a rispondere adeguatamente alla domanda iniziale. Rimane ancora molto da fare.

La letteratura normativa

Un'altra fase della mia ricerca volta ad avere una visione chiara dell'uso domestico della Bibbia è rappresentata da un'indagine su quei testi che appartengono alla letteratura cosìdetta «normativa». Tale analisi mi ha permesso di capire fino a che punto questi testi, il cui scopo era di educare a una pratica di devozione domestica ideale, raccomandassero, tra le altre attività, la lettura della Bibbia a casa. La mia indagine ha cominciato con uno studio dei testi normativi a stampa prodotti nell'ultima fase del Quattrocento, durante i primi anni di diffusione della stampa, e si è anche estesa ai testi della fine del Cinqucento, appartenenti al periodo successivo al Concilio di Trento. Durante l'indagine ho tenuto conto del genere di lettore per cui tali testi furono prodotti (gran parte destinata ad un pubblico femminile), e dell'impatto, ovviamente significativo, che tale selezione avesse sul tipo di consiglio. I risultati della mia ricerca non sono sorprendenti nel senso che non hanno portato a risultati diversi da ciò che mi aspettavo. Infatti, per la maggior parte dei casi, la letteratura normativa prodotta durante l'ultima fase del Quattrocento suggerisce di leggere la Bibbia a casa, o tutta o solo alcuni capitoli e libri. Diversamente, i testi pubblicati durante gli anni che seguirono il Concilio di Trento non fanno alcun riferimento, tra le attività domestiche, alla lettura della Bibbia.

Nonostante l'apparente negatività di questa breve sintesi, vale la pena entrare brevemente nei dettagli, perché i risultati sono in fondo più interessanti di quanto possano sembrare da questo breve riassunto, con delle eccezioni notevoli rispetto alla tendenza generale. Per esempio, un testo chiamato *Decor puellarum*, stampato a Venezia nel 1471 e rivolto all'amministrazione della vita spirituale di giovani donne pronte al matrimonio, raccomanda loro di leggere la Bibbia, purché vi si pongano certi limiti:

> La Bibia veramente a vui donzelle, le quale sete ignorante e senza littere, azò non intresate in qualche heresia non ve conforto che del Testamento vechio legete, salvo che el Genesia, zoè lo primo et lo secundo libro et fin che Moyses fece lo tabernaculo [...] Ma più vi conforto lo Testamento novo tutto quanto, però che lì non posite errare.[30]

30 *Questa si è una opera la quale si chiama decor puellarum, zoè honore de le donzelle. La quale dà regola forma e modo al stato de le honeste donzelle*, Anno a Christi incarnatione M.CCCC.LXI (*sed*: 1471) per magistrum Nicolaum Ienson hoc opus quod puellarum decor dicitur feliciter impressum est.

Nel *Decor puellarum* la lettura della Bibbia rappresenta solo un aspetto di un programma mirato alla creazione di un buon comportamento rivolto a donne provenienti da ceti sociali diversi. L'autore propone due norme comportamentali parallele: se le ragazze potevano leggere, erano suggeriti loro alcuni testi; se invece non erano in grado di leggere, dovevano imparare preghiere da poter recitare nello stesso intervallo necessario alla lettura dei testi[31]. Il pragmatismo dell'autore per quanto riguarda il livello di alfabetizzazione del suo pubblico è segno di quanto fosse cosciente, o forse semplicemente desiderasse, che il proprio libro raggiungesse un ampio numero di lettrici. E difatti, nonostante il testo fosse stato stampato a Venezia, circolò in tutta la penisola italiana.

Il *Decor puellarum*, che risale al periodo iniziale della produzione a stampa, può essere paragonato con un altro testo del Cinquecento, un testo piuttosto anomalo nel contesto delle tendenze generali della letteratura normativa contemporanea. Si tratta del *Dialogo della institution delle donne* di Lodovico Dolce, stampato nel 1545, e in gran parte una riscrittura quasi parola per parola del *De institutione feminae christianae* di Juan Luis Vives[32]. Nel suo libro, Dolce raccomanda vivamente che ogni donna legga la Bibbia, senza alcun limite e includendo sia il Vecchio che il Nuovo Testamento: «Quanto alla cognizione di Dio, penso che indubitamente bastono i due sacri volume del Vecchio e del Nuovo Testamento, i quali tenga sempre innanzi la note e il giorno»[33]. Ma se Vives indirizzava i suoi suggerimenti ai circoli delle élites europee, Dolce parlava ad un pubblico più vario, e non specificava se la Bibbia dovesse essere letta in volgare o in latino - quest'ultimo un requisito di Vives e un dettaglio che necessariamente restringeva il pubblico all'élite di coloro che possedevano un livello di istruzione alto. Dolce era cosciente di come quest'ambiguità potesse essere problematica, e come per difendersi, aggiunge un ammonimento contro il luteranesimo.

Il consiglio del Dolce, cioè che le donne devono leggere la Bibbia come parte delle proprie devozioni domestiche, suona strano nel più ampio contesto della letteratura normativa del Cinquecento. Infatti, normalmente, tali testi presentano la Bibbia come un libro che non solo non poteva essere compreso dalle donne, ma

31 Si veda ad esempio, *ibid.*, p. 45r: «Dapoi che vui haverete cenato, e forniti et spaciati gli facti de casa, in le vostre camere direti, se vui savereti leger, matutino de Nostra Donna; e se vui non savete leger, dite quindece Pater nostri e quindece Ave Marie cum le altre vostre oratione devotamente».

32 Lodovico Dolce, *Dialogo della instituzion delle donne secondo li tre stati che cadono nella vita imana (1545)*, a cura di H. Sanson, Cambridge, MHRA, 2015 (Critical Texts, 30). Il testo si basa direttamente sul libro di Juan Luis Vives, *De institutione feminae christianae*, stampato per la prima volta a Colonia nel 1524: si veda J. L. Vives, *De institutione feminae christianae: Liber primus*, a cura di C. Fantazzi e C. Matheeussen, tradotto da C. Fantazzi, Leiden, Brill, 1996, p. XIV-XV.

33 L. Dolce, *Dialogo*, *op. cit.*, p. 105.

che poteva addirittura essere pericoloso per loro. Un esempio dell'approccio più comune all'educazione spirituale delle donne si trova nel libro di Silvio Antoniano intitolato *Tre libri dell'educatione christiana dei figlioli*, stampato per la prima volta nel 1586 e pubblicato nuovamente negli anni successivi[34]. Nel suo testo Antoniano proibisce alle donne la lettura della Bibbia, con la sola eccezione degli estratti contenuti nell'ufficiolo:

> Il buon padre di famiglia si contenti che la sua figliuola sappia dire l'offitio della Santissima Vergine, & leggere vite de' Santi, & alcun libro spirituale, & nel resto attenda a filare, & cucire, & à fare gli altri esercitii donneschi [...].[35]

I ragazzi, invece, potevano leggere la Bibbia in latino, meglio ancora se solo alcuni libri come i Proverbi, i Salmi ed Ecclesiasticus, e solo se guidati da un insegnante attento e capace. Gli insegnanti, d'altro canto, potevano esercitare il loro ruolo solo dopo aver consultato i necessari commentari biblici per essere così preparati a fornire spiegazioni appropriate[36]. Notevolmente, e a differenza degli altri testi del periodo post-conciliare, nel testo di Antoniano il padre di famiglia viene incoraggiato a leggere ad alta voce la Bibbia in certi momenti del giorno. Non viene specificato se a tali letture, con ogni probabilità condotte in latino, fossero ammesse donne e bambine[37]. È comunque interessante notare come in un testo così tardo sia ancora implicito che le case posseggano la Bibbia, la cui lettura faceva parte della regola quotidiana della devozione domestica. Ciò nonostante, l'uso della Bibbia nella casa e nella istruzione dei figli doveva avvenire sotto un attento controllo.

Tutti i testi della cosidetta letteratura normativa ci danno il senso molto forte che la lettura devota ricopre una parte importante della vita spirituale nello spazio domestico durante tutta la prima età moderna. Ciò che non offrono, però, è la prova inequivocabile che la lettura biblica facesse parte comune di questa pratica. L'accesso alla Bibbia è regolato a seconda del sesso, della classe sociale, del livello d'istruzione dei lettori. I numerosi autori di testi normativi che scrissero durante la seconda metà del Cinquecento, periodo che vide un aumento esponenziale dei testi di questo genere, si limitano al consiglio vago della lettura di «qualche libro

34 *Tre libri dell'educatione christiana dei figliuoli scritti da M. Silvio Antoniano* [...], Verona, Sebastiano Dalle Donne, & Girolamo Stringari Compagni, 1584.

35 *Ibid.*, p. 154r.

36 *Ibid.*, p. 151r.

37 *Ibid.*, p. 69v: «dopo il mezzo giorno, soppraviene opportunamente l'hora della dottrina christiana [...] se si può haver lettione della sacra scrittura, non è da mancare di udirla, perché et quella portione del tempo si passa senza noia, et si honora grandemente Iddio, et si da cibo, & nutrimento salutifero all'anima».

spirituale», ancora meglio se scelto dal confessore[38]. Molti testi offrono due modelli paralleli di comportamento: per gli alfabetizzati, consigli per la lettura; per gli analfabeti, altri consigli, in generale la ripetizione di preghiere rudimentali. Se vi erano famiglie in cui solo alcune persone erano istruite, si consigliava che leggessero a voce alta per il beneficio di chi non era in grado. Il sondaggio della letteratura normativa stampata tra la fine del Quattrocento e la fine del Cinquecento ci dà l'impressione di una ricca tradizione di lettura spirituale domestica, ma rivela anche chiaramente una paranoia sempre più forte intorno alla lettura biblica domestica nel periodo che segue la Riforma protestante.

Annotazioni

La domanda che si deve porre a questo punto è quanto il panorama che la letteratura normativa ci offre riflette una realtà vissuta? È anche possibile che il numero così alto di testi che nel tardo Cinquecento non fanno nessuna menzione della lettura biblica domestica costituiscano una reazione contro una realtà di tutt'altro genere, il fatto cioè che molta gente leggesse la Bibbia a casa, anche in volgare, anche se non era consentito dalle autorità. Proprio per questo motivo bisogna ingegnarsi per giungere a documenti che possano rispecchiare in modo meno filtrato se e come la gente leggesse la Bibbia a casa. L'analisi di annotazioni e *marginalia* offre così la possibilità di spiare l'interazione tra i lettori e la Bibbia che tenevano tra le mani. Quest'approccio è oltremodo utile per sfidare un insulto rivolto spesso ai puritani inglesi, e cioè che chi possedeva la Bibbia tendeva a trasportarla sotto braccio ovunque andassero, per far scena e come simbolo di una devozione che era più esibita che sentita[39]. Un esame attento delle annotazioni bibliche ci permette invece di osservare indizi su quale tipo di coinvolgimento esistesse tra il lettore italiano ed il testo biblico. Inoltre, lo studio delle annotazioni consente di tracciare quale fosse la tipologia dell'annotazione biblica domestica, così da differenziarla da quella ecclesiastica o conventuale. Infatti, una cosa era possedere una Bibbia, ma un'altra era effettivamente leggerla.

La University Library di Cambridge possiede una ricca quantità di Bibbie italiane della prima epoca moderna, e quindi l'inizio della mia ricerca si è svolto su questo materiale. Tra queste, un ampio numero di testi biblici possiede annotazioni di diverso tipo, e alcune possono essere plausibilmente definite 'domestiche'. Di

38 Un esempio di tale consiglio si trova nel libro di Valier, scritto per le spose: Agostino Valier, *Instituzione d'ogni stato lodevole delle donne cristiane [1575]*, a cura di F. Lucioli, Cambridge, MHRA, 2015 (Critical Texts, 43).

39 Questo ed altri insulti diretti ai puritani sono citati in A. Ryrie, *Being Protestant*, *op. cit.*, p. 292-293.

nuovo, per motivi di spazio, mi limiterò qui ad alcuni esempi. Una Bibbia scritta in latino e stampata nel 1492 contiene un'iscrizione che descrive come fosse stata di «Petri Machiavelli e amici», il che suggerisce il possesso e/o l'uso da parte di una piccola comunità di lettori[40]. Alla fine dello stesso testo, vi appare una seconda iscrizione che denota un altro possessore dello stesso libro: «Sum Nicolai Delbene». Sembra quindi che questa Bibbia sia passata, ad un certo punto, in altre mani. Le annotazioni di questa edizione si limitano a *manicula* nei margini, ma anche a una strana illustrazione, situata alla fine del libro delle Rivelazioni, e che rappresenta una croce, un IHS, e qualcosa che assomiglia a una barca (fig. 1). Questo disegno è talmente strano che appare impossibile che provenga da un ambiente ecclesiastico.

Un'altra Bibbia in latino, stampata nel 1497, è annotata con il prezzo pagato per comprarla ventisei anni dopo che fu stampata la prima volta: «Questa Biblia mi costò carlini sette da Gianni cartaio in Siena a 6 di Octobre 1525»[41]. Il proprietario originario di questa edizione ha lasciato le sue tracce sotto forma di una lista di tutti i libri dei due Testamenti datata nell'anno di stampa. Vi sono, inoltre, numerose annotazioni in latino, e una serie di attente correzioni nei titoli a capo di ogni pagina. Un curioso esempio mostra invece come una mano infantile abbia copiato, e non corretto, il titolo di pagina, imitando il corsivo del titolo stampato (fig. 2). Questo sembra più un esercizio di calligrafia, e potrebbe, in maniera lata, anche indicare l'uso della Bibbia in famiglia, per il quale le pagine di quel libro diventavano i luoghi dove i membri più giovani potevano esercitare la propria scrittura.

Le copie alla University Library di Cambridge descrivono vari modi in cui la gente usava la Bibbia. *Manicula* bellissime decorano margini, alcune disegnate con grande abilità, altre addirittura colorate (fig. 3)[42]. Un frammento di una poesia in volgare appare con l'originale Latino: «Chi leggerà in questo libro verrà dotto / Chi servarà quelo che insegna verrà sancto»[43]. Nella stessa copia, le *manicula*, numerose e attraenti, sembrano provenire da mani femminili, arricchite da un braccialetto e due anelli, e una manica lunga e piena (fig. 4). Vi sono poi esempi in cui le pagine rovinate sono state riparate attentamente con pagine di manoscritti provenienti da altri testi, così dimostrando non solo un uso intenso del testo, ma anche il valore che esso aveva per chi lo possedeva, e che quindi se ne prendeva cura. Ovviamente uno studio delle annotazioni non deve restringersi solo ai libri

40 *Biblia*, Impressa [...] in felici Venetorum ciuitate : sumptibus & arte Hieronymi de Paganinis [7 settembre 1492]: Cambridge University Library [CUL] BSS.120.A92.

41 *Biblia*, Impressa [...] in felici Venetorum ciuitate: sumptibus & arte Hieronymi de Paganinis [7 settembre 1497]: CUL BSS.120.A97.2.

42 Una *manicula* colorata molto bella si trova in *Biblia Latina*, Venezia, Leonardus Wild, 1481: CUL Inc.3.B.3.34[3695].

43 *Biblia Latina*, Venezia, Johannes Herbort, de Seligenstadt, 30 aprile 1484: CUL Inc.4.B.3.54[1555].

Apocalypsis

⁊ venefici ⁊ impudici ⁊ homicide ⁊ idolis seruientes: ⁊ omnis qui amat ⁊ facit
mēdacium. Ego iesus misi angelū meum testificari vobis hec in ecclesijs. Ego
sum genus ⁊ radix dauid: stella splendi
da ⁊ matutina. Et spiritus ⁊ spōsa dicūt
veni. Et qui audit dicat veni. Et qui
sitit veniat: ⁊ qui vult accipiat aqu[am] vite
gratis. Cōtestor enī oī audiēti vba prophetie libri huius. Si quis apposuerit
ad hec: apponet deus super illū plagas
scriptas in libro isto: ⁊ si quis diminue-
rit de verbis libri prophetie huius: aufe
ret deus partē eius de libro vite ⁊ de ciuitate sancta: ⁊ de his que scripta sunt in
libro isto. Dicit qui testimoniū perhibꝫ
istorum. Etiam. Venio cito: amen. Veni domine iesu. Gratia domini nostri ie
su christi cū omnibus vobis. Amen.

Laus honor ⁊ sempiterna gloria summo deo patri om-
nipotenti: qui sacratissimas leges ac mādata in presenti vo-
lumine scripta: ore suo ꝓlata: ac digitto ipsius sculpta: mor-
talibus impartire sua benignissima pietate dignatus est. Fi-
lioqꝫ: qui in hac eadē lege promissus: atqꝫ sanctorū prophe-
tarum ore diuulgatus: mediator dei ⁊ hominū: verus deus
⁊ homo: humanū gen⁹ a diaboli potestate redemit. Ac spi-
rituisancto: qui huius sacri voluminis verus auctor ⁊ inspira-
tor e[xis]tit. Intemerate quoqꝫ virgini marie: matri dñi nrī
Jesu christi: in qua vniuerse leges ⁊ prophetie huius sacri
voluminis cōplete sunt. Simulqꝫ toti militie celesti laudū
preconia referimus: Quorū omniū ope atqꝫ auxilio adiu-
ti: Bibliam: aut (vt ita dicam) Librū vite: felici fine clau
dimus. In cuius quidē margine singulorū locorū cōcordā-
tie diligēter annotate sunt: Nominūqꝫ hebraicorū interpre
tationes soluto more annectūtur: Una cū tabula alphabeti-
ca singulas historias totius Biblie exqsitissime recolligēte.
Correcta insup ac studiosissime emendata per doctissimū in
sacris litteris Baccalariū Petrūangelū de monte vlmi: ordinis minorū seraphici Francisci. Impressa vero in felici
Venetorum ciuitate: sumptibus ⁊ arte Hieronymi de Paganinis Brixiensis. Anno gratie millesimo quadringente
simo nonagesimosecundo: Septimo idus septembris.

Fig. 1 *Biblia*, Venezia, 1492, Cambridge University Library BSS.120.A92.

Ezechiel Ezechiel

uaui manu3 meam: vt gẽtes que in circuitu vr̃o sunt ipse cõfusionẽ suã portent: vos aũt mõtes israel ramos vr̃os germinetis: et F fructũ vestrũ afferatis pp̃lo meo isrl̃. Pro pe enĩ est vt veniat. Quia ecce ego ad vos et cõuertar ad vos: et arabimini et accipietis semẽtẽ: et multiplicabo in vobis hoies oẽmq3 domũ israel. Et habitabunt ciuitates: et ruinosa instaurabuntur: et replebo vos hoĩbus et iumẽtis: et multiplicabunt et crescẽt. et habitare vos faciã sicut a principio: bonisq3 donabo maiorib⁹ q̃ habuistis ab initio: et scietis q2 ego dñs. et adducã super vos hoies populũ meũ israel: et hereditate possidebũt te. Et eris eis in hereditatem: et non addes vltra vt absq3 eis sis. Hec dicit dominus deus: Pro eo q̃ dicunt de vobis: deuoratrix hominum es et suffocans gentẽ tuã: ppterea hoies nõ B comedes amplius: et gẽtẽ tuã nõ necabis vltra ait dñs deus. Nec auditã faciã in te amplius cõfusionẽ gentiũ et opprobrium populorũ nequaq̃ portabis: et gentẽ tua3 non amittes amplius: ait domin⁹ de⁹. Et factũ est verbum domini ad me dicẽs. Fili hominis: domus israel habitauerũt in humo sua: et polluerũt eam in vijs suis et in studijs suis. Juxta immundicia3 mẽstruate facta est via eorũ coram me: et effudi indignationem meam super eos pro sanguine quẽ fuderũt sup terram. Et in idolis suis polluerũt eam: et dispsi eos in gẽtes: et vẽtilati sunt in terras. Juxta vias eorum et adinuentiones eorum iudicaui eos. Et ingressi sunt ad gentes ad quas introierũt: Jo.1.D. et polluerunt nomen sanctũ meũ: cũ dicere- E tur de eis: pp̃ls iste dñi est: et de terra eius egressi sunt. et peperci nomini sancto meo: qd̃ polluerat domus israel in gẽtibus ad quas ingressi sunt. Jdcirco dices domui israel. Hec dicit dñs deus. Non propter vos ego facia3 domus israel: sed ppter nomen sanctũ meũ qd̃ polluistis in gentib⁹ ad quas intrastis. et sanctificabo nomen meũ magnu3 qd̃ pollutũ est inter gentes: quod polluistis in medio earu3: vt sciant gẽtes q2 ego dominus: ait dominus exercituũ: cum sctificatus fuero in vobis corã Jsa.44.f. eis. Tollã quippe vos de gentibus: et congregabo vos de vniuersis terris: et adducam vos in terram vestram. et effundam super vos aquam mũdã: et mũdabimini ab oĩbus inquinamẽtis vestris: et ab vniuersis idolis vestris mũdabo vos. Et dabo vobis cor nouum: et spiritũ nouu3 ponam in medio vestri. Et auferam cor lapideũ de carne vr̃a: et dabo vobis cor car- F neũ: et spũm meũ ponã in medio vestri. Jere.11.D. Et faciã vt in preceptis meis ambuletis: et iudicia mea custodiatis et operemini. Et habitabitis in terra quã dedi patrib⁹ vestris: et eritis mihi in populum: et ego ero vobis in deũ. Et saluabo vos ex vniuersis inquinamentis vestris: et vocabo frumentũ et multiplicabo illud: et nõ iponam vobis famẽ. Et multiplicabo fructum ligni et genimina agri: vt nõ portetis vltra opprobrium famis in gentibus. Et recordabimini viarũ vestrarũ pessimarum: studiorũq3 nõ bonorũ: et displicebunt vobis iniquitates vestre et scelera vestra. Non G propter vos ego facia3: ait dñs deus notũ Ro.6.D. sit vobis. Confũdimini et erubescite sup vijs vestris domus israel. Hec dicit dñs deus: Jn die qua mũdauero vos ex oĩb⁹ iniquitatibus vestris: et inhabitari fecero vrbes: et instaurauero ruinosa et terra deserta fuerit exculta: que quondam erat desolata in oculis omnis viatoris: dicent: Terra illa inculta: facta est vt hortus voluptatis: et ciuitates deserte: et destitute atq3 suffose munite sederunt. Et scient gentes quecunq3 derelicte fuerint in circuitu vestro: q2 ego dominus edificaui dissipata: plantauiq3 inculta: ego dominus locutus sum et fecerĩ3. Hec dicit dñs deus. Adhuc in hoc inueniet me domus israel vt faciam eis. Multiplicabo eos sicut gregem hominum: vt gregem sanctum: vt gregẽ hierl̃3 in solẽnitatib⁹ ei⁹. Sic erũt ciuitates deserte plene gregib⁹ hominũ: et scient quia ego dominus. xxxvij

Facta est super me manus dñi: et eduxit me in spiritu dñi: et dimisit A me in medio campi qui erat plenus ossibus: et circũduxit me per ea in gyro. Erant autem multa valde super faciẽ campi. siccaq3 vehementer. Et dixit ad me: Fili hominis: putas ne viuent ossa ista? Et dixi. Domine deus tu nosti. et dixit ad me. Vaticinare de ossibus istis: et dices eis. Ossa arida: audite verbum dñi. B Hec dicit dominus deus ossib⁹ his. Ecce ego intromittam i vos spiritũ et viuetis: et dabo super vos neruos: et succrescere faciam super vos carnes: et superextendã

FIG. 2 *Biblia*, Venezia, 1497, Cambridge University Library BSS.120.A97.2.

Johannes

scariothis. Hic.n.erat traditurꝰ eū cum eēt vnus
ex duodecim. VII

Ost hec āt ābulabat ihesus in galileam.
Nō.n.volebat ī iudeā ābulare:qꝛ q̄re-
p bant eū iudei īterficere. Erat āt in ꝓxīo
dies festus iudeoꝝ cenophegia.Dixerūt āt ad eū
fres eius.Transi hinc ⁊ vade ī iudeā:vt ⁊ discipu
li tui videant opa tua q̄ facis. Nemo qppe ī occulto qd facit:⁊ q̄rit ipē ī palā eē.Si hec fac̄:ma-
nifesta teipm mundo. Neq̃.n.fres eiꝰ credebāt ī
eū.Dicit ergo eis ihesꝰ.Tp̄s meū nondū aduenit
tp̄s āt vr̄m sp est paratuz. Nō pōt mūdus odisse
vos.Me āt odit:qꝛ ego testimoniū phibeo d̄ il-
lo:qꝛ opa eiꝰ mala sūt.Uos ascēdite ad diē festuz
hic.Ego.n.n̄ ascēdā ad diē festū istū:qꝛ meū tp̄s
nondū īpletū est. Hec cū dixisset:ipē mansit ī ga
lilea.Ut āt ascēderūt fres eius:tunc ⁊ ipē ascēdit
ad diē festū nō manifeste:sꝫ quasi ī occulto. Iudei ergo q̄rebant eū ī die festo:⁊ dicebāt.Ubi est
ille:Et murmur multus erat ī turba d̄ eo.Quidā
.n.dicebant qꝛ bonꝰ ē:alij āt dicebāt nō:sꝫ seducit
turbas.Nemo tñ palā loq̄bat̄ de illo ꝓpt̄ metuz
iudeoꝝ.Iā āt die festo mediante ascendit ihesus
ī teplum:⁊ docebat.Et mirabātur iudei dicētes.
Quō hic lrās scit cū nō didicerit:Rn̄dit eis ihs:
⁊ dixit.Mea doctrina n̄ ē mea:sꝫ eiꝰ qui misit me.
Si qs voluerit voluntatē eiꝰ facere:cognoscet de
doctrina vtrū ex deo sit:an ego a meipo loquar.
Qui a semetipo loq̄t̄ gl̄iam ꝓpam q̄rit. Qui aūt
q̄rit gl̄iam eiꝰ qui misit eū:hic verax ē:⁊ iiusticia ī
illo n̄ est.Nōne moyses dedit vobis legē:Et nemo ex vobis facit legē .Quid me q̄ritis īterficē:
Rn̄dit turba ⁊ dixit.Demoniū hēs.Quis te q̄rit
īterficere?Rn̄dit ihesus ⁊ dixit eis.Unū opꝰ feci:⁊ oēs miramī.Propterea moyses dedit vobis
circūcisionē:nō qꝛ ex moyse est:sꝫ ex prībꝰ. Et in
sabbato circūciditis hoīem.Si circūcisionē ac-
cipit hō in sabbato vt nō soluat̄ lex moysi:mihi
īdignamī qꝛ totū hoīem sanū feci in sabbato?
Nolite iudicare s̄m faciē:sed iustū iudiciū iudica
te.Dicebant ergo qdā ex hierosolymis. Nonne
hic ē quē q̄runt īterficere:Ecce palā loq̄t̄:⁊ nihil
ei dicūt.Nūquid v̄e cognouerūt ꝑncipes qꝛ hic
ē xp̄s?Sꝫ hūc scimꝰ vn̄ sit:xp̄s āt cū venerit nēo
scit vn̄ sit.Clamabat ergo ihesus ī tēplo docēs
⁊ dicens.Et me scitis:⁊ vn̄ sim scitis:⁊ a meipo n̄
veni:sꝫ est verꝰ q misit me quē vos nescitis.Ego
scio eū.Et si dixero qꝛ nescio eū:ero silis vobis
mēdax.Sed scio eū:qꝛ ab ipo sum:⁊ ipē me mi-
sit.Querebāt ergo eū apphendere:⁊ nemo misit
ī illum manꝰ:qꝛ nōduz venerat hora eiꝰ.De turba āt multi crediderūt in eū.Et dicebāt.Xp̄s cū
venerit:nunqd plura signa faciet:q̃ q̄ hic facit?
Audierunt pharisei turbaz murmurantē de illo
hec:⁊ miserunt ꝑncipes ⁊ pharisei mistros:vt ap
phenderent ihesū.Dixit ergo eis ihesus .Adhuc
modicū tp̄s vobiscū sū:⁊ vado ad eū q me misit.
Queritis me ⁊ n̄ inuenietis:⁊ vbi ego suz vos n̄ potestis venire.Dixerūt ḡ iudei ad semetipos.Quo
hic iturꝰ ē:qꝛ n̄ inueniemꝰ eū:Nunqd ī dispsionez
gentiū iturꝰ ē ⁊ docturus gētes.Quis est hic s̄mo
quē dixit:q̄retis me ⁊ nō inuenietis:⁊ vbi sum ego
vos nō potestis venire?In nouissimo āt die ma
gno festiuitatis stabat ihesus ⁊ clamabat dicens.
Si qs sitit:veniat ad me ⁊ bibat. Qui credit in
me sicut dicit scriptura:flumina de ventre eiꝰ flu
ent aque viue.Hoc āt dixit de spū quē accepturi
erāt credentes ī eū.Nōdū.n.erat spūs datus :qꝛ
ihesus nōdum erat gl̄ificatꝰ. Ex illa ergo turba
cū audissent hos s̄mones eiꝰ dicebāt.Hic ē vere
ꝓpheta.Alij dicebāt.Hic est xp̄s.Quidā āt dice
bant.Nunqd a galilea venit xp̄s:Nōne scriptu
ra dicit qꝛ ex semine dauid ⁊ de bethleē castello
vbi erat dauid venit xp̄s:Dissentio itaq̃ facta est
in turba ꝓpt̄ eum.Quidā āt ex ipis volebāt app̄
hendē eū:sed nemo misit sup eū manꝰ.Uenerūt
ergo mistri ad pontifices ⁊ phariseos:⁊ dixerunt
eis illi.Quare n̄ adduxistis illū?Rn̄derunt mini
stri.Nūq̃ sic locutus ē hō:sicut hic loq̄t̄:Rn̄de
rūt ergo eis pharisei.Nunqd ⁊ vos seducti estis?
Nunqd ex ꝑncipibꝰ aliqs credidit ī eum:aut ex
phariseis?Sed turba hec q̄ n̄ nouit legē:maledi
cti sūt.Dixit nicodemꝰ ad eos:ille q venit ad euz
nocte:q vnꝰ erat ex ipis. Nunqd lex nr̄a iudicat
hoīem:nisi ꝑus audierit ab ipo ⁊ cognouerit qd
faciat:Rn̄derunt ⁊ dixerūt ei. Nūqd ⁊ tu galileꝰ
es?Scrutare scripturas ⁊ vide:qꝛ a galilea ꝓpha
n̄ surgit.Et reuersi st̄ vnusq̄sq̃ ī domū suā. VIII

Hesus āt ꝑrexit in montē oliueti:⁊ dilu-
i culo iterū vēit ī tēplū:⁊ oīs ppl̄s venit ad
eū:⁊ sedēs docebat eos.Adducūt āt scri
be ⁊ pharisei mulierē ī adulterio dep̄hensā:⁊ sta-
tuerūt eā ī medio:⁊ dixerūt ei.Mgr̄:hec mulier
mō dep̄hēsa ē ī adulterio.In lege āt moyses mā
dauit nobis hmꝰ lapidare.Tu ergo qd dicis:Hoc
āt dicebant tēptantes eū:vt possent accusare euz.
Ihesus āt īclinās se deorsū:⁊ digito scribebat in
t̄rā.Cum ergo ꝑseuerarēt īterrogātes erexit se:⁊
dixit eis.Qui sine peccato ē vr̄m ꝑmus ī illam la
pidē mittat.Et iterū se īclinans scribebat in terra.
Audiētes āt hec vnus pꝰ vnū exibant īcipientes
a seniorībꝰ:⁊ remansit solꝰ ihesus:⁊ mulier ī medio stans.Erigens āt se ihesus dixit ei. Mulier
vbi sūt q te accusabāt:Nemo te ꝯdēnauit: Que
dixit.Nemo dn̄e.Dixit āt ihesus.Nec ego te cō
dēnabo. Uade ⁊ iaz amplius noli peccare.Iterū
ergo locutꝰ ē eis ihesus dicēs.Ego sum lux mun
di.Qui seq̄t̄ me nō ambulat in tenebris: sꝫ hēbit
lumē vite.Dixerūt ergo ei pharisei.Tu de teipso
testimoniū phibes:testimoniū tuū nō est verum.
Rn̄dit ihesus ⁊ dixit eis.Et si ego testimonium
phibeo de meipso:verū est testimoniū meū:quia
scio vnde veni:⁊ quo vado.Uos āt nescitis vnde
venio:aut q̄ vado.Uos s̄m carnē iudicatis: ego
nō iudico quēq̃.Et si iudico ego:iudiciū meum
verū est:qꝛ solus nō sum:sed ego ⁊ qui misit me
h 3

FIG. 3 *Biblia Latina*, Venezia, 1481, Cambridge University Library Inc.3.B.3.34[3695].

Regum

cum nõ estimes cõiectorẽ vt in eodẽ loco mecũ
filr diuinarit. Sed ⁊ vos famulas christi rogo
que dñi discũbẽtis p̃ciosissima fidei myrrha vn
gitis caput: que nequaq̃ȝ saluatorẽ queritis in
sepulchro q̃bus iam ad p̃rem christus ascendit
vt ꝯtra latrantes canes q̃ aduersuȝ me rabido
ore deseuient ⁊ circueũt ciuitatẽ atq̃ȝ in eo se do
ctos arbitrant̃. si alijs detrahãt oronuȝ viaruȝ
clypeos opponatis. Ego sciens humilitatẽ meã
illius semp̃ sñie recordabor. Dixi custodiã vias
meas: vt nõ derelinquã in lingua mea. Posui
ori meo custodiã: cum ꝯsisteret pctõr aduersum
me. Obmutui ⁊ humiliat⁹ sum: ⁊ silui a bonis.

Explicit ꝓlogus. Incipit Liber Samuelis. primus. Capitulum. I

Fuit vir vn⁹ de ramathaim sophim de mõte effraim ⁊ nom̃ eius Helchana: filius hieroboã filij eliu: filij thau: filij suph effratheus ⁊ habuit duas vxores: nomẽ vni anna: ⁊ nomẽ secũde fenenna. Fue runtq̃ȝ fenenne filij. Anne autem non erant li beri. Et ascendebat vir ille de ciuitate sua: statu tis diebus vt adoraret: ⁊ sacrificaret dño exerci tuũ in sylo. Erãt aũt ibi duo filij heli: ofni: ⁊ phi nees sacerdotes dñi. Venit ẽ dies ⁊ immolauit helchana: deditq̃ȝ fenenne vxori sue ⁊ cũctis fi lijs eius ⁊ filiabus p̃tes. Anne aũt dedit parteȝ vnã tristis: q̃r Annã diligebat. Dñs aũt cõclu serat vuluã eius. Affligebat q̃ȝ eam emula ei⁹: ⁊ vehemẽt̃ angebat: intantũ vt exprobraret q̃ dñs conclusisset vuluã eius. Sicq̃ȝ faciebat per singulos ãnos cũ redeunte t̃pe ascenderent ad t̃pluȝ dñi ⁊ sic ꝓuocabãt eũ. Porro illa flebat ⁊ non capiebat cibum. Dixit ẽ ei helchana vir suus: Anna cur fles: ⁊ q̃re non comedis: ⁊ quã obrem affligit̃ cor tuũ? Nũq̃d non ego melior tibi suȝ q̃ȝ decẽ filij? Surrexit aũt Anna postq̃ȝ comederat ⁊ biberat in sylo. Et Heli sacerdote sedente sup̃ sellam ante postes domus dñi cuȝ esset Anna amaro aĩo: orauit ad dñm flens lar giter ⁊ votum vouit dicens: Dñe exercituuȝ si respiciẽs videris afflictionẽ famule tue: ⁊ recor datus mei fueris: nec oblitus ancile tue: dederis q̃ȝ serue tue sexum viriteȝ: dabo eũ dño oĩbus diebus vite eius: ⁊ nouacula non ascendet sup̃ caput eius. Factũ est aũt cum illa multiplicaret preces coram dño: vt heli obseruaret os eius. Porro Anna loquebat̃ i corde suo: tantũq̃ȝ la bia eius mouebant̃: ⁊ vox penitus nõ audieba tur. Estimauit ẽ eaȝ heli temulentã. Dixitq̃ȝ ei Vsqueq̃ ebria eris? Digere paulisp̃ vinuȝ quo mades. Rñdens Anna: nequaq̃ȝ inq̃t dñe mi. Nam mulier infelix nimis ego sum: vinũq̃ȝ et oẽ qd inebriare põt non bibi: sed effudi aĩam meam in cõspectu dñi. Ne reputes ancillã tuaȝ quasi vnã de filiabus belial: q̃r ex multitudine doloris ⁊ meroris mei locuta sum vsq̃ȝ in p̃ñs. Tunc heli ait ei: Vade in pace ⁊ deus isrl' det ti bi petitionẽ tuam quã rogasti eũ. At illa dixit: Utinã inueniat ancilla tua grãm in oculis tuis. Et abijt mulier in viam suam ⁊ comedit: vultus q̃ȝ illius nõ sunt amplius in diuersa mutati. Et surrexerũt mane ⁊ adorauerunt coram dño: re uersiq̃ȝ sunt ⁊ venerunt in domũ suã ramatha. Cognouit aũt helchana annam vxorem suam: ⁊ recordatus ẽ eius dñs. Et factũ est post circu lum dieꝝ: ꝯcepit anna ⁊ peperit filiũ: vocauitq̃ȝ nomen eius samuel: eo q̃ a dño postulasset eũ. Ascendit aũt vir eius helchana ⁊ oĩs dom⁹ ei⁹ vt imolaret dño hostiam solẽnem ⁊ votũ suuȝ: ⁊ anna non ascendit. Dixit eni viro suo: Nõ va dam donec ablactet̃ infans ⁊ ducã euȝ vt appa reat ante ꝯspectum dñi: ⁊ maneat ibi iugiter. Et ait ei helchana vir suus: Fac qd bonũ tibi vide tur ⁊ mane donec ablactes eũ: precorq̃ȝ vt iple at dñs v̄bum suũ. Mansit ẽ mulier ⁊ lactauit filiũ suũ donec amoueret eũ a lacte. Et adduxit eum secũ postq̃ȝ ablactauerat in vitulis tribus ⁊ tribus modijs farine ⁊ amphora vini: ⁊ addu xit eum ad domũ dñi in sylo. Puer aũt erat ad huc infantulus. Et imolauerunt vitulũ et obtu lerunt pueꝝ heli. Et ait anna: Obsecro mi dñe: viuit aĩa tua. Ego sum illa mulier que steti corã te hic: orans dñȝ pro puero isto. Oraui ⁊ dedit mihi dñs petitõeȝ meã quã postulaui eũ. Icir co ⁊ ego cõmodaui eũ dño cunctis diebus q̃b⁹ fuerit accõmodatus dño. Et adorauerũt ibi do minum. Et orauit anna: ⁊ ait. II

Exultauit cor meũ in dño: ⁊ exaltatuȝ est cornu meũ in deo meo. Dilatatũ est os meuȝ sup̃ inimicos meos: q̃r letata suȝ in salutari tuo. Non est sanctus vt est dñs: neq̃ȝ enim est alius ext̃ te: ⁊ non est fortis sicut de⁹ nr̃. Nolite multiplicare loq̃ sublimia: gloriantes. Recedant vetera de ore vr̃o: q̃r deus sciaꝝ dñs est: ⁊ ipsi preparant̃ cogitatões. Arcus fortium superatus ẽ: ⁊ infirmi accincti sunt robore. Re pleti prius pro panibus se locauerũt: ⁊ famelici saturati sunt. Donec sterilis peperit plurimus: ⁊ que m̃ltos hẽbat filios infirmata ẽ. Dñs mor tificat ⁊ viuificat: deducit ad inferos ⁊ reducit. Dñs pauperẽ facit ⁊ ditat: humiliat ⁊ subleuat. Suscitat de puluere egenũ: ⁊ de stercore eleuat pauperẽ: vt sedeat cuȝ p̃ncipibus ⁊ soliũ glie te

Fig. 4 *Biblia Latina*, Venezia, 1484, Cambridge University Library Inc.4.B.3.54[1555].

di Bibbie ma anche a tutti quegli altri tipi di libri che contenevano estratti biblici come quelli descritti sopra. Così, ad esempio, in un Libro d'Ore, le cui pagine portano i segni visibili di essere state usate intensamente, vi si trovano pagine su cui sono state trascritte ricette casalinghe che includono anche modi per curare la gotta e i calcoli renali, e che per questo sembra essere un esempio eccellente di un libro devozionale «addomesticato»[44].

Ognuno degli approcci metodologi per lo studio della lettura della Bibbia nelle case italiane della prima epoca moderna, che ho brevemente illustrato in questo contributo, se preso singolarmente offre una risposta parziale, ma se uniti tra di loro, ci permettono di arrivare ad una conoscenza più completa di quali fossero le pratiche e le aspettative comuni. Non sono ancora giunta alla fine della mia ricerca, e quindi non mi è ancora possibile collegare questi fili così disparati tessendone un'unica tela. Offrendo questo breve sondaggio sulle metodologie d'indagine, il mio scopo è stato quello di segnalare alcuni modi attraverso cui un luogo così controverso e inaccessibile come la casa della prima epoca moderna, e le pratiche devozionali dei suoi abitanti, possano essere illuminate, esplorate e meglio comprese.

44 *Officium beate Marie s[ecundu]m vsum Romanū nouiter impressum: in quo multa vtilia & deuotione digna que in alijs antea impressis nō habent˜: īuenies*... Venetijs: imp. Luc˜antonij de giunta, 1505: CUL Norton.d.183.

GIRALA E RIGIRALA PERCHÉ C'È TUTTO; e contemplala e incanutisci e invecchia su di essa (*Pirqè Avot* V, 28). La Bibbia in ambiente ebraico fra XVI e XVII secolo: alcuni casi

Chiara Pilocane
(Torino)

Un convegno dal titolo «Gli Italiani e la Bibbia nella prima età moderna. Leggere, interpretare, riscrivere» non poteva certamente ignorare il tema degli Ebrei italiani (o degli Italiani ebrei) e la Bibbia nella prima età moderna: tema di una vastità e di una complessità spaventevoli, evidentemente già esplorato ma ben lungi dall'essere esaurito, se mai lo si potrà esaurire. Ai fini del convegno come di questi atti mi è stato chiesto di proporre una panoramica generale, evidenziando insieme, se possibile, qualche caso particolare. Le pagine che seguono vorrebbero rispondere a questi due, complementari, punti di vista: è bene tuttavia precisare che – per ragioni di spazio e di organizzazione del discorso – l'inquadramento generale sarà incompleto; così come la scelta dei casi particolari sarà assolutamente soggettiva. Inoltre, non proporrò un'interpretazione o una lettura di sintesi, ma descriverò semplicemente alcune manifestazioni letterarie che nel loro complesso e insieme a molte altre, che non vi è spazio per illustrare, aiutano a ricostruire in parte il clima culturale e spirituale dell'epoca presa in esame.

Una considerazione iniziale è tanto ovvia quanto doverosa: lettura, interpretazione e anche riscrittura della Bibbia sono temi che affiorano assai spesso nell'ambito degli studi ebraici e questo perché, fino almeno all'illuminismo ebraico (la *Haskalà*, XVIII secolo) e poi all'Emancipazione (XIX secolo in Italia), la Bibbia è quasi sempre presente, in modi diversi, nella letteratura e nel pensiero ebraico italiano. In genere, tuttavia, l'argomento non è trattato con un approccio generale, in un discorso complessivo, e io ritengo che ciò accada, oltre che per l'enorme quantità delle fonti da esaminare, comparare e comprendere, anche per alcuni aspetti specifici del rapporto che la cultura e la tradizione ebraica ebbero (e in parte ancora hanno) con la Bibbia; di seguito presenterò alcuni di questi aspetti.

Una prima questione è quella del ruolo sostanziale che il *Tanakh*[1] e in particolare la *Torà* ebbe nel pensiero e nella vita ebraica, dalle sue origini fino almeno agli inizi del XVIII secolo (su questo termine cronologico, già citato, tornerò anche più avanti). Leggere, interpretare e anche in parte riscrivere la Bibbia è attività senza tempo per gli ebrei: è, cioè, quello che gli ebrei fecero da quando ebrei si possono definire. L'ebraismo che oggi conosciamo nasce infatti proprio sulla *Torà*. Al momento della caduta del Secondo Tempio e a causa delle molte vicende che ne conseguirono, la religione ebraica si dovette rifondare e lo fece sulla base di ciò che già rivestiva una grandissima, per alcune correnti fondamentale, importanza, ma che solo dopo il 70 d.C. divenne il cuore, l'essenza e la fonte di identità del nuovo ebraismo: la legge scritta, ovvero appunto la *Torà* e poi, con importanza minore e fortuna varia, i libri degli altri due *corpora* dell'Antico Testamento. Con la fine del culto in Gerusalemme, e ancor più con l'espulsione dalla Palestina decretata dall'imperatore Adriano nel 135, riuscì a sopravvivere soltanto questa nuova versione dell'ebraismo, che della liturgia gerosolimitana poteva fare a meno e che lo fece sostituendovi la *Torà* (e poi tutta la legge orale – *Mišnà*, *Talmud* e i commentari rabbinici). Nei *Pirqe Avot*[2] leggiamo «Se hai imparato molta *Torà* non attribuirtene alcun merito poiché per questo fosti creato» (II, 8). Così, da allora e per secoli, la chiave della sopravvivenza dell'ebraismo fu individuata dallo stesso ambiente ebraico nella conservazione – variamente intesa – della *Torà*, la parte più sacra della Bibbia. Per questa ragione parlare del rapporto degli ebrei con la Bibbia è affrontare un tema che riguarda l'identità, collettiva e personale, prima che i contenuti del pensiero e della letteratura. Citando di nuovo dal *Talmud*, questa volta dal trattato *Berakhot*, vi è una nota parabola su rabbi Akivà[3] che pare indicativa, insieme a moltissimi altri riferimenti possibili, di questo modo di autoconcepirsi dell'ebraismo:

1 Acrostico di *Torà* (Pentateuco), *Nevi'im* (Profeti) e *Ketubim* (Scritti o Agiografi).

2 *Capitoli dei Padri*, una raccolta di insegnamenti che si data in epoca mišnica (II secolo d.C.), inclusa nella *Mišnà* e quindi nel *Talmud*.

3 Akivà ben Joseph, circa 50-132 d.C., fu uno dei massimi maestri palestinesi della sua epoca e fra i fondatori del 'nuovo' ebraismo, talora chiamato 'ebraismo rabbinico'. Della vita di Akivà non si conoscono i dettagli ma la sua rilevanza, soprattutto nell'ambito della *halakhà*, la tradizione normativa ebraica, è indubbia; di lui Louis Ginzberg affermava «Akiba sought to apply the system of isolation followed by the Pharisees (those who "separate" themselves) to doctrine as they did to practise, to the intellectual life as they did to that of daily intercourse, and he succeeded in furnishing a firm foundation for his system. As the fundamental principle of his system, Akiba enunciates his conviction that the mode of expression used by the Torah is quite different from that of every other book. In the language of the Torah nothing is mere form; everything is essence. It has nothing superfluous; not a word, not a syllable, not even a letter. Every peculiarity of diction, every particle, every sign, is to be considered as of higher importance, as having a wider relation and as being of deeper meaning than it seems to have». (Voce relativa nella *Jewish Encyclopedia*).

> Una volta il governo [romano] decretò che Israele non si occupasse più della Torà. Venne allora Pappos ben Yehudà e trovò rabbi Akivà che faceva adunare grandi assemblee e studiava la Torà. Gli disse: «Akivà, non hai paura del governo? Rispose: ti racconterò una parabola. A cosa si può paragonare il nostro caso? A [quello di] una volpe che stava camminando lungo la riva di un fiume e vide dei pesci che si radunavano insieme da un luogo all'altro. Chiese loro: 'Da che cosa fuggite?' 'Dalle reti – risposero – che gli uomini lanciano contro di noi'. Ed essa 'Salite all'asciutto e abitiamo insieme, io e voi, come già i miei padri abitarono con i vostri padri'. Risposero: 'Sei tu quello che dicono essere il più furbo degli animali? Non sei intelligente, ma stolto. Perché, se abbiamo paura nel nostro elemento vitale, quanta più ne avremmo in un elemento che ci è mortale!' Così pure è per noi: se ora che sediamo e studiamo la Torà in cui è scritto 'questa è la tua vita e il prolungamento dei tuoi giorni' (Deut. 30, 20) ci troviamo in questa condizione, quanto più grave di così sarà se ce ne andiamo e la trascuriamo». (*Talmud* Babilonese, Trattato *Berakhot* 68b)

Dai tempi di Akivà e ancora nell'epoca che qui studiamo la Bibbia di fatto era l'*ubi consistam* dell'ebraismo. A questa osservazione fa da corollario un altro carattere tipico del rapporto fra ebraismo e *Torà*, ovvero quello della sacertà del testo. Non tanto o non solo del contenuto, ma delle parole esatte e delle frasi utilizzate per esprimere tale contenuto e, in conseguenza, anche delle caratteristiche materiali legate al testo, cioè la forma scritta e il supporto. La *Torà* nella sua forma di rotolo, *sefer*, utilizzato nella liturgia sinagogale[4], era ed è tutt'oggi oggetto sacro, che ha una vita sacra dalla sua nascita alla sua morte. La normativa ebraica disciplina infatti con grande accuratezza il processo di produzione del *sefer* – indicando i requisiti del copista, il tipo di materiale, come devono essere fatte le lettere, come deve essere disposto il testo e via dicendo – impedisce che sia toccato con le mani (per seguire la lettura deve essere usato il cosiddetto *siman*) e, quando un *sefer* si guasta e non è più adatto all'uso liturgico, prescrive la sua sepoltura in un cimitero.

Da questa prima considerazione sull'essenzialità della *Torà* discende in modo naturale un altro dato importante, ovvero il forte conservatorismo che ha caratterizzato l'ambiente ebraico per molti secoli in particolare per quanto attiene al rapporto con il *Tanakh*. Volendo molto semplificare ma cogliendo un carattere comune dell'ebraismo, si può dire che l'ebraismo prima ancora che una religione[5] è una tradizione: l'identità ebraica, pur molto variegata, sopravvisse nonostante le

4 Esistono anche numerosissimi manoscritti della *Torà* – completi o parziali – in forma di codice, utilizzati per la lettura in contesti non liturgici e per lo studio. Il rotolo, *sefer*, è invece esplicitamente deputato alla lettura in sinagoga ed è conservato (di solito in più esemplari, *sefarim*) nello *Aron ha-qodeš* (Arca/Armadio Santo), posto in genere in direzione di Gerusalemme.

5 Ci sono oggi e ci furono anche in passato, anche se in forma diversa e meno netta, svariati ebrei che si definiscono e si definirono 'ebrei non religiosi'.

innumerevoli vicende avverse tramandando i contenuti tradizionali. La necessità di riprendere dal passato, del fondarsi sul passato, di conservarlo e trasmetterlo emerge del resto, per fare un esempio significativo, dalle parole ebraiche scelte per indicare, definire e, insieme, attribuire autorevolezza alle grandi manifestazioni culturali e letterarie della storia ebraica: *Mišnà* – ripetizione (della *Torà*) – *Talmud* – studio (della *Torà*: l'espressione completa è infatti *Talmud Torà*) e poi anche *qabbalà* – termine che viene tradotto con 'tradizione' e che alla lettera indica la cosa ricevuta. Questo esempio 'lessicale' è, appunto, solo un esempio, ma è indicativo di un atteggiamento culturale che attribuiva valore alla continuità e alla conservazione e non alla discontinuità e all'innovazione: ogni idea nuova che era accolta doveva appoggiarsi esplicitamente sulla letteratura tradizionale per essere avvalorata e si doveva presentare come una interpretazione del testo rivelato. Ciò per sottolineare come per molti secoli il rapporto con la Bibbia, oltre che connaturato all'ebraismo, fu tendenzialmente uniforme e come, quindi, sia difficile individuare delle cesure cronologiche chiare ed enucleare delle caratteristiche peculiari proprie della prima età moderna per quanto attiene a lettura, interpretazione e riscrittura della Bibbia. Del resto, facendo un passo indietro, il discorso riguarda la cultura e la società ebraica anche in senso più generale (e cioè non solo in relazione alla Bibbia): come ricorda Roberto Bonfil, mentre la cultura cristiana del Rinascimento coltivò sempre più fortemente la coscienza della rottura con il Medioevo, tanto sul piano dei metodi di studio quanto su quello dei contenuti, la cultura ebraica viceversa sottolineò piuttosto la continuità con il passato, e i testi consacrati dalla tradizione a fungere da base per l'educazione e indispensabili per la partecipazione alla vita socio-culturale e religiosa del gruppo rimasero gli stessi[6]. In altre parole, esiste per gli ebrei un Medioevo assai più lungo, che si protrae, con un certo generale consenso fra gli studiosi, fino alla metà del Settecento per l'ebraismo europeo[7]: non a caso, il manuale di letteratura ebraica medievale pubblicato da Giuliano Tamani nel 2004 ha come sottotitolo *Secoli X-XVIII*. Tuttavia, con lo stesso grado di accordo fra gli esperti, per l'ebraismo italiano questo Medioevo si chiude un po' prima. Alcuni in passato hanno proposto come limite proprio il Cinquecento, giacché certi aspetti del razionalismo moderno, addirittura della filologia e della critica storica, sembrano già presenti nella produzione di alcuni eruditi ebrei italiani che vissero nel XVI

6 Roberto Bonfil, *Gli ebrei in Italia nell'epoca del Rinascimento*, Firenze, Sansoni, 1991, p. 113-114.

7 Nella seconda parte del Settecento le élites ebraiche dell'Europa centro-orientale (soprattutto della Germania) si aprirono infatti alle correnti illuministiche, razionalistiche e poi liberali, provenienti dall'Europa occidentale: cfr. Giuseppe Sermoneta, «Aspetti del pensiero moderno nell'ebraismo italiano tra Rinascimento e Età barocca», in *Italia Judaica. Gli Ebrei in Italia tra Rinascimento ed Età barocca. Atti del II Convegno internazionale. Genova 10-15 giugno 1984*, Roma, Ministero per i beni culturali e ambientali, 1986, p. 17-35: p. 18.

secolo[8]; altri, con un'analisi approfondita che tiene conto della complessità di un'epoca molto variegata, fluida e di difficile definizione – il già citato Bonfil, Shlomo Simonsohn, Giuseppe Sermoneta –, individuarono invece una svolta (che non è in ogni caso una cesura radicale e che, come tutte le periodizzazioni, è più formale che reale[9]) verso la metà del Seicento, quando – citando Sermoneta – «le opere dei rabbini e degli studiosi ebrei italiani perdono definitivamente forme e contenuti medievali e rinascimentali per acquistare un sapore e una sensibilità chiaramente moderne»[10]: quindi appena dopo il periodo oggetto del convegno.

Se il discorso è vero più in genere, ossia per quello che potremmo definire il clima intellettuale, l'insieme degli interessi e degli atteggiamenti culturali, è a maggior ragione vero per quanto attiene in particolare al rapporto con la *Torà*, che, invece di essere disertata o semplicemente rivista alla luce dei molti nuovi stimoli e influssi provenienti dal mutato atteggiamento intellettuale della realtà socio-culturale nella quale gli ebrei vivevano, è essa la chiave e il punto di partenza – come in parte vedremo – per interpretare e spiegare tali nuove idee.

Un altro dato noto ma che dev'essere ricordato per svolgere in modo appropriato il discorso riguarda la natura testuale del *Tanakh*: i libri che compongono la Bibbia ebraica – non tutti ma la stragrande maggioranza – sono composti di innumerevoli testi di provenienza, autore e data diversa. Per questo, non solo il *Tanakh* nel suo complesso ma anche i singoli libri abbondano di ripetizioni e contraddizioni. Tale osservazione di per sé ha poca importanza in relazione al tema del rapporto del mondo ebraico italiano con la lettura e l'interpretazione della Bibbia in età moderna, giacché in linea di massima, nel periodo in esame, i libri del *Tanakh* erano considerati libri unitari; ha tuttavia una rilevanza per la comprensione dello sviluppo di larga parte dell'esegesi dei testi biblici e del ruolo che questa esegesi – fin da epoca antica complementare alla loro lettura – ebbe nella tradizione ebraica: da subito infatti, insieme all'esigenza di trarre da questa letteratura la minuziosissima normativa che caratterizza il mondo ebraico, la *halakhà*, e di trarre altresì i dettami per la nuova liturgia, ci fu la necessità di comprendere e sciogliere i molti

8 Soprattutto Leone Modena (Venezia, 1571-1648) e Azarià de Rossi (Mantova, 1511 o 1514-Ferrara? 1578).

9 G. Sermoneta definisce il tentativo di produrre una periodizzazione la «grande illusione» degli storici della cultura e degli storici delle idee. (G. Sermoneta, «Aspetti del pensiero moderno nell'Ebraismo italiano», art. cit., p. 17).

10 R. Bonfil, *Gli ebrei in Italia all'epoca del Rinascimento*, *op. cit.*, p. 137-138: «Mentre i cristiani marciavano verso la modernità distaccando il pensiero secolare dal campo religioso vero e proprio, gli ebrei seguivano ancora la via opposta: quella del legame sempre più stretto fra la secolarizzazione e le espressioni religiose». Solo nel Seicento la tendenza iniziò man mano a cambiare, ma faticosamente.

nodi del testo. Così si formò l'ampia letteratura di commento divenuta col tempo canonica, cioè la *Mišnà* e poi il *Talmud* (l'insieme della *Mišnà* e del suo commento in aramaico, la *Gemarà*) e, parallelamente, tutta la letteratura esegetica dei *midrašim*[11]: tale letteratura compenetra fortemente sul piano teologico e culturale la *Torà* scritta tanto che fu definita, una volta che divenne canonica, *Torà* orale e nacque la tradizione secondo la quale tale legge orale era stata data da Dio a Mosè sul Sinai (insieme a quella scritta e dunque aveva la stessa autorevolezza). Ciò significa che fin dalla metà del primo millennio quando gli ebrei leggevano, interpretavano e riscrivevano il *Tanakh* avevano sempre presente, nello stesso tempo, la *Torà* orale (composta di fatto fra il II e l'inizio del VI secolo), che era associata alla legge scritta e veniva dunque legittimamente utilizzata e a sua volta interpretata[12]; l'esistenza di un simile 'bacino culturale', imponente, organico e in qualche modo atemporale, è tratto essenziale e peculiare della tradizione ebraica ed è dunque fondamentale nella definizione dell'atteggiamento ebraico nei confronti della Bibbia.

Questa lunga (e ciononostante incompleta) premessa si può sintetizzare in tre punti: 1) in Italia ancora per tutta la prima metà del Seicento e oltre non c'è letteratura ebraica che non si confronti, anche implicitamente, con la Bibbia; 2) non è facile individuare nel rapporto con il *Tanakh* delle caratteristiche proprie dell'epoca moderna o proprie di un indirizzo di pensiero specifico; 3) quando in ambito ebraico si legge, interpreta e riscrive la Bibbia si fa continuo e spontaneo riferimento anche alla *Torà* orale, che è parte integrante di un unico grande bagaglio tradizionale.

Ricordo, infine, che delimitare la materia non è solo delimitarla cronologicamente e geograficamente, ma anche sulla base delle differenze socio-culturali. Anche nell'ambiente ebraico, più alfabetizzato dell'ambiente cristiano, esisteva infatti un divario fra intellettuali e 'fruitori' comuni della Bibbia e il rapporto con il *Tanakh* era dunque diverso nell'uno e nell'altro caso: giacché la gran parte degli ebrei non produceva evidentemente una letteratura inerente a tale testo, abbiamo a disposizione poche fonti utili per comprendere quello che era il rapporto dei non eruditi con i testi biblici. Tuttavia – e questa è la ragione per la quale ho fatto un'osservazione di per sé lapalissiana – si può forse individuare proprio per la prima età moderna, in Italia, una svolta o comunque una tipicità da questo punto di vista: come si vedrà, troviamo infatti ad iniziare da quest'epoca testimonianze interessan-

11 I *midrašim* (sing. *midraš*) sono interpretazioni non letterali di testi scritturali; la letteratura midrašica fiorì ampiamente nel primo millennio dell'Era Volgare e, a seconda dei casi, ha carattere omiletico, narrativo, normativo.

12 Al bagaglio esegetico di epoca mišnica e talmudica si devono aggiungere anche alcuni commentari medievali che divennero dei 'classici' e acquisirono un'autorità quasi pari a quella degli antichi testi (ad esempio i commenti di Rabbi Šlomò ben Yiṣḥaq di Troyes, più noto con l'acronimo Raši, 1040-1105).

ti di una nuova forma di ricezione e rielaborazione del testo biblico diffusa proprio in contesti altri rispetto ai circoli intellettuali, fra persone di 'cultura media'.

Leggere la Bibbia

Anche intendendo 'leggere' nel senso più proprio (e non 'farsi leggere' o 'ascoltare'), nell'epoca di cui si tratta non è necessario restringere più di tanto il campo delle persone che accedevano in questo modo al testo. Come già ricordato, in ambiente ebraico l'alfabetizzazione degli uomini[13] era piuttosto diffusa e la scuola si faceva proprio sulla *Torà*[14]. I già citati *Pirqè Avot* prescrivevano che la *Torà* venisse insegnata ad iniziare dai cinque anni[15]. Queste indicazioni del II secolo erano ancora valide nel Cinque e nel Seicento, quando si studiava con precettori privati se di famiglia più abbiente e precettori pubblici, sostenuti in genere dalle Comunità[16], se di famiglia senza mezzi. Pare che i bambini più dotati fossero introdotti all'apprendimento della *Torà* addirittura a tre anni. Nella sua autobiografia Leon Modena ricordava, pur sottolineando l'eccezionalità della sua capacità di apprendimento, «All'età di due anni e mezzo dissi la *Hafṭarà*[17] in sinagoga e a tre anni conoscevo il Creatore e il valore dello studio e della sapienza e spiegavo la *Parašà* e capivo»[18]. Il Pentateuco veniva imparato a memoria, con anche la traduzione italiana a calco e il *Targum*, la traduzione aramaica, e poi seguiva lo studio degli altri libri biblici. Ci si formava così un bagaglio di contenuti ma anche un lessico particolare che, assorbito profondamente in tenera età e riutilizzato negli esercizi retorici di commento ai brani biblici che gli studenti facevano, veniva appreso quasi come una lingua madre, che sarebbe stata poi per altro la lingua franca della 'nazione ebraica' dispersa. L'importanza di imparare un testo – che equivaleva insieme a imparare un linguag-

13 Il discorso è in parte a sé per le donne e vi tornerò.

14 Sull'istruzione si veda ad esempio: R. Bonfil, *Gli ebrei in Italia all'epoca del Rinascimento*, *op. cit.*, p. 155 sgg. Di recente Marina Caffiero ha notato come la maggior alfabetizzazione e la diffusione della pratica della lettura fossero anche dovute alla percezione ebraica dello studio come rituale religioso e come dovere: *Storia degli ebrei nell'Italia Moderna. Dal Rinascimento alla Restaurazione*, Roma, Carocci, 2014, p. 123.

15 V, 27. Secondo la stessa fonte a dieci anni si iniziava lo studio della *Mišnà* e a quindici quello del *Talmud*. Nel trattato *Baba Batra* 21a veniva tuttavia sconsigliato di accettare a scuola un bambino prima dei sei anni.

16 Che stavano nascendo, con diverse denominazioni (Università, Associazioni, Corporazioni), proprio nel Cinquecento; al proposito cfr. R. Bonfil, *Gli ebrei in Italia all'epoca del Rinascimento*, *op. cit.*, p. 155.

17 Brano tratto dai Profeti o dagli Scritti che si legge in sinagoga dopo la *parašà*, il brano settimanale tratto dal Pentateuco.

18 *Vita di Jehudà. Autobiografia di Leon Modena, rabbino veneziano del XVII secolo*, a cura di E. Rossi Artom, U. Fortis e A. Viterbo, traduzione di E. Menachem Artom, Torino, Silvio Zamorani Editore, 2000, p. 43.

gio e ad assorbire una tradizione – era stata messa bene in evidenza, di nuovo, nel *Talmud*, dove nel trattato *Šabbat* (119b) si asseriva che non si può sospendere l'istruzione dei bambini nemmeno per la ricostruzione del Tempio di Gerusalemme e che – citando a lettera – «Una città in cui non ci sono bambini che vanno a scuola sarà distrutta» o, ancora, che «Il mondo esiste solo per il respiro dei bambini che vanno a scuola». Se dunque gli studi superiori – dedicati, progressivamente, agli altri libri biblici, poi ad alcuni elementi del codice di Maimonide e della *Mišnà*, poi al *Talmud*, poi ancora alla filosofia – erano, man mano che si procedeva, accessibili ad un numero sempre più ridotto di persone, possiamo viceversa affermare che tutti coloro che avevano anche un minimo di alfabetizzazione leggevano la *Torà*, perché sul suo testo si erano formati.

A questo proposito e tornando ad un accenno appena fatto, nel campo della lettura si può e si deve fare un discorso a sé per le donne. Che cosa si può affermare a proposito della lettura e della capacità di leggere – e dunque di leggere i testi biblici – delle donne? Le testimonianze forse più indicative in questo senso sono i formulari liturgici, i *siddurim*, scritti in lingua italiana ma in caratteri ebraici. Questi, composti a partire dal XIII secolo e fino al XVII, fanno parte della più generale produzione letteraria ebraica in lingua italiana e nelle lingue giudeo italiane, con caratteri ebraici, che include anche libri biblici[19], qualche opera filosofica, come il *Morè Nevukim* di Maimonide[20], testi di normativa[21] e anche una produzione 'privata'[22]. Mentre sembra che le traduzioni in italiano e in caratteri ebraici dei libri biblici fos-

19 I Salmi in particolare furono abbondantemente tradotti (cfr. G. Sermoneta, «La traduzione giudeo-italiana dei Salmi e i suoi rapporti con le antiche versioni latine», in *Scritti in memoria di U. Nahon. Saggi sull'ebraismo italiano*, Gerusalemme, Fondazione Sally Mayer, 1978, p. 196-239). Viceversa, i codici con l'intera Bibbia sono assai rari; al proposito si possono citare fra gli altri gli studi di Umberto Cassuto (ad es. «Saggi delle antiche traduzioni giudeo-italiane della Bibbia», *Annuario di studi ebraici*, 1, 1934, p. 101-134, e «Il libro di Amos in traduzione giudeo-italiana», in *Miscellanea di studi ebraici in memoria di H.P. Chajes*, a cura di E. S. Artom, U. Cassuto e I. Zoller, Firenze, Israel, 1930, p. 19-38). Il Cassuto aveva ricostruito un manoscritto intero di tutta la Bibbia, conservato in parte alla Bodleiana di Oxford (2 codici, nn. 168 e 169, il Pentateuco e gli Scritti) e in parte al Jewish Theological Seminary di New York (cod. Adler 2291, i Profeti). Per un discorso generale sulla produzione in scrittura ebraica si veda Alan Freedman, *Italian Texts in Hebrew Characters. Problems of Interpretation*, Weisbaden, Steiner, 1972, e, in italiano tutta la produzione di Luisa Ferretti Cuomo e in particolare «Il giudeo italiano e le vicende linguistiche degli ebrei d'Italia», in *Italia Judaica. Atti del primo Convegno Internazionale, Bari 18-22 maggio 1981*, Roma, Ministero per i Beni Culturali e Ambientali, 1983, p. 427-454.

20 Traduzione eseguita a Rimini nella seconda metà del Cinquecento da Yedidiyah ben Mošé da Recanati.

21 Si tratta in particolare di manuali relativi agli ambiti di interesse femminile (le mestruazioni e il rito domestico dello *shabbat*); si conservano anche rituali e *midrašim*.

22 Essenzialmente corrispondenza. Penso ad esempio alle lettere d'amore di Salomone Candia (Cfr. «Lettere d'amore di un ebreo italiano del '500 (da un manoscritto in possesso di Cecil Roth)», *Rassegna Mensile di Israel* 1, n. 1, 1925, p. 37-46).

sero utilizzate con i bambini, nell'insegnamento, i manuali normativi e soprattutto, appunto, i formulari liturgici erano, nell'ipotesi più accettata, destinati proprio alle donne ebree: queste avevano imparato la scrittura in casa – e non è poco – ma in genere non conoscevano (o non tutte e non bene) la lingua ebraica. Accedevano dunque al testo biblico, o, meglio, alle porzioni di testo di biblico che le riguardavano e a quelle ricorrenti nella liturgia attraverso traduzioni italiane a calco scritte in caratteri ebraici. Laddove la gran parte della produzione in italiano in caratteri ebraici rimase in forma manoscritta, proprio i *siddurim* furono più volte stampati nel corso del Cinquecento (Fano 1505, Bologna 1538, Mantova 1560-1561)[23].

Insieme al discorso più generale sulla capacità media di leggere delle donne ebree non si può non citare anche la questione del desiderio da parte delle donne – di alcune donne – e della legittimità per queste di accedere alla *Torà* ad un livello più approfondito, in sostanza di studiarla. Il problema è complesso e le posizioni sono delle più varie, a tutt'oggi. Per l'epoca che esaminiamo mi pare interessante ricordare fra le testimonianze, in vero non molto numerose, del fatto che il problema era sentito uno scambio di lettere che troviamo nel *Ma'yan Gannim* di Šemu'el Archivolti[24], pubblicato a Venezia nel 1553[25]. L'opera, giovanile, è una raccolta di lettere, prodotta probabilmente come modello per le esercitazioni retoriche degli studenti che si cimentavano nel genere letterario. Le epistole, scritte tutte da Archivolti, sono presentate in coppie, fra padre e figlio, marito e moglie, allievo e maestro ecc. Le lettere che interessano sono quelle scambiate fra una giovane donna, chiamata Dina, e un maestro della *Torà*: naturalmente si tratta di una corrispondenza fittizia, ma la scelta di mettere in scena questa situazione dimostra che si trattava di un caso non del tutto inconsueto e che comunque il dibattito era in qualche modo aperto. Dina esprime il suo desiderio di studiare la *Torà* e le perplessità e paure che le derivano dalla sua condizione femminile e dalla solida tradizione che male vedeva l'accesso delle donne allo studio della Bibbia. Il maestro, tuttavia, accorda alla ragazza il permesso, riconoscendo la diversità del suo carattere e delle

23 Ricordo per inciso che insieme alle traduzioni calco dei libri biblici o dei brani biblici presenti nei formulari liturgici, il cui scopo era veicolare contenuti inalterati, la letteratura in lingua italiana in scrittura ebraica produsse, proprio dal Cinquecento in avanti, anche volgarizzamenti biblici non letterali: tali volgarizzamenti appartengono piuttosto al campo della riscrittura e li ricorderò dunque più avanti.

24 Šemu'el ben Elḥanan (Cesena, forse 1530-Padova, 1611). Fu rabbino a Padova dopo aver lavorato a Bologna e Venezia; autore di *piyyuṭim* (poesie liturgiche) e dello *'Arugat ha-bośem*, *L'aiuola del balsamo*, opera grammaticale che include anche una teoria della poesia ebraica (si veda oltre), fu maestro di Leone Modena.

25 È poco considerato fino a che non ne furono citati brani nell'imponente commentario di Baruḥ ha-Levi Epstein, la *Torà Temimà* (1902). Il titolo, *Ma'yan Gannim*, *Fontana di giardini* è tratto da Ct 4,15.

sue attitudini rispetto a quelle delle altre donne. Il testo è difficile da rendere in italiano e l'effetto delle molte citazioni veterotestamentarie va un po' perso nella traduzione[26], ma l'immagine è comunque vivida; vediamo ad esempio che Dina esprime la sua inclinazione allo studio riferendo:

> Una voce mi dice: "Alzati e invoca la conoscenza, e quando questa verrà allora intenderai cosa sia il timore del Signore (Prov. 2,5); sarai forte e diverrai una vera persona (1Re 2, 2), perché l'ignorante non può essere pio (*Pirke Avot* 2,5)"... [27].

E la risposta del maestro è:

> Se la tua anima ha brama della pura Torà, di un posto per meditare, di una dimora per pensare, di un sostegno per studiare e di una casa per indagare l'essenza della conoscenza [...] allora non abbandonare il tuo posto e non farti ostacolare dalle cose materiali. E se non avessi timore dei miei colleghi, oserei dire che tu eri in realtà un maschio e ti trasformasti in femmina, come il caso di Dina, la figlia di Giacobbe[28].

Ecco in quest'ultimo riferimento anche la ragione per cui l'autore ha scelto per l'interlocutrice il nome di Dina. Dalla Bibbia (Gn 30,21) sappiamo solo che Dina era il nome imposto da Lea alla sua figlia femmina, avuta dopo sei maschi, e che contemporaneamente alla nascita di Dina anche Rachele aveva finalmente dato alla luce un figlio maschio, cui aveva posto il nome di Giuseppe. Archivolti si richiama invece alla tradizione di un *midraš*, riportato per altro in *bBerakhot* 60a, secondo il quale proprio Lea, vedendo la sorella minore finalmente incinta dopo un lungo periodo di sterilità, aveva chiesto a Dio di mutare il sesso del bambino che lei aspettava, da maschio a femmina, e quello del bambino di Rachele da femmina a maschio. Archivolti dà qui una dimostrazione di come si utilizzasse non solo il testo biblico ma anche la sua tradizione esegetica antica (il *midraš* in questo caso, evidentemente assai noto) a sostegno delle proprie tesi; così come fa anche quando afferma che il detto secondo cui chi insegna *Torà* alla figlia le insegna stoltezza (*Mišnà Soṭà* 3,4) è riferito solo al padre che insegna alla figlia troppo piccola, legittimando dunque lo studio delle Scritture per le donne, purché moralmente e, soprattutto, intellettualmente pronte.

26 Che qui riporto nella versione di David Gianfranco Di Segni: «Le donne e lo studio della Torà: Uno scambio epistolare fra Dina e Rabbi Samuele Archivolti nell'Italia del Rinascimento», *Rassegna Mensile di Israel*, LXVII, n. 1-2, 2001, p. 151-176.

27 *Ibid.*, p. 58.

28 *Ibid.*, p. 164-166.

Interpretare la Bibbia

Alla lettura e allo studio del *Tanakh* segue in modo quasi immediato il secondo gradino, non più di sola fruizione, ma di approccio 'attivo' al testo, e cioè l'interpretazione. La produzione letteraria in quest'ambito è straordinariamente ricca, ma mi pare interessante citare in particolare due fenomeni, uno che ha origine nell'Umanesimo ma che è ben attestato anche in età moderna, e uno che si afferma proprio ad iniziare dalla seconda metà del XVI secolo e che dunque si può forse, cautamente, definire tipico del periodo.

Il primo caso riguarda la reinterpretazione delle figure bibliche e della lingua biblica stimolata dal rinnovato interesse che la cultura della maggioranza in età umanistica iniziò a dimostrare per il pensiero e la letteratura classica. Anche fra i pensatori ebrei, infatti, alcuni personaggi biblici assursero al ruolo di modelli umani di virtù, modelli di comportamento sulla falsariga delle figure classiche. Fra questi soprattutto Mosè, ma anche i patriarchi. Una simile operazione rispondeva principalmente all'esigenza più ampia di dimostrare, in contrapposizione ai modelli classici, come nel testo biblico si trovasse più di quanto si trovava nelle altre tradizioni. A questo proposito è noto ad esempio il pensiero di Yoḥanan Alemanno[29] il quale aveva interpretato le figure bibliche in una luce nuova e aveva sostenuto, ad esempio:

> È necessario che il giovane risieda in luoghi diversi, spostandosi di casa in casa, di città in città, così che la sua anima e la sua natura si abituino ad ogni cibo, consumato in qualsiasi orario, ad ogni abito e costume ed egli possa dunque acquisire qualsiasi natura umana. Così, egli non assomiglierà a un animale, che, sedentario per natura, mai cambia le sue abitudini. Possiamo vedere che questo era l'atteggiamento di Mosè, il quale visse due anni nella propria casa, poi nella casa di Faraone, prima in Egitto e poi a Midian e in Nubia; allo stesso modo si erano comportati Abramo, Isacco e Giacobbe, che mai si fermarono a risiedere in un solo luogo e non seguirono un solo sistema di pensiero, ma abituarono la propria sensibilità, la propria capacità di immaginazione e la propria intelligenza razionale a vedere il cambiamento nelle varie cose[30].

L'idea che nella Bibbia Ebraica si trovasse il modello e l'origine di ogni atteggiamento umano e culturale e più in genere di tutto il pensiero – già sostenuta, tra l'al-

29 C. 1435-c. 1506. Secondo Moše Idel, detto per inciso, Alemanno potrebbe essere in parte ispiratore dell'*Oratio* di Giovanni Pico della Mirandola (Moshe Idel, *Cammini verso l'alto nella mistica ebraica. Pilastri, linee, scale*, Milano, Jaca Book, 2013, p. 202-203).

30 Paragrafi 151-152 del *Hay ha-'Olamim*, *L'immortale*, citato da Fabrizio Lelli, «Jews, Humanists, and the Reappraisal of Pagan Wisdom Associated with the Ideal of the *Dignitas Hominis*», in *Hebraica veritas? Christian Hebraists and the Study of Judaism in Early Modern Europe*, a cura di A. P. Coudert e J. S. Shoulson, Philadelphia, University of Pennsylvania Press, 2004, p. 49-70: p. 53.

tro, nei *Pirqè Avot* («Girala e rigirala perché c'è tutto»), ma ribadita in quest'epoca soprattutto come reazione agli stimoli che provenivano dal mondo non ebraico – fu propugnata anche da Elia da Genazzano[31]: questi aveva addirittura sostenuto nella *Iggeret Ḥamuddot* (*Lettera Preziosa*[32]) che la dottrina della metempsicosi fosse stata insegnata agli indiani dai persiani, ai persiani dagli egiziani, a questi dai caldei cui l'aveva insegnata Abramo.

Le nuove interpretazioni della Bibbia non riguardarono soltanto i personaggi e le idee, bensì anche la lingua del testo, aspetto questo che ebbe grande incidenza sulla letteratura prodotta in età moderna: l'ebraico biblico non era solo ritenuto allo stesso livello di perfezione retorica e stilistica delle lingue classiche, ma era addirittura concepito come il modello a cui queste si erano ispirate[33]. Ad iniziare dall'Umanesimo la lingua della Bibbia fu interpretata dagli ebrei come il livello più alto di stile e come origine di tutti i generi letterari. Dallo stesso Genazzano, ad esempio, ma soprattutto nel *Nofet Ṣufim*, *Succo dei favi*, di Messer Leon[34], del 1475: il *Nofet Ṣufim* rappresenta proprio un tentativo di trovare nei testi biblici l'archetipo della retorica e in Mosè il perfetto oratore[35] ed è basato sulle stesse fonti su cui si basava, in ambiente cristiano, la rinascita della retorica nel secolo XV[36]. Sulla base di questa e di altre teorizzazioni di XV e XVI secolo, la retorica e la poetica ebraiche nel Rinascimento italiano e poi in tutta l'età moderna furono retori-

31 Eliyyahu Ḥayyim ben Binyamin da Genazzano, vissuto nella seconda metà del XV secolo (morto forse nel 1510), fu medico, teologo e cabalista.

32 Cfr. *La lettera preziosa* תודומח תרגא. Introduzione, edizione e traduzione a cura di F. Lelli, Firenze, Giuntina – L'éclat, 2002.

33 Si veda ad esempio quanto afferma F. Lelli nell'Introduzione a *La lettera preziosa*, *op. cit.*: «La rivalutazione della linguistica ebraica, intesa anche come recupero 'critico' del testo biblico, cioè del suo senso letterale privato della sovrastruttura allegorico-filosofica medievale, la rivitalizzazione della poetica biblica e la creazione di una retorica delle Scritture nell'ambiente ebraico furono in parte sollecitate dall'interesse degli umanisti per le stesse tematiche: mentre Giannozzo Manetti studiava l'ebraico e dava avvio alla filologia biblica rinascimentale fondata sul recupero dell'*Hebraica veritas* (seguito da Marsilio Ficino, Giovanni Pico della Mirandola, Sante Pagnini) [...] Messer Leon e Yohanan Alemanno esaltavano il ruolo della retorica e della lingua delle Scritture per la fondazione degli ideali politici di una nuova nazione ebraica» (p. 21).

34 Judah ben Jeḥiel, 1420/5-1491, che era stato maestro del già citato Alemanno. Il titolo dell'opera, *Nofet Ṣufim*, è tratto da Ps 19, 11.

35 Cfr. F. Lelli, «Jews, Humanists, and the Reappraisal of Pagan Wisdom», art. cit., *passim*. Del resto già Profiat Duran alla fine del Trecento nella grammatica *Ma'ase Efod* (terminata nel 1403) aveva sostenuto che la retorica ebraica si distingueva da quella degli umanisti italiani perché migliorata dall'imitazione della lingua biblica (al proposito cfr. A.M. Lesley, «Il richiamo agli "antichi" nella cultura ebraica fra Quattro e Cinquecento», in *Storia d'Italia. Annali 11. Gli ebrei in Italia* 1, a cura di C. Vivanti, Torino, Einaudi, 1996, p. 405 e 407-408.

36 Non a caso, come fa notare Giulio Busi, l'elenco delle fonti del *Nofet Ṣufim* comprende tutte le opere più importanti con l'unica eccezione del *De Oratore* di Cicerone. (Giulio Busi, *L'enigma dell'ebraico nel Rinascimento*, Savigliano, Aragno, 2007, p. 49).

ca e poetica bibliche[37]: la lingua e lo stile si affrancarono man mano dagli influssi arabi e, così come i letterati cristiani si rifacevano al latino, gli intellettuali ebrei presero a rifarsi alla lingua 'classica' della Bibbia, impiegandone lo stile e, in senso più ampio, il materiale testuale. Nel Cinquecento e primo Seicento possiamo ricordare a questo proposito Giuda Moscato[38], Šemu'el Archivolti, Azaria Figo[39], Avraham Portaleone[40], Avraham Yagel[41], Leone Modena e Leone De Sommi (o Yehudà Sommo)[42]. Quest'ultimo, assai noto anche per la sua produzione teatrale in italiano, aveva ad esempio sostenuto che Mosè fosse l'inventore del teatro e che la prima vera tragedia mai scritta fosse la storia di Giobbe, a lui attribuita. Quanto all'Archivolti, nella sua grammatica intitolata *'Arugat ha-bośem* (*L'aiuola del balsamo*), pubblicata nel 1602[43], aveva teorizzato che nella Bibbia ebraica esistevano già la rima e il metro.

Ma l'interpretazione – reinterpretazione – della Bibbia a mio giudizio più tipica dei secoli XVI e soprattutto XVII in ambiente ebraico italiano è quella filtrata attraverso la *qabbalà*. La *qabbalà*, come noto, non era nuova nel Seicento: permeava il pensiero degli intellettuali ebrei italiani fin dal Medioevo e soprattutto dai secoli XIV e XV. Caratterizzata da speculazioni di origine iberico-provenzale, da altre di origine aškenazita e da motivi che erano arrivati soprattutto al Sud e a Roma dall'Oriente in epoca più antica, la *qabbalà* italiana aveva associato queste idee al pensiero filosofico, soprattutto di stampo maimonideo e scolastico[44].

Nel Seicento, tuttavia, assistiamo a un cambiamento piuttosto significativo, e cioè la trasformazione della *qabbalà* da pensiero e pratica esoterici per le élites intellettuali, ad una pratica anche essoterica. Le radici di questa svolta – dimostrata tra l'altro dalle molte edizioni a stampa di libri di argomento mistico[45] – si trovano

37 *Ibid.*, p. 57

38 Yehudà ben Josef Ariè, 1532/1533-1590. Dal 1587 rabbino capo di Mantova.

39 1579-1647.

40 1542-1612. Su Portaleone si segnala in particolare il recente studio di Gianfranco Miletto, *La biblioteca di Avraham Ben David Portaleone secondo l'inventario della sua eredità*, Firenze, Olschki, 2013.

41 1553-1623. Cfr. G. Busi, *L'enigma dell'ebraico*, *op. cit.*, p. 71.

42 1527-1592.

43 Venezia, Di Gara. Il titolo è tratto da Ct 5, 13 e 6, 2.

44 Per tutti si veda Moshe Idel, *La Qabbalà in Italia (1280-1510)*, Firenze, Giuntina, 2007.

45 A questo proposito, Giulio Busi parla di «straordinaria stagione dell'editoria qabbalistica» e definisce il tardo Cinquecento e il Seicento come i «secoli per eccellenza dell'ipertrofia zoharica» (cfr. *Zohar. Il libro dello Splendore*, a cura di G. Busi e A. L. Callow, Torino, Einaudi, 2008, p. XXII). Sulla diffusione dei testi della mistica ebraica in Italia, in specie appunto dello *Zohar*, non manca bibliografia: fra i numerosi e importanti trattati dedicati al tema si ricordino ad es. i saggi di Roberto Bonfil raccolti in *Cultural Change Among the Jews of Early Modern Italy*, Farnham, Ashgate, 2010, e gli studi di Moshe Idel, fra cui ad esempio il recente «Kabbalah in Italy in the 16th Century: Some Perspectives», *Materia Giudaica. Rivista dell'associazione italiana per lo studio del giudaismo*, XV-XVI, 6, 2010-2011, p. 309-318. Lo *Zohar* fu stampato per

nella progressiva separazione del pensiero mistico da quello filosofico, realizzatasi nel corso della prima metà del XVI secolo, quando man mano la *qabbalà* (e il pensiero ebraico più in generale) si chiuse agli influssi considerati esterni e dunque, in qualche modo, si 'ebraicizzò' maggiormente, diventando più accessibile e insieme più legittima in seno alle comunità. Ciò significa, fra le prime cose, che fece il suo ingresso e si diffuse nei contesti sociali e culturali – e dunque letterari – più comuni, quello liturgico in primo luogo[46]. Nell'epoca presa in esame ritroviamo infatti un forte influsso delle dottrine mistiche nell'ambito della devozione ebraica italiana, luogo nel quale, evidentemente, i contenuti qabbalistici[47] si allinearono in parte agli usi linguistici e stilistici genuinamente ebraici e dunque di stampo biblico. Di ciò si trovano gli esempi più significativi negli innari utilizzati dalle confraternite religiose di preghiera, fiorite proprio fra fine Cinquecento e Seicento. Tali associazioni, che nacquero accanto ad altre di beneficenza e assistenza già da tempo diffuse, furono man mano istituite per rispondere alle esigenze di una nuova religiosità personale, caratterizzata da preoccupazioni spirituali e, appunto, da inclinazioni

la prima volta a Mantova fra 1558 e 1560, in tre volumi (vide un'edizione anche a Cremona nel 1560), e da allora prese a circolare indisturbato (cfr. ad esempio il catalogo dei libri ebraici della Bodleiana di Oxford di Moriz Steinschneider e Marvin J. Heller, *The Sixteenth Century Hebrew Book: an Abridged Thesaurus*, 2 vol., Leiden-Boston, Brill, 2004). Già nel 1557 era stato pubblicato il *Sefer Tiqqune ha-Zohar* (a opera di Me'ir da Padova e Ya'aqov Gazzuolo) e nel 1566 vide la luce a Venezia il *Mafteach ah-Zohar* di Moshe Galante. Una breve sintesi sulla natura di questa '*qabbalà* italiana' ci viene ad esempio da Michele Andreatta, *Poesia religiosa ebraica di età barocca. L'innario della Confraternita* Šomerim la-boqer *(Mantova 1612)*, Venezia – Padova, Università Ca' Foscari – Studio Editoriale Gordini, 2007, p. 31: «L'accoglimento della *qabbalah* di Mosheh ben Ya'qov Cordovero (1522-1570) [uno dei massimi commentatori dello *Zohar*] fu facilitato dall'ampia diffusione della letteratura collegata al *Sefer ha-zohar*, nonché dalla commistione di mistica e filosofia recepita da vari intellettuali ebrei italiani sul finire del Rinascimento. A partire dagli ultimi due decenni del Cinquecento, sulle dottrine cordoveriane si innestarono le idee di matrice luriana, grazie a materiale manoscritto proveniente dai circoli di Safed, e soprattutto a seguito della mediazione di Yisra'el Sarug (m. 1610), che visitò alcune comunità dell'Italia settentrionale tra il 1592 e il 1599 circa».

46 Su questo tema si veda ad es. Fabrizio Lelli, «Ricezione e interpretazione della Cabbalà nel pensiero di Eliyyà Menachem Chalfan», *Il mantello di Elia. Trasmissione e innovazione nella Cabala, Rivista di Storia e Letteratura Religiosa*, 47, n. 3, 2011, p. 547-572, in part. p. 547-550. Si rimanda anche ad M. Andreatta, *Poesia religiosa ebraica di età barocca, op. cit.*, p. 99: «All'epoca la mistica era parte integrante del *curriculum* di studi di rabbini e dotti, secondo una tendenza che era iniziata già a partire dalla fine del Quattrocento e che nel secolo successivo si era ulteriormente rafforzata, risultando, pur non senza opposizioni, nella stampa delle opere attinenti. A partire dalla fine del Cinquecento, con la penetrazione delle teorie provenienti dai circoli di *Eres Yisra'el,* la *qabbalah* cominciò a sedimentarsi a livello del rito e della *halakhah*, tanto da influenzare anche gli autori che meno ne coltivavano lo studio, e persino quelli che lo osteggiavano apertamente»; dell'argomento tratta anche M. Caffiero, *Storia degli ebrei nell'Italia moderna, op. cit.*, in part. p. 131.

47 Rinnovati anche dalle nuove dottrine e pratiche sviluppate in Ereṣ Yiśra'el.

penitenziali e mistiche[48]: erano composte per lo più da persone appartenenti al ceto medio[49], che trovavano uno spazio nuovo per creare forti legami interpersonali sulla base di una spiritualità, una sensibilità religiosa comune.

Gli aderenti alle confraternite di preghiera composero molta nuova poesia religiosa (il *piyyuṭ*[50]), che per quanto attiene alla forma seguiva il modello biblico, trasfondendo per lo più nel genere della *seliḥà*, la preghiera penitenziale che aveva il suo modello nei Salmi, i contenuti di una nuova o rinnovata spiritualità. Tale ricorso alla lingua e alle immagini bibliche, oltre ad essere connaturato al genere poetico del *piyyuṭ* e in linea con le teorie retoriche dell'epoca, sviluppatesi come ho accennato dal tardo Quattrocento, aveva anche il vantaggio sia di rendere fruibili i testi per un pubblico più ampio ed eterogeneo, estraneo alle idee mistiche quando queste erano intrise di dottrine aristoteliche e neoplatoniche, sia di legittimarli. Le nuove composizioni si presentano dunque come un mosaico di citazioni bibliche, integrate naturalmente da riferimenti tratti dalla letteratura postbiblica e rimescolate per dare origine a testi talora anche assai distanti da quello originale: il *Tanakh* si faceva così veicolo di contenuti ulteriori e, insieme, tali contenuti davano alle espressioni bibliche nuova vita e nuovo significato[51]. Fra gli innari in uso nelle confraternite si può ricordare quello della confraternita mantovana di veglia antelucana chiamata *Šomerim la Boker* (*Le sentinelle del mattino*, nome ricorrente per i veglianti del mattino anche in altre comunità[52]): la raccolta, pubblicata nel 1612

48 Prima della nascita delle apposite confraternite la veglia antelucana era limitata a specifiche ricorrenze, ad es. i digiuni e il mese di Elul. Il nuovo atteggiamento spirituale e, nel concreto, la nascita di simili aggregazioni religiose avvenne per influenza delle teorie mistiche elaborate in Ereṣ Yiśra'el in relazione alla ricostruzione del Tempio di Gerusalemme e all'influsso che gli attributi divini avevano in particolari momenti della giornata, degli usi importati dai profughi iberici, che avevano alle spalle una lunga tradizione di associazione su base religiosa, nonché sul modello delle confraternite cristiane.

49 M. Andreatta, *Poesia religiosa ebraica di età barocca*, *op. cit.*, p. 56.

50 La tradizione del *piyyuṭ* è bimillenaria, molto ricca e complessa. Dan Pagis, uno dei massimi studiosi, parla della poesia religiosa fiorita fra il XVI e il XVII come di «tardo piyyuṭ italiano», per distinguerlo da quello classico, del primo millennio e di epoca medievale. Giuliano Tamani sostiene che «a tonificare la composizione di poesie religiose e a favorirne la produzione e il consumo furono le dottrine cabalistiche che erano state elaborate a Safed da Moseh Cordovero (1522-1570) e da Yishaq Luria (1534-1570) e che avevano trovato molti seguaci in Italia» (Giuliano Tamani, *La letteratura ebraica medievale (secoli X-XVIII)*, Brescia, Morcelliana, 2004, p. 190); e anche M. Andreatta parla del «contributo dato dalla mistica al revival della lirica sacra di epoca secentesca» (M. Andreatta, *Poesia religiosa ebraica di età barocca*, *op. cit.*, p. 9).

51 Una parte della produzione religiosa delle Confraternite fu inclusa anche nelle liturgie sinagogali.

52 Si tratta del più antico sodalizio di questo tipo conosciuto (M. Andreatta, *Poesia religiosa ebraica di età barocca*, *op. cit.*, p. 62).

con il titolo *Ayyelet ha-šaḥar*[53], ha la peculiarità di contenere poesie moderne in proporzione mai attestata prima.

Un esempio fra i tanti da questo innario, studiato approfonditamente da Michela Andreatta, è il *piyyuṭ* di Ḥananyah Rieti (1561-1623)[54] dedicato ad esaltare il valore spirituale della veglia di preghiera antelucana: l'esempio è interessante a mio giudizio perché combina i due diversi modi di utilizzare la Bibbia tipici dell'epoca. In primo luogo è un caso emblematico del ricorso alla fraseologia biblica per comporre versi originali; vi si trovano infatti molte brevissime espressioni, combinate con libertà ma con lo scopo di evocare immagini note e, soprattutto, un linguaggio familiare: ad esempio, alla strofa 1, Rieti accosta un'espressione dai Salmi (22, 4) «Tu che risiedi (nelle) lodi di Israele» e una da Giobbe 38, 7 «Nel canto assieme alle stelle del mattino». In secondo luogo, insieme all'uso della fraseologia, vediamo anche che l'autore richiama esplicitamente i contenuti della Bibbia, al fine di sottolineare il legame e la continuità fra la tradizione biblica e il presente: legame e continuità per quanto attiene al culto, giacché la pratica devozionale dei veglianti è presentata come un modo per rinnovare la liturgia del santuario (in particolare, ovviamente, il sacrificio mattutino[55]), ma legame e continuità anche dal punto di vista della storia del popolo d'Israele, poiché la veglia antelucana nella composizione di Rieti è associata ad alcuni episodi biblici importanti, che tradizionalmente erano avvenuti al mattino. Tali episodi avevano per altro un particolare significato penitenziale ed erano oggetto di diffuse speculazioni qabbalistiche. Fra questi, in primo luogo la *ʿaqedà*, il sacrificio (letteralmente 'legatura') di Isacco (Gn 22), ma anche l'episodio della consegna delle tavole della legge a Mosè[56] (Es 34, seconda coppia di tavole). Entrambi i racconti avevano un significato importante nelle dottrine mistiche che facevano da sfondo alla pratica della veglia penitenziale. La *ʿaqedà* – oggetto di interpretazione già da epoca tardo antica, quando per altro si era affermata la tradizione secondo la quale proprio ad Abramo era da attribuirsi l'istituzione della

53 *La cerva dell'aurora*, titolo tratto dalla didascalia iniziale del Salmo 22, che era con ogni probabilità un'indicazione musicale (di melodia) per l'esecutore. Nell'ebraico letterario l'espressione *Ayyelet ha-šaḥar* è ancora utilizzata per indicare l'alba *tout court*. Per un'analisi della simbologia dell'alba si veda Giulio Busi, *Simboli del pensiero ebraico. Lessico ragionato in settanta voci*, Torino, Einaudi, 1999, p. 313-318.

54 Ḥananyah Elyaqim ben Aša'el Rafa'el Rieti (Bologna 1561-1623), rabbino a Mantova e a Luzzara e scrittore assai prolifico.

55 Nella strofa 2 si cita espressamente la *ʿolat habboker* (in questa forma 2Re 16,15 e Lev. 9, 17), dichiarando che «In commemorazione dell'offerta del mattino gridano i veglianti la propria invocazione».

56 Strofa 7.

preghiera mattutina[57] – era ampiamente citata nella tradizione delle confraternite di ispirazione qabbalistica per il suo valore mistico-penitenziale[58]; troviamo ad esempio un riferimento al passo nello *Zohar*, dove si racconta che Rabbi Eleazar così ragionava mentre andava in visita al suocero insieme ad alcuni compagni:

> Che cos'è il mattino? È il mattino di Abramo, che si risveglia nel mondo, com'è scritto: E Abramo, alzatosi di buon mattino. Infatti, quando giunge il mattino quel mattino si risveglia nel mondo, ed è un momento di favore per tutti, per fare del bene a tutto il mondo, ai giusti e ai malvagi [...] tutti coloro che sono prigionieri del re trovano sollievo ed è per loro tempo di preghiera, e a maggior ragione lo è per quanti tornano pentiti[59].

Quanto alle tavole della legge, consegnate al mattino, come ricorda Rieti nella sua composizione, queste erano simboli sefirotici[60], in virtù soprattutto del numero dieci (comandamenti). E inoltre il poeta associa ad esse gli attributi divini (dicendo «un patto hanno stabilito nel nome dei tuoi attributi»), che Dio avrebbe rivelato a Mosè sul Sinai in numero di tredici proprio al momento della consegna delle tavole: gli attributi erano stati oggetto di molte speculazioni qabbalistiche, in particolare – ma non solo – relative al numero, che indicava fra le altre cose gli ornamenti superni, cioè gli ornamenti della *sefirà Binà* (l'intelligenza) e quelli paralleli della *sefirà Malkut* (il regno)[61].

Si potrebbero dedicare molte altre e più approfondite considerazioni ai riferimenti presenti sia nella composizione di Rieti sia in genere nella raccolta liturgica, ma concludo notando che il titolo stesso dell'innario, tratto come visto dai Salmi, rappresentava insieme un richiamo, non credo implicito, alla devozione di stampo mistico. Nello *Zohar* si trova infatti una specifica descrizione della cerva dell'aurora che dice:

> Quando si illumina il volto dell'oriente e l'oscurità della notte si ritira, un [angelo] preposto al lato d'oriente tira un filo di luce dal lato meridionale, fino a che il sole spunta dalle aperture del firmamento e illumina il mondo. Quel filo allontana la tenebra notturna. Allora giunge la cerva dell'aurora e una luce

57 Opinione sostenuta da rabbi Yose ben Ḥanina nel *Talmud* babilonese (Trattato *Berakhot*: *bBerakhot* 26b).
58 Strofe 3-4 della composizione di Rieti.
59 III 204a (*Zohar. Il libro dello Splendore*, *op. cit.*, p. 427).
60 Se ne parla ad es. in *Zohar* II. 84a-b (*ibid.*, p. 132-134). Le dieci *sefirot* si possono intendere in senso generico e piuttosto approssimativo come emanazioni divine; in vero, le diverse fonti che ne parlano differiscono nella definizione e nella descrizione dell'essenza delle *sefirot* e gli studi finora condotti su un concetto pur così ampiamente diffuso non sono esaustivi: per una sintesi delle varie posizioni si può vedere ad es. Moshe Idel, *Cabbalà. Nuove prospettive*, Firenze, Giuntina, 1996.
61 Zohar I 240b-241b (*Zohar. Il libro dello Splendore*, *op. cit.*, p. 77).

oscura si diffonde nelle tenebre, per unirsi al giorno, così che il giorno risplende. La luce del giorno ingloba e assorbe dentro di sé la cerva. [...][62]

Riscrivere la Bibbia

Venendo alla riscrittura della Bibbia si devono citare in primo luogo, anche se appartengono al campo dell'italianistica piuttosto che a quello dell'ebraistica, le traduzioni in caratteri latini ad opera di ebrei. È infatti proprio dalla prima età moderna che anche gli ebrei iniziano a tradurre le Bibbia in un italiano letterario, scrivendo in alfabeto latino. Come noto, il primo libro biblico pubblicato da un ebreo con testo a fronte in italiano è il *Qohelet* di David De Pomi (Venezia 1571)[63]. Per l'epoca che interessa ricordo anche a titolo di esempio la traduzione poetica dei Salmi del già citato Leone de Sommi: la traduzione è stata di recente esaminata da Alessandro Guetta[64], che ne ha sottolineato l'interesse letterario, evidenziando come, a differenza delle versioni calco create per l'insegnamento e scritte in caratteri ebraici, essa sembri rispondere ad un afflato genuinamente artistico[65]. Tuttavia, come detto, questi testi appartengono alla letteratura italiana e non a quella ebraica, nei limiti in cui i due ambiti in questo caso possono essere separati.

Ciò che è invece campo di studio principalmente degli ebraisti sono i volgarizzamenti dei libri biblici scritti in caratteri ebraici. Insieme alle traduzioni a calco realizzate per l'insegnamento, che erano un'antica tradizione, il Cinquecento vide anche il fiorire di alcune produzioni più originali, rimaste in forma manoscritta, che si possono legittimamente definire riscritture. Fra queste vale la pena menzionare ad esempio il volgarizzamento del libro di Ester[66] fatto dal rabbino emiliano Mordekhay Dato (1525-1595?)[67]. Il testo di Dato, scritto in carattere corsivo ebraico

62 Zohar II,10a-b (un estratto: *ibid.*, p. 89-90).

63 David De Pomis (1525-1593), autore di un noto dizionario trilingue ebraico latino italiano (*Zemaḥ David*, Venezia, 1587). La sua traduzione dell'Ecclesiaste era dedicata al cardinale Grimani e aveva in appendice un *Discorso intorno a l'humana miseria e sopra il modo di fuggirla*, dedicato a Margherita di Savoia (Venezia 1572).

64 In Alessandro Guetta, «The Italian Translation of the Psamls by Judah Sommo», in *Rabbi Judah Moscato and the Jewish Intellectual World of Mantua in 16th-17th Centuries*, a cura di G. Veltri e G. Miletto, Leiden-Boston, Brill, 2012, p. 279-298.

65 Il testo è noto ed è per altro solo una delle molte traduzioni esistenti, ma mi piace citarlo perché si conserva in un solo esemplare manoscritto, custodito a Torino, nella raccolta della Biblioteca Nazionale Universitaria; per una bibliografia aggiornata si veda Guetta, art. cit.

66 Cfr. ad es. *La rappresentazione della regina Ester*, composta probabilmente nel Cinquecento a Firenze e più volte ristampata (Alessandro D'Ancona, *Sacre rappresentazioni dei secoli XIV, XV e XVI*, vol. 1, Firenze, Successori Le Monnier, 1872, p. 129-166).

67 La *Megillat Ester* in ottava rima, pubblicata da Giulio Busi: *La istoria de Purim io ve racconto. Il libro di Ester secondo un rabbino emiliano del Cinquecento*, Rimini, Luisè editore, 1987. Per una rassegna

e composto in ottava rima, non era destinato alle funzioni liturgiche[68], bensì alla fruizione domestica o della comunità in un contesto collettivo ma non religioso; di nuovo, come leggiamo ai vv. 9-12, le donne erano destinatarie di questo testo, tuttavia sembra esserci un riferimento anche ad altri (uomini) che non conoscevano – o non conoscevano bene – l'ebraico: «Congregateve donni tutti quanti/ e tutti quelli che non han dottrina/ in la Sacra Scrittura e in li santi/ paroli de li profeti». La storia di Ester era assai diffusa e tradotta anche nella letteratura non ebraica, tuttavia la versione di Dato, sebbene in lingua italiana, è senza possibilità di errore un'opera schiettamente ebraica: oltre che ovviamente per la scrittura, anche per la lingua, che, nonostante l'ambizione di avvicinarsi all'uso colto e letterario, è disseminata di elementi dei dialetti giudeo-italiani. E, non secondariamente, perché nei contenuti è arricchita con l'aggiunta di dettagli sulla vicenda e sul comportamento dei protagonisti, mutuati – come mette in evidenza Giulio Busi – per lo più dal *midraš* e dalla tradizione popolare ebraica: ad esempio il riferimento al convivio che stava tenendo la moglie del re Assuero, Waštì (l. 36), o la risposta che la stessa Waštì dà al re quando questi le chiede di presentarsi al suo banchetto («io non sono cavallo da venire in mostra», ll. 55-56) sono tratti da fonti extrabibliche.

Nella riscrittura rientra anche il fenomeno del ricorso alla Bibbia – fraseologia, immagini e relativa esegesi – per comporre testi non religiosi. Esistono nell'età moderna alcuni esempi di quest'uso. Uno piuttosto conosciuto, anche negli studi non ebraici, è quello del *Magen Našim* (*Scudo delle donne*) di Leone De Sommi, opera interessante per quanto riguarda forma e contenuti. Il poemetto, composto nel 1556, ha lo scopo di condannare le prevaricazioni degli uomini nei confronti delle donne e di esaltare le virtù femminili e alterna in un unico testo versi in italiano e versi in ebraico, creando un originale effetto bustrofedico. Per quanto riguarda l'uso delle immagini e della fraseologia biblica, l'autore si serve ampiamente di brani dei Proverbi – libro sapienziale per eccellenza – e dal Cantico dei Cantici, dove la figura femminile è presentata in una luce estremamente positiva (e si presta, ancora una volta, a letture simboliche).

Il caso sul quale intendo però soffermarmi, meno noto, è quello di un codice conservato alla Biblioteca Nazionale di Torino. Si tratta di un'opera encomiastica, scritta nel 1622, parte in italiano parte in ebraico, da un ebreo piemontese (proba-

dei molti rifacimenti cfr. *ibid.*, n. 3 p. 12. Cfr. anche Jefim Schirmann, «Theatre and Music in the Italian Ghetti between the 16th and 18th Centuries», *Zion*, XXIX, 1964, p. 61-111 (in ebraico).

68 In sinagoga la *Megillat Ester* si legge in ebraico. Cfr. G. Tamani nella prefazione a G. Busi, *La istoria de Purim*, *op. cit.*, p. 9.

bilmente proveniente dal marchesato di Saluzzo[69]) che gravitava in qualche modo intorno alla corte sabauda[70]. La composizione di Diodato Segre – questo il nome dell'autore, in ebraico *Natan'el* – era dedicata al duca Carlo Emanuele I, al cardinal Maurizio, al principe Vittorio Amedeo e alla sua sposa, Cristina/Cristiana di Francia, e si data al 1622 o poco prima[71]; il manoscritto è un *unicum* ed è autografo[72].

L'opera è intitolata *Nezer ha-qodeš mi-Savoia, Divina Corona di Savoia*, ed è composta da quattro parti, corrispondenti ai quattro dedicatari dei carmi encomiastici: ogni parte ha un'introduzione in prosa, in italiano con qua e là pochissime parole ebraiche, e una sezione poetica con le due versioni, ebraica e italiana. È interessante per svariate ragioni: per quanto riguarda la ricostruzione della figura dell'autore e delle vicende connesse alla composizione, per quanto riguarda il rapporto fra testo ebraico e testo italiano, che, invece di essere il secondo traduzione del primo, sono testi molto distanti l'uno dall'altro, per quanto riguarda le modalità di presentazione dell'opera al duca e la questione, collegata, della fruizione delle poesie ebraiche da parte dei destinatari e, non in ultimo, anche per quanto riguarda la relazione che quest'opera aveva con altre due composizioni dello stesso autore, anch'esse encomiastiche e andate purtroppo perdute nell'incendio che nel 1904 menomò gravemente le collezioni manoscritte della Biblioteca Nazionale[73].

69 Il Marchesato di Saluzzo (occupato da Carlo Emanuele I fin dal 1588) era stato annesso al ducato nel 1601, a seguito del trattato di Lione.

70 Si deve specificare che le opere encomiastiche scritte in ebraico e, più spesso, in ebraico e italiano, per i governanti o i mecenati non sono rarissime. Se ne trovano soprattutto nel Sette e nell'Ottocento, a stampa: restando al Piemonte saranno numerose, evidentemente, quelle in onore di Carlo Alberto; fuori dal Piemonte si possono ad esempio ricordare due composizioni encomiastiche a stampa del 1750 e 1753 dedicate da Israel Beniamino Bassani a Francesco III duca di Modena: le *Ottave ebraiche, colla versione italiana all'altezza serenissima di Francesco III, duca di Modona* [...] *umiliate per il suo felicissimo ritorno ne' serenissimi stati* (Venezia, Bragadina) e *La corona estense: sonetti ebraici colla versione italiana: all'altezza serenissima di Francesco III, duca di Modona, Reggio, Mirandola, &c., umiliati per il faustissimo avvenimento della nascita del serenissimo primo infante al serenissimo figlio ereditario* (Venezia, Zerletti). Per il Seicento, quando il genere era ancora poco diffuso, si veda anche *Alle feste, anzi a' sacri anch'io presente* del già citato Leon Modena (Venezia, 1611), scritto in occasione della nascita di Luigi XIII di Francia.

71 A foglio 2r la data riportata è il primo maggio 1622.

72 È un codice cartaceo, *in folio*, di 15 carte per un totale di 24 pagine scritte e 6 bianche. Colpito come tutta la raccolta ebraica dal gravissimo incendio del 1904, manca della coperta originale e presenta bruciature lungo i margini esterni dei fogli, tanto che in quasi tutti i casi è perduta anche una porzione di testo (ma è uno dei pochi manoscritti ebraici di cui si conservano tutte le carte); l'inchiostro è sbiadito, talora anche gravemente. Nonostante i danni, il testo si riesce a ricostruire quasi sempre – in parte con l'aiuto della lampada di Wood laddove l'inchiostro è evanescente, in parte per congettura – e le lacune sono poche e non molto rilevanti. È caratterizzato dalla presenza di un semplice decoro lungo il margine dello specchio di scrittura, con nodi di Savoia e monogrammi dei dedicatari, e dall'illustrazione dello stemma del cardinal Maurizio, sopravvissuta in condizioni discrete, al f. 3r.

73 Il *Corona di gloria di Savoia*, che non facciamo fatica a figurarci assai simile – almeno nei toni e nei fini – al primo componimento. Apparentemente la seconda opera era stata costruita in parte

Rimanendo tuttavia al tema qui discusso, il *Divina corona* è a mio giudizio un esempio eccellente di uso della Bibbia ebraica da parte di un ebreo di cultura media in un contesto letterario non religioso. Il livello medio dell'opera insieme alla sua occasionalità e all'esplicito scopo encomiastico sembrano dirci che Diodato Segre non era un erudito o uno studioso e forse nemmeno un poeta in senso proprio e che l'importanza del *Nezer ha-qodeš mi-Savoia* risiede dunque non tanto nella qualità artistica bensì nel suo valore di testimonianza storico-letteraria. E come testimonianza storico-letteraria il documento ci mostra qual era il rapporto che con il testo biblico poteva avere una figura non inconsueta nell'ambiente ebraico del primo Seicento, e cioè un uomo alfabetizzato, mediamente istruito, ma non un professionista della cultura. Considerato il tipo di educazione che veniva in genere impartito in ambiente ebraico, di cui si è molto brevemente detto, la 'cultura di base' degli ebrei italiani era essenzialmente cultura biblica, cui si mescolavano i vari strati esegetici che erano nel tempo andati a costituire la letteratura rabbinica classica: nel *Divina corona* ritroviamo appunto fraseologia e immagini bibliche, spesso filtrate e riproposte, esplicitamente o implicitamente, sulla base della conoscenza della letteratura rabbinica. L'autore non utilizza interi versetti né emistichi di senso compiuto, ma ricorre piuttosto a brevi espressioni, di due o tre parole, che combina e intesse a formare una trama che è, sì, fatta tutta della lingua dell'Antico Testamento, ma che risulta in un testo di contenuto originale[74]: il 'sapore' biblico dei quattro componimenti affiora dunque anche a una lettura superficiale, ma l'individuazione dei passi veterotestamentari è in molti casi possibile solo grazie a una conoscenza puntuale della Bibbia ebraica. La familiarità con il linguaggio biblico consente del

in modo analogo al *Divina corona* – ad esempio, come si evince dal catalogo Peyron, ricorrendo a interpretazioni etimologiche sulla base dei significati delle parole ebraiche e dei passi biblici – ma era più estesa e redatta non solo in ebraico e in volgare, bensì in «lattino hebraico con sua dichiaratione volgare» (Bernardino Peyron, *Codices Hebraici manu exarati Regiae Bibliothecae quae in Taurinensi Athenaeo asservatur*, Roma-Torino-Firenze, Fratres Bocca, 1880, p. 45-46). Perduta è purtroppo anche una terza opera del Segre, scritta solo in volgare e schedata nel catalogo dei manoscritti italiani della biblioteca, del 1904: prodotto in tre copie sempre nel 1622, tale componimento era dedicato alla prima figlia femmina del duca, Margherita, vedova di Francesco IV Gonzaga, e si conservava in tre esemplari (N.VII. 85-87; Bernardino Peyron, *Codices Italici manu exarati qui in Bibliotheca Taurinensis athenaei ante diem XXVI Ianuarii M.CM.IV asservabantur*, Torino, C. Clausen, 1904, p. 283). Nel catalogo di Peyron l'opera è intitolata *Libro della divina corona et gloria della serenissima principessa donna Maria di Savoia*, laddove Maria indica però Margherita (la quale talora compare anche come Maria Margherita; per l'identificazione di Margherita con Maria cfr. Chiara Pilocane, «*Nezer ha-qodesh mi-Savoia che vuol dire Divina Corona di Savoia*». *Un* unicum *inedito dal fondo manoscritto ebraico della Biblioteca Nazionale Universitaria di Torino*, Firenze, Giuntina, 2013, n. 27 p. 17).

74 Un procedimento, va notato, non esclusivo della letteratura ebraica: a questo proposito citiamo per inciso anche l'uso di versetti e «motti» biblici latini concatenati attestato in un ritratto di Carlo Emanuele su lastra di ardesia dipinta a olio, descritto da Andreina Griseri (in *Simulacro del vero principe*, a cura di M. L. Doglio, Alessandria, Edizioni dell'Orso, 2005, p. IX-X).

resto anche varie modifiche, introdotte a beneficio del testo poetico: nei passi biblici utilizzati nel *Divina corona* troviamo inversioni di parole, cambi di numero e di genere, omissioni o inserimenti di particelle (congiunzioni, preposizioni) e lievi mutamenti nella sintassi. Allo stesso modo, la tradizionale compenetrazione fra il testo biblico e la sua esegesi si manifesta, come detto, nel ricorso spontaneo e in genere implicito alla letteratura rabbinica[75].

Ma – ed è questo a mio giudizio il tratto tipico dell'epoca – nel *Divina Corona* troviamo anche riferimenti al simbolismo e più in genere alla letteratura qabbalistica; tale elemento sembra confermare quanto si è notato parlando dello *Ayyelet ha-šaḥar*, l'innario della confraternita di preghiera mantovana, e cioè che la *qabbalà* da dottrina esoterica, per intellettuali, aveva nell'età moderna penetrato la cultura ebraica negli strati più larghi, facendo il suo ingresso nella letteratura un po' di ogni genere. Una simile diffusione, naturalmente collegata all'uso del testo biblico, sembrerebbe già consolidata agli inizi del XVII secolo, come pare dimostrare la cronologia delle due opere in parola, l'edizione dello *Ayyelet ha-šaḥar*, che è del 1612, e il manoscritto del *Nezer ha-qodeš mi-Savoia*, che è del 1622 e sul quale intendo ora soffermarmi per alcuni esempi.

Piuttosto numerosi sono gli esempi nel testo poetico ebraico, ma ve n'è anche uno nel testo in prosa in italiano. Si tratta di una citazione o, meglio, di una catena di citazioni proposte nell'introduzione alle composizioni dedicate a Carlo Emanuele I (ff. 6r-7r), dove i passi dell'Antico Testamento sono interpretati come immagini e prefigurazioni del duca e dei figli[76]. Sebbene un simile ricorso al testo biblico sia tutt'altro che innovativo e sia massicciamente presente anche fuori dal contesto ebraico[77], l'opera di Segre ha una sua originalità, legata appunto alla formazione ebraica, che si evidenzia nella scelta, nell'accostamento e nel rimaneggiamento dei passi. Per rappresentare Carlo Emanuele e i suoi familiari, l'autore sceglie tre im-

75 Vi è nel *Divina corona* anche una citazione esplicita dalla tradizione rabbinica: al f. 3v (l. 4-5), Segre riporta infatti *tout court* il commento di Raši a Dt 1, 7. La fonte della citazione riportata in ebraico, e tradotta in italiano, non è indicata esplicitamente da Segre, che parla semplicemente di un proverbio ebraico, ma chi conosce i commentari sa che era un motto riferito appunto da Raši: Per chiarire l'espressione «[...] un fiume grande, l'Eufrate», Raši spiega che l'Eufrate è chiamato «grande» in virtù della sua vicinanza alla Terra d'Israele, e a sostegno della sua interpretazione cita un «famoso proverbio [che] dice: Il servo di un re è re. Tieniti stretto a chi governa e si prostreranno davanti a te, accostati a chi è unto d'olio e sarai unto».

76 F. 6r, 10-7r, 17.

77 Per restare alla corte sabauda, le *Dicerie Sacre* di Marino traboccavano di citazioni bibliche, Gaspare Murtola s'era servito dei primi capitoli della Genesi per imbastire una composizione encomiastica dedicata a Carlo Emanuele I (*Della Creazione del mondo* [...] *Giorni sette, canti sedici*, Venezia, appresso Euangelista Deuchino et Giovanni Battista Pulciani, 1608) e Federico Della Valle aveva assimilato la potenza e lo splendore di Carlo Emanuele a quelle dei re Oloferne e Assuero nelle due tragedie *Iudit* (1627) e *Esther* (1628).

magini bibliche: il trono di Salomone (1Re 10, 19), il carro celeste e le creature della visione di Ezechiele (Ez 1, 5-10) e il sogno di Giuseppe narrato in Gn 37, 9-10.

> [...] questo mi constringe rassomigliar V.A.S. a quella / sedia regale unica al mondo che si fece fare / il saggio re Salomone à guisa dell'altissima / et santissima sedia divina del sommo C[reator]e / nostro Signor Iddio,[78] come lo dinota Zaccharia / il profetta al cap. primo dicendo che quella / [se]dia divina vien girata da quatro angeli / [pos]ti li due del lato destro uno in figura / [di huomo] l'altro di leone, li due del lato / (f. 6v) sinistro uno in figura di bue e l'altro d'aquila[79]. [...] Il primo angelo figurato in huomo dinota il serenissimo / prencipe maggiore VITTORIO AME- / DEO[80] [...] Il secondo angelo figurato in leone non dinot[a altri che] / il serenissimo principe EMANUE[LE FILIBER] / TO [...][81]. / Il terzo angelo figurato in bue o[ssia(?)] in toro dinota il / serenissimo prencipe cardinale [...][82]. Il quarto angelo figurato in aquila dinota il serenissimo prencipe / TOMASO [...] Oltra questo V.A.R. è stato anco favorito dalla [maes]tà / divina di quel significato dell'insogno che [fece(?)] / Josef figlio del santo padre Iacob quando disse [che] / il sole, la luna e le stelle lo salutavano. Il sole / dinota la serenissima madama CHRISTIANA / sua nora, la luna dinota la serenissima infanta [....] / [pri]ncipessa maggiore[83], le stelle dinotano le altre tre / [serenissi]me principesse, che risplendono di bellezza e di / [...] [a g]uisa di lucenti e risplendenti stelle.

Alcune osservazioni sono da fare sulla descrizione del trono, una descrizione che rivela l'influenza che esercitava la tradizione esegetica ebraica antica e anche meno antica sull'uso del testo biblico. In primo luogo si deve rilevare che il trono di Salomone, descritto in 1Re 10, 18-20, non ha nel brano originale alcuna corrispondenza con il trono divino[84], come invece qui si asserisce: l'associazione fra il trono salomonico e quello superno si deve invece alla letteratura postbiblica e in

78 «sedia regale [...] Iddio». Il trono di Salomone è descritto in 1Re 10, 18-20.
79 «quella [se]dia divina vien girata [...] d'aquila». Ezechiele (1, 5-10).
80 Vittorio Amedeo, futuro duca, era in realtà il secondogenito; divenne principe ereditario in seguito alla morte del fratello maggiore Filippo Emanuele avvenuta nel 1605.
81 1588-1624, ammiraglio di Spagna e poi, dal 1622 alla morte, avvenuta per peste, vicerè di Sicilia.
82 Il cardinal Maurizio era canonico tesoriere della chiesa metropolitana di Torino dal 1611.
83 Margherita, cui il titolo di infanta spettava per diritto di parentela reale in quanto nipote di Filippo II di Spagna (padre di Caterina d'Asburgo). Le altre tre figlie legittime di Carlo Emanuele I, citate dal Segre appena di seguito, erano Isabella (1591-1626), Maria Apollonia (1594-1656) e Francesca Caterina (1595-1640).
84 Anche se in 1Cor 29, 23 vediamo che il trono è chiamato Trono del Signore: «Salomone sedette sul trono del Signore come re al posto di Davide suo padre». Già il commentatore D. Qimḥi (1160-1235) spiega questo dicendo che quello su cui siede Salomone non è in effetti il Trono della gloria ma «significa che Salomone sapeva emettere sentenze, al pari del suo Creatore, senza bisogno dei testimoni né del monito, come nel caso delle due prostitute» (ed. *Commento ai Salmi*, a cura di L. Cattani, Roma, Città Nuova, 1991, p. 259).

particolare a quella mistica nel contesto del più generale parallelo fra macrocosmo e microcosmo. Nello *Zohar*, ad esempio, leggiamo che

> Sei gradi scesero in Egitto insieme a Giacobbe, e ciascuno comprendeva diecimila miriadi. A essi corrispondono sei gradi di Israele, sei gradi del trono superno e sei gradi del trono inferiore, come è scritto: «Il trono aveva sei gradini» (1Re 10, 19).[85]

Proseguendo, anche la sovrapposizione/associazione del trono con la sedia-carro della visione di Ezechiele (ff. 6r,16-6v,1) è frutto di libero rimaneggiamento che offre a Segre l'occasione per citare un altro passo che, come noto, aveva larghissima diffusione e grande importanza nella letteratura mistica, Ez. 1, 5-10: intorno alla visione di Ezechiele si era infatti sviluppata quella che viene considerata la prima mistica ebraica ed è denominata appunto «mistica della *merkavà*» (del carro, anche se la parola ebraica usata in Ezechiele è *kise'*)[86]. Nel rimando a Ezechiele si devono rilevare – oltre, appunto, alla scelta di un brano molto in auge nei circoli mistici e, per altro, diffuso anche nella tradizione non ebraica – le varianti introdotte rispetto al testo originale. Per iniziare, la descrizione della sedia, che non corrisponde a quella biblica: infatti nel passo dell'Antico Testamento le figure non hanno ciascuna le sembianze di una delle quattro creature menzionate, ma tutte sono dotate di quattro facce, una con fattezze d'uomo, una con fattezze di leone, una con fattezze di toro e una con fattezze di aquila (v. 10). La modifica – ben nota dai tempi dell'Apocalisse[87] e assodata dunque in ambiente cristiano – serve a Segre per associare ad ognuno dei figli del duca una creatura in particolare ed è intenzionale. Inoltre, ancora più evidente, la confusione fra il profeta Ezechiele e il profeta Zaccaria, cui Diodato attribuisce erroneamente il brano. Per questo scambio, non irrilevante, non si possono che fare congetture, giacché nel testo, mi pare, non ci sono indizi utili a chiarirlo; certo, non pochi passi di Ezechiele e Zaccaria sono assimilabili, per le immagini e anche per il linguaggio oscuro. Tanto nel Protozaccaria (capitoli 1-8) quanto nel Deuterozaccaria (capitoli 9-14, nel quali si riconosce l'influenza dei profeti più antichi fra cui proprio Ezechiele) le visioni sono piuttosto enigmatiche e

85 II, 14b in *Zohar. Il libro dello Splendore*, *op. cit.*, p. 96.

86 Queste prime speculazioni esoteriche sul carro divino, che vanno appunto sotto il nome di *Ma'aśè merkavà*, Opera del carro, sono purtroppo molto poco documentate: sopravvivono una quindicina di testi, datati a partire dal III secolo, che descrivono le pratiche di antichi mistici, non sempre decifrabili chiaramente. Tale produzione è nota anche come letteratura degli *Hekhalot* (palazzi, con riferimento ai palazzi celesti descritti nei testi). Alcuni cenni a pratiche estatiche legate alla visione del carro si trovano già nel *Talmud*: cfr. *bMegillà* 24b «chiesero a rabbi Yehudà: Molti si sono adoperati per interpretare la *Merkavà*, ma non hanno mai potuto vederla. Rabbi Yehudà rispose: La questione è legata alla comprensione del cuore. V'è chi si concentra e conosce».

87 Cap. 4, v. 7.

ciò potrebbe avvalorare sia un'ipotesi per la quale Diodato Segre avrebbe confuso i due libri profetici banalmente sulla base della loro somiglianza nelle immagini e nel linguaggio, sia anche un'ipotesi per la quale li avrebbe confusi perché – proprio in virtù di uno stile e una simbologia analoghi – questi venivano studiati e commentati insieme. Questa seconda possibilità, a mio parere più interessante, pur non essendo in alcun modo verificabile allo stato attuale delle nostre conoscenze sul *Divina corona* e sul suo autore, non è fuori luogo. Sappiamo infatti, che oltre alla valenza fondamentale che la visione di Ezechiele aveva avuto per la mistica della *merkavà*, il passo era considerato importantissimo anche nella *qabbalà* medievale: in particolare nello *Zohar* – ma non solo – era ricordato specialmente per la simbologia del numero quattro, che indicava la completezza della realtà. E il quattro è numero assai rilevante anche in Zaccaria: quattro corna e quattro operai (cap. 2), quattro venti (cap. 2) e soprattutto quattro carri (cap. 6). Considerati i metodi esegetici tradizionali e poi anche propri dello studio qabbalistico, i due profeti erano dunque legittimamente accostabili. È inoltre lecito chiedersi, ma il discorso è quanto mai ipotetico, se il citare Zaccaria non volesse essere anche un modo per evocare, considerati i destinatari dell'opera, un profeta che secondo la tradizione cristiana aveva prefigurato l'ingresso di Gesù in Gerusalemme (cap. 9).

Venendo al testo poetico ebraico, questo conferma, anzi consolida a mio giudizio, l'impressione che l'autore citasse la Bibbia scegliendo soprattutto passi e immagini diffuse nel periodo perché rilette attraverso la lente delle dottrine qabbalistiche, ormai penetrate – come sembra – al di fuori delle élites intellettuali.

I riferimenti, indiretti ma comunque evidenti, sono molteplici e io ne citerò tre.

Procedendo per ordine e dunque iniziando dal componimento dedicato al cardinal Maurizio, il primo (f. 5r), alla l. 14 leggiamo che per la casa di Savoia «il segreto del Signore Dio è svelato come un *omer* di manna». Il riferimento allo *'omer*[88] di manna, oltre a soddisfare le necessità formali (la rima di *man* con i versi precedenti e successivi), associa appunto il dono biblico della manna ai segreti divini[89], sulla scorta di una tradizione esegetica piuttosto diffusa nel pensiero qabbalistico. Tale associazione era presente nello *Zohar*, che metteva in relazione il *sod Adonay*, «segreto divino», con la manna, argomentando come segue: «"Prendi un vaso, mettici un omer di manna e deponilo davanti al Signore, perché sia conservata" [Es. 16, 33] Non è scritto "in vista" ma "perché sia conservata", perché rimanga in segreto»[90]; e altrove affermava che

88 Lo *'omer* era una misura della capacità di circa 4,5 litri. Uno *'omer* rappresentava la razione giornaliera di manna concessa a ciascun israelita durante la permanenza nel deserto.

89 Per la grazia che proviene direttamente da Dio cfr. anche Ps 78, 23-24.

90 I, 217a in *Zohar. Il libro dello Splendore*, *op. cit.*, p. 48.

> I figli d'Israele non conoscevano e non comprendevano le entità superne finché non mangiarono il pane superno, allora acquisirono piena conoscenza di quel grado. Poi il Santo, sia egli benedetto, volle che i figli d'Israele sapessero di più del grado che si addice a questa terra, ma non ne furono capaci, finché non ebbero assaggiato il pane che proviene da quel luogo. E qual è? Il cielo, infatti è scritto: «Ecco io vi farò piovere pane dal cielo (Es. 16, 4)»[91].

Alcune altre tradizioni mistiche rilevavano più precisamente come il nutrirsi di manna significasse partecipare alla natura divina e a quella celeste delle gerarchie angeliche, che a un tale cibo 'soprannaturale' venivano associate; col tempo tale interpretazione si precisò e la manna sembra acquisire un posto specifico all'interno della teosofia qabbalistica, venendo a rappresentare la discesa dell'influsso divino verso la *sefirà* più bassa, *Malkut*[92].

Un secondo riferimento che sembra implicare la conoscenza e una certa assimilazione dell'esegesi qabbalistica si trova nella composizione dedicata a Carlo Emanuele (c. 91r). Alla l. 18 si augura al duca di sedere «al sicuro e in pace come un giglio nel suo giardino». Il giglio – *šošan* in ebraico, temine che esiste anche al femminile e che ad un certo punto venne ad indicare piuttosto la rosa[93] – era simbolo ampiamente diffuso nelle dottrine mistiche. Lo *šošan* aveva già una valenza simbolica importante nel Cantico ed era stato largamente usato anche nella letteratura midrašica. Vediamo ad esempio che nel *midraš Cantico Rabbà*[94] un re aveva deciso di tagliare il suo giardino trovato invaso dalle spine e dai rovi; nel mezzo però vi aveva trovato un giglio bello e profumato e in virtù di questo aveva risparmiato l'intero giardino: il giglio è qui simbolo principalmente di Israele. Lo *šošan* acquisì poi un significato specifico nello *Zohar*, che ad esso dedica una lunga descrizione[95]: il fiore infatti simboleggia la *Šekinà*, la presenza divina nel mondo, dopo che si è unita a Dio; Rabbi Sim'on diceva a questo proposito «In principio è un fiore, quando desidera unirsi col re; dopo che si è accoppiata al re con quei baci è chiamata giglio, poiché è scritto "Le sue labbra sono gigli" (Ct 5,13)». Non solo: nello *Zohar* il giglio/rosa indicava anche, ad esempio, la sorte toccata ad Enoch, di cui si dice

91 I, 157b (*ibid.*, p. 26).

92 Su questi punti si rimanda a G. Busi, *Simboli del pensiero ebraico*, *op. cit.*, p. 178-183.

93 Sull'identificazione del *šošan* si veda Michael Zohary, *Plants of the Bible*, Tel Aviv, Sadan Publishing House, 1982, citato da Busi nella versione tedesca (1983, p. 176-177; Busi, *Simboli*, *op. cit.*, p. 410). La somiglianza con la rosa messa in evidenza da Erodoto (*Storie* II 92, anche questo citato in Busi, *Simboli*, *op. cit.*, p. 411) portò con il tempo al prevalere di questo significato (tutt'ora diffuso nell'ebraico moderno; al proposito si veda ad es. *Cantico dei Cantici*, a cura di G. Garbini, Brescia, Paideia 1992, p. 197). Non è quindi escluso che Segre pensasse qui alla rosa.

94 L'*editio princeps* dei *midrašim* alle cinque *Megillot* è del 1519 (Pesaro).

95 III 107a-b in *Zohar. Il libro dello Splendore*, *op. cit.*, p. 338-339.

> Enoch era un uomo retto, ma il Santo, sia Egli benedetto, vide che sarebbe degenerato. Lo raccolse allora prima che si guastasse com'è scritto «Per raccogliere gigli/rose» (Ct 6,2). Poiché danno un buon profumo, il Santo, sia Egli benedetto, le raccoglie prima che si guastino[96].

La simbologia zoharica si sofferma inoltre su alcune caratteristiche proprie dello *šošan* – sul fatto che è posto nelle convalli (Ct 2,1), sul suo colore, rosso che diventa bianco – e sviluppa una speculazione numerologica molto articolata sul numero dei petali, che sono sei.

Infine, poche parole sul verso che chiude l'ultimo dei componimenti ebraici, quello per Cristina di Francia, nuora del duca. Dopo aver intessuto le lodi della bellezza e della saggezza della futura duchessa, Diodato Segre conclude affermando «La fonte della sapienza è un torrente che fluisce[97] nell'assemblea dei [giusti[98]]». La sapienza, *ḥokhmà*, è una delle dieci *sefirot* e ad essa sono spesso associate immagini liquide: il suo moto verso i livelli più bassi è infatti in genere proprio indicato come un fluire e il simbolo alimentare ad essa associato nello *Zohar*[99], che descrive lo scorrere di un'energia che si spande beneficamente nel cosmo, è l'olio. Più specificamente in relazione a quanto afferma Diodato Segre, dalla *Ḥokhmà* sgorgavano «come da fonte» 32 vie, sentieri di sapienza: ciò nel *Sefer Yeṣirà* (cap. 1)[100] e anche, di nuovo, nello *Zohar*, dove leggiamo

> è scritto «Quanto sono grandi le tue opere, o Signore, tutte le hai fatte con Sapienza (Ps 104,24)». Abbiamo studiato che da quella sapienza, le cui sorgenti escono in trentadue sentieri, tutto fu perfezionato.

Altrove le due *sefirot Ḥokhmà* e *Binà* – l'intelligenza – sono definite insieme «fonti di salvezza», sulla scorta di Isaia 12, 3[101]: l'una, la *Ḥokhmà*, è principio maschile e forza dinamica che feconda il mondo, l'altra, la *Binà*, è principio femminile, complementare, e spesso le due sono interpretate in coppia. Questa associazione tradizionale fra la *Ḥokhmà* e la *Binà* porta anche a chiedersi se il fatto che Segre utilizzi, nel verso appena precedente a quello commentato, il verbo *byn*, 'comprendere', dal-

96 I, 56b (Busi, *Simboli del pensiero ebraico*, *op. cit.*, p. 640).
97 *La fonte* [...] *fluisce*. Cfr. Prv 18, 4. I commentari non sono unanimi sulla traduzione di questo emistichio; la traduzione proposta è in accordo al significato che Raši attribuiva al passo nel suo commentario: «La "fonte della sapienza" è come un torrente che fluisce, come acqua profonda».
98 *Nell'assemblea dei giusti*. Cfr. Ps 1, 5.
99 *Zohar. Il libro dello Splendore*, *op. cit.*, p. 65.: I. 240a.
100 Il *Libro della formazione*, redatto probabilmente in Palestina fra VI e VII secolo, rappresenta il passaggio fra la mistica più antica e la *qabbalà* medievale e moderna. È un'opera dedicata al simbolismo delle lettere e dei numeri, breve ma di grande efficacia, ampiamente diffusa fra gli esegeti ebrei e, dopo la sua traduzione latina del tardo Quattrocento, anche nel mondo cristiano.
101 III 212b (*Zohar. Il libro dello splendore*, *op. cit.*, p. 439).

la stessa radice di *Binà* («il suo cuore comprende» dice di Cristina), sia casuale o non celi invece un intenzionale richiamo alla *sefirà* 'compagna' della *Ḥokhmà*. Una simile supposizione resta tuttavia non verificabile e fors'anche un po' forzata.

Ciò che è invece certo è che per meglio comprendere questo come altri testi prodotti in ambito ebraico in età moderna resta da fare ancora un grande lavoro di individuazione, studio e analisi comparata di molte fonti ad oggi ignote o inesplorate: solo incrementando il numero di testi letterari, manoscritti ma anche a stampa, e di documenti d'archivio esaminati e pubblicati sarà forse possibile delineare un quadro, sempre comunque vario e complesso, di quello che era il rapporto (intellettuale, spirituale e più in genere culturale) degli ebrei italiani di età moderna con la Bibbia e di come la 'utilizzarono' e la 'integrarono' nei fenomeni culturali e letterari dell'epoca.

III

RISCRITTURE LETTERARIE: POESIA, NARRATIVA, TEATRO

COME PIOGGIA FECONDA.
Immagini della grazia divina nella lirica del Cinquecento

Pietro Petteruti Pellegrino
(Accademia dell'Arcadia)

Come vena profonda alle radici,
come pioggia feconda,
rinascer tento negli altri felici
(Clemente Rebora, *Frammenti lirici*, LVI 10-12)[1]

Pioggia, rugiada e umore di grazia nella Bibbia

Uno dei temi più assidui e importanti della Sacra Scrittura è quello dell'acqua che, in forma ora di pioggia ora di rugiada ora di umore, vivifica il terreno arido, ossia l'inaridita realtà terrena dell'uomo. Nella prospettiva cristiana, è acqua sul deserto del peccato originale e su tutti i peccati, sul paesaggio arso dalla superbia e dall'egoismo dell'uomo; è linfa nell'albero rinsecchito e sangue nel cuore pietrificato. È la grazia divina che rende fertile ciò che l'uomo ha reso sterile[2].

L'immagine di Dio e della sua grazia come pioggia, rugiada o umore compare in numerosi passi della Bibbia[3]. Qui mi limiterò a considerarne alcuni che furono

1 Cito da Clemente Rebora, *Poesie, prose e traduzioni*, a cura e con un saggio introduttivo di A. Dei, con la collaborazione di P. Maccari, Milano, Mondadori, 2015.

2 Per una ricognizione sintetica sull'argomento vd. *Le immagini bibliche. Simboli, figure retoriche e temi letterari della Bibbia*, a cura di L. Ryken e J. C. Wulhoit, T. Longman III, Edizione italiana a cura di M. Zappella, Cinisello Balsamo (Milano), Edizioni San Paolo, 2006 [ed. orig. 1998], innanzi tutto alle voci *Pioggia*, *Rugiada*, *Siccità* e poi a quelle cui queste rinviano (*Acqua*, *Carestia*, *Clima*, *Benedizione*, *Foschia*, *Grandine*, *Maledizione*, *Mattino*, *Neve*, *Sete*, *Sterilità*, *Terra desolata*, *Terra dove scorre latte e miele*, *Transitorietà*). Utile anche il *Dizionario dei temi letterari*, a cura di R. Ceserani, M. Domenichelli e P. Fasano, 3 vol., Torino, UTET, 2007, alle voci *Aridità*, *Deserto*, *Pioggia* e alle altre a queste collegate.

3 La pioggia costituisce anzi uno dei tre simboli fondamentali della Sacra Scrittura, secondo il cardinal Ravasi: «Una lampada su un sentiero buio, la pioggia che scende dal cielo su un terreno

messi a frutto nella poesia del medio e tardo Cinquecento, e in particolare nei testi lirici di quattro autori in vario modo rappresentativi: Vittoria Colonna, Bernardo Tasso, Bartolomeo Arnigio e Benedetto Dell'Uva. L'obiettivo è quello di comprendere e analizzare in modo più approfondito i testi e insieme di far emergere in essi le differenti scelte religiose compiute in relazione a una questione fondamentale come quella della grazia, distinguendo anche laddove in apparenza le parole adoperate sembrano essere le stesse, perché negli anni confusi che portano dalla Riforma protestante alla Controriforma cattolica non è raro incontrare letterati che faticano a chiarire innanzi tutto a sé stessi i propri convincimenti[4].

Nella Bibbia i temi della pioggia, della rugiada e dell'umore sono connessi non soltanto, come prevedibile, a quelli dell'aridità e della fertilità, ma anche, in modo più specifico, a quelli del peccato e della redenzione, e più ampiamente della benedizione e della maledizione. L'aridità invoca la pioggia, il peccatore la salvezza.

La Bibbia conosce molte terre che inaridiscono in attesa di una pioggia ristoratrice. Ma l'aridità immette alla fertilità. È nel deserto che Mosè incontra il Signore e riceve le tavole della legge. Dio può far rifiorire il deserto (Is 35, 1-2) o condannare alla siccità, impedendo alla rugiada di nutrire la terra (Agg 1, 9-11). La minaccia apre tuttavia al perdono: l'aridità può trasformarsi in strumento di grazia e assumere natura feconda. Il cammino attraverso il deserto conduce a Dio. Anche il deserto delle tentazioni di Cristo è un'esperienza dell'aridità che conduce alla fertilità (Mt 4; Mc 1, 12-13; Lc 4, 1-16). E il sangue versato da Cristo sulla croce è fecondo per l'uomo come l'acqua che fa rinascere il deserto. Una pioggia feconda, una rugiada di grazia, una benedizione di stille vivificanti. L'acqua è l'elemento della rinascita, del battesimo. Alla minaccia di morte segue il perdono, all'arsura la pioggia, dono celeste, fonte di vita.

Nella *Vulgata* latina, se ho visto bene, le occorrenze relative all'ambito semantico della pioggia, della rugiada e dell'umore sono 205, di cui 121 relative alla pioggia (64 per *pluvia*, 22 per *pluere*, 33 per *imber*), 45 relative alla rugiada (39 per *ror*, 1 per *rorare*, 5 per *pruina*), 4 relative all'umore (*humor*) e 35 relative alla stilla (19 per *stillare*, 8 per *stilla*, 1 per *stillicidium*, 7 per *gutta*). I passi in questione sono tuttavia

arido e stepposo, una spada che penetra nella carne: è con questi tre simboli che la parola di Dio si autodefinisce nella Bibbia» (Gianfranco Ravasi, *Presentazione*, in *La Bibbia di Gerusalemme*, Bologna, EDB, 2009, p. V-VI: V).

4 Riprendo e amplio così il percorso intrapreso quando mi sono occupato della rugiada quale immagine della grazia divina nelle rime di Benedetto Dell'Uva: cfr. Pietro Petteruti Pellegrino, «La rugiada della grazia. Tessere bibliche nelle rime di Dell'Uva», in *La Bibbia in poesia. Volgarizzamenti dei Salmi e poesia religiosa in età moderna*, a cura di R. Alhaique Pettinelli, R. Morace, P. Petteruti Pellegrino e U. Vignuzzi, numero monografico di *Studi (e testi) italiani*, XXXV, 2015, p. 121-148.

in numero inferiore, perché di frequente i termini censiti sono in essi compresenti[5]. In ogni caso, i brani in cui l'uso simbolico della pioggia, della rugiada e dell'umore è più evidente e insieme la connessione con il concetto di grazia divina sembra più sicura sono una quindicina.

Per l'immagine della rugiada di grazia è fondamentale il salmo 132 e il commento ad esso di Agostino. Davide paragona la vita fraterna dei fedeli, più precisamente l'amore per il prossimo che li accomuna, alla rugiada benedetta con la quale Dio dà vita alla terra (Ps 132, 1-3):

1 Ecce quam bonum et quam iucundum habitare fratres in unum
2 sicut unguentum in capite
quod descendit in barbam barbam Aaron
quod descendit in ora vestimenti eius
3 sicut ros Hermon qui descendit in montes Sion
quoniam illic mandavit Dominus benedictionem
et vitam usque in saeculum[6].

Nel suo commento Agostino interpreta la rugiada come simbolo della grazia di Dio che scende sui peccatori (Aug. *in Psalm.* 132, 10):

> *Sicut ros Hermon, qui descendit super montes Sion.* Hoc voluit intellegi, fratres mei, gratiam Dei esse quod fratres habitant in unum: non ex suis viribus, non ex suis meritis, sed ex illius dono, sed ex illius gratia, sicut ros de caelo. Non enim terra sibi pluit; aut non quidquid genuerit arescit, nisi pluvia desuper descendat? Dicit quodam loco in psalmo: «Pluviam voluntariam segregans, Deus, haereditati tuae» [*Ps* 67, 10]. Quare dixit «voluntariam»? Quia non meritis nostris, sed illius voluntate. Quid enim boni meruimus peccatores? quid boni meruimus iniqui? Ex Adam Adam, et super Adam multa peccata nascuntur. Quisquis nascitur, Adam nascitur, damnatus de damnato, et addit male vivendo super Adam. Quid ergo boni meruit Adam? Et tamen misericors amavit et sponsus dilexit, non pulchram, sed ut faceret pulchram. Ergo gratiam Dei dixit rorem Hermon[7].

La rugiada dell'Ermon è la grazia di Dio. Come la rugiada scende dal cielo a dar vita alla terra non per l'azione degli uomini ma per dono gratuito di Dio, così il peccatore, il figlio di Adamo, potrà salvarsi non per meriti propri ma per grazia

5 Per la ricerca delle occorrenze e la verifica della congruenza delle attestazioni ho potuto avvalermi anche delle risorse messe a disposizione nel sito <www.biblegateway.com>, consultato il 19-09-2018.

6 Qui e altrove cito da *Biblia sacra iuxta Vulgatam versionem*, adiuvantibus B. Fischer, I. Gribomont, H. F. D. Sparks, W. Thiele, recensuit et brevi apparatu critico instruxit R. Weber, editionem quintam emendatam retractatam, praeparavit R. Gryson, Stuttgart, Deutsche Bibelgesellschaft, 2007 (adotto testo e numerazione del *Liber Psalmorum iuxta Septuaginta emendatus*).

7 Cito da Sant'Agostino, *Commento ai Salmi*, a cura di M. Simonetti, Milano, Fondazione Lorenzo Valla – Mondadori, 1988.

divina, per l'amore del Creatore alle sue creature; non perché sia bello, ma perché Dio vuole renderlo bello. La rugiada che feconda il terreno desertico, e il cuore inaridito dell'uomo, è per Agostino 'volontaria', ossia cade per volontà di Dio, allo stesso modo della pioggia abbondante rappresentata nel salmo 67, in connessione implicita con i miracoli che accompagnano l'ingresso nella Terra promessa, a partire da quello della manna (Ps 67, 10-11):

10 pluviam voluntariam segregabis Deus hereditati tuae
et infirmata est tu vero perfecisti eam
11 animalia tua habitant in ea
parasti in dulcedine tua pauperi Deus

La riflessione agostiniana è qui chiaramente svolta in dialogo con l'affermazione paolina dell'abbondanza della grazia concessa dal sacrifico di Cristo, anzi della sovrabbondanza della grazia sgorgata dalla crocifissione di Cristo, 'nuovo Adamo' che ha redento il peccato originale del 'vecchio Adamo'. Dalla sequenza di *Rm* 5, 12-21, di straordinaria importanza per il dibattito teologico sulla grazia e sulla giustificazione, ripropongo qui il passo che esalta l'incommensurabilità del dono divino:

14 sed regnavit mors ab Adam usque ad Mosem etiam in eos qui non peccaverunt
in similitudinem praevaricationis Adae qui est forma futuri
15 sed non sicut delictum ita et donum
si enim unius delicto multi mortui sunt
multo magis gratia Dei et donum in gratiam unius hominis Iesu Christi in plures abundavit

Nel commento di Agostino al salmo 132 importano soprattutto l'interpretazione della rugiada quale simbolo della grazia divina e la connessione di tale simbolo con il peccato originale[8]. La sola immagine della grazia come rugiada, o pioggia, o umore, compare infatti in altri passi della Bibbia – come già ricordato –, e più in generale appartiene alla tradizione cristiana, tanto che Ezio Raimondi, a proposito del rito di purificazione di *Purg.* I 121-129, ha scritto che Dante, trovato il tema della rugiada in Virgilio (*Aen.* VI 230-231, «spargens rore levi et ramo felicis olivae / lustravitque viros [...]»)[9], «non può non trasferirlo, quasi automaticamente, in un sistema di immagini allusive quale è quello biblico-cristiano, ove *ros* comporta sempre l'idea della grazia che purifica»[10]. E, sempre in riferimento a *Purg.* I 121-129,

8 Uno dei luoghi biblici in cui più chiaramente Adamo rappresenta l'uomo segnato dal peccato originale prima della redenzione di Cristo e della concessione della grazia è costituito da *Rm* 5, 12-21.
9 Cito da Virgilio, *Eneide*, a cura di E. Paratore, traduzione di L. Canali, Milano, Mondadori, 1989.
10 Ezio Raimondi, «Rito e storia nel I canto del *Purgatorio*» [1963], in *id.*, *Metafora e storia. Studi su Dante e Petrarca*, Torino, Aragno, 2008, p. 98-132: 129 n. 33.

Giorgio Inglese ha notato che nelle *Allegoriae in Sacram Scripturam* attribuite a Rabano Mauro il termine *ros* è inteso anche come «Dei gratia»[11].

Appaiono importanti in tal senso altri passi biblici in cui ricorre un uso simbolico della pioggia, della rugiada o dell'umore in rapporto alla grazia divina. Ad esempio, la benedizione formulata da Isacco in Gn 27, 28, augura l'arrivo della rugiada: «det tibi Deus de rore caeli et de pinguedine terrae / abundantiam frumenti et vini». E in modo complementare la maledizione pronunciata dallo stesso Isacco poco dopo augura la lontananza dalla rugiada: «motus Isaac dixit ad eum / in pinguedine terrae et in rore caeli desuper» (Gn 27, 39).

Nell'esordio del cantico di Mosè riportato nel *Deuteronomio* a stillare come rugiada è la parola del profeta (Dt 32, 1-2):

1 Audite caeli quae loquor
audiat terra verba oris mei
2 concrescat in pluvia doctrina mea
fluat ut ros eloquium meum
quasi imber super herbam et quasi stillae super gramina.

Il salmo 71 per invocare il re ideale atteso dal popolo – re identificato nella tradizione cristiana con il Messia predetto dai profeti (cfr. in particolare Za 9, 9-10) – ricorre anch'esso all'immagine della pioggia che scende sull'erba, dell'acqua che irrora la terra (Ps 71, 6): «descendet sicut pluvia in vellus / et sicut stillicidia stillantia super terram»[12]. Il libro del Siracide, nel rappresentare le meraviglie della natura, oppone al caldo che inaridisce e distrugge la rugiada che ristora e nutre (Sir 43, 23-24):

11 Cfr. Dante Alighieri, *Commedia*, Revisione del testo e commento di G. Inglese, 3 vol., Roma, Carocci, 2017, *Purgatorio*, p. 48. Il luogo richiamato delle *Allegoriae in Sacram Scripturam* dello pseudo Rabano Mauro si legge in *PL* 112, 1040: «Ros, Dei gratia, ut in Iob [29, 19]: "Et ros morabitur in messione mea", id est, gratia Dei perseverabit in operatione mea».

12 Quando nel Settecento tradurrà in italiano questi versetti, Saverio Mattei ricorrerà al sintagma «rugiada amica», adoperato per la prima volta, stando a quanto ho potuto verificare, da Benedetto Dell'Uva, in un madrigale di cui qui si dirà al paragrafo 3. 3 (madrigale al quale Mattei è senz'altro debitore, come dimostra la relazione anche da lui instaurata tra l'immagine della pioggia o rugiada «amica» e le immagini dell'aridità del campo e dell'erba recisa): «Come a un arido campo, in cui la prima / erba recisa a germogliar s'affretta, / grata è la pioggia o la rugiada amica, / sarà la sua comparsa / a' popoli così [...] (*I libri poetici della Bibbia tradotti dall'ebraico originale, ed adattati al gusto della poesia italiana. Opera di Saverio Mattei. Edizione terza napolitana* [...]. *Tomo I* [*-VIII*], Napoli, presso Giuseppe Maria Porcelli negoziante di libri, 1779-1780, VIII, p. 37-38). Saverio Mattei si serve del sintagma «rugiada amica» anche nel ringraziamento di Davide a Dio per la fertilità dei terreni, in Ps 64, 10-13 («[10] visitasti terram et inebriasti eam / multiplicasti locupletare eam / flumen Dei repletum est aquis / parasti cibum illorum / quoniam ita est praeparatio eius / [11] rivos eius inebria / multiplica genimina eius / in stillicidiis eius laetabitur germinans / [12] benedices coronae anni benignitatis tuae / et campi tui replebuntur ubertate / [13] pinguescent speciosa deserti / et exultatione colles accingentur): «[10] A consolar l'afflitta / arida terra, ad innaffiarla a pieno / tu stesso, o Dio, scendesti, ed il suo seno / ecco ricco e fecondo, ecco i gran fiumi / gonfi di nuovo umor: così la speme / più non inganna, e corrisponde

23 devorabit montes et exuret desertum
et extinguet viridem sicut ignem
24 medicina omnium in festinationem nebulae
ros obvians ab ardore venienti humilem efficiet eum.

Poi nel libro di Isaia, all'interno della sequenza sulla liberazione che sarà portata da Ciro, ossia dal Messia, nell'interpretazione figurale del Cristianesimo, a stillare come rugiada dal cielo sono la salvezza e la giustizia di Dio (Is 45, 8):

8 rorate caeli desuper et nubes pluant iustum
aperiatur terra et germinet salvatorem
et iustitia oriatur simul
ego Dominus creavi eum.

Infine, annunciando il ritorno di Israele al Signore e la salvezza, il profeta Osea dice che Dio sarà come rugiada che fa germogliare e fiorire la natura (Os 14, 5-8):

5 sanabo contritiones eorum
diligam eos spontanee
quia aversus est furor meus ab eo
6 ero quasi ros Israhel germinabit quasi lilium et erumpet radix eius ut Libani
7 ibunt rami eius et erit quasi oliva gloria eius et odor eius ut Libani
8 convertentur sedentes in umbra eius
vivent tritico et germinabunt quasi vinea
memorabile eius sicut vinum Libani

Altri passi potrebbero essere citati a proposito dell'immagine della grazia divina nella Bibbia e nella tradizione esegetica ad essa collegata. Per ora mi fermo tuttavia a quelli che ritengo i più significativi, almeno in rapporto alla lirica cinquecentesca, specificando che tali brani e gli altri che via via richiamerò furono letti e meditati dai poeti chiamati in causa, da Vittoria Colonna a Bernardo Tasso, da Bartolomeo Arnigio a Benedetto Dell'Uva, anche per il tramite dell'azione, in vario modo e in vari tempi importante, di Bernardino Ochino, di Juan de Valdés, del *Beneficio di Cristo* e ancor prima del *De imitatione Christi*, del quale ritengo opportuno ricordare almeno due passaggi dedicati alla grazia. Il primo, all'interno della suggestiva *Oratio pro illuminatione mentis*, rappresenta l'effusione della grazia come una ru-

a' voti / dell'aurea messe il frutto, or che opportuno / l'aiuto non mancò. [11] Veggonsi l'acque / scorrer pe' solchi, e si riveste il suolo / di nuov'erbe, e le piante / verdeggian liete. [12] A una stagion succede / l'altra non men feconda, e sì vedrassi / benedetto da te compir suo corso / l'anno felice: ovunque passi, ovunque / tu cammini, o Signor, rugiada amica / stilla dalle tue piante, [13] e fertil rende / la selva amena e colmi d'allegrezza / balzano i colli […]» (S. Mattei, *I libri poetici della Bibbia*, *op. cit.*, VII, p. 185-186).

giada o pioggia che scende dal cielo a irrigare la terra e a permettere così di produrre buoni frutti:

> Emitte lucem tuam et veritatem [Ps 42, 3], ut luceant super terram, quia terra sum inanis et vacua, donec illumines me. Effunde gratiam tuam desuper, perfunde cor meum gratia coelesti, ministra devotionis aquas ad rigandum faciem terrae, ad producendum fructum bonum et optimum. Eleva mentem pressam mole peccatorum, et ad coelestia totum desiderium meum suspende, ut gustata suavitate supernae felicitatis, pigeat de terrenis cogitare (III 23, 9)[13].

Il secondo brano, collocato in uno dei capitoli più impegnati da un punto di vista dottrinario, a sua volta compreso in una sequenza di tre capitoli dedicati al tema della grazia, ribadisce con parole di coinvolgente chiarezza, muovendosi su un tracciato agostiniano e paolino, la necessità della grazia per vincere la natura, ossia per redimersi dal peccato e volgersi al bene:

> Oh! quam maxime est mihi necessaria Domine Gratia tua, ad inchoandum bonum, ad proficiendum, et perficiendum! Nam sine ea non possum facere aliquid, omnia autem possum in te, confortante me Gratia tua!
>
> O vere coelestis Gratia sine qua nulla sunt propria merita, nulla quoque dona Naturae ponderanda!
>
> Nihil artes, nihil pulchritudo, nihil divitiae, nihil fortitudo, nihil ingenium, nihil eloquentia valent apud te Domine sine Gratia (III 55, 4).

Le rime spirituali di Vittoria Colonna

Il dittico proemiale

L'immagine della pioggia, della rugiada o dell'umore della grazia divina ha una sua specifica fortuna nella lirica del Cinquecento[14], a fronte di una presenza nella poe-

13 Cito da *Imitazione di Cristo*, Introduzione di E. Zolla, Traduzione di C. Vitali, VII ed., Milano, Rizzoli, 2008.

14 Negli ultimi anni lo studio della produzione lirica cinquecentesca di tipo spirituale è stato finalmente affrontato da differenti prospettive. Si vedano almeno i seguenti volumi: *La scrittura infinita. Bibbia e poesia in età medievale e umanistica, Atti del Convegno di Firenze, 26-28 giugno 1997*, a cura di F. Stella, Firenze, Sismel-Edizioni del Galluzzo, 2001; *Scrittura religiosa. Forme letterarie dal Trecento al Cinquecento*, a cura di C. Delcorno e M. L. Doglio, Bologna. Il Mulino, 2003; *«L'una et l'altra chiave». Figure e momenti del petrarchismo femminile europeo. Atti del Convegno internazionale di Zurigo, 4-5 giugno 2004*, a cura di T. Crivelli, G. Nicoli e M. Santi, Roma, Salerno Editrice, 2005; Amedeo Quondam, *Note sulla tradizione della poesia spirituale e religiosa (parte prima)*, in *Tradizioni e paradigmi*, a cura del medesimo, Roma, Bulzoni, 2005, p. 127-282; *Rime sacre dal Petrarca al Tasso*, a cura di C. Delcorno e M. L. Doglio, Bologna, Il Mulino, 2005; *Il Petrarchismo. Un modello di poesia per l'Europa*, 2 vol., a cura di L. Chines (vol. I) e di F. Calitti e R. Gigliucci (vol. II), Roma, Bulzoni, 2006 [stampa 2007]; *Rime sacre tra*

sia precedente meno evidente o non orientata in senso sacro, con l'eccezione della pioggia spirituale rappresentata da Dante in alcuni luoghi del *Purgatorio* e soprattutto del *Paradiso*[15].

Nel Cinquecento, all'ambito metaforico della grazia che come pioggia o rugiada scende sul fedele ricorrono varie volte già le rime di Vittoria Colonna, che di fatto fondano il petrarchismo spirituale e insieme ne costituiscono l'esempio più alto, per intensità di ispirazione e suggestione espressiva.

I testimoni più significativi delle rime spirituali della Colonna sono essenzialmente due: la silloge manoscritta di 103 sonetti allestita per Michelangelo nella seconda metà del 1539 (Vat. lat. 11539 [= Mich])[16], e la raccolta a stampa pubbli-

Cinquecento e Seicento, a cura di C. Delcorno e M. L. Doglio, Bologna, Il Mulino, 2007; Abigail Brundin, *Vittoria Colonna and the Spiritual Poetics of the Italian Reformation*, Aldershot, Ashgate, 2008; *Poesia e retorica del sacro tra Cinque e Seicento*, a cura di E. Ardissino ed E. Selmi, Alessandria, Edizioni dell'Orso, 2009; *"Sotto il cielo delle Scritture". Bibbia, retorica e letteratura religiosa (secc. XIII-XVI)*, a cura di G. Baffetti e C. Delcorno, Firenze, Olschki, 2009; Clara Leri, *«La voce dello Spiro». Salmi in Italia tra Cinquecento e Settecento*, Alessandria, Edizioni dell'Orso, 2011; *Visibile teologia. Il libro sacro figurato in Italia tra Cinquecento e Seicento*, a cura di E. Ardissino ed E. Selmi, Roma, Edizioni di Storia e Letteratura, 2012; Francesco Ferretti, *Le Muse del Calvario. Angelo Grillo e la poesia dei benedettini cassinesi*, Bologna, Il Mulino, 2012; *La Bibbia nella letteratura italiana*, opera diretta da P. Gibellini, V. *Dal Medioevo al Rinascimento*, a cura di G. Melli e M. Sipione, Brescia, Morcelliana, 2013; *La Bibbia in poesia*, *op. cit.*; *Al crocevia della storia. Poesia, religione e politica in Vittoria Colonna*, a cura di M. S. Sapegno, Roma, Viella, 2016; *A companion to Vittoria Colonna*, a cura di A. Brundin, T. Crivelli e M. S. Sapegno, Leiden-Boston, Brill, 2016.

15 Si tratta per la precisione dei seguenti otto luoghi: *Purg.* XII 40-42, «O Saùl, come in su la propria spada / quivi parevi morto in Gelboè, / che poi non sentì pioggia né rugiada!» (cfr. II *Sm* 1, 21: «montes Gelboe nec ros nec pluviae veniant super vos / neque sint agri primitiarum»; *Purg.* XXX, 109-117, «Non pur per ovra de le rote magne, / che drizzan ciascun seme ad alcun fine / secondo che le stelle son compagne, / ma per larghezza di grazie divine, / che sì alti vapori hanno a lor piova, / che nostre viste là non van vicine, / questi fu tal ne la sua vita nova / virtüalmente, ch'ogne abito destro / fatto averebbe in lui mirabil prova»; *Par.* III 88-90, «Chiaro mi fu allor come ogne dove / in cielo è paradiso, *etsi* la grazia / del sommo ben d'un modo non vi piove»; *Par.* XIV, 25-27, «Qual si lamenta perché qui si moia / per viver colà sù, non vide quive / lo refrigerio de l'etterna ploia»; *Par.* XXIV 88-96, «Appresso uscì de la luce profonda / che lì splendeva: "Questa cara gioia / sopra la quale ogne virtù si fonda, / onde ti venne?". E io: "La larga ploia / de lo Spirito Santo, ch'è diffusa / in su le vecchie e 'n su le nuove cuoia, / è silogismo che la m'ha conchiusa / acutamente sì, che 'nverso d'ella / ogne dimostrazion mi pare ottusa"»; *Par.* XXIV 133-138, «e a tal creder non ho io pur prove / fisice e metafisice, ma dalmi / anche la verità che quinci piove / per Moïsè, per profeti e per salmi, / per l'Evangelio e per voi che scriveste / poi che l'ardente Spirto vi fé almi»; *Par.* XXV 76-78, «Tu mi stillasti, con lo stillar suo, / ne la pistola poi; sì ch'io son pieno, / e in altrui vostra pioggia repluo»; *Par.* XXVII 106-111, «La natura del mondo, che quïeta / il mezzo e tutto l'altro intorno move, / quinci comincia come da sua meta; / e questo cielo non ha altro dove / che la mente divina, in che s'accende / l'amor che 'l volge e la virtù ch'ei piove».

16 La raccolta di rime spirituali per Michelangelo è stata pubblicata in Vittoria Colonna, *Sonnets for Michelangelo. A Bilingual Edition*, a cura di A. Brundin, traduzione di A. Brundin, Chicago – London, The University of Chicago Press, 2005. Una nuova edizione è ora nella Tesi dottorale di

cata da Valgrisi nel 1546, trascritta criticamente nell'ed. Bullock [= Bull][17]. Ad essi sono però da aggiungere, per avere un'idea meno superficiale della complessa tradizione testuale delle rime colonnesi, almeno la *princeps* del 1538 [= Pr38][18] e il ms. Ashburnhamiano 1153 della Biblioteca Medicea Laurenziana di Firenze [= Ashb]. A mio avviso, importante è poi, non soltanto da un punto di vista esegetico, il commento di Rinaldo Corso, edito in due redazioni, la prima nel 1542 e di nuovo nel 1543 [= Cors43], limitata alle rime spirituali, e la seconda nel 1558 [Cors58], estesa all'intero canzoniere[19]. Il testo vulgato è quello della stampa Valgrisi del 1546, adottato anche nell'ed. Bullock[20], ancor oggi di riferimento, per quanto ne siano stati evidenziati i limiti, a partire dalla poco convincente suddivisione tra *Rime amorose* (A1), *Rime amorose disperse* (A2), *Rime spirituali* (S1), *Rime spirituali disperse* (S2) e *Rime epistolari* (E), e ancor prima dalla limitata autorevolezza dei testimoni su cui è

Veronica Copello, *Edizione commentata della raccolta donata da Vittoria Colonna a Michelangelo Buonarroti (ms. Vat. lat. 11539)*, direttori G. Bardazzi e M. C. Cabani, Université de Genève e Università di Pisa, 2016. Il periodo di allestimento della silloge è stato precisato da Tobia R. Toscano, «Per la datazione del manoscritto dei sonetti di Vittoria Colonna per Michelangelo Buonarroti», in *id.*, *Tra manoscritti e stampati. Sannazaro, Vittoria Colonna, Tansillo e altri saggi sul Cinquecento*, Napoli, Loffredo, 2018, p. 115-140.

17 *Le Rime spirituali della Illustrissima Signora Vittoria Colonna Marchesana di Pescara* [...] (In Vinegia, Appresso Vincenzo Valgrisi, MCXLVI).

18 *Rime de la Divina Vittoria Colonna Marchesa di Pescara* [...], [*colophon*:] Stampato in Parma, [Antonio Viotti], 1538.

19 Le edizioni con il commento di Corso sono le seguenti: *Dichiaratione fatta sopra la seconda parte delle Rime della divina Vittoria Collonna* [: *Colonna*], *marchesana di Pescara, da Rinaldo Corso* [...]. *Nella quale i Sonetti spiritali* [: *spirituali*] *da lei fino adesso composti, et un Triompho di Croce di contiene*, MDXLII, in 8° (se ne conosce un unico esemplare, mutilo della carta con il *colophon* e probabilmente di altre carte finali, conservato presso la biblioteca dell'Istituto italiano per gli studi storici di Napoli); *Dichiaratione fatta sopra la seconda parte delle Rime della divina Vittoria Collonna* [: *Colonna*], *marchesana di Pescara, da Rinaldo Corso* [...]. *Nella quale i Sonetti spiritali* [: *spirituali*] *da lei fino adesso composti, et un Triompho di Croce di contiene*, MDXLIII (*colophon*: in Bologna, per Gian Battista de Phaelli, a dì XX aprile 1543), in 4°; *Tutte le rime della illustriss. et eccellentiss. signora Vittoria Colonna, marchesana di Pescara. Con l'espositione del signor Rinaldo Corso, nuovamente mandate in luce da Girolamo Ruscelli* [...], in Venetia, per Giovan Battista et Melchior Sessa fratelli, 1558. Sul commento di Rinaldo Corso si vedano Giacomo Moro, «Le commentaire de Rinaldo Corso sur les *Rime* de Vittoria Colonna: une encyclopédie pour les "très nobles Dames"», in *Les commentaires et la naissance de la critique littérarie. France / Italie (XIVe-XVIe siècles), Actes du Colloque international sur le Commentaire (Paris, mai 1988)*, a cura di G. Mathieu-Castellani e M. Plaisance, Paris, Aux amateurs de livres, 1990, p. 195-202; Monica Bianco, «Le due redazioni del commento di Rinaldo Corso alle rime di Vittoria Colonna», *Studi di filologia italiana*, LVI, 1998, p. 271-295; *ead.*, «Rinaldo Corso e il "Canzoniere" di Vittoria Colonna», *Italique*, I, 1998, p. 35-45; Chiara Cinquini, «Rinaldo Corso editore e commentatore delle *Rime* di Vittoria Colonna», *Aevum*, LXXIII, 1999, 2, p. 669- 696; Sarah Christopher Faggioli, «Di un'edizione del 1542 della "Dichiaratione" di Rinaldo Corso alle Rime spirituali di Vittoria Colonna», *Giornale storico della letteratura italiana*, CXCI, 2014, fasc. 634, p. 200-210.

20 Vittoria Colonna, *Rime*, a cura di A. Bullock, Bari, Laterza, 1982.

basato il testo di A1 (il ms. II.IX.30 della Biblioteca Nazionale Centrale di Firenze) e di S1 (l'edizione Valgrisi del 1546)[21].

Nelle rime spirituali della Colonna varie volte l'ambito semantico dell'acqua è attivato in rapporto alla grazia divina[22]. L'isotopia acquatica è tuttavia generica. Meglio seguire le tracce offerte dall'uso dei sostantivi *pioggia*, *rugiada*, *umore* e *stilla* e dei verbi *piovere* e *stillare*. Nell'ed. Bullock delle *Rime spirituali* (S1) e delle *Rime spirituali disperse* (S2) si contano 2 occorrenze per *piogg** (S1 33, 11; S1 39, 6), 3 per *piov** (S1 33, 1; S1 136, 10; S2 20, 4), 4 per *rugiad** (S1 12, 10; S1 75, 13; S1 110, 13; S1 154, 13), 4 per *umor** (S1 1, 14; S1 12, 8; S1 39, 3; S1 87, 1), 6 per *still** (S1 62, 2; S1 172, 11; S1 173, 8; S2 13, 9; S2 14, 9; S2 32, 5).

Importante appare in tale prospettiva già il sonetto proemiale, che tuttavia in una precedente redazione, quella consegnata alla *princeps* del 1538 e anche al com-

21 Non soltanto quelle spirituali ma tutte le rime della Colonna andrebbero pertanto riesaminate filologicamente. Un contribuito importante in tal senso è rappresentato dall'edizione di Vittoria Colonna, *Sonetti in morte di Francesco Ferrante d'Avalos marchese di Pescara. Edizione del ms. XIII.G.43 della Biblioteca Nazionale di Napoli*, a cura di T. R. Toscano, Milano, Editoriale Giorgio Mondadori, 1998.

22 Sulla lirica spirituale della Colonna vd. da ultimo Giovanni Bardazzi, «Le rime spirituali di Vittoria Colonna e Bernardino Ochino», *Italique*, IV, 2001, p. 61-101; Fabio Carboni, «La prima raccolta lirica datata di Vittoria Colonna», *Aevum*, LXXVI, 2002, 3, p. 681-707; Maria Serena Sapegno, «La costruzione di un Io lirico al femminile nella poesia di Vittoria Colonna», *Versants*, XLVI, 2003, p. 15-48; Giovanni Bardazzi, «Intorno alle rime spirituali di Vittoria Colonna per Michelangelo», in *La lirica del Cinquecento. Seminario di studi in memoria di Cesare Bozzetti*, a cura di R. Cremante, Alessandria, Edizioni dell'Orso, 2004, p. 83-105; Claudio Scarpati, «Le rime spirituali di Vittoria Colonna nel codice Vaticano donato a Michelangelo», *Aevum*, XXVIII, 2004, p. 693-717, poi in *id.*, *Invenzione e scrittura*, Vita e Pensiero, Milano, 2005, p. 129-162; Giorgio Forni, «Vittoria Colonna, la "Canzone alla Vergine" e la poesia spirituale», in *Rime sacre dal Petrarca al Tasso*, *op. cit.*, p. 63-94, poi in *id.*, *Pluralità del petrarchismo*, Pisa, Pacini, 2011, p. 63-91; Maria Serena Sapegno, «"Sterili i corpi fur, l'alme feconde" (Vittoria Colonna, Rime, A1: 30)», in *«L'una et l'altra chiave»*, *op. cit.*, p. 31-44; A. Brundin, *Vittoria Colonna and the Spiritual Poetics of the Italian Reformation*, *op. cit.*; Maria Forcellino, *Michelangelo, Vittoria Colonna e gli spirituali: religiosità e vita artistica a Roma negli anni quaranta*, Roma, Viella, 2009; Giorgio Forni, «Letture bibliche in Vittoria Colonna», in *"Sotto il cielo delle Scritture"*, *op. cit.*, p. 215-236; Maria Serena Sapegno, «L'itinerario poetico di Vittoria Colonna», in *Scrivere il volgare fra Medioevo e Rinascimento. Atti del Convegno, Siena, 14-15 maggio, 2008*, Pisa, Pacini, 2009, p. 161-172; Veronica Copello, «"Con quel picciol mio sol, ch'ancor mi luce". Il petrarchismo spirituale di Vittoria Colonna», in *Lettura e edizione di testi italiani (secc. XIII-XX). Dieci progetti di dottorato di ricerca all'Università di Ginevra*, a cura di M. Danzi, Lecce, Pensa Multimedia, 2014, p. 89-122; Erminia Ardissino, «Poesia in forma di preghiera nel Cinquecento. Sulle *Rime* di Vittoria Colonna», in *La Bibbia in poesia*, *op. cit.*, p. 35-54; Veronica Copello, «La tradizione laudistica in Vittoria Colonna», *Archivio italiano per la storia della pietà*, 28, 2015, p. 261-309; Rossella Lalli, «Una "maniera diversa dalla prima": Francesco Della Torre, Carlo Gualteruzzi e le "Rime" di Vittoria Colonna», *Giornale storico della letteratura italiana*, CXCII, 2015, fasc. 639, p. 361-389; Giovanni Bardazzi, «Florilegio colonnese. Trenta sonetti commentati di Vittoria Colonna», *Per leggere*, XVI, 2016, 30, p. 7-69; *Al crocevia della storia*, *op. cit.*; *A companion to Vittoria Colonna*, *op. cit.*

mento di Corso, volumi in cui è collocato in terza posizione, non conteneva nelle terzine, d'altronde in tutto differenti, alcun riferimento all'«acqua», al «lucido fonte» e all'«umore». Attingendo, qui e in seguito, alla ricca *Nota al testo* dell'ed. Bullock, metto a confronto le due stesure e tramite la sottolineatura evidenzio ciò che cambia nel passaggio dall'una all'altra, con esclusione delle varianti puramente grafiche[23].

I redazione

Il cieco honor del mondo un tempo tenne
l'alma di fama vaga, e quasi un angue
se nudria in seno, ond'hor piangendo langue
4 volta al Signor, da cui il rimedio venne,
i santi chiodi hormai sian le mie penne,
e puro inchiostro il pretïoso sangue,
purgata carta il sacro corpo esangue,
8 sì ch'io scriva nel cor quel ch'Ei sostenne.
Il foco human con voci e con sospiri
si dè far noto, ma il divin ch'è dentro
11 s'interni e l'alma a Dio si mostri solo.
Chi guarda al gran principio non respiri
con altra aura immortal, che fin al centro
14 d'ogni ben se n'andrà sicuro a volo.

Pr38 (nr. 130, c. I3v)] Ashb (87) Cors43 (pt. II, nr. 3, c. B1r-v) Cors58 (pt. II, nr. 3, pp. 398-399) • 3 se nudria] se nodria Ashb si nodria Cors43 Cors58 • 4 volta] volto Pr38 (errore) • da cui il] da cui 'l Cors 43 Cors58 • 8 cor] cuor Ashb • 9 foco] fuoco Ashb Cors43 Cors58 • 10 dè] dee Ashb • ma il] ma 'l Cors43 Cors58 • 11 s'interni e l'alma] s'interni l'alma Ashb Pr38 (errore) • 12 al] il Ashb Pr38 (errore) • 13 altra aura] altr'aura Cors43 Cors58 • sin] fin Cors43 Cors58 • 14 sicuro] securo Cors43 Cors58

23 Cito la seconda redazione dalla trascrizione dell'ed. 1546 di Valgrisi proposta nell'ed. Bullock (Bull), registrando in apparato le divergenze dalla raccolta per Michelangelo (Mich), e la prima redazione dalla *princeps* del 1538 (Pr38), confrontata in apparato con il commento di Corso, sia nella versione parziale del 1543 (Cors43) sia in quella completa del 1558 (Cors58). Sulle due redazioni del sonetto vd. in particolare G. Forni, «Letture bibliche in Vittoria Colonna», art. cit., p. 220-222. Utili indicazioni di commento si trovano anche nelle pagine dedicate alla Colonna nelle seguenti sezioni antologiche: «Rime spirituali», a cura di S. Prandi, in *Antologia della poesia italiana*, a cura di C. Segre e C. Ossola, II. *Quattrocento-Settecento*, Torino, Einaudi-Gallimard, 1998, p. 766-799: 772-779; «Lirica femminile», a cura di G. Forni, in *Lirici europei del Cinquecento. Ripensando la poesia di Petrarca*, a cura di G. M. Anselmi, K. Elam, G. Forni e D. Monda, Milano, BUR, 2004, p. 277-338: 293-295; «Petrarchismo spirituale», a cura di F. Tomasi, *ibid.*, p. 609-643: 616-620; «Vittoria Colonna», a cura di A. Chemello, in *Liriche del Cinquecento. Vittoria Colonna, Veronica Franco, Isabella Andreini, Gaspara Stampa, Veronica Gambara, Isabella Morra, Chiara Matraini, Laura Terracina*, a cura di M. Farnetti e L. Fortini, Roma, Iacobelli, 2014, p. 63-128.

II redazione

Poi che 'l mio casto amor gran tempo tenne
l'alma di fama accesa, ed ella un angue
in sen nudrio, per cui dolente or langue
4 volta al Signor, onde il rimedio venne,
i santi chiodi omai sieno mie penne,
e puro inchiostro il prezïoso sangue,
vergata carta il sacro corpo exangue,
8 sì ch'io scriva per me quel ch'Ei sostenne.
Chiamar qui non convien Parnaso o Delo,
ch'ad altra acqua s'aspira, ad altro monte
11 si poggia, u' piede uman per sé non sale;
quel Sol ch'alluma gli elementi e 'l Cielo
prego, ch'aprendo il Suo lucido fonte
14 mi porga umor a la gran sete equale.

Bull (S1 1)] Mich (1) • 4 onde il] onde 'l Mich • 5 sieno mie] sian le mie Mich (= I red.) • 7 exangue] esangue Mich (= I red.) • 8 per me] ad altrui Mich

La metafora evangelica dell'acqua che placa la sete mistica, ossia di Cristo come *fons vitae*, come «lucido fonte» d'acqua limpida, pura, lucente, viva e vivificante, come sorgente della grazia divina, deriva dal racconto giovanneo dell'episodio della Samaritana al pozzo (Io 4, 5-26). In tale parabola, ripresa anche in altre rime della Colonna (S1 56, S1 62, S1 136, S1 173, S2 29), su alcune delle quali mi soffermerò più avanti[24], l'amore per Cristo è infatti raffigurato come acqua viva (*Io* 4, 13-14):

13 respondit Iesus et dixit ei
omnis qui bibit ex aqua hac sitiet iterum
qui autem biberit ex aqua quam ego dabo ei
non sitiet in aeternum
14 sed aqua quam dabo ei fiet in eo fons aquae salientis in vitam aeternam.

Più genericamente, l'analogia tra il Signore e una sorgente d'acqua è anche in altri passi biblici. Ad esempio, nel salmo 41 l'anima che anela a Dio, fonte della vera vita, è paragonata a un cervo che anela a una fonte d'acqua viva: «Quemadmodum desiderat cervus ad fontes aquarum / ita desiderat anima mea ad te Deus» (*Ps* 41, 2). Nel libro di Geremia, poi, Dio è «fontem aquae vivae» (*Ier* 2, 13). E nell'*Apocalisse* il «fluvium aquae vitae» simboleggia lo Spirito (*Apc* 22, 1).

24 Sul disegno smarrito di Michelangelo per Vittoria Colonna dedicato al soggetto di Cristo e la Samaritana vd. da ultimo il catalogo della mostra *Vittoria Colonna e Michelangelo*, a cura di P. Ragionieri, Firenze, Mandragora, 2005, p. 174-176, schede 54-55.

Il rifiuto da parte della Colonna della sua precedente esperienza lirica, modellata sul petrarchismo bembiano, è netto già nella prima redazione; ma soltanto nella seconda, con nuova forza e maggiore consapevolezza, adoperando l'immagine evangelica che rappresenta l'amore per Cristo come acqua viva, e con ciò di fatto identificandosi con la Samaritana (così come accade anche in S1 173), la poetessa oppone alla classica invocazione alle Muse e ad Apollo – invocazione per la prima volta da Bembo trasferita dall'epica alla lirica – la preghiera a Dio affinché, «aprendo il Suo lucido fonte», disserrando la limpida sorgente della grazia celeste, le «porga umor a la gran sete equale», le doni acqua che appaghi l'ardente sete dell'anima, stille di nutrimento spirituale, e le ispiri una poesia che esprima non più il «casto amore» umano ma il mistico amore divino. D'ora in poi Vittoria non scriverà più versi d'amore per il marito defunto, ma si rivolgerà a Cristo, che ha versato il proprio sangue per la redenzione degli uomini. L'amore per Dio è il solo che possa dissetare l'anima.

Soltanto nella seconda redazione compare poi l'insistenza sull'alterità della nuova poetica spirituale, tramite la ripetizione dell'aggettivo «altro»: la Colonna aspira ad attingere «altra acqua» e a salire «altro monte». Un'insistenza che potrebbe essere stata suggerita da Dante, *Inf.* III 91-92 («Per altra via, per altri porti / verrai a piaggia [...]») e *Par.* XXV 7-8 («con altra voce omai, con altro vello / ritornerò poeta e in sul fonte / del mio battesmo prenderò 'l cappello»), due passi in cui già si parla di un mutamento di poetica in senso cristiano, e insieme da Petrarca, *Rvf* 142, 37-39 («Altr'amor, altre frondi et altro lume, / altro salir al ciel per altri poggi / cerco, che n'è ben tempo, et altri rami»[25].

Nella seconda redazione del sonetto proemiale la nuova poetica viene così enunciata in modo programmatico. Il mutamento di prospettiva è comunque attivo fin dalla prima redazione, dove la vita e la poesia della Colonna già sono in tutto ispirate alla passione di Cristo, già sono con intensità rivolte al Signore, dal quale «il rimedio venne», come dice il testo, con un'espressione che, interpretando in termini medici il «rimedio» al peccato originale, la redenzione offerta dal sacrificio del Salvatore, ricorda il passo del Siracide citato in precedenza (*Sir* 43, 23-24).

Il secondo sonetto dell'ed. Bullock delle *Rime spirituali*, e pertanto anche dell'ed. Valgrisi del 1546, già incluso nella *princeps* del 1538, nel commento di Corso e nel ms. Ashburnhamiano, ripropone in gran parte i contenuti del testo proemiale. Il rifiuto della gloria poetica e di tutti gli onori mondani e insieme la piena con-

25 Per i riferimenti a Dante e Petrarca cfr., rispettivamente, G. Bardazzi, «Florilegio colonnese. Trenta sonetti commentati di Vittoria Colonna», art. cit., p. 44, e M. S. Sapegno, «L'itinerario poetico di Vittoria Colonna», art. cit., p. 170.

versione della poesia a Dio sono in esso ribaditi e come raddoppiati. Forse è meno originale del precedente, ma non meno interessante, anche perché, come in quello, il passaggio dalla prima alla seconda redazione comporta un incremento di consapevolezza e soprattutto un ricorso più accorto e mirato all'isotopia metaforica dell'acqua di grazia, in rapporto sia agli altri testi della raccolta sia ai luoghi biblici chiamati in causa[26]:

I redazione

L'alto Signor, dal cui saver congionte
tien due unite nature un sol soggetto,
hoggi è 'l mio Apollo, e gusto al sacro petto
4 del divin Helicona il vero fonte.
Altra cetra, altre muse et altro monte
scopre la viva fede a l'intelletto;
inspira l'aura eterna alto concetto
8 per far poi l'alme gloriose e conte
Non spero ornar le tempie mie d'alloro,
né volar con un vento, onde più d'alto
11 habbia a cader nel mio morir secondo;
spero ben viver sempre et d'altro choro
haver corona, s'io con leggier salto
14 saprò in tutto fuggir dal falso mondo.

Pr38 (nr. 131, c. I4r)] Ashb (86) Cors43 (pt. II, nr. 4, c. B3r-v) Cors58 (pt. II, nr. 4, pp. 402-403) • 2 unite nature] nature unite Cors43 Cors58 • 3 e 'l] è il Ashb Cors43 Cors58 • sacro] sagro Ashb • 4 divin] divino Cors43 Cors58 • 6 scopre] scuopre Ashb Cors43 • a l'intelletto] a lo 'ntelletto Cors43 • 7 eterna] eterno Ashb Pr38 (errore) • 11 habbia a cader] habbi a cader Pr38 (errore)

II redazione

L'alto Signor, del cui valor congionte
tien due varie nature un sol subietto,
prego che sia il mio Apollo, e gli occhi e 'l petto
4 mi bagni omai del Suo celeste fonte,
sì che scopra altre muse ed altro monte
la vera fede al mio basso intelletto,
e spiri l'aura sacra altro concetto
8 che renda al cor l'eterne grazie conte.
Non cerco ornar le tempie mie d'alloro,
né con Icaro alzarmi, onde poi d'alto

26 In questo caso è possibile registrare le varianti rispetto all'edizione Bullock (Bull) soltanto della *princeps* del 1538 (Pr38) e dell'edizione completa del commento di Corso (Cors58), perché il sonetto è assente nell'edizione parziale di tale commento (Cors43) e nella raccolta per Michelangelo (Mich).

11 abbia a cader nel mio morir secondo;
spero viver mai sempre e d'altro ch'oro
aver corona se con leggier salto
14 saprò in tutto fuggir dal falso mondo.

Bull (S1 2) • 12 ch'oro: a mio avviso, è una banalizzazione della Valgrisi del 1546 per *choro*, lezione attestata per la I redazione del testo. • 13 corona: ritengo erroneo non inserire una virgola a seguire (la Valgrisi del 1546 adotta qui il segno dei due punti)

Al di là dell'insistenza sull'aggettivo *altro*, già presente nella prima redazione, e anzi in essa affermata con maggior forza, nella seconda redazione, in cui la Colonna affida in pieno il cammino della «vera fede» alla concessione del «celeste fonte» del Signore, ossia della grazia divina, le relazioni con il testo proemiale diventano più precise e stringenti. Analoga è infatti la dichiarazione di inconciliabilità tra l'ispirazione umana e l'ispirazione divina, tra la fonte del monte Parnaso e la fonte dell'«altro monte», un sintagma posto in clausola sia al v. 10 di S1 1 sia al v. 5 di S1 2 (ad indicare genericamente il luogo sopraelevato in cui Dio dimora o più precisamente, come credo, il Purgatorio), ma anche la richiesta della poetessa a Dio di essere toccata dal «Suo celeste fonte», espressione posta a chiusura del v. 4 di S1 2 che riprende, con variazione minima, l'espressione «Suo lucido fonte» con la quale si chiude il v. 13 di S1. Insomma, nel secondo sonetto spirituale la Colonna ribadisce che sente la necessità di essere bagnata dal «celeste fonte» di Cristo, per scoprire «altre muse ed altro monte» ed essere ispirata da «altro concetto», in modo da rendere evidente il collegamento tra i due testi, che si presentano come un dittico programmatico incentrato sulla svolta in senso spirituale della propria lirica. E in tal senso mi sembra rilevante che il sintagma «altro monte» sia adoperato da Vittoria soltanto in questi due sonetti.

L'umore e la rugiada di grazia

I sonetti in cui compaiono, congiuntamente o singolarmente, i sostantivi *rugiada* e *umore*, sono i seguenti, oltre a quello che apre le *Rime spirituali* nell'ed. Valgrisi-Bullock: S1 12, S1 39, S1 75, S1 87, S1 154. Si tratta di componimenti pubblicati per la prima volta nell'ed. Valgrisi del 1546 e privi di attestazioni manoscritte antecedenti, con l'eccezione di S1 12, già accolto nella silloge per Michelangelo e nella prima edizione del commento di Corso, e di S1 110, presente nella raccolta per Michelangelo e nel ms. Ashburnhamiano 1153.

Il termine *umore*, adoperato dalla Colonna nel verso conclusivo di S1 1, torna, in relazione al termine *rugiada* e al concetto della grazia divina, nel sonetto S1 12, che trae ispirazione dal brano del Vangelo di Giovanni in cui Gesù rappresenta sé stesso come vite e il Padre come vignaiuolo (Io 15, 1-8):

1 Ego sum vitis vera et Pater meus agricola est
2 omnem palmitem in me non ferentem fructum tollet eum
et omnem qui fert fructum purgabit eum ut fructum plus adferat
3 iam vos mundi estis propter sermonem quem locutus sum vobis
4 manete in me et ego in vobis
sicut palmes non potest ferre fructum a semet ipso nisi manserit in vite
sic nec vos nisi in me manseritis
5 ego sum vitis vos palmites
qui manet in me et ego in eo
hic fert fructum multum
quia sine me nihil potestis facere
6 si quis in me non manserit mittetur foras sicut palmes et aruit
et colligent eos et in ignem mittunt et ardent
7 Si manseritis in me et verba mea in vobis manserint
quodcumque volueritis petetis et fiet vobis
8 In hoc clarificatus est Pater meus
ut fructum plurimum adferatis
et efficiamini mei discipuli.

Ma è da ricordare anche un passo di poco precedente: «ego sum via et veritas et vita» (Io 14, 6). Un passo d'altronde messo a frutto anche in S1 31, S1 75, S1 154 e S2 6. Né sono da tralasciare gli altri luoghi biblici in cui compare la metafora della vigna del Signore e di Dio buon vignaiuolo (in particolare Is 5, 1-7; 17, 10-11; 18, 4-5; 27, 2-5; e poi Ps 79, 8-17; Mt 20, 1-7).

Il sonetto è certo uno dei più importanti nella prospettiva che a me interessa. In esso l'immagine evangelica della vite è infatti connessa a quella della rugiada di grazia:

Padre eterno del Ciel, se, Tua mercede,
vivo ramo son io ne l'ampia e vera
Vite ch'abbraccia il mondo e Seco intera
4 vuol la nostra virtù solo per fede,
l'occhio divino Tuo languir mi vede
per l'ombra intorno a le mie frondi nera
s'a la soave eterna primavera
8 il quasi secco umor verde non riede.
Purgami sì ch'io rimanendo Teco
mi cibi ognor de la rugiada santa
11 e rinfreschi col pianto la radice.
Verità sei; dicesti d'esser meco;
vien dunque omai, sì ch'io frutto felice
14 faccia in Te degno di sì cara Pianta.

Bull (S1 12)] Mich (20) Cors43 (pt. II, nr. 12, c. E1r) Cors58 (pt. II, nr. 12, p. 421) • 3 Seco] chiusa Mich Cors43 Cors58 • intera] intiera Cors43 (errore) • 4 solo] Seco Mich Cors43 Cors58 • 6 intorno a le mie frondi] di mie frondi intorno Mich Cors43 Cors58 • 7 s'a la soave] se ne la dolce Cors43 Cors58 • rimanendo Teco] permanendo Seco Cors43 Cors58 • 10 ognor] ogni or Mich ogn'hor Cors43 Cors58 • 13 omai, ch'io] lieto, ond'io Mich Cors43 Cors58 • 14 di sì cara] a sì honorata Cors43 a sì gradita Cors58

La nera ombra del peccato ha il potere di inaridire; la grazia di Dio è invece un'eterna primavera che ridona umore alla pianta, le permette di ritornare verde e vitale. La linfa, che era divenuta secca, ora riprende a scorrere. Dimorando in Cristo, l'uomo libero dal peccato può cibarsi dello Spirito Santo, così come il «vivo ramo» della «vera Vite» trae nutrimento dalla «rugiada santa». D'altronde, la rugiada è associata alla manna già nell'Antico Testamento, in *Ex* 16, 13-14:

13 factum est ergo vespere et ascendens coturnix operuit castra
mane quoque ros iacuit per circuitum castrorum
14 cumque operuisset superficiem terrae
apparuit in solitudine minutum et quasi pilo tunsum
in similitudinem pruinae super terram.

Merita attenzione al v. 4 la variante «Seco per fede», che certo meno facilmente di quella attestata nell'ed. Valgrisi, «solo per fede», è utilizzabile per affermare l'adesione della Colonna alla dottrina della giustificazione per sola fede, per quanto anch'essa ribadisca quella centralità della fede che l'intera produzione spirituale della poetessa mostra con ogni evidenza. D'altronde, in casi simili occorre valutare non in senso assoluto ma relativo, ossia tenendo conto del contesto: ad esempio, nel sonetto S1 45, la sentenza «vane son l'opre», al v. 12, va letta in rapporto con la specificazione, nell'ultimo verso, «senza quel di Gesù fermo sostegno». In ogni caso, considererei autoriale la variante della Valgrisi, in quanto comporta una riformulazione dell'intera frase, con spostamento di *Seco* dal v. 4 al v. 3:

chiusa intera / vuol la nostra virtù *Seco* per fede (Mich Cors43 Cors58);
Seco intera / vuol la nostra virtù *solo* per fede (Bull).

Un altro testo in cui, come in S1 12, tornano congiuntamente l'immagine evangelica della vite e il termine «umore», è il sonetto S1 39, in cui la grazia divina è rappresentata tramite l'immagine della pioggia:

Con vomer d'umiltà larghe e profonde
fosse conviemmi far dentro al mio core,
sgombrando il mal terreno e 'l tristo umore,
4 pria che l'aggravi quel, questo l'innonde,
tal ch'altra poi miglior terra il circonde,
e più fresca del Ciel pioggia lo irrore,

onde la vite del divino amore
8 germini frutti, non labrusca e fronde.
  Ma pria che l'ombra in tutto la ricopra
e poscia indarno fra le vane foglie
11 aspetti il caldo del celeste raggio,
  Lui, che fu sol umil, prego che scopra
Se stesso al cor, poiché da me sempre aggio
14 tenebrosi pensier, superbe voglie.

Nei vv. 3-4, che affermano la necessità, per accogliere il seme del Verbo, di liberare il terreno del proprio cuore dalla terra arida e dall'acqua putrida, prima che l'una lo soffochi e l'altra lo sommerga, è evidente il ricorso alla metafora di Dio buon vignaiuolo. E ai vv. 6-8, che presentano una situazione pressoché identica a quella che vedremo nel sonetto S1 75, il tema della vite è congiunto al tema della pioggia di grazia che innaffia il terreno, ridonando a esso una fresca vitalità e rendendolo fertile e fecondo.

Al v. 8, il latinismo «labrusca», 'vite o uva selvatica', rinvia direttamente al canto della vigna di *Is* 5, 1-7, in particolare ai versetti 2-4:

2 et sepivit eam et lapides elegit ex illa et plantavit eam electam
et aedificavit turrem in medio eius et torcular extruxit in ea
et expectavit ut faceret uvas et fecit labruscas
3 nunc ergo habitator Hierusalem et vir Iuda iudicate inter me et inter vineam meam
4 quid est quod debui ultra facere vineae meae et non feci ei
an quod expectavi ut faceret uvas et fecit labruscas.

Pertinente mi sembra poi qui il richiamo a *Is* 18, 4-5, un contesto in cui la vigna e la rugiada compaiono insieme, e anche si utilizza il verbo «germinare», come al v. 8 del sonetto:

4 quia haec dicit Dominus ad me
quiescam et considerabo in loco meo
sicut meridiana lux clara est
et sicut nubes roris in die messis
5 ante messem enim totus effloruit
et inmatura perfectio germinabit
et praecidentur ramusculi eius falcibus
et quae derelicta fuerint abscidentur
excutientur [...].

Nelle rime spirituali della Colonna la pioggia feconda, che rende fertile il terreno arido e permette agli alberi di dare frutti, torna in S1 75:

  Veggio turbato il Ciel d'un nembo oscuro
che cinge l'aere intorno, e ne promette,
con tempeste, con tuoni e con saette,

4 far caldo e molle il terren freddo e duro.
Forse l'alto Motor vuol or con puro
foco le sterili erbe ed imperfette
arder, sì ch'abbian poi l'alme e perfette
8 il vago Suo giardin lieto e sicuro,
pria che da le radici in tutto svelli
questa, di verdi e ben composte frondi
11 ricca, e di vero onor povera pianta,
perché più che mai lieta rinovelli
germi conspersi di rugiada santa,
14 che sian di frutti e fior sempre fecondi.

Tramite i fenomeni atmosferici, il Signore brucia le «sterili erbe», affinché la pianta «rinovelli» i «germi» cosparsi della «rugiada santa», rendendoli «di frutti e fiori sempre fecondi». Evidenti sono i punti di contatto non soltanto con S1 39 ma anche con S1 12, dove già compare l'immagine di Dio che brucia le erbe sterili, derivata dal Vangelo di Giovanni (15, 6), e dove già è adoperata l'espressione «rugiada santa», sempre in clausola e sempre in rima con «pianta».

Al «tristo umore» di S1 39, 3-4, che inonda il mondo e affoga l'uomo, si oppone il «vivo e dolce umore» di S1 87, 1-4, con il quale il Signore nutre l'anima dell'uomo, quel Signore che ha svelato e vanificato le insidie nascoste nell'egoismo superbo, ossia ci ha redento dal peccato originale:

Alma, poiché di vivo e dolce umore
ti pasce il caro Padre, ergi sovente
la speme a Lui, ch'ha dileguate e spente
le 'nsidie ascose in noi dal proprio amore.

L'immagine della rugiada divina torna in S1 110, in cui la Vergine è considerata come luna rispetto al Sole-Dio. La rugiada vi compare con il suo significato biblico, il quale tuttavia trova fondamento nell'esperienza umana, direi nell'osservazione naturalistica, perché la rugiada è letteralmente un dono della luna:

Eterna luna, alor che fra 'l Sol vero
e gli occhi nostri il tuo mortal ponesti
Lui non macchiasti, e specchio a noi porgesti
4 da mirar fiso nel Suo lume altero.
Non L'adombrasti, ma quel denso e nero
velo del primo error coi santi onesti
tuoi prieghi e i vivi Suoi raggi rendesti
8 d'ombroso e grave candido e leggiero.
Col chiaro che da Lui prendi l'oscuro
de le notti ne togli, e la serena
11 tua luce il calor Suo tempra sovente;
ché sopra il mondo errante il latte puro
che qui Il nudrì, quasi rugiada, affrena
14 de la giusta ira Sua l'affetto ardente.

Bull (S1 110)] Ashb (2) Mich (100) • 1 alor] all'hor Ashb • 2 gli occhi] gl'occhi Ashb • 4 Suo] bel Ashb • 6 e grave candido] e grave candido Ashb (errore) • 10 togli] togle Mich (errore) • 12 mondo] monte Ashb (errore) • 13 qui Il] qui 'l Mich • nudrì] nodrì Ashb nutrì Mich • 14 affetto] effetto Ashb Mich

Mediatrice tra il divino e l'umano, Maria da una parte ha portato la purezza divina priva di peccato nel corpo umano, e dall'altra conduce l'uomo verso Dio, permettendo all'uomo di guardare di riflesso, come in uno specchio, tramite lei, nella luce di Dio. Maria è pertanto come una luna posta tra Dio, che è il Sole, e la Terra degli uomini. Di qui una concatenazione di metafore, per la quale Maria diviene una luna bianca come il latte puro con il quale ella stessa nutrì Gesù bambino, una luna lattea che con la sua fresca purezza allevia e tempera l'ardore intenso della giusta ira di Dio, quasi come una rugiada scesa dal cielo notturno. Una similitudine da porre in rapporto con Sir 18, 16: «nonne ardorem refrigerabit ros / sic et verbum melius quam datus».

All'interno delle rime spirituali della Colonna, il termine «rugiada» compare poi, di nuovo in connessione con l'immagine evangelica della vite, nel sonetto S1 154:

Veggio la Vite gloriïosa eterna
nel Suo giardin, sovra ogni stima adorno,
cinta di mille e mille rami intorno,
4 e quel più verde che più in Lei s'interna,
tenerli, con virtute alta superna,
felici a l'ombra del Suo bel soggiorno,
e vuol che Seco al Ciel faccian ritorno,
8 onde li ciba, purga, erge e governa;
e s'alcun ne produce frutti e fiori
che sian di Sua radice Ella ne onora
11 il grande Agricoltor di gloria intera,
e perch'ei sparga più soavi odori
con la celeste Sua rugiada vera
14 di novo lo rinfresca, apre, incolora.

La rugiada qui è «vera» così come Cristo è «vera Vite» in S1 12, 2-3, espressione che traduce il sintagma «vitis vera» di Io 15, 1, il medesimo versetto in cui è anche l'immagine di Dio quale buon vignaiuolo e buon agricoltore, «Pater meus agricola est». Sicché, la definizione di «rugiada vera» può essere considerata ben rappresentativa della convergenza nelle rime spirituali della Colonna dell'immagine della grazia dello Spirito Santo come pioggia, rugiada o umore e dell'immagine di Cristo come vite.

L'acqua della grazia

Oltre che nei primi due sonetti delle *Rime spirituali*, l'immagine di Dio come acqua viva, presente nel racconto giovanneo della Samaritana al pozzo (*Io* 4, 13-14)

e negli altri passi biblici sopra richiamati (Ps 41, 2; Ier 2, 13; Apc 22, 1), è proposta dalla Colonna in altri componimenti. Più in generale, l'immagine della divinità come fonte di salvezza e beatitudine, come «stilla» dell'infinito mare della bontà e dell'amore di Dio, torna variamente nelle sue rime spirituali. Ricordo i sonetti S1 31, S1 33, S1 42, S1 136, S1 172-174, S2 13, tutti pubblicati per la prima volta nell'ed. Valgrisi del 1546 e privi di precedenti attestazioni manoscritte, tranne S1 33, già accolto nella silloge per Michelangelo; e ricordo anche il sonetto S 20, la cui più antica attestazione è costituita dalla stampa Valgrisi del 1548, e il sonetto S2 32, presente nella raccolta per Michelangelo e nel ms. Ashburnhamiano 1153, ma rimasto inedito fino all'ed. Visconti del 1840[27].

In tali componimenti appare più o meno evidente e significativo il riferimento alle acque che uscirono, insieme al sangue, dal fianco di Cristo, quando fu trafitto in croce da un colpo di lancia, secondo Io 19, 33-34:

33 ad Iesum autem cum venissent
ut viderunt eum iam mortuum non fregerunt eius crura
34 sed unus militum lancea latus eius aperuit
et continuo exivit sanguis et aqua.

Un passo in cui il sangue afferma la realtà del sacrificio espiatorio e l'acqua esprime la fecondità spirituale di quel sacrificio. Sangue e acqua che già per Agostino e altri Padri della Chiesa rappresentano, rispettivamente, l'eucaristia e il battesimo, i due sacramenti che Cristo, nuovo Adamo, ha posto a fondamento della Chiesa, nuova Eva (cfr. soprattutto i seguenti luoghi agostiniani: *In Evangelium Ioannis* 9, 10; 15, 8; 120, 1-2; *De Genesi contra Manichaeos*, II 24, 37). L'interpretazione è da leggere in rapporto, oltre che con Ex 24, 8, e Lv 1, 5, con altri tre passi giovannei: Io 6, 51; Io 7, 37-39; I Io 5, 6. Qui importa soprattutto la profezia formulata da Cristo in Io 7, 37-39:

37 in novissimo autem die magno festivitatis
stabat Iesus et clamabat dicens
si quis sitit veniat ad me et bibat
38 qui credit in me sicut dixit scriptura
flumina de ventre eius fluent aquae vivae
39 hoc autem dixit de Spiritu quem accepturi erant credentes in eum
non enim erat Spiritus
quia Iesus nondum fuerat glorificatus.

27 *Le rime di Vittoria Colonna corrette su i testi a penna e pubblicate con la vita della medesima dal cavaliere Pietro Ercole Visconti. Si aggiungono le poesie omesse nelle precedenti edizioni e le inedite*, Roma, Dalla tipografia Salviucci, 1840.

Dal fianco di Gesù fluisce l'acqua viva, l'acqua della redenzione, e il dono di una vita nuova, il dono della grazia dello Spirito Santo. L'acqua è segno di liberazione dal peccato e di salvezza. Insomma, è simbolo dello Spirito Santo, come ribadito anche nel *Catechismo della Chiesa Cattolica* (pt. 1, sez. 2, cap. 3, art. 8, par. II, 694)[28]:

> 694 *L'acqua.* Il simbolismo dell'acqua significa l'azione dello Spirito Santo nel Battesimo, poiché dopo l'invocazione dello Spirito Santo essa diviene il segno sacramentale efficace della nuova nascita: come la gestazione della nostra prima nascita si è operata nell'acqua, allo stesso modo l'acqua battesimale significa realmente che la nostra nascita alla vita divina ci è donata nello Spirito Santo. Ma, «battezzati in un solo Spirito», noi «ci siamo» anche «abbeverati a un solo Spirito» (1Cor 12, 13): lo Spirito, dunque, è anche personalmente l'acqua viva che scaturisce da Cristo crocifisso come dalla sua sorgente [Gv 19, 34; 1Gv 5, 8] e che in noi zampilla per la vita eterna [Gv 4, 10-14; Gv 7, 38; Es 17, 1-6; Is 55, 1; Zc 14, 8; 1Cor 10, 4; Ap 21, 6; Ap 22, 17].

Il divino «fonte» di grazia sgorgato dal sacrificio di Cristo è ricordato nella seconda terzina di S2 31, a chiusura di una meditazione sulla festa di Ognissanti:

> e 'l fonte del divin largo tesoro,
> irrigandoli tutti, esca dal lato
> che sol la Sua bontate al mondo aperse.

Nel sonetto S1 33, al tesoro vile e di breve durata portato dalla pioggia di beni terreni si oppone metaforicamente, riducendo in radicale sintesi la meditazione, il tesoro infinito della pioggia perpetua scaturita da Cristo crocifisso:

> Vedremmo, se piovesse argento ed oro,
> ir, con le mani pronte e i grembi aperti,
> color che son de l'altra vita incerti
> 4 a raccor lieti il vil breve tesoro,
> e sì cieco guadagno e van lavoro
> esser più caro a quei che son più esperti,
> ché le ricchezze danno e non i merti
> 8 oggi le chiare palme e 'l verde alloro.
> Ma non si corre a Dio, che dal Ciel porta
> dentro la piaga del Suo dextro lato
> 11 d'infinito tesor perpetua pioggia,
> e se spirito alcun Gli apre la porta
> dicon che inganna il mondo, o ch'è ingannato
> 14 dal suo pensier, che troppo in alto poggia.

Bull (S1 33)] • 6 esperti] experti Mich • 10 dextro] destro Mich • 12 spirito alcun] spirto gentil Mich

28 Cito da *Catechismo della Chiesa Cattolica*, Città del Vaticano, Libreria Editrice Vaticana, 1999.

Poi il «fonte» salvifico aperto da Cristo è rappresentato come «il mar de le grazie» in S1 42, uno dei testi colonnesi in cui sembra più evidente il dialogo con Bernardino Ochino e Juan de Valdés[29]:

Quando di sangue tinte in cima al monte
le belle membra in croce al Ciel scoverse
Colui che con la vita al Padre offerse
4 le voglie al Suo voler sempre congionte,
il salutifer sacro divin fonte,
anzi il mar de le grazie alor s'aperse,
e furo entro 'l gran sen l'ire disperse
8 già ne l'antica legge aperte e conte.
Gli angeli ardendo insieme di morire
mostrar desio, ma carità maggiore
11 fu giusto freno a sì pietoso ardire,
dicendo: «Ristorar non può il mio onore
altri, né per amor tanto patire,
14 né lavar altro sangue un tanto errore».

In particolare nella seconda quartina, la grazia sovrabbondante sgorgata dal sacrificio di Cristo (Rm 5, 12-21), ovvero dalla crocifissione di colui che si è fatto «fons aquae salientis in vitam aeternam» (Io 4, 14), è rappresentata tramite un'amplificazione metaforica che da una parte richiama la raffigurazione della grazia divina come "beneficio di Cristo", centrale nella riflessione di Valdés e di tanti suoi seguaci[30], e dall'altra attinge a immagini e parole attestate anche nei sermoni di Ochino, ad esempio nel XIII, dove si dice che Cristo «non fu mai tanto dolce sì chome in su la croce: imperò che alhora aperse el seno, el pecto, et el costato delle sue divine gratie: si apersono alhora li fonti, li pelagi, li abissi, et le cataracte de' celi»[31].

Il tema torna nella prima terzina di S1 136, testo che accompagna l'invio di un'immagine di Cristo:

l'imagin di Colui v'envio ch'offerse
al ferro in croce il petto, onde in voi piove
de l'acqua sacra Sua sì largo rivo.

29 Per l'incidenza nelle rime colonnesi dei testi e della spiritualità di Ochino rinvio agli studi di Bardazzi citati sopra, in particolare a quelli intitolati «Le rime spirituali di Vittoria Colonna e Bernardino Ochino» e «Florilegio colonnese. Trenta sonetti commentati di Vittoria Colonna». Per i rapporti con il *Beneficio di Cristo* e con Valdés vd. invece Carlo Ossola, «Introduzione storica», in Juan de Valdés, *Lo Evangelio di san Matteo*, a cura e con introduzione storica di C. Ossola, testo critico di A. M. Cavallarin, Roma, Bulzoni, 1985, p. 11-9: 82-93.

30 Cfr. C. Ossola, in Juan de Valdés, *Lo Evangelio di san Matteo*, *op. cit.*, p. 85.

31 *Sermones Bernardini Ochini Senensis*, *Matt. 11. Omnis qui confitebitur me* [...], [Ginevra], [Jean Gerard], 1543, c. H2r. Cfr. G. Bardazzi, «Florilegio colonnese Trenta sonetti commentati di Vittoria Colonna», art. cit., p. 49.

Nel sonetto S1 172 il desiderio di internarsi in Dio consente all'uomo, se mosso da fede e speranza, di vedere e sentire, seppur in modo intermittente, l'amore divino, a tal punto che basta la virtù di «una sol stilla» del «gran mare» sgorgato dal «Fonte sacro» per rendere dolce al peccatore l'amaro mare della vita mondana, per volgere l'amarezza del peccato nella dolcezza della salvezza:

Mosso 'l pensier talor da un grande ardore,
nudrito in noi per fede e speme ardente,
vola con tanto ardir ch'entra sovente
4 ove scorger no 'l pote altro ch'amore.
Ivi in Colui s'interna, il cui valore
arma di tal virtù l'accesa mente
che vede l'orma, ode la voce e sente
8 l'alto Suo aiuto in questo cieco errore;
e, se ben trae dolcezze e brevi e rare
dal Fonte sacro, oh qual porge virtute
11 una sol stilla in noi del Suo gran mare!
Son poi tutte le lingue a narrar mute
come quel dolce infra quest'onde amare
14 manda a l'infermo cor vera salute.

Il simbolismo dell'acqua in prospettiva salvifica accomuna il sonetto S1 172 ai due successivi, in modo da formare un trittico sul «Fonte» divino che sembrerebbe imporre una considerazione complessiva, anche per essere posto a ridosso della conclusione, almeno nell'ed. Valgrisi-Bullock.

In S1 173 i temi congiunti dell'acqua viva e del monte connettono il testo al dittico proemiale, così come la ribadita identificazione di Vittoria con la Samaritana giovannea; il tema del «largo mar» di Dio avvicina invece il componimento ai sonetti S2 13 e S2 32, che vedremo fra poco. Nell'insieme, in questo sonetto e nel successivo convergono varie fila dell'esperienza spirituale e poetica della Colonna, a partire dalla centralità della fede e del sacrificio di Cristo, che ha permesso all'uomo di purgare e dissolvere il peccato originale:

Corsi in fede con semplice sicuro
animo, e voglie risolute e pronte,
a ber de l'acqua viva, o eterna Fonte,
4 in questo vaso Tuo sì eletto e puro.
Tu dici ch'ei mi purga in Te l'oscuro
antico velo, e ch'ei mi guida al monte
ove Tu surgi, e fa palesi e conte
8 le stille da far molle ogni cor duro;
ei dice esser a me qual vil cisterna
aperta, e ch'io con falsa sete sempre
11 del Tuo sì largo mar per lei mi privo.
Ond'io prego ed aspetto in varie tempre

qui sola e peregrina: o Fonte vivo
14 di pietà vera e lui e me governa!

In S1 174, inoltre, la trattazione del tema della grazia divina si approfondisce, recuperando la fondamentale opposizione biblica tra aridità e fecondità, e insieme si complica, soprattutto per l'impossibilità, ad oggi, di identificare con sicurezza quel «sol» a cui «il Fonte eterno» ha donato «la chiave» «dei rivi Suoi», forse il medesimo definito in S1 173 «vaso Tuo sì eletto e puro», con reimpiego della definizione di Paolo come «vas electionis» contenuta in *Act* 9, 15[32]. Il sonetto mi sembra anzi uno dei più oscuri della Colonna. Appare tuttavia chiaro che il Signore bagna l'arida terra del cuore della poetessa affinché dia buoni frutti:

Per far col seme Suo buon frutto in noi
e bagnar del mio cor l'arida terra
dona dei rivi Suoi, che or apre or serra,
4 la chiave il Fonte eterno a un sol di voi.
Ei guarda prima e ben distingue poi
qual fango il sacro germe in me sotterra,
e quel purga e dissolve, e mai non erra
8 la fede umil che regge i pensier suoi.
Con tanta esperienzia e con sì grave
modo rivolge l'acqua, e sì a misura,
11 che ove la macchia è impressa ivi si stende.
Diede per quasi disperata cura
l'aspro mio petto al suo spirto soave
14 Colui che solo i gran segreti intende.

Espressioni simili a quelle di S1 172 sul potere di trasformazione di una piccola goccia proveniente dall'infinito mare dell'amore divino si leggono nel sonetto S2 13:

Dal fonte bel de l'infinito amore
nacque l'altro di grazia, u' l'alma vede
la sua salute ed indi arma di fede,
4 di speme purga e di foco arde il core.
Da cotai fonti alor, dentro e di fore
purgata, anzi nudrita, altro non chiede
che gir per sempre ove sovente riede,
8 al natio nido suo, colma d'ardore.
Per breve stilla di quel largo mare
si gusta come in breve ne fia tolta,
11 anzi pur sazia, questa ardente sete
di veder poi là su, pura, disciolta,
la prima vena di quest'acque chiare

32 Per quest'ultimo si è pensato a Reginald Pole: cfr. Monica Bianco, Vittoria Romani, «Vittoria Colonna e Michelangelo», in *Vittoria Colonna e Michelangelo*, *op. cit.*, p. 145-164: 161.

14 che fan le voglie eternamente liete.

Dalla sorgente dell'amore infinito di Dio è sgorgata l'altra sorgente, quella della grazia di Cristo, che ha donato all'uomo la possibilità di salvarsi e ne arma il cuore di fede, speranza e carità (le virtù teologali della lettera di Paolo ai Corinzi). Una «breve stilla di quel largo mare» è sufficiente a saziare l'«ardente sete» di bere alla fonte delle acque divine che rendono «le voglie eternamente liete».

Una pioggia di grazia è poi quella richiamata in S2 20, per la quale la fede è rappresentata come una sorgente abbondante da cui scaturiscono quelle acque che sono più dolci per l'anima più assetata, in una sorta di lavacro di purificazione e rinascita, quasi un rito battesimale, in un'atmosfera di quieta e appagata dolcezza:

Quando, mercé del Ciel, per tante prove
e sì bei lumi l'alma acquista fede
che quanta grazia il gran Padre concede
4 per mezzo del Figliuol nel mondo piove,
ivi si purga e sazia, ivi di nove
acque si lava, ivi si specchia e vede
che tanto ha di valor quant'ella crede
8 a Lui che l'ama, la governa e move;
onde da sì abondante e largo fonte
aspettar ne convien quei sacri rivi
11 che son più dolci al cor ch'ha maggior sete,
e non sol fan le lor dolcezze conte
a noi, ma nostre voglie e forti e liete,
14 e gli spirti al periglio accesi e vivi.

Il testo è da correlare con i sonetti S1 172 e S2 32, nei quali ugualmente il ricorso al campo metaforico dell'acqua in rapporto alla salvezza si avvale dell'opposizione tra le onde amare della vita mondana e le onde dolci della vita spirituale in Cristo.

In S2 32, d'altronde, il tema della fonte di grazia sgorgata dalla crocifissione è portato in primo piano, con espressioni simili a quelle lette in S2 13. La «breve stilla» (sintagma adoperato anche in S2 13) del «largo mare» (altro sintagma adoperato anche in S2 13) della «bontà di Dio» ha il potere di «estinguer» la «sete» dell'uomo:

Anime elette, in cui da l'ampie e chiare
cristalline del Cielo onde secrete
ristagna ognor per farvi sempre liete
4 de la bontà di Dio più largo mare,
breve stilla di quelle in queste amare
nostre del mondo estinguer può la sete
ai cori ingordi, e le lor voglie quete
8 render, che de' lor danni son sì avare.
Or che del lato aperto le sante acque
non sempre tanto lavan quanto ponno

11 le macchie nostre, insin nel vivo impresse,
pregate Lui che con le voci stesse
con le quai chiamar l'uom al Ciel Li piacque
14 lo svegli omai dal grave interno sonno.

Bull (S2 32)] Ashb (64) Mich (8) • 3 ognor] ogn'hor Ashb Mich • 4 di Dio] de Dio Ashb • 11 macchie nostre] nostre macchie Ashb (errore)

Le rime spirituali di Bernardo Tasso, Bartolomeo Arnigio e Benedetto Dell'Uva

Bernardo Tasso

Il modello lirico-spirituale di Vittoria Colonna influenzò le scelte di vari autori contemporanei, a volte in profondità. Tra essi spicca Bernardo Tasso, che assunse la Colonna come modello e come interlocutrice privilegiata dei suoi componimenti[33]. Di lui qui interessano i *Salmi*, composti con ogni probabilità nel corso del 1557, tra febbraio e giugno. Preceduti da una dedicatoria a Margherita di Valois del 15 dicembre 1559, sono trenta componimenti definiti dallo stesso autore «ode sacre», in quanto dell'ode «assumono la forma metrica e l'andamento discorsivo»[34]; ad essi tiene dietro la *Canzone a l'anima*, in precedenza collocata nel terzo libro de-

33 La sua produzione lirica è raccolta in Bernardo Tasso, *Rime*, 2 vol., Torino, RES, 1995: *I tre libri degli Amori*, a cura di D. Chiodo; *Libri Quarto e Quinto. Salmi e Ode*, a cura di V. Martignone. Sugli aspetti che qui interessano si vedano da ultimo i seguenti studi, con indicazioni sulla bibliografia precedente: Giovanni Ferroni, «Come leggere *I tre libri degli Amori* di Bernardo Tasso», in *Quaderno di italianistica 2011*, a cura della Sezione di Italiano dell'Università di Losanna, Pisa, ETS, 2011, p. 99-144; Anderson Magalhães, «All'ombra dell'eresia: Bernardo Tasso e le donne della Bibbia in Francia e in Italia», in *Le donne della Bibbia, la Bibbia delle donne. Teatro, letteratura e vita, Atti del XV Convegno internazionale di studio, Verona, 16-19 ottobre 2009*, a cura di R. Gorris Camos, Fasano, Schena, 2012, p. 159-218; Rosanna Morace, *Dall'Amadigi al Rinaldo. Bernardo e Torquato Tasso tra epico ed eroico*, Alessandria, Edizioni dell'Orso, 2012; Cristina Zampese, *Tevere e Arno. Studi sulla lirica del Cinquecento*, Milano, Franco Angeli, 2012, p. 13-71; Federico Zuliani, «Annotazioni per lo studio delle convinzioni religiose di Bernardo Tasso», *Rivista di storia e letteratura religiosa*, XLIX, 2013, 1, p. 237-250; Rosanna Morace, «Del "rinovellare" la lingua volgare: i "Salmi" di Bernardo Tasso», in *I cantieri dell'Italianistica. Ricerca, didattica e organizzazione agli inizi del XXI secolo. Atti del XVII congresso dell'ADI - Associazione degli Italianisti (Roma Sapienza, 18-21 settembre 2013)*, a cura di B. Alfonzetti, G. Baldassarri e F. Tomasi, Roma, ADI editore, 2014, on-line all'indirizzo <http://italianisti.it/upload/userfiles/files/2013_morace.pdf>, consultato il 19-09-2018; Rosanna Morace, «Bernardo Tasso e il gruppo valdesiano. Per una lettura "spirituale" dei "Salmi"», in *Quaderno di italianistica 2014*, a cura della Sezione di Italiano dell'Università di Losanna, Pisa, ETS, 2014, p. 57-90; Rosanna Morace, «I Salmi tra Riforma e Controriforma», in *La Bibbia in poesia*, *op. cit.*, p. 55-81: 67-72; Giovanni Ferroni, «Bernardo Tasso, Ficino, l'evangelismo. Riflessioni e materiali attorno alla *Canzone all'Anima* (1535-1560)», in *Rinascimento meridionale. Napoli e il viceré Pedro de Toledo (1532-1553)*, a cura di E. Sánchez García, Napoli, Tullio Pironti, 2016, p. 253-319.

34 Martignone, a p. 421 della sua ed. di Bernardo Tasso, *Libri Quarto e Quinto. Salmi e Ode*.

gli *Amori*, e quattro sonetti di argomento religioso, due ancora all'*anima* e due a Cristo. In totale la sezione intitolata ai *Salmi* comprende dunque trentacinque componimenti.

Il salmo 8, scandito in tre ampi periodi, il primo di due strofe e gli altri due di tre strofe ciascuno, è una preghiera a Dio affinché sciolga il gelo che ha indurito il cuore del poeta nel peccato e lo infiammi di ardore divino, di fuoco beato. Il poeta dice di aver riposto in Dio ogni speranza e di essere stato così trasformato in pianta verde e fiorita; ora chiede che l'umore della grazia divina continui a vivificare quella pianta, che altrimenti ritornerebbe ad essere un ramo arido e sterile. E anche chiede a Dio di conservarlo nella sua fermezza, di dargli la forza di continuare a percorre il cammino che lo porterà dritto al bersaglio, come una freccia scoccata da un arciere, e che impedirà al diavolo tentatore, al serpente antico, di catturarlo. Il testo a me sembra tra i più suggestivi di Bernardo[35]:

Stempra, o gran Re del Cielo,
col vivo foco del tuo santo Amore
questo indurato gelo
di confirmato errore
5 che mi circonda intorno intorno il core,
sì che tutto infiammato
del tuo divino ardor, qual secca face
arda in foco beato
sempre chiaro e vivace
10 con degli effetti umani eterna pace.
In te sol la radice
posi de la mia speme alta e gradita,
ch'or crescendo felice
e di fronde vestita
15 alza la chioma sua verde e fiorita:
bagnala tu con l'onda
di quella tua pietà celeste e diva,
che come fonte abbonda
che da surgente e viva
20 vena fra i fiori e l'erbe si deriva,
perché venendo meno
l'umor de la tua grazia, arido ramo
non si sfaccia, ond'io pieno
di tema e afflitto e gramo
25 privo mi trovi di quel che più bramo.
Fa' ch'ogni mio desio
a te si volga, come a segno strale
di bono arcier, tal ch'io
verso te spieghi l'ale

35 Cito dall'ed. Martignone di Tasso, *Libri Quarto e Quinto. Salmi e Ode*.

30 avendo a sdegno ogni piacer mortale,
sì che quel serpe antico
che con eterna e vigilante cura,
empio nostro nemico,
di tirarmi procura
35 ne la sua valle tenebrosa e scura
indarno ogn'arte spenda,
e sembri augellator ch'al lungo giorno
invan le reti tenda,
e pien d'ira e di scorno
40 la sera al nido suo faccia ritorno.

Richiamo l'attenzione sull'«umore» della «grazia» divina, sulla linfa necessaria per evitare che il poeta-albero sia distrutto dall'aridità. Infatti, per valutare la posizione di Bernardo nei confronti del tema della grazia, può essere utile segnalare che l'espressione *umor della grazia*, da lui adoperata al v. 22, compare, tra gli altri, in personaggi quali Remigio Nannini, per lo più noto come Remigio Fiorentino[36], e Gabriele Buratelli[37].

36 Su di lui vd. Claudia Tomei, «Nannini, Remigio (Remigio Fiorentino)», in *Dizionario biografico degli Italiani*, vol. 77, Roma, Istituto della Enciclopedia Italiana, 2012, p. 734-738. Le sue opere letterarie più importanti sono le *Rime di M. Remigio fiorentino. Nuouamente stampate. Et con somma diligentia corrette*, 1547 (*colophon*: Stampate in Vinegia, per Francesco Bindoni et Mapheo Pasini compagni, il mese di giugno 1547), e le *Epistole d'Ovidio di Remigio fiorentino divise in due libri. Con le dichiarationi in margine delle Favole, e dell'Historie* [...], In Vinegia, appresso Gabriel Giolito de' Ferrari, 1560. Entrambe hanno avuto una riedizione moderna: Remigio Nannini, *Epistole d'Ovidio*, San Mauro Torinese, RES, 1992; Remigio Nannini, *Rime*, a cura di D. Chiodo, prefazione di G. Bárberi Squarotti, Torino, RES, 1997. La sua opera più diffusa è tuttavia la raccolta di *Epistole et Evangelii, che si leggono tutto l'anno alla messa, secondo l'uso della Santa Romana Chiesa. Nuovamente tradotte in lingua toscana dal r.p.m. Remigio Fiorentino* [...] *con alcune annotationi morali a ciascheduna Epistola et Evangelio fatte dal medesimo* [...], In Vinegia, appresso Gabriel Giolito de' Ferrari, 1567. Come si è visto nei saggi di Barbieri e Zardin (vedi *supra*), si tratta di un'antologia di letture del *Nuovo testamento* che ebbe immediato e duraturo successo, perché fu l'unico volume del genere consentito dopo il Concilio di Trento. Nelle ristampe al lezionario Nannini aggiunse quattro suoi discorsi dedicati, rispettivamente, al digiuno, all'invocazione dei santi, all'uso delle loro immagini e alla venerazione delle loro reliquie.

37 Gabriele Buratelli (o Burattelli) non ha una voce nel *Dizionario biografico degli Italiani*. Le sue opere più importanti sono le *Prediche del r.p. Gabriel Buratelli anconitano dottor teologo, dell'ord. eremitano di Santo Agostino sopra i sette salmi penitentiali di David profeta, accomodate a gli evangeli quadragesimali secondo l'uso della S.R. Chiesa. Opera utilissima a predicatori, et ascoltatori della parola d'Iddio* [...], In Venetia, appresso Francesco, Gasparo Bindoni, & fratelli, 1573; e la *Praecipuarum controversiarum Arist. et Platonis conciliatio* [...] *Authore* [...] *Gabriele Buratello* [...], Venetijs, apud Franciscum, Gasparem Bindonum, et fratres, 1573. Si sa che partecipò ai lavori del Concilio di Trento: cfr. *Secoli agostiniani overo Historia generale del sagro Ordine Eremitano del Gran Dottore di Santa Chiesa S. Aurelio Agostino Vescovo d'Hippona. Divisa in tredici secoli* [...]. *Opera postuma del R. P .F. Luigi Torelli da Bologna, Maestro in Sagra Teologia, Historiografo e Predicatore Generale dello stesso Ordine. Tomo ottavo* [...], In Bologna, Per Giacomo Monti, 1686, p. 552: «Passò altresì in quest'anno [1571] all'altra vita il dottissimo maestro F. Gabriele Buratelli di Ancona, il quale per la sua molta dottrina grandemente chiaro et illustre si rese fra ' primi

Nelle esposizioni evangeliche di Nannini, a stampa per la prima volta nel 1567, in un brano relativo all'episodio dell'epilettico indemoniato raccontato nel cap. 9 del Vangelo di Marco, ai paragrafi 14-29, si legge il seguente brano, utile in particolare per l'interpretazione dei vv. 21-23 del salmo di Bernardo («perché venendo meno / l'umor de la tua grazia, arido ramo / non si sfaccia [...]»):

> [...] lo fa dirugginare e battere i denti, per colera et impatienza, perché quando al peccatore è ritardata un poco o impedita la commodità del peccare, diventa subito iracondo et impatiente. Lo fa poi arido e secco, cioè infruttuoso, di maniera che non fa opere buone, essendo privo dell'humor della grazia, peroché la pianta, ancor che buona è nata, s'ella manca d'humore, si va a poco a poco seccando[38].

La fonte è il seguente paragrafo del *De imitatione Christi*, compreso in un capitolo la cui importanza per i testi qui presentati è stata già segnalata:

> Magistra est veritas, doctrix disciplinae, lumen cordis, solamen pressurae, fugatrix tristitiae, ablatrix timoris, nutrix devotionis, prodictrix lacrymarum.
> Quid sum sine ea, nisi aridum lignum, et stipes inutilis ad ejiciendum?
> Tua ergo me Domine Gratia semper praeveniat et sequatur, ac bonis operibus jugiter praestet esse intentum (III 55, 6).

La dipendenza è dimostrata con certezza dalla traduzione che del testo medievale offrì lo stesso Nannini, in particolare dalla resa dell'aggettivo *aridum*, riferito a *lignum*, con la dittologia «arido e secco», la medesima adoperata nell'esposizione evangelica:

> [...] è maestra d'ogni verità, lume del cuore e consolazione di coloro che sono tribolati: la qual discaccia la tristizia ed il timore: madre della devozione e principio del pianto. Or che son'io senza la grazia, se non un legno arido e secco e torto da gittar via? Adunque Signore la tua divina grazia mi

letterati di questo secolo, e come tale intervenne al sagro Concilio di Trento. Compose, come gran predicatore ch'egli era, alcuni libri molto eruditi così di prediche quaresimali come annuali. Diede parimente alla luce un altro libro molto ingegnoso, nel quale procura con molta acutezza di conciliare et accordare la dottrina di Platone e di Aristotele; la qual opera fu stampata in Venetia appresso Francesco Gasparo Binozzi nell'anno 1573 e fu dedicata a Guidobaldo duca di Urbino, due anni doppo la di lui morte, la qual successe in quest'anno sul principio del mese di novembre, nel giorno quintodecimo [...]».

38 *Epistole, et Evangelii, che si leggono tutto l'anno alla messa, secondo l'uso della Santa Romana Chiesa, ridotti all'ordine del messale nuovo. Tradotti in lingua toscana dal r.p.m. Remigio Fiorentino* [...]. *Con alcune annotationi morali del medesimo a ciascheduna Epistola et Evangelio, nuovamente accresciute, con l'aggiunta ancora di quattro discorsi* [...], In Vinegia, appresso Gabriel Giolito de' Ferrari, 1576, p. 450-451.

> vada innanzi e mi seguiti, acciochè io sia sempre sollecito alle buone operazioni per Gesù Cristo tuo unico figliuolo[39].

Senza la grazia, insomma, per Nannini e ancor prima per il *De imitatione Christi*, non è nemmeno possibile compiere «opere buone».

Sempre in relazione con il tema delle buone opere, oltre che con quello dell'aridità, l'immagine dell'umore di grazia compare anche nelle *Prediche* dell'agostiniano Gabriele Buratelli, a stampa nel 1573 (e nel 1574). Siamo all'interno della *Predica del martedì doppo la quinta domenica di Quaresima*, un testo strutturato in due parti, che assumono quale punto di partenza, rispettivamente, i versetti 5 e 6 del salmo 101. Qui importa la prima parte, quella incentrata su Ps 101, 5: «percussus est ut faenum et aruit cor meum / quia oblitus sum comedere panem meum». Il passo in cui compare il sintagma «umore della grazia» e insieme, come in Nannini, la dittologia «arido e secco», la quale è per giunta ripetuta anaforicamente all'inizio di vari capoversi, merita di essere letto per intero, anche perché svolge un attacco esplicito e forte contro i riformati:

> Arido et secco rimane l'animo del Christiano, quando non si essercita ne l'osservanza de' divini precetti. Questi è quel cibo tanto desiderato dal Signore. *Meus cibus est ut faciam voluntatem Patris mei* [Io 4, 34]. Onde, se noi siamo veri Christiani, come tenemo il nome et ne facemo professione, dovemo immitare il Signore, qual non fu ocioso mentre stette in questa vita. Non siamo simili a gl'heretici moderni, quali hanno fatto una conventicula di Satanasso et una accademia di otiosi et di poltroni, con laudar tanto la fede et la gratia, che dannano l'esercitio de l'opere sante et virtuose et l'osservanza de' divini precetti. Mirate quanto fu lodata quella donna animosa et gagliarda da Salomone, dicendo: *Et panem ociosum non commedit* [Prv 31, 27]. Così saremo noi, se con ogni maggior nostro studio, ingegno et arte discacciaremo l'otio da gl'animi nostri. Il nostro serenissimo profeta [David] mentre fu perseguitato da Saul, da gl'Amoniti, da' Filistei, mentre si esercitò nella guerra, osservò la legge di Dio, ma poi che si dette all'otio et che commisse et l'homicidio et l'adulterio, prevaricando le sacrosante leggi del Signore, si scordò di mangiar questo pane et disse: *Aruit cor meum quia oblitus sum commedere panem meum* [Ps 101, 5].
>
> L'ultimo [punto da trattare] è la memoria de la felicità perpetua, dicendo il Signore: *Vado parare nobis locum ut edatis et bibatis super mensam meam, in regno meo* [Lc 22]. Questo desiderio se fusse nel nostro animo, non apprezzaremmo tanto i piaceri di questo mondo, non attenderemmo con tanta sete et con un acceso desiderio a congregar qua giù, dove [havemo] a uscire, et non attendere a portare dove havemo sempre a stare. Onde Daniel, ritrovandose in quel'aspra et dura servitù, diceva: *Et panem desiderabilem non commedi* [Dn 10]. Se si fussero conosciuti i fratelli di Christo, quali hoggi

39 *Della imitazione di Cristo di Tommaso da Kempis libri quattro, tradotti in lingua italiana da Remigio Fiorentino*, Pesaro, Dai tipi di Annesio Nobili, 1834, p. 243.

> gli dicono: *Transi hinc et vade in Iudeam ut et discipuli tui videant opera tua quae tu facis* [Io 7], haverebbono ben potuto dire: *Percussus sum ut foenum et aruit cor meum, quia oblitus sum commedere panem meum*. Il cuor del cuor loro era ben devenuto arido et secco, et essendo privo de l'humore della gratia et dello Spirito Santo, conciosia che né meno loro credevano nel Signore. Et perché se erano scordati mangiare il pan della Scrittura, et però il Signor diceva alla Sinagoga: *Scrutamini Scripturas, in quibus putatis vitam eternam habere, quia ille testimonium perhibent de me* [Io 5, 39]. S'erano scordati del pan della penitenza, del pan dell'osservanza de' precetti de Dio et del pan dell'eterna salute.
>
> O carissimi, ricordative talvolta quel che sete, et che vi rassomigliate al fieno, alla polvere et alla cenere, et in breve havete a morire; riducetevi la barba al petto et considerate la vita vostra, con il profeta dicendo: *Percussus sum ut foenum et aruit cor meum quia oblitus sum commedere panem meum*. Hora posiamoci[40].

Insomma, come in vari altri autori, soprattutto dopo la conclusione del Concilio di Trento, anche in Buratelli il tema della grazia è da valutare in rapporto all'«esercitio de l'opere sante et virtuose» e all'«osservanza de' divini precetti».

La conclusione dell'ultimo salmo di Bernardo è su questo abbastanza chiara, in quegli anni così confusi. E a fare chiarezza contribuisce, mi sembra, il ricorso all'immagine dell'umore di grazia (*Salmi*, ed. Martignone, 30, 25-36):

> Padre pietoso e liberal, dapoi
> che 'l mondo m'ha privato
> di tutti i piacer suoi,
> ond'io son quasi prato,
> che senza umor di rivo
> 30 arido fatto, a tutti è odioso e schivo,
> non per mio merto, ma per l'infinita
> pietà ch'a patir morte
> per dare a me la vita
> Ti spinse, aprì le porte
> de la tua grazia a questa
> 36 alma un tempo sviata, ora sì presta
> a seguir l'orme tue, come agnelletta
> dietro la pecorella
> che 'l latte ancora alletta
> de l'amata mammella,
> sì ch'un giorno io pur gusti
> 42 quant'è 'l piacer di quelli eletti e giusti.

Come segnalato da Rosanna Morace[41], i vv. 31-36, pur riformulando affermazioni simili presenti nella tradizione teologica (ad esempio, in Ambrogio, *De paenitentia*,

40 *Prediche del r.p. Gabriel Buratelli*, *op. cit.*, cc. 266r-267r.
41 R. Morace, «Bernardo Tasso e il gruppo valdesiano. Per una lettura "spirituale" dei "Salmi"», art. cit., p. 80, e *ead.*, «I Salmi tra Riforma e Controriforma», art. cit., p. 71.

II, 73: «[...] in sacerdoti manet non virtute sua, sed Christi gratia»), richiamano il *Beneficio di Cristo*, in particolare l'ultimo paragrafo del cap. 3, dove si invita a tenere «per fermo di esser giusti, non per le opere nostre, ma per i meriti di Cristo»[42]. Resta tuttavia difficile, a mio avviso, delineare con sicurezza il pensiero religioso di Bernardo. Di sicuro nei suoi *Salmi* il tema della grazia è primario: basti dire che il termine «grazia» vi ricorre ben 16 volte. Richiamo qui soltanto un altro brano in cui il ricorso all'immagine della grazia in un contesto di opposizione tra secco e bagnato, tra aridità e umidità, tra sterilità e fecondità, appare significativo per il mio discorso. Si trova nel terzo salmo, laddove il «licor soave» del «perpetuo rio» della grazia divina, ossia il sangue e l'acqua sgorgati dal sacrifico di Cristo, dal suo fianco aperto in croce (secondo *Io* 19, 33-34, sopra citato), non soltanto purifica, redime e rende beato l'uomo, ma anche lo trasforma da terreno «secco» a terreno «e fertile e fecondo», a prato «di frutti pieno», a campo ricco «di frutti e di fiori», ricco «di diversi colori» (*Salmi* 3, 13-30):

Io son secco terreno,
non sterile, infecondo,
a cui, se bagni il seno,
e fertile e fecondo,
come pratel di fieno,
18 mostrerà il petto suo di frutti pieno:
bagnalo, Signor mio,
con quel licor soave
del tuo perpetuo rio,
con cui le macchie lave
del peccato empio e rio,
24 sì come padre liberale e pio,
che di frutti e di fiori,
come campo ben colto,
di diversi colori
gli vedrai pinto il volto,
e de' tuoi bei tesori
30 carco sempre mostrare il grembo fuori.

Bartolomeo Arnigio

Un altro letterato che accolse il modello lirico e ancor prima spirituale di Vittoria Colonna, anche per il tramite di Bernardo Tasso, fu Bartolomeo Arnigio, perso-

42 Benedetto Fontanini da Mantova, Marcantonio Flaminio, *Il beneficio di Cristo*, Introduzione e note a cura di S. Caponetto, III ed., Torino, Claudiana, 2009, p. 41.

naggio insieme poliedrico e sfuggente[43], noto soprattutto come animatore dell'Accademia degli Occulti di Brescia e come autore delle *Diece veglie de gli ammendati costumi dell'humana vita*[44], un trattato etico-pedagogico in forma di dialogo in cui il pensiero agostiniano si alimenta, in modo suggestivo e complesso, dei fermenti spirituali di Erasmo da Rotterdam e Juan de Valdés.

Gli esempi della poesia spirituale della Colonna e di Tasso padre agiscono in profondità sia nelle rime sia nei salmi penitenziali di Arnigio, a stampa tra il 1555 e il 1568[45]. Lo si vede bene nel sonetto proemiale delle *Sacre et penitentiali rime*, che riprende dal sonetto proemiale delle *Rime spirituali* della Colonna vari elementi, a partire dalla contrapposizione tra lirica amorosa e lirica spirituale (contrapposi-

43 Su di lui e sulle sue opere, oltre alla voce di Simona Carando, «Arnigio, Bartolomeo», in *Dizionario biografico degli Italiani*, vol. 4, Roma, Istituto della Enciclopedia Italiana, 1962, p. 253-256, si veda Linda Bisello, *Sotto il "manto" del silenzio. Storia e forme del tacere (Secoli XVI-XVII)*, Firenze, Olschki, 2003, p. 94-120 (= § I. 4. «*Le dieci veglie degli ammendati costumi dell'umana vita*: le 'elucubrazioni' di Bartolomeo Arnigio»); *ead.*, «"Di minute scintille un grande fuoco". Parabola storica e testuale dell'Accademia degli Occulti (Brescia 1564-83; denuo flor. 1622-30)», in *Cenacoli. Circoli e gruppi letterari, artistici, spirituali*, a cura di F. Zambon, Milano, Medusa, 2007, p. 221-245; Elisabetta Selmi, «Letture erasmiane nel Polesine e dintorni», in *L'utopia di cuccagna tra Cinquecento e Settecento. Il caso della Fratta nel Polesine*, a cura di A. Olivieri e M. Rinaldi, Rovigo, Minelliana, 2011, p. 141-174; Luca Piantoni, «"Nella natura di Dio trasformarsi possiamo". Bartolomeo Arnigio e la via delle passioni», in *Il fiore delle passioni. Animo e virtù nel sistema dei saperi tra Cinque e Seicento*, a cura di E. Selmi, L. Piantoni e M. Rinaldi, Padova, CLEUP, 2012, p. 135-158; Ester Pietrobon, «Riscritture liriche di Salmi e poetica davidica in Bartolomeo Arnigio», in *La Bibbia in poesia*, *op. cit.*, p. 83-101.

44 *Le diece veglie di Bartolomeo Arnigio, de gli ammendati costumi dell'humana vita, nelle quali non sol si tratta di quelle vertù, ch'à viver nella luce de gli huomini, et di Dio bisognevoli sono: ma etiandio si flagellano acerrimamente que' vitij, che più de gli altri trasviano dal cammino della vera gloria* [...], In Brescia, appresso Francesco, et Pietro Maria fratelli de' Marchetti, 1576.

45 Le edizioni fondamentali dei testi lirici di Arnigio sono le seguenti: *Le rime di messer Bartolomeo Arnigio. Novamente poste in luce*, Venezia, Gabriel Giolito de' Ferrari e fratelli, 1555, in cui già sono presenti componimenti spirituali; *Rime de gli Academici Occulti con le loro imprese et discorsi*, Brescia, Vincenzo di Sabbio, 1568; *I sette salmi della penitentia del gran propheta David spiegati in canzoni secondo i sensi da m. Bartolomeo Arnigio academico bresciano. Et appresso la prima parte delle sue spiritali & sacre rime*, Brescia, Francesco e Pietro Maria Marchetti, 1568. Su tale produzione si veda in particolare E. Pietrobon, «Riscritture liriche di Salmi e poetica davidica in Bartolomeo Arnigio», art. cit. Colgo l'occasione per segnalare che il primo salmo penitenziale di Arnigio è stato pubblicato anche con attribuzione a Coppetta: cfr. Francesco Coppetta Beccuti, *Rime*, in Giovanni Guidiccioni, Francesco Coppetta Beccuti, *Rime*, a cura di E. Chiòrboli, Bari, Laterza, 1912, *Rime* CCIX. Il testo apparve a stampa per la prima volta, con pochissimi e ininfluenti varianti, proprio nella citata raccolta di Arnigio dei *Sette salmi della penitentia* e della *Prima parte* delle *Spiritali et sacre rime* (1568); non compare invece nella *princeps* della raccolta lirica di Coppetta (*Rime di m. Francesco Coppetta de' Beccuti, perugino*, in Venetia, appresso Domenico et Gio. Battista Guerra fratelli, 1580). Il componimento fu musicato da Orlando di Lasso, con attribuzione a Coppetta, ma con le varianti di Arnigio: cfr. *Madrigali: a quattro, cinque et sei voci, novamente composti: per Orlando Lasso: mastro di capella del serenissimo duca di Bavera*, Noribergae, in officina typographica Catharinae Gerlachiae, 1587.

zione che a livello formale è risolta con l'anafora insistita dell'aggettivo *altro*) per affermare la propria conversione ai contenuti sacri:

Altre lachrime, lasso, altri sospiri
s'udran, che d'huom che 'l mondo prezza et ama:
altro desio, che di salir in fama
4 che duri finché 'l ciel dintorno giri;
altro stile, altr' amor', altri desiri,
che vil, mortale et niquitosa brama;
et altro Phebo a sé m'invita et chiama,
8 perch'altri accenti dal mio petto spiri.
Tu sei Giesù l'Apollo, tu Maria
sei la mia musa e 'l sangue del tuo Figlio
11 sarà il Permesso et la materia mia.
Purpurea rosa, immacolato giglio,
nova Rachel, Madre cortese et pia,
14 Lui prega intanto nel mio grave exiglio[46].

All'interno della produzione lirica di Arnigio, la connessione tra il tema della grazia divina e l'immagine della pioggia emerge con maggiore evidenza in due testi, uno appartenente ai *Sette salmi della penitentia* e l'altro alle *Sacre et penitentiali rime*. Il primo è il settimo salmo penitenziale, che riscrive il salmo 142. Il riferimento alla pioggia compare sia ai vv. 26-30 sia ai vv. 41-50, in entrambi i casi avallato in piccola parte dall'ipotesto diretto, ossia il salmo 142, e in gran parte liberamente ispirato ai luoghi della Bibbia e dell'esegesi biblica in cui la grazia divina scende agli uomini in forma di pioggia, rugiada e umore oppure di manna. Il poeta si sente come un terreno riarso dal calore dell'estate a cui manca il sollievo di una pioggia o di un fiume:

Levate ambe le mani,
i giusti preghi humani
volgo a te, Dio, ch'esser qual terra parmi
che, fatta adusta dal calor estivo,
30 pioggia non have che la bagni o rivo[47].

Versi che ampliano Ps 142, 6: «expandi manus meas ad te / anima mea sicut terra sine aqua tibi». Poi l'Arnigio salmista prega che ora, all'arrivo dell'alba, piova la manna della pietà divina, affinché il Signore lo renda lieto e beato, guidandolo sulla giusta via e insegnandogli a ben operare:

Sopra me, in questo aprir de l'alba, piovi,
Signor, la manna de la tua pietate,
perché tra l'alme sia liete et beate.

46 B. Arnigio, *I sette salmi della penitentia* [...]. *Et appresso la prima parte delle sue spiritali et sacre rime*, *op. cit.*, c. 15v.
47 *Ibid.*, c. 13v.

La via mi mostra et i miei passi movi
45 dove vuoi ch'io mi volga et te ritrovi,
ch'in te sol mi confido,
del cor mio albergo fido.
L'insidie de' nemici apri et rimovi
e insegnami operar ciò ch'a te piace,
50 et di guerra mi togli et pommi in pace[48].

Stanza che rimodula e dilata *Ps* 142, 8:

auditam mihi fac mane misericordiam tuam
quia in te speravi
notam fac mihi viam in qua ambulem
quia ad te levavi animam meam

Ancor più chiara e forte è la presenza dell'immagine della pioggia di grazia in un sonetto, tra i migliori di Arnigio, che trae ispirazione, oltre che dalla parola della zizzania del Vangelo di Matteo (13, 24-30), dalle parole della Bibbia sull'aridità e sulla sterilità del peccato (ai luoghi già segnalati, tra i quali il più importante è senz'altro Io 15, 4-6, si possono aggiungere i seguenti: Ps 128, 5-7; Sir 6, 2-3; Mt 3 10-12; Iud 12-13), e soprattutto riformula una similitudine essenziale in questo mio percorso, quella – già ricordata – di Ps 71, 6, «descendet sicut pluvia in vellus / et sicut stillicidia stillantia super terram»:

Versi sopra lo sterile terreno
de l'arido cor mio lo Spirto Santo
pioggia feconda, et lo ristauri tanto
4 che ricco et colmo habbia di frutti 'l seno;
che, se del vivo humor per gratia pieno
fia, non darassi 'l mio nemico vanto
di seminarvi la zizania intanto,
8 né del mio sol turbar potrà 'l sereno.
Spirto superno, Atto divin che d'una
sostantia sei col Padre eterno e ‹'l› Figlio
11 et da l'uno et da l'altro esci conforme:
spira ne l'alma mia frale et digiuna
virtù, ché col tuo fermo, alto consiglio
14 si desti a l'opre, ov'hor s'adagia et dorme[49].

Il testo (da cui ho tratto lo spunto per il titolo, ancor prima che dal frammento lirico di Rebora posto in esergo) riprende e condensa, in forma di preghiera allo Spirito Santo, l'opposizione biblica tra la sterile aridità e la pioggia feconda. Evidente è in

48 *Ibid.*, c. 13v-14r.
49 *Ibid.*, c. 18r. Per un commento al testo si veda S. Prandi, in *Antologia della poesia italiana*, *op. cit.*, II, p. 791.

tale scelta l'incidenza del modello offerto da Vittoria Colonna, in particolare con i sonetti S1 39, S1 75 e 87, qui sopra citati, i quali già rielaboravano immagini scritturali poi riprese da Arnigio. E anche si coglie, soprattutto per l'umore di grazia al v. 5, l'esempio di Bernardo Tasso, che adopera l'immagine al v. 22 del salmo 8.

Benedetto Dell'Uva

I passi biblici finora richiamati erano ben noti a Benedetto Dell'Uva[50], monaco benedettino che ebbe ai suoi tempi e almeno fino al Settecento discreta notorietà, sia per i suoi poemetti, tre in ottave, *Il pensier della morte*, *Le vergini prudenti* e *Il Doroteo*, e uno in terza rima, *Il glorioso trionfo de' martiri*[51], sia per le sue *Rime*, edite per la prima volta nell'importante volumetto, allestito da Scipione Ammirato, *Parte delle Rime di d. Benedetto Dell'Uva, Giovanbatista Attendolo et Cammillo Pellegrino*[52], in cui a una silloge lirica tripartita seguiva il dialogo pellegriniano *Il Carrafa*, che innescò l'appassionata *querelle* tra i fautori di Tasso e quelli di Ariosto[53].

50 Qui di seguito ripropongo in parte, con aggiornamenti, il §3 del mio contributo «La rugiada della grazia. Tessere bibliche nelle rime di Dell'Uva», art. cit., p. 138-148.

51 I poemetti in ottave furono editi tutti e tre nel 1582: *Il pensier della morte di don Benedetto dell'Uva, monaco casinense. All'illustrissima et eccellentissima signora d. Geronima Colonna, duchessa di Monteleone*, in Firenze, appresso Bartolomeo Sermartelli; *Le vergini prudenti di don Benedetto dell'Uva monaco casinense. All'eccellentissima signora Felice Orsina, vicereina di Sicilia*, in Firenze, nella Stamperia di Bartolomeo Sermartelli; *Il Doroteo di don Benedetto dell'Uva. All'illustrissimo et eccellentissimo signor don Luigi Carrafa, principe di Stigliano*, in Firenze, nella Stamperia di Bartolomeo Sermartelli. Invece il poemetto in terzine *Il glorioso trionfo de' martiri* vide la luce soltanto nella raccolta delle *Poesie del rever. don Benedetto dal Uva, monaco casinense. Il pensiero della morte. Il Doroteo. Il martirio di s. Agata, di s. Lucia, di s. Agnese, di s. Giustina, di s. Caterina. Il trionfo de' martiri. All'ill.ma et eccell.ma sig.ra d. Orsina Peretti Sforza, marchesa di Caravaggio*, in Reggio, appresso Flavio e Flaminio Bartholi, 1608.

52 *Parte delle Rime di d. Benedetto Dell'Uva, Giovanbatista Attendolo et Cammillo Pellegrino. Con un brieve discorso dell'epica poesia*, in Firenze, nella stamperia del Sermartelli, 1584 (ma 1585 nel *colophon*).

53 Nato nel 1540 a Capua e ivi morto tra il 25 agosto 1582 e il 31 ottobre 1584, ma con maggiore probabilità verso la fine del 1582, Dell'Uva nel corso del 1562 si trasferì nell'abbazia di Montecassino, dove il 10 febbraio 1563 pronunciò la sua professione di fede. Su di lui, oltre alla voce di Flavio De Bernardinis, «Dell'Uva, Benedetto», in *Dizionario biografico degli Italiani*, vol. 38, Roma, Istituto della Enciclopedia Italiana, 1990, p. 101-103, si vedano Rossano Pestarino, «Benedetto Dell'Uva ammiratore e censore del Tasso» [2001-2002], in *id.*, *Tansillo e Tasso o della «sodezza» e altri saggi cinquecenteschi*, Pisa, Pacini, 2007, p. 179-204; Maria Luisa Doglio, «Tasso "architetto" dell'"epica poesia" nel dialogo di Camillo Pellegrino» [1999], in *ead.*, *Origini e icone del mito di Torquato Tasso*, Roma, Bulzoni, 2002, p. 41-64: 41-44; Massimo Zaggia, *Tra Mantova e la Sicilia*, 3 t., Firenze, Olschki, 2003, II. *La congregazione benedettina cassinese nel Cinquecento*, p. 676-677 e *passim*; Riccardo Bruscagli, «La preponderanza petrarchistica», in *Storia letteraria d'Italia. Il Cinquecento*, a cura di G. Da Pozzo, 3 t., Padova, Piccin Nuova Libraria – Milano, Vallardi, 2007, III, p. 1559-1615: 1604-1606; Maria Luisa Doglio, «Il gusto encomiastico e didascalico», *ibid.*, p. 1617-1652: 1639-1641; Pietro Petteruti Pellegrino, «"Havete essempio?". Le annotazioni inedite di Attendolo

Anche per lui fu d'altronde fondamentale il dialogo, oltre che con i modelli proposti da Bembo e Della Casa, con l'esperienza lirica di autori quali Vittoria Colonna e Bernardo Tasso, assunti a modello per una rilettura in senso spirituale del petrarchismo e più precisamente di un riuso delle immagini bibliche in funzione innanzi tutto di un rapporto più intenso, profondo e consapevole con la propria fede, e poi di un ampliamento del poetabile.

Altrettanto bene conosceva quei passi biblici Marcantonio Flaminio, dal quale almeno in un caso direttamente li attinse Dell'Uva.

Il madrigale *Come tenero fiore* di Dell'Uva, edito nel 1584-1585 in *Parte delle rime*, altro non è, infatti, che la traduzione italiana, con qualche adattamento, del carme *Ut flos tenellus in sinu* di Flaminio[54], a stampa nella raccolta dei *De rebus divinis Carmina* a Margherita di Valois, pubblicata nel 1550[55] e riedita ben dieci volte

al canzoniere di Dell'Uva», in *Quaderno di italianistica 2011*, *op. cit.*, p. 145-175; Marco Leone, «Vergini e Maddalene nella poesia sacra barocca d'area meridionale», in *Visibile teologia*, *op. cit.*, p. 345-359; F. Ferretti, *Le Muse del Calvario*, *op. cit.*, p. 89-107 e *passim*.

54 Già lo segnalava Giovanni Battista Bisso nella sua fortunata *Introduzione alla volgar poesia* (I ed. 1749), laddove sosteneva che i volgarizzamenti degli epigrammi latini spesso adottavano la forma del madrigale: «A questa sorta di componimento [*scil.* il madrigale] si riducono le traduzioni che soglion farsi degli epigrammi latini, le quali per ordinario si fanno a foggia di madrigali. [...] Traduzione pure dal latino di M. Ant. Flaminio è il seguente madrigale di Bene[de]tto dell'Uva, con l'intercalare leggiadramente intrecciato: / *Come tenero fiore* [...]. Il latino epigramma del Flaminio, in versi jambici dimetri, dice così: *Ut flos tenellus in sinu* [...]» (*Introduzione alla volgar poesia in due parti divisa dal p. Gianbattista Bisso palermitano, professore di Rettorica nel Collegio Massimo di Palermo. Edizione novissima molto migliorata, ed accresciuta dall'autore, spezialmente d'un nuovo libro della poesia teatrale antica e moderna. Si aggiunge in fine I. Una lezione arcadica del March. Scipione Maffei sopra i poeti italiani. II. Un ristretto d'iconologia ad uso delle scuole d'Italia*, in Venezia, presso Francesco di Niccolò Pezzana, 1785, p. 155-156).

55 *M. Antonii Flaminii de rebus divinis Carmina ad Margaritam Henrici Gallorum Regis sororem*, Lutetiae, ex officina Roberti Stephani, 1550. Su tale opera e più in generale sulla poesia religiosa di Flaminio vd. Massimo Scorsone, «Musae severiores. Della lirica sacra di Marcantonio Flaminio», *Atti dell'Istituto veneto di Scienze, Lettere ed Arti*, CLV, 1996-1997, 1, p. 83-116; Monica Bottai, «La *Paraphrasis in triginta Psalmos versibus scripta* di Marcantonio Flaminio: un esempio di poesia religiosa del XVI secolo», *Rinascimento*, II s., XL, 2000, p. 157-265; *ead.*, «Bibbia e modelli classici nella parafrasi salmica del Flaminio», in *La scrittura infinita*, *op. cit.*, p. 105-115; Isabelle Fabre, «Entrelacs psalmiques et glose poétique: "bâtir sur le roc", l'exemple du *Carmen V de rebus divinis* de Marcantonio Flaminio (1550)», *Réforme, Humanisme, Renaissance*, LXXII, 2011, p. 73-87; Giovanni Ferroni, Dulces lusus. *Lirica pastorale e libri di poesia nel Cinquecento*, Alessandria, Edizioni dell'Orso, 2012, p. 225-270 e *passim*; Giovanni Ferroni, «"Liber ultimus". Note sui "De rebus divinis carmina" di Marco Antonio Flaminio», in *Roma pagana e Roma cristiana nel Rinascimento, Atti del XXIV Convegno internazionale (Chianciano Terme-Pienza, 19-21 luglio 2012)*, a cura di L. Secchi Tarugi, Firenze, Cesati, 2014, p. 301-310; Giovanni Ferroni, «A Farewell to Arcadia. Marcantonio Flaminio from Poetry to Faith», in *Allusions and Reflection. Greek and Roman Mythology in Renaissance Europe*, a cura di E. Wåghäll Nivre, con A. Carlstedt, A. Cullhed, C. Franzén, P. Gillgren, K. Lundström e E. Sellberg, Cambridge, Cambridge Scholars Publishing, 2015, p. 309-324; Isabelle Fabre, «L'élégance de l'hymne: une lecture médiévale des *Carmina de rebus divinis* de Marcantonio Flaminio (1550)», in *Die neulateinische Dichtung in Frankreich zur Zeit der Pléiade / La Poésie néo-latine en France au temps de la Pléiade*, a cura di

entro il 1578[56], in Italia e fuori. Per favorire il confronto sottolineo le espressioni che maggiormente si corrispondono, alla lettera o per senso.

Flaminii *Carmina* VIII 7[57]

Comparat animum suum flori

Ut flos tenellus in sinu
telluris almae lucidam
formosus explicat comam,
si ros, et imber educat
5 illum; tenella mens mea
sic floret, almi Spiritus
dum rore dulci pascitur.
Hoc illa si caret, statim
languescit; ut flos arida
10 tellure natus, eum nisi
et ros, et imber educat.

Dell'Uva, *Rime*, 14[58]

Come tenero fiore
spiega la chioma sua, se lo nodrica
pioggia o rugiada amica,
così di bei pensier' fiorisce un core,
5 se di celeste gratia il bagna humore.
Ma senza lei diviene
arido, e non ha spene
di produr fior né frutto,
come in terreno asciutto

M.-F. Cuipponi-Gineste, W.Kofler, A. Novokhatko e G. Polizzi, Tübingen, Narr, 2015, p. 319-339; Isabelle Fabre, Marie Formarier, «Les *Carmina de rebus divinis* de Marcantonio Flaminio (1550). Lyrique ambrosienne au service de la Réforme?», in *La memoria di Ambrogio di Milano. Usi politici di una autorità patristica in Italia (secc. V-XVIII)*, a cura di P. Boucheron e S. Gioanni, Roma, Sorbonne - École française de Rome, 2015, p. 501-522; Giovanni Ferroni, «"Siculis et Tarentinis". Teologia, esegesi e poetica, nei *De rebus divinis carmina* di Flaminio», in *Poesia e Riforma nel Cinquecento italiano*, a cura di D. Dalmas, numero monografico del *Bollettino della Società di studi valdesi*, 218, 2016, p. 33-70; Isabelle Fabre, «"Se nourrir du sang divin". L'écriture mystique des *Carmina de rebus divinis* de Marcantonio Flaminio (1550)», in *Fables mystiques. Savoirs, expériences, représentations du Moyen Âge aux Lumières*, a cura di C. Connochie-Bourgne e J.-R. Fanlo, Aix-en-Provence, Presses universitaires de Provence, 2016, p. 145-156; Giovanni Ferroni, «Rilievi sulla struttura dei *De rebus divinis carmina* di Marcantonio Flaminio», in *La lirica in Italia dalle origini al Rinascimento*, a cura di L. Geri e M. Grimaldi, numero monografico di *Studi (e testi) italiani*, XXXVI, 2016, p. 147-167.

56 Cfr. G. Ferroni, «"Liber ultimus". Note sui "De rebus divinis carmina" di Marco Antonio Flaminio», art. cit., p. 303, n. 6.

57 Cito da Marcantonio Flaminio, *Carmina*, [Testo e note a cura di M. Scorsone], San Mauro Torinese, RES, 1993.

58 Trascrivo il testo da *Parte delle rime*, *op. cit.*

10 muor, non che langue fior, se nol nodrica
pioggia o rugiada amica.

I passi biblici ai quali attinge Flaminio, e con lui Dell'Uva, provengono soprattutto dal libro dei Salmi[59]. Penso a un luogo già richiamato a proposito della Colonna, Ps 41, 2-3:

2 Quemadmodum desiderat cervus ad fontes aquarum
ita desiderat anima mea ad te Deus
3 sitivit anima mea ad Deum fortem: vivum
quando veniam et parebo ante faciem Dei.

Poi a Ps 62, 2-3:

2 Deus Deus meus ad te de luce vigilo
sitivit in te anima mea
quam multipliciter tibi caro mea
3 in terra deserta et invia et inaquosa
sic in sancto appraui tibi
ut viderem virtutem tuam et gloriam tuam;

A Ps 142, 6, «expandi manus meas ad te / anima mea sicut terra sine aqua tibi», versetto già citato per il salmo VII di Arnigio. E soprattutto a Ps 102, 13-16:

13 quomodo miseretur pater filiorum
misertus est Dominus timentibus se
14 quoniam ipse cognovit figmentum nostrum
recordatus est quoniam pulvis sumus
15 homo sicut faenum dies eius
tamquam flos agri sic efflorebit
16 quoniam spiritus pertransivit in illo et non subsistet
et non cognoscet amplius locum suum.

Il volgarizzamento di Dell'Uva non è letterale, ma nell'insieme si presenta abbastanza preciso. Egli aggiunge l'aggettivo «amica» per la rugiada/pioggia e attribuisce l'aggettivo «formosus» non più al singolare «flos», per quanto con funzione avverbiale, ma al plurale «pensier'», e più in generale trasforma l'espressione «tenella mens mea / sic floret» in «così di bei pensier' fiorisce un core», spostando la focalizzazione da «mens» a «core».

59 Per l'interpretazione del carme di Flaminio vd. in particolare G. Ferroni, «"Siculis et Tarentinis". Teologia, esegesi e poetica, nei *De rebus divinis carmina* di Flaminio», art. cit., p. 54-63, dove sono analizzati in dettaglio sia gli elementi letterari sia gli aspetti spirituali del testo.

La riscrittura delluviana, come prevedibile, attinge parole ed espressioni dalla tradizione volgare. Ad esempio, in un contesto di tono non dissimile, per quanto amoroso, la rima *fiore*: *core* si incontra già in Della Casa, *Rime*, 30, 9-14:

> Qual chiuso in orto suol purpureo fiore,
> cui l'aura dolce e 'l sol tepido e 'l rio
> corrente nutre, aprir tra l'erba fresca,
> tale e più vago ancora il crin vid'io
> che solo esser devea laccio al mio core:
> non già ch'io, rotto lui, del carcer esca[60].

Versi in cui è evidente la memoria di Catullo, 62, 39-41:

> Ut flos in saeptis secretus nascitur hortis,
> ignotus pecori, nullo convolsus aratro,
> quem mulcent aurae, firmat sol, educat imber[61].

Un luogo, quest'ultimo, dal quale a sua volta Flaminio – come suggerito da Emanuela Scarpa – trae l'accostamento del fiore all'immagine della *coma*[62]. Sempre in un contesto non dissimile, la rima *fiore*: *core* si legge anche in Bernardo Tasso, *Ode*, 25, 26-30, dove fa una delle sue prime apparizioni nella poesia in volgare quel sintagma «tenero fiore» che poi Dell'Uva inserisce nel verso iniziale:

> Vi prega, se pietate
> de la miseria sua vi punge il core,
> che non vogliate la vostra beltate
> quasi tenero fiore
> con la nebbia del duol render minore.

Oltre che con tali testi, e con i luoghi classici ai quali essi attingono, tra i quali spiccano quello catulliano già segnalato e quello del paragone virgiliano tra Eurialo morente e il fiore reciso dall'aratro (*Aen.* IX 435-436, «purpureus veluti cum flos succisus aratro / languescit moriens [...]»), il madrigale di Dell'Uva è da porre in rapporto, come prevedibile con Petrarca. Qui importa soprattutto la ripresa, al v. 9 del componimento di Dell'Uva, della clausola petrarchesca «terreno asciutto», da *Rvf* 71, 104, «io per me son quasi un terreno asciutto»[63], in quanto a sua volta memore (come *Rvf* 64, 9, «ché gentil pianta in arido terreno», e come Bernardo

60 Cito il sonetto da Giovanni Della Casa, *Rime*, a cura di S. Carrai, Torino, Einaudi, 2003.

61 Mi attengo all'edizione dei *carmina* catulliani accolta in *Poesia d'amore latina*, a cura di P. Fedeli, Torino, Einaudi-Gallimard, 1998.

62 Cfr. Emanuela Scarpa, «I sonetti per le chiome recise e il motivo del "purpureo fiore"», in *ead.*, *Schede per le "Rime" di Giovanni Della Casa*, Verona, Fiorini, 2003, p. 87-92: 90.

63 Clausola petrarchesca usufruita anche da Torquato Tasso in *Rime* 129, 53, «né mai di sponda o di terreno asciutto», e in *Rime* 1662, 6, «giungono al cor quasi in terreno asciutto».

Tasso, *Salmi* 3, 13, «Io son secco terreno») delle sequenze salmistiche poco sopra ricordate per il carme flaminiano.

Si passa poi dalla 'dolce rugiada dello Spirito santo' del carme flaminiano all'«humore» della «celeste gratia» del madrigale delluviano, con evidente ripresa di quell'immagine dell'umore di grazia che abbiamo incontrato al v. 22 del salmo 8 di Bernardo Tasso e al v. 5 del sonetto *Versi sopra lo sterile terreno* di Arnigio, oltre che nel lezionario di Nannini e nelle prediche di Buratelli. In altri termini, la rugiada/pioggia/umore in un caso è simbolo dello Spirito Santo e nell'altro della grazia. La differenza non è tuttavia tale da far ipotizzare una risemantizzazione, perché, secondo la dottrina cattolica, la grazia è un dono gratuito di Dio infuso nell'anima proprio dallo Spirito Santo. Merita semmai di essere evidenziato che, pur tenendo conto della situazione religiosa dell'Italia di secondo Cinquecento, straordinariamente complessa, per la ricchezza dei mobili intrecci e delle eclettiche commistioni che la caratterizzano, è da valutare come un atto di coraggio e di originalità l'appropriazione così vistosa di un carme *de rebus divinis* di Flaminio, chierico notoriamente prossimo all'evangelismo di Juan de Valdés e alle ragioni degli 'spirituali', oltre che revisore di quel *Beneficio di Cristo* (edito nel 1543) che nel 1546 fu condannato dal Concilio di Trento e nel 1559 fu inserito nel primo *Indice dei libri proibiti*, e autore in proprio di quattro opere vietate dall'*Indice* del 1559, ma non da quelli del 1564 e del 1596, ossia la *Paraphrasis in duo et triginta psalmos*, la *In librum psalmorum brevis explanatio*, le *Litterae* e – ciò che qui più conta – i *Carmina omnia*[64]. Occorre però evitare di apparentare Dell'Uva agli inquieti confratelli, da Benedetto Fontanini da Mantova a Giorgio Siculo, che nel corso del Cinquecento in diversa misura parteciparono a forme di dissenso religioso o di eterodossia, anche perché Flaminio (1498-1550) e Dell'Uva (1540-1582/84) appartengono a due fasi differenti della cultura italiana, l'una ancora aperta al confronto con la Riforma protestante e l'altra sostanzialmente impegnata in un'azione di Controriforma, dopo lo svolgimento del Concilio di Trento (1545-1563).

Inoltre è opportuno ricordare che il fiore del carme di Flaminio – come notato da Massimo Scorsone – «nasce certo dalla ferace zolla veterotestamentaria», e in particolare da immagini simboliche quali il «flos campi» del *Cantico dei Cantici*[65], collocato in una sequenza che merita di essere riletta, in quanto, oltre alla moda-

64 Cfr. Gigliola Fragnito, *La Bibbia al rogo. La censura ecclesiastica e i volgarizzamenti della Scrittura (1471-1605)*, Bologna, Il Mulino, 1997, p. 267-268.

65 M. Scorsone, «Musae severiores. Della lirica sacra di Marcantonio Flaminio», art. cit., p. 104, n. 46: «Il fiore al quale il poeta *comparat animum suum* nasce certo dalla ferace zolla veterotestamentaria (fra i suoi possibili archetipi simbolici piace ricordarne uno in particolare: il *flos campi* di Ct. 2, 1), ma per quella sua certa calligrafica nitidezza par quasi irrigidirsi nelle forme esemplari d'un'impresa».

lità comparativa, vi ricorre il sostantivo «amica», che potrebbe aver suggerito a Dell'Uva la qualificazione da lui attribuita alla pioggia/rugiada (Ct 2, 1-3):

1 ego flos campi et lilium convallium
2 sicut lilium inter spinas sic amica mea inter filias
3 sicut malum inter ligna silvarum sic dilectus meus inter filios.

La questione si complica e insieme diventa ancora più interessante, se teniamo conto della presenza della rugiada nella *Gerusalemme liberata* di Tasso, e in particolare nell'episodio della purificazione di Rinaldo sul monte Oliveto (XVIII 14-16). Un episodio che tuttavia Dell'Uva potrebbe aver letto successivamente alla prima stesura del proprio madrigale.

Non sussiste invece alcuna difficoltà di ordine cronologico nell'ipotizzare un'influenza del carme di Flaminio, e ancor prima del salmo 132 e del commento ad esso di Agostino, sulle ottave tassiane dedicate alla rappresentazione della pioggia di rugiada/grazia che scende su Rinaldo, «vecchio Adam» e «arido fiore»:

14 Così pensando, a le più eccelse cime
ascese; e quivi, inchino e riverente,
alzò il pensier sovra ogni ciel sublime
e le luci fissò ne l'oriente:
«La prima vita e le mie colpe prime
mira con occhio di pietà clemente,
Padre e Signor, e in me tua grazia piovi,
sì che 'l mio vecchio Adam purghi e rinovi».

15 Così pregava, e gli sorgeva a fronte
fatta già d'auro la vermiglia aurora
che l'elmo e l'arme e intorno a lui del monte
le verdi cime illuminando indora;
e ventillar nel petto e ne la fronte
sentia gli spirti di piacevol òra,
che sovra il capo suo scotea dal grembo
de la bell'alba un rugiadoso nembo.

16 La rugiada del ciel su le sue spoglie
cade, che parean cenere al colore,
e sì l'asperge che 'l pallor ne toglie
e induce in esse un lucido candore;
tal rabbellisce le smarrite foglie
a i matutini geli arido fiore,

e tal di vaga gioventù ritorna
lieto il serpente e di novo or s'adorna[66].

In questi versi e nell'intero episodio è per me evidente il dialogo con il salmo 132 e con la relativa esegesi agostiniana: in particolare, mi sembra che il debito emerga con chiarezza negli ultimi due versi dell'ottava 14, dove la funzione di purificazione e rinascita battesimale della pioggia/rugiada di grazia è messa in rapporto con la colpa di Adamo[67]. Un debito che, a mio avviso, ben caratterizza l'incidenza della parola dei Salmi e della Bibbia tutta nella poesia rinascimentale italiana.

66 Cito da Torquato Tasso, *Gerusalemme liberata*, a cura di F. Tomasi, Milano, Rizzoli, 2009, canto XVIII.

67 Sull'episodio mi limito a rinviare ad alcuni studi recenti che valorizzano, da prospettive differenti, la componente liturgico-rituale: Giovanna Scianatico, *L'arme pietose. Studio sulla Gerusalemme Liberata*, Venezia, Marsilio, 1990, p. 188-192; Valeria Capelli, *Antichi e nuovi umanesimi. Parabole letterarie*, Milano, Jaca Book, 2001, p. 79-80; Claudio Sensi, «Il "Libro delle ascensioni" di Torquato Tasso», in *Carte di viaggi e viaggi di carta. L'Africa, Gerusalemme e l'aldilà. Atti del Convegno, Vercelli 18 novembre 2000*, a cura di G. Baldissone e M. Piccat, Novara, Interlinea, 2002, p. 75-95; Elisabetta Selmi, «Il canto XVIII della "Gerusalemme Liberata": fra storia e invenzione», in *Lettura della «Gerusalemme Liberata»*, a cura di F. Tomasi, Alessandria, Edizioni dell'Orso, 2005, p. 451-476; Ottavio Abele Ghidini, «Poesia e liturgia nella *Gerusalemme liberata*», *Studi tassiani*, 56-58, 2008-2010, p. 153-180; *id.*, «Preghiera e teologia nella *Gerusalemme liberata*», *Sacra Doctrina*, LVI, 2011, 2, p. 21-44.

RACCONTARE LA BIBBIA
nell'Italia della prima età moderna. Cantari, poemi, romanzi

Erminia Ardissino
(Università di Torino)

La Bibbia appare come un'opera (anche letteraria) composta da una congerie di generi, in cui sono ben rappresentati quelli narrativi. Inizia con un mito, contiene biografie, cronache e narrazioni storiche, più o meno fondate, a volte quasi leggendarie, altre volte ben documentabili, oltre a generi che nulla hanno della narrazione (norme, preghiere, inni, profezie, epistole di esortazione)[1]. Le parti narrative si presentano come facilmente fruibili e atte alla comunicazione, quindi non necessiterebbero di particolari rielaborazioni per essere divulgate, come presuppone la missione cherigmatica a cui sono destinate. Tuttavia fin dalle origini l'annuncio della buona novella si è avvalso di elaborazioni letterarie che hanno voluto facilitare o rendere i testi sacri più consoni alla costruzione di messaggi comunicativi. Pur nella salvaguardia del contenuto originario, è stata talvolta cercata una forma più adatta alla sua trasmissione. È il caso dell'invenzione detta *diatessaron*, ovvero armonizzazione dei Vangeli per cui Taziano il Siro ha disposto la storia di Gesù in sequenze accordate su tutti i Vangeli, una forma che ha avuto lunga fortuna raggiungendo, dal secondo secolo d. C., la soglia della modernità[2]. Ad esigenze narrative oltre che cherigmatiche rispondono anche quelle riduzioni o contaminazioni cui sono sot-

1 Sui generi della Bibbia: John B. Gabel, Charles B. Wheeler, Antony D. York, *Bible as Literature*, New York-Oxford, Oxford University Press, 2000; *Cracking Old Testament Codes: A Guide to Interpreting Literary Genres of the Old Testament*, a cura di D. B. Sandy e R. L. Giese, Nashville, B&H Publishing Co., 1995, in particolare sulla narrazione: D. Marguerat, A. Wénin, *Sapori del racconto biblico*, tr. it. R. Simionati Lora, Bologna, Dehoniane, 2013.

2 Sul *diatessaron* come genere: William L. Petersen, *Tatian's Diatessaron: its Creation, Dissemination, Significance, and History in Scholarship*, Leiden, Brill, 1994; Tjitze Baarda, *Essay on the Diatessaron*, Kampen, Kok Pharos, 1994; Marie-Émile Boismard, *Le Diatessaron de Tatien à Justin*, Paris, Gabalda et C., 1992.

toposti i testi sacri persino nella versione *vulgata*, aggiustamenti assai comuni nel Medioevo europeo.

L'adattamento del testo sacro ad esigenze comunicative si fa più pressante con il crescere della domanda di letture bibliche che si sviluppa con la prima età moderna. Con l'ingresso sempre più ampio dei laici nella vita della Chiesa e con la conseguente espansione della domanda di conoscenza religiosa, sostenuta anche da una più intensa alfabetizzazione, che incomincia a riguardare anche le donne, poi dalla stampa, che accelera fortemente ogni processo comunicativo, la domanda, quindi l'offerta, di diverse tipologie di testi sacri è cresciuta fino a determinare delle forme nuove di organizzazione delle storie bibliche. Non si tratta solo della conversione in sacre rappresentazioni o in testi meditativi e devozionali, le modalità più popolari di riscrittura biblica, ma anche di narrazioni con cui si poteva offrire in lettura (o in ascolto) un testo più fluido, meglio fruibile, più dilettevole e rispondente al gusto del pubblico e alle sue attese[3]. La Bibbia non solo venne quindi intensamente tradotta in tutta Europa, ma anche adattata ad esigenze che non sempre erano religiose in prima istanza, ma che invece più precisamente rispondevano agli indirizzi letterari, ad esigenze retoriche, alle norme che regolavano la costruzione dei testi e che erano dominanti nel panorama creativo ed editoriale all'epoca.

In questa relazione mi limiterò a presentare l'elaborazione del testo biblico che venne fatta in Italia per creare narrazioni, forme che come vedremo tengono in conto più le tendenze letterarie che quelle religiose e che sono regolate da leggi interne alla costruzione del testo più che da questioni dottrinali. Tuttavia la diffusione che hanno avuto questi generi nell'Italia della prima età moderna ci mostra indubbiamente che la conoscenza del testo biblico è avvenuta per gli Italiani anche passando attraverso questi veicoli, che raggiungono infatti circa un centinaio di titoli a stampa[4]. Credo possa essere utile capire a fondo i meccanismi con cui venivano costruiti, gli obiettivi che si prefiggevano e i rapporti che intrattenevano con il testo sacro da veicolare. Poiché essi erano proposti anche come testi di devozione e meditazione, persino forse d'indottrinamento, una più

3 Sulle modalità di fruizione del testo biblico, si veda nel presente volume il saggio di Gordon Campbell intitolato «"Fides ex auditu". Hearing and Reading the Bible».

4 Il conteggio, che considera poemi e romanzi, è sulla base del repertorio di riscritture bibliche in italiano dall'età della stampa fino al 1650, ancora in stampa presso Brepols, approntato da E. Ardissino e É. Boillet. Il repertorio è nato nel contesto del progetto *The Laity and the Bible. Religious Reading in Early Modern Europe*, svolto presso il Centre d'études supérieures de la Renaissance di Tours e finanziato dall'Institute for Advanced Studies, Le Studium, Loire Valley, Orléans. Colgo l'occasione per ringraziare Philippe Vendrix e Benoist Pierre, precedente e attuale direttore del CESR, per il fattivo contributo per la riuscita del progetto, e Nicola Fazzalari, direttore dell'Institut Le Studium, per il prezioso supporto alla realizzazione del lavoro.

profonda conoscenza dei loro meccanismi consentirà anche di meglio conoscere le conseguenze che la sostituzione al testo sacro con questa produzione narrativa ebbe sulla cultura e coscienza degli Italiani.

Il fenomeno

Anche se un'epica cristiana esisteva da più di un millennio, lo sviluppo della narrazione biblica in italiano (intendiamo la narrazione lunga, ovviamente nella forma di *exempla* brevi ha altra storia) è frutto delle nuove mode letterarie e deve essere collocata sotto l'insegna della fortuna del poema dantesco o del romanzo cavalleresco in versi e in prosa (per un pubblico dotto anche sotto l'insegna del poema classico latino). Curtius individua nell'*Historia evangelica* di Juvencus (IV secolo) la prima opera significativa che può collocarsi sotto il genere di epica biblica, opera che «inizia una lunga serie di composizioni poetiche ispirate alla Bibbia, prima in latino e poi in volgare», in cui i poeti cristiani «continuarono un genere antico»[5]. Queste opere narrative infatti non sono semplicemente traduzioni o adattamenti o parafrasi, ma rielaborano il testo sfruttando tutti i meccanismi inventivi, organizzativi ed elocutivi che caratterizzano il genere a cui si rifanno e su cui si modellano. Pur rimanendo fedeli alla sostanza del messaggio, essi usano dell'*amplificatio*, dell'*abbreviatio*, della *dispositio* in modo da espandere gli episodi, definire i personaggi, descrivere gli ambienti, sottolineare il messaggio, costruire un intreccio coinvolgente, mescolare le parti meditative con quelle narrative, non ultimo per intensificare il diletto, attraverso cui può avvenire anche l'indottrinamento, che è, con il soddisfacimento del gusto del pubblico, uno degli scopi primari di queste opere.

Quanto il poema biblico rifletta le tendenze letterarie può essere dimostrato, almeno in Italia, dalla scelta della forma: in un primo tempo prevale, sotto l'influenza della fortuna della *Commedia*, l'uso della terzina, la forma metrica in cui Jacopo Gradenigo compone i suoi *Quatro evangelii concordati in uno* agli albori del XV secolo[6]. Nella stessa forma Giovanni Quirini scrive il suo ternario sulla Vergine[7],

5 Ernst R. Curtius, *Letteratura europea e Medio Evo latino*, tr. it. R. Antonelli, Firenze, La Nuova Italia, 2000, p. 510. Una storia del genere in Francesca Gambino, «"Epica biblica": spunti per la definizione di un genere medievale», *La parola nel testo*, III, 1999, p. 7-44.

6 Jacopo Gradenigo, *Gli Quatro Evangelii concordati in uno*, introduzione, testo e glossario a cura di F. Gambino, Bologna, Commissione per i testi di lingua, 1999.

7 Vedi in Giovanni Quirini, *Rime*, a cura di M. E. Druso, Roma-Padova, Antenore, 2002, p. 102-114, «un vero intarsio di reminiscenze dantesche», scrive il curatore (p. 102).

Enselmino da Montebelluna il suo *Pianto della Vergine*[8], e nel secolo successivo Francesco Filelfo la sua *Vita dil sanctissimo Johanni Battista*[9]. Ancora in terzine Candido de' Buontempi compone il *Libro del Salvatore*, rimasto manoscritto[10], Bernardo Pulci il *Pianto della Maddalena*[11], e Antonio Cornazzano il *De fide et vita Christi*, fortunatissimo poema in volgare, nonostante il titolo, in tre libri (piuttosto dottrinali, solo il secondo è narrativo), e la *Vita di Maria Vergine*, ambedue editi e riediti assai spesso fino al 1591[12]. Anche molte delle trecentesche parafrasi dei vangeli attribuite ad Antonio Pucci e rimaste manoscritte sono in terzine (117 capitoli in terzine in cui i vangeli sono organizzati secondo l'anno liturgico e 93 in altre forme: sonetti e canzoni)[13], così sono in terzine tre dei cinque poemetti biblici di Lucrezia Tornabuoni (editi sono recentemente)[14]. È questa una produzione popolareggiante, che nonostante l'ascendente letterario nobile, usa talora forme persino umili e dialettali, predilige il Nuovo Testamento, anzi è in gran parte una meditazione sulla vita di Gesù e tiene forti debiti verso le diffusissime *Meditationes vitae Christi*[15].

Ancora a Cinquecento inoltrato è composta in terzine la *Vita del nostro salvatore Jesu Christo* del cappuccino Lodovico da Filicaia (1548), mentre la sua traduzione degli Atti degli Apostoli è in quartine (1449), un metro raro in questo ambito[16]. E in

8 Fu un testo fortunato, ebbe la prima edizione a Vicenza, Hermannus Liechtenstein, 1477 ca, quindi ben otto edizioni solo nel Quattrocento. Si può leggere in moderna edizione: Enselmino da Montebelluna, *Lamentatio Beatae Virginis*, a cura di A. Andreose, Roma-Padova, Antenore, 2010.

9 Presentata nel 1445 a Filippo Maria Visconti a Milano, ma stampata sempre a Milano, presso F. Mantegazza, solo nel 1494. Moderna edizione in *Prose e poesie volgari di Francesco Filelfo*, a cura di G. Benaducci, in *Atti e memorie della Real Deputazione di Storia Patria per le Province delle Marche*, V, 1901, p. 45-114.

10 Tre i codici: Estense Ital 353, Comunale di Perugia D47 e 48. Cfr. Vittorio Rossi, *Il Quattrocento*, in *Storia letteraria d'Italia*, 7ª ed., Milano, 1960, p. 284 s. e 308, n. 8.

11 Ripetutamente edito con la *Passione* del Cicerchia nel 1550, 1551, 1556, 1591, 1600.

12 Prima edizione Venezia?, Stampatore del Cornazzano, 1472. Per il poema su Maria: [Venezia], Nicola Jenson, 1471?.

13 Manoscritti nella Biblioteca Riccardiana di Firenze, ms 2294 e 2760.

14 Tramandati dal manoscritto Magliabechiano VII 338 della Biblioteca Nazionale Centrale di Firenze, si possono leggere in moderna edizione: *Historia della casta Susanna*, a cura di P. Orvieto, iconografia a cura di O. Casazza, Bergamo, Moretti e Vitali, 1992; *Poemetti biblici. Historia di Ester e vita di Tubia*, ed. critica a cura di E. Ardissino, Lugano, Ancora, 2015.

15 Su cui David Falvay, Peter Toth, «L'autore e la trasmisisone delle "Meditationes Vitae Christi" in base a manoscritti volgari italiani», *Archivum Francescanum Historicum*, CIIC, 2015, p. 403-30, per la tradizione manoscritta; per l'età della stampa: Edoardo Barbieri, «Forme e tipologie delle "Vitae Christi" negli incunaboli volgari italiani», in *L'agiografia volgare. Tradizioni di testi, motivi e linguaggi, Atti del congresso internazionale, Klagenfurt, 15-16 gennaio 2015*, a cura di E. De Roberto e R. Wilhelm, Heidelberg, Universitätsverlag Winter, 2016, p.351-82.

16 Lodovico da Filicaia, *La vita del nostro salvatore Iesu Christo, overo sacra storia evangelica tradotta non solo di latino in volgare, ma etiam in verso per dare materia al lettore di piu suavemente corre el fructo necessario alla vita di ciascuno fedel christiano dallo evangelico arboro*, Venezia, Nicolo da Bascarini, 1548.

terzine è anche il poema sull'Incarnazione di Teofilo Folengo conosciuto come *La palermitana* (tratta della creazione e caduta originale, delle profezie e anticipazioni del Messia nella Scrittura Sacra, della venuta di Cristo)[17]. Nel 1538 a Ferrara esce il *Fascicolo della mirrata, redentrice et salvifica humanità di Christo* di Cherubino dei Tolomei, quindi poco dopo i *Trascorsi e descrittioni brevi delle cose del Testamento Vecchio* di Ganimede Panfilo (1543)[18], i capitoli sul trionfo della croce di Cristo di Vittoria Colonna (1542)[19] e quello sulla vita del Messia di Marco Antonio Pagani (1554), tutti ancora componimenti in terza rima[20].

Con l'affermarsi della grande stagione del poema cavalleresco è l'ottava a proporsi come dominante, forma che prende il via in corrispondenza della stagione dei cantari e si conferma atta a narrazioni impegnative in seguito al successo dell'*Orlando furioso*. È proprio al poema dell'Ariosto che rimanda il Folengo quando si trova a giustificare la scelta dell'ottava rima per la sua *Humanità del Figliuolo di Dio*, sostenendo che questa forma ha raggiunto un tale livello di perfezione che ad essa si può ricorrere pure per volare più in alto e parlare di cose sacre:

> Ma considerando al tempo d'oggi gli umani ingegni, eziandio dottissimi, non senza molta gravità di stilo essersi nelli volgari componimenti così d'ottava come d'ogn'altra rima esercitati, per aviso di chi sa più di me, ho voluto con ottave stanze passarmi il tempo in contemplare su per queste ripe la somma benignità di Dio verso di noi: parendo egli a me più convenire l'erroica maiestade a questa ottava rima che l'altre tutte, quantunque molte carte in così fatta manera di rimare siano state per lo passato infelicissimamente da più autori scritte; ma poscia in questi nostri moderni tempi sonosi desti (come si vede) alcuni veramente fortunati ingegni, li quali, non meno per favore di loro fatiche e continoati studii di dotte carte, che per natura di divine gratie, hanno restituito al suo candore il quasi già spento lume di queste ottave rime, delle quali oggidì, quell'onorato e non mai lodato a bastanza messer Lodovigo Ariosto da Ferrara s'ha tolto il primier onore e d'alto nome carco, è gito al Cielo per levare l'acquistata mercede de le sue lunghissime vigilie, ove non per altra cosa che per sottoporre la cagione d'ogni mala ociosità, si esercitava, sapendo molto bene che gli uomini a profitto comune in questo mondo nascono. Fortunato vecchio! Che 'n così grave, acconcio e ben limitato stile cagioni ha porto a la molle giovenezza di ritrarsi oggi mai

17 Rimasto manoscritto, ora si può leggere in edizione critica a cura di P. De Corso, Firenze, Olschki, 2006.

18 Ganimede Panfilo, *Trascorsi et descrittione breve sopra le cose del Testamento Novo in terza rima: colligatici à tutti i terzetti versi di Virgilio accommodati alla rima, & alla materia*, Venezia, Giacomo Pocatela, 1543.

19 Pubblicato nel 1540 con le rime, ora si legge in Vittoria Colonna, *Rime*, a cura di A. Bullock, Bari, Laterza, 1982, p. 195-199.

20 Pubblicato con le rime, Venezia, al segno del Pozzo, 1554. Su cui: Franco Tomasi, «Letteratura fra devozione e catechesi. Il caso di Giovanni Del Bene (1513-1559)», in *Poesia e retorica del sacro tra Cinque e Seicento*, a cura di E. Ardissino e E. Selmi, Alessandria, Edizioni dell'Orso, 2009, p. 55-102.

> da giochi, putte ed altre infinite malfatte cose a l'onoratissimo studio de le letere, alla grandezza de l'arme e finalmente ad ogni atto generoso di cortesia: le quali tutte cose ponno essere chiamate le fide scorte al salire più in alto e ritrovare il nostro principale oggetto e, riconosciutolo, ad altro non fermar più oltre il pensiero che morire nel Signore e dispensatore d'eterni beni.[21]

Usata già nel Trecento per la materia biblica dai senesi Tancredi da Massa e Niccolò Cicerchia, l'ottava è presto considerata un metro nobile, che si è riscattato dall'uso popolare dei cantari e che dunque è all'altezza della materia sacra. Tale metro appare ormai degna forma in cui trasferire contenuti biblici, e si mantiene all'apice delle scelte poetiche narrative sacre ancora nella stagione in cui l'epica si afferma come il genere alto, in seguito al dibattito causato dalla ricezione e dai commenti della *Poetica* di Aristotele[22]. Il fatto che i poemi biblici in ottave siano definiti da autori ed editori oltre che «poemi sacri», anche come «poemi eroici» o «poemi epici» attesta l'aspirazione ad ottenere per il genere un posto alto tra quelli poetico-narrativi[23].

Il genere epico, si sa, trova alla fine del sedicesimo secolo infatti il suo canale preferito nell'ottava, che appare superiore anche al verso sciolto proposto dal Trissino, lasciato presto a margine[24]. Al verso sciolto si ricorre per una materia più riflessiva, come nel poema del Tasso *Le sette giornate del mondo creato*, o come fa il suo imitatore, Felice Passero per il suo *Essamerone* (ma il Murtola per il suo poema, *Creazione del mondo*, solo l'anno dopo, torna all'ottava rima, per la cui scelta non sarà stato indifferente il contesto cortigiano), o nella maggioranza dei suoi poemetti il Chiabrera[25]. Nella stagione più propria dell'epica biblica, infatti, è il modello della *Gerusalemme liberata* a imporsi per le sue invenzioni, e con essa si afferma anche la sua nuova modulazione dell'ottava, meno armonica, ma più intensa ed espressiva. Raramente i poeti se ne discostano alla ricerca di metri particolari, come fa, credo unico, Bernardino Baldi nel suo *Diluvio universale*, composto di versi che combinano settenario ed endecasillabi[26]. All'ottava ricorrono non solo coloro che

21 Teofilo Folengo, *La umanità del Figliuolo di Dio*, a cura di S. Gatti Ravedati, Alessandria, Ed. Dell'Orso, 2000, p. 134.

22 Cfr. Stefano Jossa, *La fondazione di un genere. Il poema eroico tra Ariosto e Tasso*, Roma, Carocci, 2002.

23 Per la definizione si veda Mario Chiesa, «Poemi biblici secenteschi. Uno sguardo ai frontespizi», in *Dopo Tasso. Percorsi del poema eroico*, a cura di G. Arbizzoni, M. Faini e T. Mattioli, Roma-Padova, Antenore, 2005, p. 285-311. Desidero ricordare e ringraziare Mario Chiesa, che nel lontano 2004 mi invitò a prendere parte a un PRIN, di cui era il responsabile dell'unità torinese, un'esperienza che ha nutrito i miei interessi in questo campo.

24 Sulla scelta del Trissino si può vedere: Enrico Musacchio, «Lo stile del nuovo poema rinascimentale», *Letteratura italiana antica*, VI, 2005, p. 1-21.

25 Solo il *Battista* è in ottava rima. Cfr. Gabriello Chiabrera, *Poemetti sacri 1627-1628*, a cura di L. Beltrami e S. Morando, Venezia, Marsilio, 2007.

26 In sestine erano stati composti nel Quattrocento il poema di Matteo Caldo, *Vita Christi Salvatoris eiusque Matris Sanctissimae*, edito solo nel 1540 con quello di Maurolico, *Gesta Apostolorum* (non

vogliono allontanarsi dalla linea alta del poema latino, rappresentata dal Sannazaro e dal Vida, e che intendono mantenersi prossimi alla tradizione popolare, sebbene liberandola dai tratti più grezzi e ingenui della letteratura cavalleresca, ma anche coloro che pensano le storie bibliche in chiave di epica cristiana, di lotta archetipica delle forze del bene e del male incarnate nella storia[27].

Un'esibita familiarità con l'ottava appare per esempio nella dedica dei *Canti devotissimi sulla passione* di Sisto Poncelli, stampati nel 1556, che sostiene come suo intento fosse la «purità della cosa» più che «l'ornamento poetico» o «l'armonia di verso» o «la sceltezza di parole», per cui il poeta ha «in ottava rima semplicemente spiegata» la passione, «come ch'ella non sia con tutto ciò sì rozza, et inculta, che non possa lasciarsi vedere da' pii christiani spiriti da' quali mi sarà più grato col mio dire mediocre esser inteso che con alto stile dalli rari ingegni esser lodato». Il risultato apparirà come una narrazione «honestamente vestita et bene stante»[28].

Se è stato possibile mappare la produzione in terzine, ristretta ad una stagione e persino quasi ad un'area geografica, quella dell'Italia centrale con punte in terra veneta e milanese, sarebbe arduo offrire un quadro della produzione biblica in ottava rima nell'Italia della prima età moderna. Prende il via in pieno Trecento, come si è detto, con la scrittura popolareggiante di Felice Tancredi da Massa e di Niccolò Cicerchia, autore l'uno di un poema, *Fanciullezza di Gesù*, e il secondo di due poemi, *Passione* e *Resurrezione*[29], cui si possono accompagnare il poema sul Nuovo Testamento del perugino Domenico da Monticchiello[30] (rimasto manoscritto) e i poemetti in ottave di Lucrezia Tornabuoni (la *Vita di sancto Giovanni Baptista* e la *Storia di Iudith*, editi solo nel 1978)[31], oltre al poema di Bernardo Pulci sulla Passione, presto edito[32]. Si tratta dunque di una produzione trascurata e ritenuta evidentemente trascurabile, infatti per lo più non è andata a stampa. Tuttavia non mancò di una sua fortuna, se il poema del Cicerchia ebbe ripetute

si hanno però copie superstiti). Su cui Mario Chiesa, «Poemi biblici fra Quattro e Cinquecento», *Giornale storico della letteratura italiana*, CLXXIX, 2002, p. 161-192.

27 Marco Faini, «La riflessione sul poema sacro nella prima metà del Cinquecento», in *Autorità, modelli e antimodelli nella cultura artistica e letteraria tra Riforma e Controriforma. Atti del Seminario internazionale di studi, Urbino-Sassocorvaro, 9-11 novembre 2006*, a cura di A. Corsaro, H. Hendrix e P. Procaccioli, Manziana, Vecchiarelli, 2007, p. 243-265.

28 Sisto Poncelli, *Canti devotissimi nella sacra historia della passione, sepoltura, resurrettione, & ascensione del Saluator nostro Giesu Christo*, Milano, Valerio & Hieronymo fratelli da Meda, 1566, I, 2.

29 Ora in *Cantari religiosi senesi del Trecento*, a cura di G. Varanini, Bari, Laterza, 1965, il primo a p. 191-305, i secondi a p. 307-447.

30 Manoscritto 629 (I.23) della Biblioteca Comunale Augusta, Perugia. Cfr. Domenico da Monticchiello, *Rime*, a cura di G. Mazzoni, Roma, Tipografia Metastasio, 1887.

31 Lucrezia Tornabuoni, *Poemi sacri*, a cura di F. Pezzarossa, Firenze, Olschki, 1974.

32 Bernardo Pulci, *Passione*, Firenze, Bartolomeo Miscomini, 1489-90 e Firenze, Francesco Bonaccorsi, 1490.

edizioni fino agli albori del Seicento[33]. L'opzione per l'ottava continua con sempre maggiore intensità nel Cinquecento, determinando la sua funzionalità con opere come *L'umanità del Figliuolo di Dio* di Teofilo Folengo del 1533, che ben armonizza le istanze popolareggianti della letteratura cavalleresca con un'ambizione letterariamente più compiuta[34].

La forma del poema in ottave si corrobora poi dell'entusiasmo per il poema del Tasso, che si offre come modello di *inventio, dispositio, elocutio*, anche per la prossimità del tema con la storia biblica, per il suo presentarsi come poema cristiano per eccellenza. Allora in ottave si costruiranno tutte le storie del Vecchio e del Nuovo Testamento prodotte in quel torno di tempo, le molte vite di Cristo e della Vergine, le vicende mariane proposte come misteri per la recita del rosario, senza contare le composizioni per i pianti di penitenza o di dolore, la ricca produzione di narrativa devota della seconda metà del Cinquecento e del Seicento, che comprende agiografie e testi teologico-ascetici accanto a quelli biblici. È una stagione di lunga durata che vede coinvolti scrittori eccentrici come Folengo, Marino, Basile, poligrafi come Lodovico Dolce, religiosi come Serafino Razzi e Felice Passero, scrittori di corte come Murtola e Tasso, donne come Moderata Fonte e Lucrezia Marinella, poeti isolati come Capoleone Ghelfucci e altri immersi nel dibattito cittadino come Ridolfo Campeggi. La stagione dura fino a Settecento inoltrato, ne è esemplare ancora il grandioso poema *L'Adamo o la creazione del mondo* di Tommaso Campailla, che nel 1728 ripropone il tema della creazione e della caduta, alla soglia ormai del permesso di tradurre la Bibbia (del 1758). Ancora in ottave è tradotta la *Cristiade* del Vida da Carlo Ercolani nel 1792[35].

Ma con l'affermarsi del romanzo moderno sarà la prosa ad offrirsi come soluzione narrativa biblica meglio rispondente alle esigenze del tempo e ad affiancarsi al genere poematico, segno questo della duttilità della materia biblica, che si presta ad essere elaborata secondo le necessità e le scelte del fruitore.

Il romanzo biblico nasce a Bologna nella quarta decade del Seicento. Lo inaugurano *Le turbolenze d'Israele* di Luigi Manzini (1632) e il *Davide perseguitato* di Virgilio Malvezzi (1634). La sua durata è limitata a poco più di due decenni, ma annovera opere di rilievo come *Maria Maddalena* di Anton Giulio Brignole Sale (anteriore al 1640) e tutti i romanzi biblici di Ferrante Pallavicino (da *Susanna* del 1636 a *Bersabee* del 1639). Alle origini del fenomeno non c'è solo l'influenza della

33 Dopo i numerosi incunaboli, Niccolò Cicerchia, *La passione del nostro Signore Iesu Christo*, Bologna, Bartolomeo Bonardo, 1551, riedito poi a Firenze nel 1556, 1591, 1600.

34 Si veda l'accurata introduzione di S. Gatti Ravedati in T. Folengo, *La umanità del Figliuolo di Dio*, *op. cit.*, p. 5-127.

35 Nel 1818 sarà tradotta in versi sciolti da Giovanni Zucchi.

poetica d'ispirazione sacra e il clima di austerità e religiosità tipici dell'età barberiniana, ma anche il vivace sperimentalismo che muove i narratori italiani del tempo verso nuove forme. Sono questi i narratori che più s'interrogano sul loro rapporto con la fonte, sulla legittimità della loro trasformazione delle storie sacre, forse perché più consapevoli della complessità della narrazione di materia scritturale in tempi di stretta censura.

Le poetiche

Per la scrittura dei cantari e dei primi poemi in terzine non vi sono ovviamente riflessioni di poetica. Si tratta di un genere quasi improvvisato, che si orienta a un pubblico popolare e che non avanza pretese di letterarietà. Le sole dichiarazioni riguardano l'indegnità dell'autore al compito, la fedeltà al testo di origine e lo scopo edificante.

Enselmino da Montebelluna inizia il suo *Pianto della Vergine* in forma di preghiera alla Vergine, per prendere parte al suo dolore, e solo più avanti entra in materia costituendo il suo poema come risposta della Vergine, che ripete il suo pianto, «perché alguno fruto se ne arecoglia»[36]. Antonio Cornazzano nella *Vita della Vergine* si limita ad una lunga invocazione alla Madonna, perché assista la sua scrittura, ma non mostra di avvertire particolari problemi nel trasferire in poesia la materia sacra[37]. Nulla dice Bernardo Pulci né nella *Passione* né nel *Pianto*: inizia il racconto senza anticipare dichiarazioni proemiali, premettendo solo un invito a considerare il dolore di Cristo. Il Cicerchia afferma nella prima ottava della sua *Passione* che il suo intento è meditativo e parenetico: prega affinché «della passion santa il cor m'accenda» e invoca a lungo protezione per la sua scrittura. Felice Tancredi anticipa la sua inferiorità al compito («l'opere mie private sono [...] fetenti come limo in palude») e invita il lettore a prenderne esempio di vita: «Similemente le tuo voglie ferma / e tale essempio prendi tu, lettore, / ché questa vita l'anima rafferma»[38]. Per Lucrezia Tornabuoni è evidente la volontà di trasmettere con gradevolezza la storia d'Israele per instillare nei lettori piacere oltre che devozione[39].

Occorre precisare che queste opere, persino a stampa, non hanno prefazioni, dediche, apparati paratestuali. L'editore si limita a offrire l'opera in edizioni a volte anche eleganti e istoriate, ma sempre scarne di informazioni, come era abbastanza comune per gli incunaboli e le cinquecentine più povere. Nemmeno i poemi in esa-

36 Enselmino da Montebelluna, *Pianto della Vergine*, Vicenza, Hermannus Liechtenstein, 1477, f. 2v.
37 Antonio Cornazzano, *Vita della Vergine*, [Venezia], Nicolaus Jenson, 1471, f. 3r-5r.
38 N. Cicerchia, *La passione*, in *Cantari senesi*, *op. cit.*, p. 194-195.
39 L. Tornabuoni, *Poemetti biblici. Historia di Ester e Vita di Tubia*, *op. cit.*, p. 61 e 127.

metri latini sul modello virgiliano, il *De partu Virginis* del Sannazaro e la *Christiade* del Vida, offrono teorizzazioni per il loro impegno letterario[40]. Persino la fedeltà alla fonte non sembra costituire un problema. Solo Jacopo Gradenigo, l'autore del volgarizzamento dei Vangeli armonizzati, se ne preoccupa: quasi ognuno dei quarantaquattro capitoli di cui è composta l'opera prende il via con dichiarazioni di fedeltà alla fonte, di cui riporto qui qualche esempio:

> Pur con l'aiuto del Signor celeste
> la nova legge seguo et non me parto
> da sue divine Scripture et honeste. (capitolo 2)
>
> Seguo il voller di quel che sempe invocco,
> né da lue me diparto qual fan dotti,
> et però con ardir la penna tocco. (cap. 5)
>
> Andando drieto il divin sermon sacro
> de l'un vangelio in l'alro sença frode,
> dect'ò come a' giudei fue acro. (cap. 15)
>
> Qual vol colue che po' quel che gli piace,
> per cui non temo mai d'esser mendico,
> vado cantando il Vangelio qual giace. (cap. 16)[41]

Ancora Lodovico Dolce apre il suo poema sulla vita del patriarca Giuseppe spiegando solo l'origine dell'opera, che dipende dal fallito intento di Girolamo Fracastoro di scrivere sull'argomento un poema latino, poi non completato[42]. Di qui il proposito di Dolce di sopperire con un poema in tre canti, di cui i primi due sono la traduzione di quanto composto dal Fracastoro. Solo nell'invocazione il Dolce mostra la preoccupazione di fare opera degna del volere divino:

> Tu sol guida la man, movi l'ingegno
> tal che non vada la mia barca errando;
> e fammi sì de la tua scorta degno
> quanto conviene al mar ch'io vo solcando.
> Di caste orecchie alto soggetto degno
> è questo, e non vi son fole d'Orlando.
> Però dal canto mio puro e gentile
> parta il volgo profano, ignaro e vile.[43]

40 Cfr. Debora D'Alessandro, «Il proemio del "De partu Virginis" di Jacopo Sannazaro», *Studi rinascimentali*, II, 2004, p. 11-22.

41 J. Gradenigo, *Gli quatro Evangelii concordati in uno*, *op. cit.*, p. 10, 30, 100, 106 rispettivamente.

42 Girolamo Fracastoro, *Joseph libri duo*, in *id.*, *Opera omnia*, Venezia, Giunti, 1574, c. 185r-198v.

43 Lodovico Dolce, *La vita di Giuseppe descritta in ottava rima*, Venezia, Giolito de' Ferrari, 1561, c. 3v.

Ancor meno preoccupato nel trasferire la materia biblica in una «nova inventione» è Ganimede Panfilo nei suoi *Trascorsi dal Novo Testamento*, un *pastiche* costruito in terzine, aventi il terzo verso virgiliano, dunque in latino, che però rima con il primo (ma anche con il secondo della successiva terzina, in perfetto schema di terza rima dantesca): «Qui de Mantoa la musa a i versi miei / se meschia e 'nsieme a dir con lei n'insegna / haec eadem docuit, cuium pecus an Moelibei?»). Dopo una terzina di proposizione e una di invocazione, inizia la narrazione: «dominava Ottavian terre e castelle [...]», senza altre dichiarazioni[44].

Molto più problematico e consapevole delle implicazioni del trasferire la Bibbia in forma di poema si mostra Teofilo Folengo nel prefare *La Umanità del Figliuolo di Dio*. Anzitutto egli dichiara, la necessità di restare fedeli alla fonte:

> So ch'ogni quantunque dotta scrittura di tanto suggetto, quanto è questo, non puote in alcuna guisa piacere alli semplicissimi seguaci della croce, se o più o meno contiene in sé di quello hannoci lasciato in carte le quatro arche de lo Spirito Santo, e vogliasi da l'autore di essa che sia creduta e letta per quella verità che de l'aquila su i vanni al Cielo sì divinamente poggiando vola. Ma non mi pare disdica però, se alcuno devoto Bernardo, come rari se ne trovano, mettasi a scegliere da la ordinata evangelica istoria o gesti o documenti del nostro Salvatore, formandone un nuovo ordine con devoto discorso di più imaginate cose, tra per agevolarsi forse più al dire, tra eziandio per maggior delettazione degli uditori. Il che io (tutto che di non molto devoto spirito sia) ho voluto per le dette cagioni non senza gran fatica osservare. Né mi parse oltre a ciò sconvenevole cosa, per maggior sicurezza e mia e di coloro che vorranno trarre de le nostre scorze qualche medolla dell'Evangelio, spargere su per le ripe di questo volume le latine postille così de l'uno come de l'altro Testamento.[45]

In effetti il poema del Folengo rielabora la materia evangelica e biblica in modo innovativo e fedele nello stesso tempo, in quanto la sua è soprattutto una rielaborazione relativa all'*elocutio* e nella *dispositio*. L'*inventio* non si scosta dal Nuovo Testamento, ma l'organizzazione del discorso e le soluzioni elocutive (figure retoriche, similitudini in particolare) sono frutto di un immaginario davvero rinnovato. Per esempio nel primo canto hanno posto trentacinque ottave dedicate alla vicenda di Susanna e i Vecchioni, che sono motivate da una lettura figurale dell'episodio: Susanna è figura del Salvatore perché la sua innocenza anticipa l'innocenza di Gesù, necessaria alla Redenzione, su cui si insisterà poi ancora nel decimo e ultimo libro. Ma più di tutto sorprendente è l'impiego di uno stile comico nel senso di umile, che consente l'ingresso di materia di solito estranea a questi poemi. Per esempio la

44 Le citazioni da G. Panfilo, *Trascorsi e descrittioni*, *op. cit.*, Pr. 51 e I, 5.
45 T. Folengo, *La umanità del Figliuolo di Dio*, *op. cit.*, p. 132-33.

guarigione del paralitico è spiegata con una similitudine domestica: il malato che si libera del lettuccio è paragonato al pollo che si libera da «intricate stuppe, / ove allacciato, or questa gamba et ora / scuote quell'altra» (VII, 60). Anche Cristo portato da Satana sul pinnacolo del tempio è sollevato «come augel rapace fa d'un pollo» (IV, 72).

Il poema appare costruito con grande perizia, con un'intelligente alternanza di parti narrative e didascaliche. Prende il via dal trionfo del Risorto, la discesa al limbo e la liberazione delle anime dei giusti, frutto dell'Incarnazione. Quindi è narrata la vita di Gesù seguendo i vangeli sinottici, con qualche anticipazione degli insegnamenti. Le parabole sono presentate fin dai primi libri, una per libro. Lo stile umile e basso (è invocata la musa della poesia lirica, Euterpe) corrisponde all'intento didascalico, l'autore dichiara di preferire «il biasmo d'impolita lingua per bocca d'affettatissimi professori della toscana» a quello «de' semplicissimi portatori della croce», ma il linguaggio della tradizione poetica non è così assente. Anche se il poema è proposto come «pane» tra «nudi sassi raccolto», non mancano parole e stilemi della tradizione poetica alta[46]. Ma il discorso è piano e popolare, come risulta evidente dalle similitudini costruite spesso sul mondo rurale.

L'obiettivo di queste riscritture è anzitutto di divulgare la parola di Dio. Il poema del Folengo è prefato anche da un'ottava del fratello dell'autore che dichiara in modo schietto e diretto l'intento di porgere al «volgo» le verità di fede anche più nascoste in «stil volgar», perché «morendo il Re del cielo / squarciollo [il velo del tempio] d'alto a basso acciò che sparte / sian or sue grazie al nobil, al plebeo»[47].

Queste narrazioni poematiche si propongono infatti di rendere accessibile ai 'semplici' la storia sacra affinché possa servire da istruzione per la salvezza[48]. Così si esprime Fedeli Piccolomini in apertura al suo *Compendio di quanto sia successo dopo il peccare del nostro primo padre Adamo* (1589):

> si narra non solo l'historia di quanto fa bisogno intorno a la proposta materia, ma etiandio si danno documentali essempi, et intelligenti e al buono e perfetto vivere christiano, in sincera pura et simplice eruditione, alettando gl'animi de li studiosi, con il verso a la dolcezza et con le sententie de la sacra scrittura a la vera et semplice dottrina, da la quale non deve partire chiunque desidera d'avere notitia di quanto si convenga al vero et perfetto cristiano.[49]

46 Le citazioni da T. Folengo, *La umanità del Figliuolo di Dio*, *op. cit.*, p. 134.

47 *Ibid.*, p. 135.

48 Sul concetto di semplici vedi Gigliola Fragnito, *Proibito capire. La Chiesa e il volgare nella prima età moderna*, Bologna, Il Mulino, 2005, p. 261-310.

49 Francesco Fedeli Piccolomini, *A li molto benigni et honorandi lettori*, in *id. Compendio di quanto sia successo dopo il peccare del nostro primo padre Adamo*, Pesaro, G. Corcordia, 1589, n.n.

Persino un autore come il sacerdote Giovanni Del Bene (collaboratore del rinnovamento della Chiesa veronese), che aveva in altra sede affermato che «non è necessario per saper questo [i principi della fede], leggere la sacra scrittura, o haver la Bibbia volgare trasferita», si dedica ad un poema biblico *La resurretione et ascensione del nostro signor Iesù Christo trattata pianamente in sei canti* (1544), pensando che «qualche anima devota ne piglierà qualche frutto»[50]. Egli intende mantenersi fedele al vangelo, ma la sua rielaborazione arriva persino a mettere in luce le discordanze tra i vangeli sinottici, causa forse dell'interdizione della sua opera nell'indice spagnolo del 1559: «L'un tace, l'altro parla, un prima dice / quel che l'altro dipoi, sì come il santo / Spirito li detta. E pur non contradice / a l'altro l'uno: anzi è più grato il canto, / ch'un variar concorde al senso elice» (I, 30). La fedeltà alla fonte «non impedisce però al narratore di intrecciare il nudo racconto degli avvenimenti, spesso ripreso anche nei dettagli letterariamente più suggestivi del testo evangelico, con amplificazioni di carattere drammatico»[51]. Spesso l'*amplificatio* è di natura meditativa o interpretativa, racconto e commento si alternano, in modo da consentire inserti di riflessione spirituale che prendono la forma quasi di predica. «Questi lunghi momenti di approfondimento interiore scaturiti dalla forza dei fatti narrati sono rivolti dal narratore a se stesso, in nome di una strategia meditativa [...] di carattere omiletico»[52]. Questo procedere parenetico è molto comune nella poesia religiosa del tempo, in cui il poeta apostrofa se stesso o la propria anima, e così, per rispecchiamento, il lettore è coinvolto intensamente a meditare, mentre prova un profondo coinvolgimento emotivo nel leggere o ascoltare le storie di Gesù. Lo stile è conforme alla fonte: «Il santo testo sì soave spira, / che mi sforza a pensar da breve parte / un mar di sacro amor; là donde aspira / tutto 'l mio spirto in semplice, dolce arte»[53]. Non solo dunque aderenza alla fonte, ma si cerca anche funzionalità catechetica.

L'obiettivo dell'insegnamento non cancella però quello del diletto, che sempre accompagna la poesia, anche biblica. Se queste letture debbono prendere il posto di quelle cavalleresche, come è proposto da Lodovico da Filicaia che, già nel sottotitolo del suo *Atti de gli apostoli*, scrive che sono «per dar materia a quelli che si dilettano

50 Le citazioni dal saggio di F. Tomasi, «Letteratura fra devozione e catechesi. Il caso di Giovanni Del Bene (1513-1559)», art. cit., le citazioni rispettivamente a p. 71 (dalla *Confirmatione*) e p. 79 (dalla *Resurretione et ascensione*).

51 F. Tomasi, «Letteratura fra devozione e catechesi», art. cit., p. 84.

52 *Ibid.*, p. 88.

53 Giovanni Del Bene, *La resurretione et ascensione del nostro signor Iesù Christo trattata pienamente in sei canti*, III, 1 citato da F. Tomasi, «Letteratura fra devozione e catechesi», art. cit., p. 82.

del verso, acciò che lascino le bugie e le favole et che si esercitino più utilmente»[54], dovranno pure presentarsi come allettanti. Talora infatti è specificato che la scelta del verso è dovuta all'influenza che esso esercita e che quindi rende più efficace l'insegnamento. Questo principio è ben delineato nella lettera di dedica dell'*Angeleida* di Erasmo di Valvasone, dove si afferma che molto si impara dai versi:

> e chi dubita che molte cose appartenenti alla vita civile s'imparino in Virgilio dalle persone che i termini della filosofia non sanno, mentre allettati dalla dolcezza de' versi e dalla novità de' concetti leggono le favole di Enea pietoso verso la patria, verso il padre, verso il figliuolo, verso la moglie, verso gli Dei, che togliendosi loro cotal lezione non le andrebbono a ricercare in Aristotele od in Platone? E chi dubita anco che più non movano e più non insegnino gli egregi fatti de gli eroi che le sottil ed oscure dispute de' filosofi? [...] Non altramente ancora molte cose apprenderebbono di quelle che dalla sacra teologia derivano coloro che né Scoto intendono, né san Tommaso, se da pietosi poeti cantate fossero [...].[55]

È in quest'ottica che Erasmo di Valvasone, prendendo a modello l'esempio del Sannazaro e del Vida, ha voluto «descriver in versi della lingua nostra» la battaglia tra Lucifero e Michele e i loro seguaci, «sperando che cotal lezione possa essere abbracciata da tutti coloro che non fastidiscono le cose pie, e ciò non senza loro diletto e forse edificazione»[56]. Anche questi poemi spesso prendono il via ignorando aspetti teorici, come avviene nell'*Incarnazione* (1612) di Ventura Venturi, che inizia con una lunga invocazione allo Spirito Santo, ma non offre alcuna riflessione sulle modalità della composizione.

Per lo più in questa stagione di maggiore consapevolezza teorica il luogo delle dichiarazioni è fuori testo, in trattati come quelli di Francesco Patrizi o di Tommaso Campanella o di Giovanni Ciampoli o di Celso Zani, che si occupano specificatamente di poetica sacra, o in prefatorie dediche[57]. Sebbene Torquato Tasso nei suoi *Discorsi del poema eroico* avesse chiaramente affermato che le storie sacre rivelate non sono materia atta all'invenzione poetica epica[58], la produzione di poemi biblici si incrementa nell'età in cui la Bibbia in volgare non è accessibile e si rendono necessari sostituti per soddisfare la richiesta di un pubblico che desidera fruirne e delle gerarchie che vedono nell'invenzione poetica una

54 La dicitura fa parte del sottotitolo: Lodovico da Filicaia, *Gli Atti de gli apostoli secondo san Luca, tradotti in lingua uolgare in terza rima*, Venezia, Al Segno della Speranza, 1549.

55 Erasmo di Valvasone, *Angeleida*, a cura di L. Borsetto, Alessandria, Edizioni dell'Orso, 2005, p. 72.

56 *Ibid.*, p. 75.

57 Cfr. Erminia Ardissino, «Poetiche sacre tra Cinquecento e Seicento», in *Poesia e retorica del sacro tra Cinque e Seicento*, *op. cit.*, p. 367-82.

58 Cfr. Torquato Tasso, *Discorsi del poema eroico*, in *id.*, *Prose*, a cura di E. Mazzali, Napoli-Milano, Ricciardi, 1959, p. 540.

soluzione meno pericolosa della lettura *nudo texto*. Il fortunato poema di Ridolfo Campeggi, *Lagrime di Maria Vergine* del 1617, è prefato lungamente da Girolamo Preti, che, dopo aver disquisito sulla liceità della poesia, sostiene il valore dilettevole delle cose sacre, in particolare del poema da lui introdotto, che bene congiunge diletto e giovamento, infatti sostiene che «la croce non [è] incompatibile col lauro». E aggiunge che tuttavia nel poema non si concedono digressioni, perché «fra le lagrime della Vergine non si confanno gli scherzi dei poeti» e soprattutto «l'aggirarsi» con divagazioni è cosa pericolosa in un soggetto dov'è necessario fermarsi non solamente sul verosimile ma sul vero[59].

I romanzi

Quando prende il via la narrazione biblica in forma di romanzo, l'intento appare anzitutto storico. Luigi Manzini nelle pagine al lettore del suo *Le turbolenze d'Israelle* scrive di aver voluto richiamare la storia di Onia in forma più accessibile allo scopo di servire a «eccitamento della devozione»[60]. Suo obiettivo è di proporre al lettore tutti i libri storici che sono contenuti nella Bibbia (quelli canonici), partendo dai Maccabei. Infatti egli pubblica un secondo romanzo biblico, *Le battaglie d'Israelle*, nel 1637; pure nel 1637 dà alla luce *La vita di Tobia*; nel 1639 il *Flegra in Betuglia*; la storia di Ester è contenuta ne *Il dragone di Macedonia estinto sotto il governo di Assuero Artaserse, re dei Persiani e dei Medi* del 1643. Le pubblicazioni seguono l'elenco annunciato nella prefazione del primo romanzo. L'obiettivo è di rendere comprensibili e fruibili per l'insegnamento morale, civile e politico queste storie, che contengono verità profonde molto più della storia profana. Egli nota infatti che le persecuzioni di Seleuco e Antioco contro la sinagoga di Gerusalemme sono paragonabili alle persecuzioni del suo presente contro i cattolici[61]. Le verità bibliche, sostiene, sono spesso mascherate di profondi misteri perché «uscit[e] da gli abissi della Somma Sapienza», dunque sono molto più difficili da comprendere delle storie profane, e proprio per questo «devon essere più rilette e rieditate da' fedeli, per profondarsi nello studio dentro a que' misteriosi abissi».[62] Nonostante essi siano «occulti», non sono incomprensibili da chi li contempla e da chi legge le storie con riverenza, per «scorpir[e] i frutti della sentenza», per imparare una politica che non lo separi dallo spirito. Tali frutti sono offerti da quell'albero della

59 La prefazione del Preti si legge in Ridolfo Campeggi, *Lagrime di Maria Vergine*, Bologna, B. Cochi, 1620, p. n.n.
60 Luigi Manzini, *Le turbolenze d'Israelle*, Bologna, Clemente Ferroni, 1632, p. 8.
61 *Ibid.*, p. 13.
62 Le citazioni rispettivamente *ibid.*, p. 9 e p. 11.

vita, che è la Sacra Scrittura, e l'autore ha la convinzione che con il suo racconto «una parte di questo pane venga spezzata alla necessità di que' semplici che 'n alcun modo lo gustarebbono intero».[63]

Nessuna dichiarazione di poetica apre il *Davide perseguitato* di Malvezzi, ma l'autore afferma evidentemente, sebbene in stile laconico, di voler interpretare i fatti come messaggi divini: «La scrittura sacra è quel libro ove egli [Dio] ha parlato. Là dunque si cerchino le cagioni degli avvenimenti buoni e rei, dove chiaramente e per noi furono scritte»[64]. Perciò non dalle storie profane egli intende trarre le sue regole etico-politiche, che sarebbe un «disdeificare Iddio e deificare le cagioni seconde», ma da quelle sacre che offrono «altissimi e profondissimi sensi»[65]. Invece Brignole Sale intende «descrivere fatti di santi», rifiutando lo stile laconico che mette insieme «sentenze ammutinate»; preferisce fare «racconto continuato», evitando le «importunissime moralità», ma inserendo per «piacerli» alcuni versi[66].

Dagli scrittori di romanzi scritturali il rapporto con la fonte è avvertito come problematico. Dovendo attenersi alle disposizioni censorie, essi preferiscono dichiarare la lontananza piuttosto che la fedeltà al testo sacro[67]. Così scrive il Manzini:

> Avverto però che di quanto io scrivo non intendo il tutto per istoria cavata dal testo canonico. Vero è che ne prendo tutto ciò che ritrovo nel canonico; ma inoltre medito talora ed osservo sopra di esso, talora nelle oscurità l'esplico col lume che ne danno gli storici ed i sacri dottori, e talora anche ricorro al verisimile ed al probabile. Mercé ch'io mi vaglio del sagro testo per fondamento e per tramontana, ma non per misura, né per mare delle mie narrazioni, non intendendo di tradurre, ma di stendere e di spiegare ammaestrando e movendo chi legge. Per effetto di che ordino anche il contesto o filo della storia, per se stesso difficile ed interrotto, acciocché niun'altra fatica debba rimanere al lettore, salvo il lodarne Iddio e l'apprenderne i concetti.[68]

Anche Ferrante Pallavicino, che è forse l'autore più prolifico in questo campo e uno dei più avvertiti, esprime, nel prefare le sue riscritture, molte cautele verso la fonte biblica delle sue storie. Quattro sono i romanzi biblici prodotti nella sua breve vita: *La Susanna* del 1636, *Il Giuseppe* dell'anno successivo, *Il Sansone*

63 *Ibid.*, p. 14. Gli stessi concetti aprono *La vita di Tobia*, che viene definito una «historia meditata e accoppiata colle osservazioni che vuol dire col commento e coi precetti che se ne cavano», esattamente come già nelle altre storie derivate dalla scrittura sacra (Luigi Manzini, *Vita di Tobia. Historia e osservazioni*, Roma, Pietro Antonio Facciotti, 1637).

64 Virginio Malvezzi, *Davide perseguitato*, a cura di D. Aricò, Roma, Salerno, 1997, p. 30.

65 *Ibid.*, p. 30-1.

66 *Ibid.*, p. 6-7.

67 Sulla censura biblica: Gigliola Fragnito, *La Bibbia al rogo. La censura ecclesiastica e i volgarizzamenti della Scrittura (1471-1605)*, Bologna, Il Mulino, 1997.

68 L. Manzini, *Le turbolenze d'Israelle*, *op. cit.*, p. 14-5. Per quanto riguarda lo stile precisa: «Ho sfuggito il rigore per iscansare il tedio, ma non negletta la purità, per non assorbir la chiarezza» (*Ivi*, p. 15).

ancora a distanza di un anno e *La Bersabee* del 1639. Pallavicino fin dalla sua prima opera si era mostrato guardingo verso questa produzione che mescola sacro e romanzesco, domandandosi

> per qual causa un curioso di questa istoria lasciar dovrebbe la dettatura dello Spirito Santo, per leggere la scrittura d'una penna sì vile? I punti di questa storia sono la minima parte di questo libro. Ove essa somministrato mi ha occasione di discorsi non l'ho tralasciata. Ove no, me ne sono servito quasi di fondamenti per osservazioni, o morali o politiche, in molte delle quali ho secondato il gusto de gl'amici. [...] Ciò che leggerai non cavato dall'originale non credere variatione della verità, ma motivo per allettarti. Se non è riferito nel testo, basta che non gli è contrario, anziché più tosto verisimile.[69]

L'obiettivo, anche nell'allontanarsi dal testo sacro è comunque l''utile' del lettore, un utile morale che non si può trarre dai libri profani, e se si è allontanato dalla sacra storia lo ha fatto solo per accrescere gli ammaestramenti. I romanzi biblici di Pallavicino affondano le loro radici nella Bibbia per discutere piuttosto di problemi politici e culturali di pressante interesse per l'epoca. Lo afferma esplicitamente Pallavicino nell'introdurre *Il Giuseppe*: «I soggetti sacri s'abbracciano per trarne occasione di discorrere e osservar insegnamenti o morali o politici, non per descriverli»[70]. Come osserva Piantoni nell'introdurre il romanzo, in Pallavicino «la storia biblica [...] assume palesemente il carattere di un pretesto per discutere d'altro, in una chiave assolutamente attualizzante»[71].

Nell'ultimo romanzo lo sfortunato scrittore dichiara il suo disagio a trattare di storia sacra, in cui si era pure prefissato di non lasciarsi più coinvolgere, perché: «È impresa nella quale l'esito non può essere senza biasimo, perché il descrivere conforme pure di nuda historia è un moltiplicare senza necessità le versioni della Bibbia, e dall'altro canto l'aggiungere ornamenti è stimato da alcuni aristarchi un variare i sensi della Scrittura»[72]. La frequenza dei romanzi biblici inoltre dissuade dal percorrere questi temi, ma a convincerlo in quella che sarà la sua ultima impresa, *La Bersabee*, è il suo protettore, il principe degli Incogniti, Giovan Francesco Loredan. La nuova storia corre su due binari, quello politico e quello amoroso. L'uno porta diletto, anche se a volte «contro la continenza», ma è utile a rendere la «vaghezza del libro»; l'altro serve a insegnare e a mordere i potenti tiranni, i principi cattivi: «favellando

69 Ferrante Pallavicino, *La Susanna*, Venezia, Giacomo Sarzina, 1636, p. 8. Per quanto riguarda lo stile dice solo di seguire «natural talento» e di evitare «artificiosi insegnamenti» (*Ibid.*).

70 Ferrante Pallavicino, *Il Giuseppe*, a cura di L. Piantoni, Lecce, Argo, 2015, p. 106.

71 Luca Piantoni, «Introduzione», in F. Pallavicino, *Il Giuseppe*, *op. cit.*, p. 17.

72 Ferrante Pallavicino, *La Bersabee*, Venezia, per i Bertani, 1640, p. n.n.

di Davide, il quale havea per la colpa pervertita la ragione et il senso, non posso che tacciare que' grandi i quali rassomigliano negl'ordinari costumi».[73]

I romanzi biblici di Pallavicino non possono ridursi, come evidenzia Piantoni, alla categoria narrativa, «si configurano secondo connotazioni che molto devono alla trattatistica politico-civile del tempo, e il 'discorrere' pallaviciniano riduce il dettato vetero-testamentario a una sorta di falsariga sulla quale regolare l'ordine delle riflessioni proposte»[74]. Nonostante le cautele di uno spirto libero come quello di Pallavicino, il genere continua a essere praticato per altri due decenni, per esaurirsi poco oltre la metà del secolo, includendo però altre storie bibliche prodotte nel seno degli Incogniti, come le storie sulla Genesi di Loredan, Malipiero, Pona[75].

Al tempo del romanzo biblico, proprio per il clima di censura che incombe sulle traduzioni, la fedeltà alla fonte è negata e ben esibita è tale negazione. La questione del rapporto con la fonte e del suo uso ricompare nel vivace dibattito che precede l'uscita dell'*Adamo* del Loredan del 1640[76]. Pallavicino in una lettera indirizzata all'autore lo mette in guardia, dichiarando che narrare il testo sacro è impresa non facile e che uno scrittore dovrebbe piuttosto astenersene.

> Ricordo che la *Vita d'Adamo* è una istoria sacra, cioè a dire soggetto nella cui descrizione deve moderarsi quel fervore d'intelletto ch'altrove, quasi prospero vento, conduce alla gloria. [...] Non senza appoggio devono scorrersi i trattati sacri, ne' quali l'andare senza guida è un caminare a' precipizii.[77]

In effetti l'opera del Loredan è una storia civile, in cui il padre Adamo appare come il primo legislatore e costruttore di società, una storia da cui il soprannaturale è estromesso, dando luogo a un procedere che caratterizza, come scrive Beniscelli, la scrittura libertina, in cui «è sufficiente allontanare Dio, farne a meno, assegnare uno spazio separato alla religione 'rivelata' e occuparsi di realtà terrene»[78].

Fornito un quadro, seppur rapido, della fortuna delle narrazioni bibliche e dei loro rapporti con la fonte, resterebbero da affrontare due ulteriori aspetti: come

73 *Ibid.*

74 Piantoni, «Introduzione», art. cit., p. 34.

75 Alcuni titoli: *Il Saulo convertito* e *Eva* di Federico Malipiero (1640), *L'Isaaco e 'l Giacobbe* di Giacomo Certani (1642), il *Giacobbe ripatriante con aplicationi historiche, morali, e politiche* di Giuseppe Rossotto (1646), *L'Adamo* di Francesco Pona (1654), *L'empietà flagellata dal santo zelo di Elia* di Andrea Alberti (1656), ecc. Per un'accurata bibliografia: Lucinda Spera, *Il romanzo italiano del tardo Seicento*, Milano, La Nuova Italia, 2000.

76 Uscito a Bologna, Per Giacomo Monti e Carlo Zenero.

77 Cito da Fabrizio Antonini, «La polemica sui romanzi religiosi. Una lettera da Parigi di Ferrante Pallavicino», *Studi Seicenteschi*, XXXI, 1990, p. 29-85: 72.

78 Alberto Beniscelli, «Introduzione», in *Libertini Italiani. Letteratura e idee tra XVII e XVIII secolo*, Milano, BUR, 2012, p. XX. Si veda ancora Luca Piantoni, «"Per le Sagre storie discorrendo". Etica e politica nel romanzo religioso di Ferrante Pallavicino», *Studi secenteschi*, LII, 2011, p. 43-67.

veniva trattato ciascun soggetto biblico e quali conseguenze possono essere derivate per la cultura e l'identità degli Italiani da questa tipologia di approccio indiretto al testo sacro di riferimento per la religione che li riguardava nella quasi totalità. Ma queste indagini richiederebbero studi assai ampi: l'una ci porterebbe all'interno dei testi a lungo, ed è lavoro che mi propongo di affrontare in altra sede. L'altra appare come un compito molto arduo, specie per chi ha solo competenze letterarie. Il problema è stato però già impostato dal secondo libro di Gigliola Fragnito, *Proibito capire* (2005). La studiosa, dopo aver indagato il fenomeno censorio in *La Bibbia al rogo* (1997), ha posto la sua attenzione sugli effetti e le ricadute sulla lettura e sulla conoscenza biblica, ricavando appunto le conseguenze derivate per gli Italiani, conseguenze che ha sintetizzato nell'efficace espressione che ha assunto come titolo per il suo libro del 2005.

Risulta evidente che gli Italiani, nonostante il divieto, hanno potuto continuare ad attingere alla Bibbia al punto che è possibile dire che oggi "essa si identifica con la società italiana al punto che viene interpretata, quasi esclusivamente, come il testo sacro dei cristiani e dei cattolici", ma anche che in Italia si ha di essa "una conoscenza talvolta approssimativa"[79]. Questa approssimazione può essere anche dovuta alle condizioni storiche di approccio.

79 Ilvo Diamanti, *Gli italiani e la Bibbia. Un'indagine di Luigi Ceccarini, Martina di Pierdomenico e Ludovico Gardani*, Bologna, Ed. Dehoniane, 2014, p. 112.

RISCRITTURE BIBLICHE nel dramma sacro fra Seicento e Settecento

Elisabetta Selmi
(Università di Padova)

Dovendo io pertanto impiegarmi a scrivere sopra sacri argomenti, due gravi considerazioni mi vennero tosto in mente; l'una, che in questo genere di poesia non si aveano a trattare da me che le maraviglie da Dio operate nell'una e nell'altra Legge, né qui doveva io gire con altra bussola che con quella delle Divine Scritture; l'altra, che si dovea con tali componimenti soddisfare a Voi in quella parte che più di qualunque altra vi era sensibile. Fisso adunque con tutto lo spirito in questi due importantissimi oggetti, cercai di ridurre a miglior metodo d'arte la tessitura e il lavoro di questa poesia drammatica il che, per non esser alla rappresentanza ma al solo canto ordinata, credevasi da chi la coltivava non esser ella a regole sottoposta: laonde vi s'introducevano a ragionare, non che personaggi meramente ideali, il Sacro Testo medesimo e fin le adorabili Divine Persone, alle quali non so con qual convenienza potessero mettersi in bocca certe espressioni profane, certe comparazioncelle meschine, e insino le musiche ariette. Parendomi perciò che il togliere sì fatti abusi e il maneggiare con più dignità ed artifizio così sublimi argomenti necessario fosse e lodevole; io li ridussi a poco a poco, giusta i precetti, a unità di azione e di tempo, e per lo più ancora di luogo, e proccurai finalmente di ordinarli in guisa e di stenderli che fossero non solamente cantabili ma rappresentabili ancora: sicché quando loro si fosse data una maggior estensione e la convenevole distribuzione, il che non mi era permesso dalla ristrettezza del tempo in cui cantar si dovevano, eglino sacre musicali Tragedie ragionevolmente nomar si potessero. *Studiai inoltre di far ragionare le persone, e in particolare i Patriarchi, i Profeti e gli Apostoli, con lo stile delle Scritture e co' sentimenti de' Padri e Dottori della Chiesa, stimando che quantomeno fossevi frapposto del mio, tanto più di compunzione e diletto avesse a destarsi negli animi degli uditori, e principalmente ne' Vostri, per la santità delle espressioni e per la sublimità de'pensieri.*[1] (corsivo nostro)

1 Apostolo Zeno, *Alla sacra imperiale cattolica real maestà di Carlo sesto e di Elisabetta Cristina sempre augusti*, premessa a *Poesie sacre drammatiche*, Venezia, Cristoforo Zane, 1735, p. [IX]-[XII]. Commenta il passo Emanuele D'Angelo, «Dalla Bibbia al libretto. David, azione sacra di Apostolo Zeno», in *Sacro e/o profano nel teatro fra Rinascimento ed età dei lumi*, a cura di

Così nella premessa dedicatoria alle auguste maestà imperiali Carlo VI e Elisabetta Cristina d'Asburgo, preposta alla silloge veneziana del 1735 che raccoglie le sue *Poesie sacre drammatiche*, Apostolo Zeno ricapitolava esemplarmente, nella temperie di riforma settecentesca dell'Oratorio spirituale, gli sviluppi che, tra la fine dell'età barocca e la nuova cultura dell'erudizione e del razionalismo arcadici, segnano la ripresa d'interesse e le nuove modalità di riappropriazione cattolica della materia biblica sulla scena del teatro moderno. Nel contesto del riassetto in corso rispetto alla certo florida, ma anche drammaturgicamente sfrangiata sperimentazione seicentesca di azioni teatrali e musicali impegnate nel territorio del sacro, Zeno, nell'esporre il suo programma di austero ritorno del genere oratoriale a una sorta di «tragedia di parole», lontana dagli «abusi» del fasto scenografico barocco e rivolta alla sceneggiatura storicizzante e interpretativamente fedele di singoli episodi biblici, focalizzava lucidamente l'urgenza di uno stile drammatico, consono alle Scritture, in grado di «far ragionare le persone» «co' sentimenti de' Padri e Dottori della Chiesa».

È noto, dagli studi di questi ultimi decenni, come la librettistica religiosa, e prevalentemente biblica di Zeno (delle sue diciassette «azioni sacre», composte fra il 1719 e il 1735, ben tredici hanno per argomento vicende veterotestamentarie), insieme agli oratori di Pariati e Metastasio[2], costituisca una tappa dirimente di una stagione viennese, a guida italiana, che diede impulso alla riforma di un melodramma devoto moderno il quale – per stare alle parole di un contemporaneo, il Calzabigi[3] – aveva inteso distinguersi dai «capricciosi accozzamenti di versi posti in bocca sovente di personaggi ideali a piacere del verseggiatore, e del compositor di musica»: ossia dagli usi inverosimili e stravaganti delle personificazioni allegoriche ampiamente diffuse nella drammaturgia romana[4], per ritrovare «le sorgenti» autentiche di un'ispirazione edificante cui «provvedersi di massime, di sentenze, e

S. Castellaneta e F. S. Minervini, Prefazione di G. Distaso, Bari, Cacucci editore, 2009, p. 453-469. Altre ristampe delle azioni sacre zeniane sono: quella veneziana, con i tipi Pasquali, del 1744; e quella francese, Orléans, da' torchi di L. P. Villeneuve, 1786; dall'edizione del 1735 si cita, previo controllo delle altre edizioni.

2 Cfr. Sabrina Stroppa, «*Fra notturni sereni*». *Le azioni sacre del Metastasio*, Firenze, Olschki, 1993, p. 7-50.

3 *Dissertazione* di Ranieri de' Calzabigi, *dell'Accademia di Cortona su le Poesie drammatiche del sig. Abate Pietro Metastasio*, in *Poesie del Sig. Abate Pietro Metastasio*, Torino, Stamperia Reale, 1757, I, p. CXXXVII.

4 Si rinvia in part. a Teresa Megale, «Strategie artistiche e orientamenti drammaturgici: gli interpreti del teatro rospigliosiano», in *Lo spettacolo del sacro, la morale del profano, Atti del Convegno Internazionale (Pistoia, 22-23 settembre 2000)*, Firenze, Edizioni Polistampa, 2005, p. 31-41; Maria Grazia Profeti, «Rospigliosi e la Spagna», *ibid.*, p. 133-152; e a Lorenzo Bianconi, *Il Seicento*, V, Torino, EDT, 1991, p. 184 sgg.

di sentimenti, ne' Salmi, ne' Treni, nelle Profezie, e in tutto ciò, che ci presentano di maestoso nel poetico stile le Divine Scritture». Nella qual operazione Zeno, per Calzabigi, con «vigorose espressioni, grandiose immagini, e nobilissime figure», ossia con tratti nuovi del suo prodigioso e di una rinata magnificenza biblici, aveva saputo abilmente «arricc*hire* la nostra poesia nel trasporvi il sublime dell'Ebrea». Se non è questo il luogo per ridiscutere, nella concreta prassi oratoriale, l'effettiva portata delle innovazioni zeniane rispetto alle consuetudini della tradizione tardo-seicentesca, su cui persiste un certo disaccordo nel giudizio di lettori e critici, preme invece qui sottolineare come Zeno si mostri alquanto vigile nel collegare strettamente la scelta dei filtri di accesso alla materia biblica alla funzionalità drammatica di soggetti sacri da ricondurre a una misura di 'regolata devozione'[5]: ai modelli di un'esegesi catechetica garante dei valori di verità e moralità dell'ermeneutica cattolica, quanto a quelli di una sorvegliata verosimiglianza scenica, di confronto con la precettistica tragica aristotelica, nonché di empatica attualizzazione istruttiva dei contenuti biblici. Laddove, infatti, Zeno corregge gli eccessi di astrazione dell'oratorio barocco e la tendenza al ricorso ad un'allegoria di entità simboliche e ipostasi concettuali, con l'intervento di personificazioni teologiche e dello stesso 'Sacro Testo' (su cui già nel suo *Discorso dogmatico*, del 1706, ma frutto dell'ultima temperie seicentesca, Arcangelo Spagna si era espresso con una decisa censura)[6], pro-

5 Cfr. *Lettere di Apostolo Zeno, Cittadino, Veneziano, Istorico e Poeta Cesareo*, Venezia, F. Sansoni, 1785, IV, p. 462: Lettera 838 a Giusto Fontanini, del 30 aprile 1734: «Sappia per altro, che io ho data a questa sorte di Componimento una forma, a mio credere, più regolare di quella che prima aveva, avendone tolti via certi abusi, che più risaltavano alla vista, e ho ridotto li miei ad un segno da poter esser anche rappresentati, come di fatto alcuno n'è stato recitato in qualche comunità religiosa, e con felice successo».

6 Arcangelo Spagna, *Discorso intorno a gl'Oratori*, in *Oratori overo melodrammi sacri con un discorso dogmatico intorno all'istessa materia*, libro primo, Roma, Giovanni Francesco Buagni, 1706, f. A_2: riguardo all'Oratorio seicentesco, Spagna commenta «Mancava tuttavia alquanto per l'intiera perfettione, o per costituire un sacro melodramma, perché vi si introduceva sempre una parte chiamata il Testo, quale per lo più toccava di farla al Tenore, con pochissime arie e molti Recitativi. Era il suo officio di dar natura a gl'uditori del soggetto che si rappresentava [...] in modo tale che per mezzo del testo prima che quelli parlassero [i personaggi] già si sapeva quanto dovevano dire, e tutta la tessitura dell'historia [...] onde pensai di levarlo affatto da gl'oratori. Cfr. Mauro Sarnelli, «Percorsi dell'oratorio per musica come genere letterario tra Sei e Settecento», in *Percorsi dell'oratorio romano da «historia sacra» a melodramma spirituale, Atti della giornata di studi (Viterbo 11 settembre 1999)*, a cura di S. Franchi, Roma, Ibimus, 2002, p. 137-197; *id.*, «Dai Barberini all'Età dell'Arcadia. Nuove indagini sulla poetica drammaturgico-musicale sacra di Arcangelo Spagna», in *Musikstadt Rom. Geschichte – Forschung – Perspektiven...*, a cura di M. Engelhardt, Kassel, Verlag-Bärenreiter, 2011, p. 263-305; Anna Ryszka Komarnicka, «Arcangelo Spagna's "Perfetto melodramma spirituale" as seen on the example of two versions of his Oratorio based on the book of Judith», *Musicologia Brunensia*, XLIX, 2014, 1, p. 73-88. Arcangelo Spagna, al servizio del card. Francesco Barberini poi di Pietro Ottoboni, partecipò lungo la sua esistenza, centenaria (1626-1726), ai vari tempi della cultura teatrale e musicale romana dall'*aetas* urbaniana alla temperie della *renovatio* cristiniana e ottoboniana nella stagione

muovendo un modello «storico» di «azione sacra» ed eroica, nello stesso tempo potenzia i caratteri di allusività attualizzante degli episodi biblici al servizio di una lezione morale e politica, che rilegge le vicende scritturistiche alla luce di una teodicea cristiana sovrapposta agli ideali di civiltà e buon governo (e per contrasto di condanna dei disvalori) del secolo.

A segnare il passaggio fra le forme allegoriche dell'oratorio barocco e le nuove tipologie rappresentative della edificazione settecentesca vale l'esempio zeniano della *Gerusalemme convertita* (1733), l'unico caso fra le sue *pièces* spirituali che ricorra apertamente all'impiego dell'allegoria. In un testo dove il solo san Giovanni interviene nella rappresentazione come reale personaggio storico, mentre – per stare alle parole stesse di Zeno – nell'immagine di Gerusalemme «si rappresentano que' Giudei, che si sono convertiti alla fede di Gesù Cristo», in Flavio Giuseppe «que' Giudei, che si sono mantenuti, ed oggi tuttavia si mantengono ostinati nella loro prima credenza», in Cerinto «si raffigurano gli eretici», e in ultimo in Pubblio Silio si assiste alla «figura de' Gentili idolatri» (concrezione allegorica però e non *typus* figurale di una tradizionale esegesi cristiana), la qualità ibrida dei caratteri ben illustra il *work in progress* dello scrittoio oratoriale zeniano e gli sviluppi nel trattamento di vicende, attori e miti biblici di cerniera tra i due secoli.

La *conquestio* di Gerusalemme personaggio «sedente sopra le sue rovine dopo la distruzione fattane da Tito» – come recita la didascalia degli *Interlocutori* -[7] ricalca fedelmente un centone di luoghi salmistici e di rifacimenti cattolici delle quaresimali *Lamentazioni* di Geremia che suggeriscono la tonalità esordiale di funebre desolazione, equivalente all'atto primo del circolo di caduta e riscatto della storia soteriologica che impronta il destino della *ecclesia* cristiana e di ogni uomo:

Gerusalemme [*parte prima*]

Pera il giorno, in cui nacqui:
lo copra eterna notte. Ombra lo prema
di amarezza, e di morte.
Lo assorba un tenebroso
turbine. Aspetti 'l lume, e mai nol vegga;
e l'aurora a lui sia chiusa, e sepolta
in caligine folta.

della prima Arcadia. Arcangelo Spagna, insieme a Figari, Paolucci, Leonio, Stampiglia (altro scrittore di oratori), Gravina, fu uno degli animatori dell'Accademia degli Infecondi, altro cenacolo pre-Arcadico dove ferveva la sperimentazione del teatro sacro musicale e che negli anni Novanta si stringe intorno al mecenatismo dei cardinali della famiglia Rospigliosi (cfr. Salvatore Canneto, «Pastoral-iter: Bartolomeo Nappini, Arcangelo Spagna e la politica culturale di Crescimbeni», *Atti e Memorie dell'Arcadia*, II, 2013, p. 139-164).

7 Apostolo Zeno, *Gerusalemme convertita, azione sacra per musica applicata al suo Santissimo Sepolcro*, Vienna, Johann Peter van Ghelen, 1733.

Del mio splendor, della possanza mia,
oimè! Quai son gli avanzi?
Quai le vestigia? Le mie torri eccelse
la fiamma ha divorate. Il mio ha consunto
popolo numeroso
la civil rabbia, e la nimica. Ho l'ossa
spolpate, arse le fibre, imputridite
le carni, arida, e attratta
la cute. Ahi! Tanto fece
la sacrilega fama, e l'empia guerra.
Chi dirà più, ch'io sia
la vergine, la bella
figlia di Sion? Chi quella,
ch'al mondo tutto era allegrezza, e fregio.
Ah! Ch'io son vigna desolata, e Dio
nel dì del suo furor m'ha vendemmiata.
Alte rovine al passegger fan fede
di ciò che fui. In questi sassi assisa
son fuggita, o derisa.
Chi mi compiange? Gli antri opachi, e cavi
in suon dolente mi rispondon soli;
e Profeta non c'è che mi consoli.

Zeno riscrive nella figurazione simbolica della distruzione di Gerusalemme luoghi memorabili della I e della IV *Lamentazione* di Geremia («Quai son gli avanzi? [...] / [...] Ho ossa spolpate, arse le fibre, imputridite / le carni, arida e attratta / la cute»)[8]: ne drammatizza i significati nell'atto che rende visibile allo spettatore con l'impiego insistito di un'*energheia* rappresentativa, sprigionata dalla scelta metaforica di parole sensisticamente corporee (che riproducono il linguaggio 'fisico' degli stessi profeti biblici riadattato alle tecniche degli esercizi spirituali ignaziani), in cui si accentua, in funzione penitenziale, e si disvela nel disfacimento macabro e ripugnante della perduta grandezza di Solima la «caligine» della sua colpa idolatrica. Le parole terribili (fino alla sconcertante immagine antropofagica delle empie madri che si nutrono delle carni e del sangue dei figli, così allusivamente associabile alla profanazione, da parte del popolo deicida[9], del corpo, ben diversamente salvifico, del non riconosciuto Figlio

8 A. Zeno, *Gerusalemme convertita*, *op. cit.*, *parte prima*, f. A_3.

9 *Ibid.*, *parte seconda*, f. D_3. Nel dialogo fra Gerusalemme e Giovanni si sviluppa lo svelamento dell'idolatria ebraica e la consacrazione dell'avvento salvifico del Cristo Dio-Uomo: *Ger.* «D'un deicidio io rea? Quando o Giovanni?» *Giov.* «Quando in Gesù festi morir il tanto / Da' tuoi profeti, e da' tuoi voti stessi, / Salvator sospirato» *Fl. Gius.* «Come! Il figlio dell'uom figlio di Dio?» *Giov.* «Figlio, per grazia no, ma per natura; / Vero non adottato, e sol per opra / Del santo amore, in chi fu madre a lui, / E vergine rimase. / Tal s'incarnò. Forma di servo assunse, / E non lasciò quella di Dio. Si fece / Quello che ancor non era; / E quel ch'era serbò: senza difforme / Confusione di natura, e con perfetta / Unità di Persona. / Anima, verbo e carne era un sol Cristo».

Messia Redentore) delle inascoltate profezie di Geremia si incarnano sulla scena in un'allegorica Gerusalemme-personaggio, raffigurazione metastorica di una Chiesa sorda alla verità del Dio Unigenito («vigna desolata», «vendemmiata» dalla giusta vendetta divina, che rovescia per contrasto sensi e destino degli operosi vignaioli del Salmo CXXV)[10], nella perfidia sempre risorgente di eretici e idolatri fino all'inevitabile attualizzazione che suona, nel *battage* ecclesiastico settecentesco, in direzione allusiva al giansenismo e alle polemiche sulla grazia[11]. Solo la legittima «alta ruina» può far risorgere nel peccatore offuscato dalla malizia di una vana superbia terrena,

10 *Lo spirito della Chiesa nell'uso dei Salmi, cioè parafrasi di essi in forma di orazione e di esortazione, per opera di D. Costantino Rotigni monaco cassinense*, in Firenze, per li Tartini e Franchi, 1736, p. 206-209: *Salmo CXXV*: «Coloro che ora piangono e fanno penitenza per gli propri e altrui peccati, che portano con penitenza la loro Croce si rassomigliano a quei lavoratori che seminano con pena e dolore, ma poi raccolgono a suo tempo con allegrezza [...]. Lo che ci fu figurato dal lieto ritorno dei Giudei in Gerusalemme dalla loro cattività in Babilonia» (cfr. Prospero d'Aquitania, *La poesia davidica, profezia di Cristo: commento ai Salmi 100-150*, introduzione, traduzione e note di A. Ruggiero, Roma, Città Nuova editrice, 1996, p. 7 sgg.). Padre Giovanni Granelli, nella sua traduzione del *Cantico di Mosè tratto dalla Lezione 15 e 16 del Deuteronomio* (in *Poesie scielte*, in Modena, presso la Società Tipografica, 1772), sviluppa l'immagine della vigna e del «popolo perfido» in tale modo: «Ahi, che vigna è il Popol perfido / Di venefica propagine / Tralci presi, ed inseriti / Dai contorni inceneriti / Di Gomorra empia, e di Sodoma, / Su cui piovve dal Ciel eterno orror»). Di nuovo nella parafrasi poetica delle *Poesie profetiche* di Isaia vergata da Ilario Casarotti, nella traduzione della *Vigna*, il commento così glossa il significato simbolico dell'immagine: «Colla figura di una sterile vigna Isaia predica la dannazione e l'abbandonamento dei Giudei, contro dei quali, in gastigo delle loro iniquità che il Profeta descrive, Dio leverà lo stendardo di guerra, fattosi come a dir capitano di una feroce nazione che desolerà la Giudea» (si cita da *Poesie bibliche tradotte da celebri italiani ed illustrate con note. Tomo terzo*, Milano, dalla Società Tipografica de' Classici Italiani, 1834, p. 211). Zeno, nel ricorso a pregnanti archetipi scritturali, contamina le fonti riprese da Geremia con quelle degli altri Cantici profetici che detengono un luogo canonico ed eminente nella tradizione della catechesi e dell'ermeneutica cattolica.

11 Alcune considerazioni rilevanti sulla questione in S. Stroppa, «*Fra notturni sereni*». *Le azioni sacre del Metastasio*, *op. cit.*, p. 39-41. Per sgombrare ogni dubbio Zeno, che invero procede al *confiteor* liturgico di Gerusalemme, attraverso una tela razionale di botta e risposta e con il ricorso devozionale alla recitazione della *via crucis*, inscena una illuminante e folgorante azione finale della Grazia che ha un effetto un po' posticcio rispetto ai temi dell'ignoranza dell'uomo macchiato dal peccato e del *Deus absconditus*. Utile la lettura del brusco passaggio che segna il risveglio finale di Gerusalemme: *Giov.* «[...] e a' Regi istessi / un dì gloria suprema / sia la Croce innalzar sul lor diadema. / Gerusalemme [...]» // *Gerus.* «Oh Dio! Non più. Già parla / la grazia in me. / Cado al tuo piè, divino / mio Redentor»: *Gerusalemme convertita*, *op.cit.*, *parte seconda*, f. D_3. Le argomentazioni e immagini che ruotano intorno alla Grazia e al prodigio divino, nella *Gerusalemme convertita*, si mostrano del tutto affini ai contenuti del discorso di Scipione Maffei, *Il Giansenismo nuovo dimostrato nelle conseguenze il medesimo o ancor peggio del vecchio*, in Venezia, appresso Gio. Batista Paquali, 1752, capo V, p. 29: «L'accordo della libertà con la grazia è un arcano. Il pretendere di volerlo dichiarare e spiegare in modo che difficoltà non rimanga, e che alle dichiarazioni, e spiegazioni non resti che opporre, è temerità e presunzione. Beato chi fermamente crede non potersi mai attribuire le nostre colpe a Dio, e di tutto il bene che facciamo doversi ringraziare lui, e in ciò s'accheta, né più oltre cerca». Si ricorda che la condanna definitiva del Giansenismo, promulgata da Clemente XI con la Bolla *Unigenitus*, è del 1713 e segue la censura delle *Riflessioni morali* di P. Quesnel, che avevano avuto un'ampia influenza sui Maurini, gli Oratoriani e gli Agostiniani.

e in una Chiesa abbandonata dalla fede e dalla grazia, i fonti disseccati della pietà e della *charitas* cristiane, preparando la *metabolé* di una tragedia a lieto fine, di una teodicea cattolica che nulla lascia in sospeso nella riproposizione individuale e collettiva dell'eterna storia di colpa e redenzione, per una convertita Gerusalemme finalmente illuminata dal 'beneficio di Cristo'.

L'oratorio zeniano, allestito per la messa in scena viennese del 1733 ancora con soluzioni ibride, è il vero banco d'orchestra per la sperimentazione teatrale dei significati edificanti delle Trenodie di Geremia e dei Salmi di Davide e dei Profeti, che stratificano il linguaggio di densa intertestualità biblica della «azione sacra» e che costituiscono una sorta di sinopia per il riuso scenico di voci veterotestamentarie ad alto tasso di presenza nella catechesi e nella liturgia cattoliche, ma prive di un 'corpo teatrale' capace di restituire ad esse una dimensione di storicità e di concretezza sceniche.

Nel pressoché coevo oratorio del *Sedecia*[12] la drammatizzazione dei Treni e di un mirabile biblico, che mette in scena la profezia della distruzione e della schiavitù di Gerusalemme, si cimenta con la costruzione di un carattere «storico» di Geremia, avvalendosi del modello – per esplicita dichiarazione di Zeno – già plasmato dal padre Giovanni Granelli[13] nella sua omonima tragedia sacra rappresentata nel Collegio di San Luigi, in Bologna, nel 1731, e poi ripubblicata in pieno Settecento, nel 1763, con ulteriori ampliamenti e avvertenze esegetiche che motivano il complesso percorso di affermazione di una nuova «tragedia biblica regolare»[14] d'impianto classicistico, ormai sostitutiva del vecchio modello martirologio del dramma gesuitico seicentesco.

Nell'avviso *A chi legge* di Granelli, dove si argomenta minutamente riguardo alla costruzione dei caratteri dei personaggi, di «Geremia profeta» si rivendica e si tratteggia la funzionalità scenica con tali parole:

> Le sue *Lamentazioni* aggiunte alla sua profezia ne fanno un carattere, che lo distingue da tutti gli altri profeti. Questa ce lo dimostra uno de' più forti e più franchi a rimproverare i re; e quelle sopra d'ogni altro compassionevolissimo a piagnere sulle loro disavventure. Il qual carattere per sé medesimo ha recato

12 Apostolo Zeno, *Sedecia*, in *Poesie sacre drammatiche*, in Venezia, presso Cristoforo Zane, 1735.

13 Nell'edizione del 1805 del suo *Sedecia ultimo re di Giuda* (Venezia, Antonio Rosa, 1805) si legge nelle *Notizie Storico-critiche su Sedecia ultimo re di Giuda estese dall'editore*, poste a corollario esegetico della tragedia, un breve profilo dell'autore (p. 73): «Nato il padre Granelli in Genova nel 1703, educato in Venezia nella Compagnia di Gesù, ed in questa morto in Modena nel 1770, contemporaneo esser poté e compagno insieme dell'ora defunto Sanseverino, e dei due viventi ex-gesuiti Palazzi e Bettinelli».

14 Cfr. Giovanna Zanlonghi, *Teatri di formazione: actio, parola e immagine nella scena gesuitica del Sei-Settecento a Milano*, Milano, Vita e Pensiero, 2002, p. 297.

> all'autore questo vantaggio, che il terrore nato dalla giusta vendetta di Dio sopra Sedecia, niente di compassione non detragga a' mali di questo re.[15]

Granelli, che riassume a un alto livello di impegno drammaturgico le tecniche retoriche, commotive e catechetiche della «struttura a contrasto» del 'teatro mentale' e dell'interiorizzazione pedagogica della scena gesuitica (assecondando la storicizzazione di una «teologia cattolica della salvezza»[16], atta a recuperare i significati biblici nell'impianto concettuale di una visione cristiana della provvidenza e della giustizia divine che riconducono all'archetipo cristocentrico)[17], nel quadro delle moderne categorie politico-morali del tragico settecentesco, si premura di plasmare e reinterpretare, all'interno di congegni aristotelici regolati «colla semplice economia delle passioni intrinseche al soggetto», la psicologia e la simbolica dei

15 L'analisi dei caratteri dei personaggi del *Sedecia ultimo re di Giuda*, compare solo nell'*A chi legge* della riedizione della tragedia del 1746 (stampata a Brescia con i tipi di Gian Maria Rizzardi). Nella prima edizione collegata con la rappresentazione avvenuta *Nel carnevale dell'anno 1731*, secondo quanto recita il frontespizio che non riporta dati tipografici e luogo di stampa, ma presumibilmente licenziata a Bologna per opera di tipografi collegati alla Compagnia di Gesù, Granelli dà altre informazioni e una diversa «precisa contezza» del dramma nella dedicatoria al cardinale Giorgio Spinola. È interessante notare, nel confronto fra i contenuti della dedicatoria del 1731 e quelli dell'avviso *A chi legge* del 1746, come slitti su più piani, dal primo al secondo paratesto (ossia da una stampa, più strettamente funzionale alla rappresentazione e al messaggio educativo rivolto alla realtà del Collegio bolognese, a una edizione che intende immettere il testo nel circuito pubblico e nel dibattito del teatro settecentesco), l'individuazione, da parte dell'autore, dell'azione e del nucleo tragico dell'opera. Nella dedicatoria il *focus* scenico consisterebbe nell'«accecamento di Sedecia, con l'uccisione sotto gli occhi di lui di tutti i figliuoli suoi, che fu la celebre vendetta atroce presa di lui da Nabucco», conseguenza della correità ed empietà con cui «a torto aveva interpretato un'oscura e difficile profezia» non confidando nei consigli della voce ispirata di Geremia (in cui «si esprimono gli alti e generosi sentimenti di religione»); nell'*A chi legge* si vuole, invece, sottolineare il fondamento storico e biblico della tragedia, il dramma collettivo che le «disavventure di Sedecia», la «sua arroganza» ed empietà infliggono al popolo ebreo con la detronizzazione e la rovina del «regno di Giuda»: una prospettiva, quindi, che si allarga su una riflessione teologica del potere e che viene a risentire meno dell'influenza esercitata da un presumibile modello dell'*Athalie* raciniana.

16 Cfr. Dario Cecchetti, «Teologia della salvezza e tragico sacro. Intorno a *Esther*», in *Il Tragico e il Sacro dal Cinquecento a Racine, Atti del Convegno Internazionale di Torino e Vercelli (14-16 ottobre 1999)*, a cura di D. Cecchetti e D. Dalla Valle, Firenze, Olschki, 2001, p. 289-296. Riprendendo una felice formula di Hans Urs von Balthasar che definiva la «drammatica della salvezza contemplata» come l'essenza del «teatro cristiano storico», Cecchetti conclude, con una tesi, del tutto condivisibile, rispecchiata negli sviluppi della *tragédie sainte* francese, ma che può estendersi anche alla tragedia gesuitica e all'oratorio sacro sei-settecenteschi: ossia che «la connessione tra pagina biblica e rilettura liturgica, tra *figura* biblica e attualità – in una meditazione appunto sulla storia che ne ricerchi i segni di salvezza –, può essere considerata il dato centrale [...] della *tragédie sainte* nella sua evoluzione, dal Cinque al Seicento».

17 Riguardo alle modalità del teatro gesuitico come «percorso dell'esercitante per la sua formazione di cristiano» e sulla ripresa di figure bibliche come proiezioni di una «teologia della salvezza» che si costruisce sull'«incarnazione del Dio fattosi uomo», si rinvia alla bella postfazione di Michela Sacco Messineo, «Il teatro di scuola in Sicilia», in Ortensio Scamacca, *La Rosalia. Tragedia sacra*, a cura di D. Bellini, Pisa, ETS, 2013, p. 143-150.

caratteri delle *dramatis personae.* Sia pure nel rispetto di un 'verosimile' storico che conferisce identità e individualità teatrale ai personaggi, la storia, in quanto rappresentazione di conflitti e passioni umane vani e transeunti e di un passato che si presta a un'interpretazione della contemporaneità, s'inscrive nella drammaturgia dei Gesuiti sullo sfondo di una metafisica assoluta e di una verità etica che «depriva di senso» la temporalità e le vicende terrene, luogo delle contraddizioni e della insignificanza di ogni azione politica, per far trionfare la luce di una realtà altra che conduce alla purificazione e alla salvezza e che coinvolge empiricamente sulla scena il sistema dei valori dello spettatore, trasformandolo in credente[18]. Il richiamo insistito alla fedeltà, nei confronti del testo della Scrittura, secondo la versione della Vulgata, nel trattamento della *narratio* biblica (d'obbligo, ma con prelievi e citazioni, a sigillo autorizzante, accordati a una trama di risonanze e significati nuovi) si accompagna, nei drammi di Granelli, alla simbolizzazione cattolica dei fatti, in una linea di sviluppi concettuali e in una logica di superamenti ebraico-cristiani, che nella costruzione del testo attinge per la *mise en scène* delle funzioni drammaturgiche all'archivio mnestico dei grandi modelli della tragedia classica, quali archetipi stravolti e asserviti alle dinamiche emozionali di una teologia della 'libertà e della grazia', peculiare del teatro di Collegio.

Il *Sedecia* che insieme al *Manasse*, l'altro dramma spirituale di Granelli, costituisce un vero e proprio dittico per la rappresentazione di una sorta di genealogia biblica fonte di nuovi miti moderni, quella delle vicende di empietà e infedeltà degli ultimi re di Giuda nel tempo della conquista e della deportazione babilonese, analoga e sostitutiva, nell'ambito teatrale del sacro, alle saghe familiari della tragedia greca, reimposta nei caratteri di un ritrovato classicismo edificante un complesso di storie rivisitate alla luce della nuova erudizione veterotestamentaria, che veniva facendosi strada nel circuito europeo e nelle cerchie elitarie di letterati cattolici, quale quella romana cresciuta intorno alla figura di Giusto Fontanini e all'Accademia del Tamburo. Un'élite dedita agli studi biblici, da cui erano scaturiti commentari chiave, anche per le riscritture sceniche, quali le *Exercitationes biblicae* di Jean Morin[19] e le *Considerazioni intorno alla poesia degli Ebrei e dei gre-*

18 È sufficiente rileggere l'*Avvertimento d'uno intendente, intorno al modo di rappresentare queste tragedie, e tutte le altre che sono per comporsi regolarmente* [premessa non firmata], in O. Scamacca, *Delle tragedie sacre...*, in Palermo, per Pietro Oppola, 1645, t. XI, p. 13, dove si insiste sull'idea di un teatro che «al vivo rappresenti la cosa che imita», con uno stile «chiaro e grave» (cfr. Michela Sacco Messineo, «Introduzione», in Ortensio Scamacca, *Il Crisanto. Tragedia morale*, a cura di I. Castiglia, Pisa, ETS, 2013, p. 26-28).

19 Ioannis Morini Blesensis, *Exercitationes ecclesiasticae et biblicae*, Paris, sumptibus Gaspari Meturas, 1669.

ci di Biagio Garofalo, uscita a Roma nel 1707[20], poi di nuovo a Bologna nel 1712, e d'immediata ricaduta anche nel contesto del dibattito e delle scelte teatrali, come dà prova la trattatistica e la sperimentazione delle tragedie bibliche di Pier Jacopo Martello[21]. Garofalo riproponeva la Bibbia come un nuovo prototipo di poesia sapienziale moderna in grado di unire alla «maestà dell'argomento» «la sempli-

20 Le *Considerazioni* vennero pubblicate a Roma con i tipi di F. Gonzaga, in un contesto di discussioni sulla poesia cristiana che coinvolse anche la consacrazione, da parte di Gravina, del modello sapienziale dell'*Endimione* di Alessandro Guidi, ossia temi dibattuti nel cenacolo pre-arcadico di Cristina di Svezia, anche il Garofalo elogia il Guidi (cfr. Maria Grazia Accorsi, «Le azioni sacre di Metastasio e il razionalismo cristiano», in *Mozart, Padova e la Betulia liberata. Committenza, interpretazione e fortuna delle azioni sacre metastasiane nel '700*, Firenze, Olschki, 1991, p. 3-26: a p. 4-5; *id.*, «Pastori e Teatro. Dal melodramma al dramma ebraico», in *La colonia renia. Profilo storico dell'Arcadia bolognese*, II, Modena, Mucchi, 1988, p. 349, dove ben si chiariscono le prese di posizione di Garofalo rispetto alla sperimentazione pre-arcadica e poi arcadica del gruppo bolognese, a partire dalla illustre polemica Orsi-Bouhours). Per le questioni attinenti all'affermazione del modello dell'*Endimione*, ad opera del *Discorso* del Gravina, e all'interno di una complessa rivisitazione sullo sviluppo di moderni miti cristiani e biblici cfr. Valentina Gallo, «Introduzione», in Alessandro Guidi, *Endimione*, Alessandria, Edizioni dell'Orso, 2011, p. 5-30; ma anche il mio Elisabetta Selmi, «Dalla sapienza dei pastori ai 'pastori in maschera'. Antropologia, allegoria e storia delle metamorfosi di un genere nel Seicento», *Bruniana e Campanelliana*, XXIII, 2017, 1, p. 121-137.

21 Si veda, ad esempio, quanto Martello afferma nel *Proemio* a *Il Sisara* (in Pier Jacopo Martello, *Teatro*, a cura di H. S. Noce, II, Bari, Laterza e figli, 1981, p. 620: «L'altra novità si è l'imitazione della poesia degli Ebrei, sul carattere della quale ho faticato particolarmente. Gli Ebrei ne' loro poemi alternano ad una somma semplicità un'enfasi affatto fantastica e grande, alle volte famigliarissimi e naturali sino a quella che i poco intendenti chiamerebbero forse bassezza; alle volte trasportatissimi e strani sino a quella che i timidi e scrupolosi definirebbero iperbole ed enfiatura. [...] Non si hanno che a leggere, per venire nel mio sentimento, i poemi ebraici che ci restano, come sarebbero i canti di Mosé e di Debora (l'ultimo dei quali è stato da me in parte imitato nel coro della tragedia), le canzoni e i salmi di David, gli epitalami di Salomone, o la tragica rappresentazione di Giobbe». Cfr. Ilaria Magnani Campanacci, *Un bolognese nella repubblica delle lettere. Pier Jacopo Martello*, Modena, Mucchi, 1994, p. 248-256; dove si analizzano rispetto al *Davide in corte* del Martello, composto tra il 1719 e il 1721, sia il vincolo all'«obbligo di fedeltà al sacro testo della Scrittura», con una rilettura cattolica della precettistica classicistica, quanto la reinterpretazione attualizzante dei fatti biblici attraverso «un testo etico-politico come la *Politique tirée des propres paroles de l'Écriture Sainte* di J. B. Bossuet (Paris, 1709), che detta al Martello una caratterizzazione di David e Saul all'interno di una dicotomia, ripresa dal vescovo francese, fra l'innocenza e la semplicità di una corte ideale, incarnata in David, e la negatività «degli intrighi della corte nella storia degli uomini, fra la "sagesse véritable" di David e le "finesses pernicieuses" di Saul». Modalità tutte che si ritrovano anche nello stesso *Sedecia* di Granelli, dove alla corte dei re di Giuda si ripropone la contrapposizione di caratteri del «santo cortigiano» e dell'intrigante politico, secondo quanto recita l'Avviso dell'editore (Antonio Rosa), premessa alla ristampa veneziana del 1805: «[...] ci sia permesso aggiungere, che dal soggetto e dai caratteri egualmente volle il padre Granelli che ricavar potessimo lo scopo morale di questo suo tragico componimento. Dal soggetto, per l'esempio di eccessiva ambizione in Sedecia, che dal Cielo punita viene. Dai caratteri, pel contrapposto singolarmente del santo cortigiano in Geremia, e dell'empio in Manasse. L'uno, tutto fede, tutto candore e verità, pel deplorabile destin di quella cecità che d'ordinario accirconda i troni, appena ascoltar si vuole dal re giudeo; l'altro poi falso adulatore, dispregiator dei sacri riti e dei costumi onesti, e si ascolta e si segue sempre».

cità» della espressione[22]. Una dissertazione, quella del Napoletano, che generò ampio scalpore e una vivace *querelle* riguardo all'utilità per i teologi cattolici di un ricorso ai testi rabbinici[23] ai fini di una più autentica intellezione della cultura e del racconto della Bibbia, con esiti di censura e condanna dell'Indice, proprio in ragione di quella sensibilità storica, nell'esegesi dei testi sacri, che si riteneva trattasse la Scrittura alla stregua di un libro profano[24]. Trasferitosi a Vienna nel 1732, al seguito dell'*entourage* intellettuale del principe Eugenio di Savoia dove s'intendeva rilanciare la Bibbia come fonte privilegiata per la formazione letteraria, con un taglio incline a riletture giansenistiche, il Garofalo è presenza con cui mostra di dialogare la sperimentazione oratoriale viennese di Zeno e Metastasio, soprattutto rispetto al programma di riforma che si prefiggeva di favorire le scelte di soggetti biblici con fini di moralizzazione e di «didattica politica»[25]. Nello spirito di una moderna *recherche de la vérité* che fortifica un approccio non convenzionale e più riflessivo ai testi della Scrittura, anche il 'razionalismo cristiano' di Granelli, dove l'eredità di un'analitica cartesiana delle *passions de l'âme et du cœur* s'inscrive sull'orizzonte in movimento di un'apologetica gesuitica, concorre al *revival* di una tragedia biblica polarizzata intorno ai temi della conoscenza (conoscenza di sé e conoscenza di Dio), delle capacità della ragione (della responsabilità e del libro arbitrio), dell'illuminazione divina.

Negli apparati esortativi, nei paratesti delle tragedie bibliche che definiscono, il suo, un 'teatro della pietà e della penitenza', che circoscrive l'essenza del tragico all'ambito dell'*eleos* aristotelico, della compassione, alle componenti emozionali di un muratoriano «svegliar gli affetti», si focalizza l'esemplarità delle vicende del *Sedecia* e del *Manasse* sui motivi della vendetta e della misericordia divine che,

22 Cfr. Eugenio Di Rienzo, «Garofalo, Biagio», in *Dizionario biografico degli Italiani*, vol. 52, Roma, Istituto della Enciclopedia italiana, 1999, p. 362-364.

23 Granelli entra più volte nel merito della interpretazione rabbinica della Bibbia, come può evincersi dalla esegesi che sviluppa ne *L'istoria santa dell'Antico Testamento spiegata in lezioni morali, istoriche, critiche e cronologiche da Giovanni Granelli della Compagnia di Gesù. Del Genesi tomo quarto*, Parma, Regio-ducale stamperia degli Eredi Monti, 1766. Un testo più volte richiamato a commento dei suoi drammi biblici (cfr. *Seila, la figlia di Iefte*).

24 Cfr. Biagio Garofalo, *Considerazioni intorno alla poesia degli ebrei e dei greci*, a cura di M. Sanna, Milano, Franco Angeli, 2014. Nella sua «Introduzione» la Sanna ricostruisce il contesto storico della formazione di Garofalo che, giunto a Roma nel 1704, sotto la protezione del Fontanini entra a far parte dell'*entourage* di letterati del Tamburo, particolarmente sensibili al risveglio degli studi orientalistici ed ebraici (un gruppo in cui spiccano le figure di Domenico Boncini, Francesco Bianchini, Celestino Galiano e Gian Vincenzo Gravina). Intorno agli anni Trenta il Garofalo giunge a Vienna in qualità di storico ufficiale di Eugenio di Savoia, nella stagione della messa in cantiere dei grandi oratori zeniani. Le *Considerazioni* che suscitarono una animosa *querelle* anche a Bologna (vi parteciparono a difesa e condanna personaggi come Benedetto Torano e il padre Giacomo Laderchi), vennero messa all'Indice tra il 1716 e il 1718.

25 Cfr. M. G. Accorsi, «Le azioni sacre di Metastasio», art. cit., p. 5.

alternativamente, puniscono e premiano le diverse condotte dei due ultimi re di Giuda: l'infedeltà e l'arroganza, dell'uno, Sedecia; l'umiltà e l'espiazione dell'altro, Manasse, salvato dal sublime «perdono» di Dio e restituito «dalla carcere al trono»[26]. La figura di penitente di Manasse, che purga nei triboli dei sentimenti di colpa e nell'abiezione della prigionia babilonese la tentazione all'empia superbia, alla violenza, sempre insita nella regalità, e nella universale condanna adamitica dell'uomo, si fa prototipo, per il Granelli, di un nuovo modello di eroismo tragico: la sfida più impegnativa, per il drammaturgo, alla resa di un carattere, «formato sul vero cattolico», in grado di sintonizzare le attese di uno spettatore moderno alle tipologie bibliche. Granelli così commentava la sua scelta del protagonista, il cui costume ritratto dal «naturale» evinto dai testi sacri (dei *Re*, dei *Paralipomeni*, dei *Profeti*), dal grande codice biblico, e retoricamente ispirato allo stile di un parlare tragico graviniano, vibra però di una profondità ideale che lo coinvolge in una vera e propria *mise en question* sulla sua esemplarità scenica:

> E per ciò che all'eroe appartiene io non poteva rappresentarlo altrimenti che un penitente. Questo carattere è indivisibile da quello di una profonda umiltà accompagnata da una dolorosa tristezza del mal commesso [...] Per altra parte io non aveva da' buoni antichi, o moderni, esempio alcuno di un tal carattere, a cui attenermi; poco o nulla trovando in esso di somigliante, ch'essi abbiano rappresentato. [...] Ho soprattutto cercato di formarlo sul vero, traendolo dal naturale di Manasse, che da' *Libri dei Re*, dei *Paralipomeni*, e da quelli de' Profeti suoi contemporanei ci vien descritto negli anni della sua empietà severo oltremodo, anzi violento e crudele, né d'alcuna moderazione nelle passioni sue tollerante. Ho creduto, che questa severità, e dirò ancora violenza di massime trasportata alla virtù della penitenza, e più rigorosamente seguisse la verità dell'istoria, e da ogni abiezione questo carattere liberasse, portando questa virtù alla più vera a un tempo ed al teatro sensibile grandezza.[27]

La «penitenza ammirabile» di Manasse, che «mosse Dio a vedere il suo ristabilmento» (così efficace nella rappresentazione da generare nel pubblico un inarrestabile profluvio di catartiche lagrime), è per Granelli il 'nodo storico' della tragedia che muove la peripezia, ricavabile dalle «oscure» ed «incerte» «circostanze» che di tali vicende relative alla caduta del regno di Giuda ci trasmette il Sacro Testo (da quelle ellissi narrative e teologiche insite nel resoconto biblico, spazio per una più libera e legittima reinvenzione del drammaturgo). Nodo che l'autore sottopone a un sensibile processo di riconversione cattolica – la parabola di Manasse è, per lui,

26 Giovanni Granelli, *Manasse re di Giuda. Tragedia*, in Venezia, presso Antonio Rosa, 1805, p. 74-75 (*A chi legge*).
27 *Ibid.*, p. 74.

la testimonianza più autorevole che nel Vecchio Testamento illustra l'intervento di un «Dio misericordioso» più che vendicatore, dove intenzionalmente si adombra l'idea di una terribile giustizia biblica che implica anche la colpa dei padri, su cui dubitativamente si interrogava la drammaturgia cristiana, come dimostra lo stesso Racine in *Athalie* –[28] che fa del re penitente e redento, e infine trionfante, l'immagine dell'agnello sacrificale. Il superbo umiliato che diventa tramite di salvezza collettiva, icona liturgica introiettata nell'autocoscienza del credente di fronte alle proprie colpe e al fiducioso abbandono nel seno della provvidenza divina. «Io però ho formato Manasse» – commentava Granelli –

> un uomo inesorabile nella risoluzione che ha preso di lasciarsi sacrificare qual vittima della vendetta di Dio; e che nulla tanto desidera, quanto glorificarne col sacrificio suo la giustizia. (*Manasse*, p. 74)

La storia biblica si cala nel rito confessionale di un Dio – per usare versi illustri – che «atterra e suscita, / che affanna e che consola»[29]: parabola che documenta nella figura del protagonista l'insondabile e misterioso legame che stringe, a filo doppio, umiltà e regalità, a configurare l'idea di un principe cristiano, plasmato sull'immagine cristologica ricavabile dalla lezione della *Politique* di Bossuet (fresca di stampa nel 1709), che proprio nell'esperienza del dolore, nell'archetipo cattolico delle vie oscure della «tribolazione del peccato», si eleva a strumento sublime della provvidenza e chiave per una comprensione più autentica della Storia:

> Egli è certo che Dio mutò d'improvviso l'animo del Re babilonese[30] per merito della penitenza del prigioniero;

28 Cfr. *infra* e n. 31.

29 Prima dei celebri versi manzoniani, già Racine in *Athalie*, III, VII, 1123 (si cita dall'edizione Jean Racine, *Teatro*, a cura di A. Beretta Anguissola, Milano, Mondadori, 2009) fa dire a Gioad che si rivolge al Dio, difesa dei miseri, verità e luce della storia: «Du tombeau quand tu veux tu sais nous rappeler. / *Tu frappes, et guéris. Tu perds et ressuscites*» (corsivo nostro).

30 *Manasse*, p. 75. Il re babilonese è ovviamente Nabucodonosor che, nella trama della tragedia, di fronte alla conversione, dall'arroganza all'umiltà, del prigioniero Manasse, decide di liberarlo e restituirlo nella sua dignità regale. Che Manasse poi in virtù della sua penitenza si faccia strumento della volontà sovrannaturale e della Grazia divina, la tragedia lo interpreta attraverso l'espediente del sogno di un turbato sovrano di Babilonia, presago di una forza superiore contro cui nulla può tutta la sua potenza terrena; un sogno, che recupera il carattere del prodigioso biblico negli stampi del modello tragico classicistico, in cui a Nabucodonosor Dio comanda di liberare Israele. Nel dialogo con il generale Oloferne, Nabucco rivela le sue inquietudini e l'oltranza di una divinità superiore che incombe e agisce le sue scelte: «Mio fedele Oloferne, a te non voglio / Dissimular. Non è più in grado il Cielo, / Ch'io del Regno di Giuda il conquistato / Imperio serbi, e quelle genti affreni / Co' l'alto mio poter. De la loro terra / Qual siasi il Dio, che certo è grande e forte, / Vuol ch'io ceda. / [...] Che vision funesta a l'egre membra / Non turbino il riposo, e d'alto orrore / Non mi spargan le notti, e di sospetto / Poscia e d'affanno, e di tristezza i giorni. / Grave, e non carco di pensieri, e d'anni, / Viva luce circonda, e vivi raggi / Escon de gli

– concludeva l'autore – e dunque

> in lui solo e nella virtù dell'Eroe dee ritornarsi l'esito lieto della peripezia. E vale dire che mentre le naturali cagioni conducevano Manasse ad una misera fine, sottentrarono le soprannaturali a rompere il corso, e l'avversa e trista fortuna in lieta e prospera convertirono. (*Manasse*, p. 75)

Al fato, forza trascendente oscura e irrazionale che agisce il conflitto drammatico dei classici, si sostituisce una «ideologia provvidenzialistica» della Bibbia, che induce a riflettere su una teologia della Storia profondamente modificata e che modifica dall'interno l'assetto e la stessa essenza del tragico antico alla base della concezione aristotelica: dove un Israele sempre infedele e sempre perdonato, figurante stesso dell'umanità e della Chiesa, cattura lo spettatore nella meditazione sull'ineludibile percorso di sofferenza della vita, mossa dall'azione imperscrutabile, ma mai insensata, di una giustizia divina insieme 'implacabile' e consolatoria. A monte del processo di razionalizzazione didattica e spirituale messo in opera da Granelli, nello scavo con cui ricerca nei significati delle vicende bibliche e dell'azione divina – non di rado sconcertanti, facili ad analogie con l'incomprensibile e tormentante divinità sofoclea[31], di un Dio che sembra odiare la sua vittima restando silenzioso, come nelle riscritture, di indubbia fortuna, nella *tragédie sainte* francese e nella sensibilità riformata e giansenistica d'Oltralpe, delle vicende della figlia di Jefte, di Saul e di Giobbe –[32] la sintesi trascendente di un'inverante storia della salvezza (di una Grazia che è sì mistero, ma mai abbandono e lontananza), si colloca l'ampio dibattito e revisione in atto, fra fine Seicento e Settecento, sull'opportunità dell'eroe tragico innocente e perseguitato[33]. Un ripensamento di lungo corso che,

occhi scintillanti, e chiari, / Sì ch'io non posso sostenere il guardo. / [...] / Ora il terribil Dio par che, lo stesso, / Minacci a me, se la Giudea ritengo, / Con un sì grave e minaccioso guardo».

31 Emblematico, l'interciso attenuante di Gioad in *Athalie*, I, II (J. Racine, *Teatro*, *op. cit.*, p. 1513) di fronte ai timori di Giosabet sulla possibilità di condanna senza scampo anche per gli innocenti, da parte di Dio, della «empia razza» di Davide (che rinnova nel «braccio vindice» del Dio biblico il senso della nemesi classica), che così recita: «Il ne recherche point, aveugle en sa colère, / Sur le fils qui le craint, l'impiété du père». Beretta Anguissola, nel commento ai versi succitati dell'*Athalie* (*Teatro*, p. 1930), spiega: «Il timore di Giosabet non appare infondato alla luce delle parole» che si leggono in passi della Bibbia, sconcertanti per l'esegesi cattolica rispetto all'idea di un Dio giusto e misericordioso, come in *Esodo*, 20, 5, dove Jahvè afferma: «Io sono un Dio geloso, che punisce la colpa dei padri nei figli fino alla terza e alla quarta generazione».

32 Per le tragedie francesi su Giobbe, si rinvia a Gabriella Bosco, «Giobbe a teatro», in *Il tragico e il sacro*, *op. cit.*, p. 89-98.

33 In dialogo con le posizioni già discusse dal card. Pietro Sforza Pallavicino nella dissertazione finale (*A chi ha letto*) che accompagna la sua tragedia *Ermenegildo martire* (in Roma, per gli eredi del Corbelletti, 1644, p. 134-164), e i correttivi introdotti rispetto al modello antiaristotelico del 'martire perseguitato' (per cui bastava per evitare lo sdegno degli spettatori suscitare l'idea di «qualche errore nel tormentato o per verità o per credenza»), Martello, nello stesso contesto culturale e storico di Granelli, chiariva in una lettera a G.G. Orsi in merito alle scelte del suo *Procolo* (*Lettera al Marchese G.G. Orsi*, senza data, autografa, Biblioteca Ambrosiana, cod. Y 159

a valle della *querelle* sollevata dal *Polyeucte* di Corneille, metteva in discussione lo stesso modello del dramma martirologico e il suo funzionamento legato alla teoria dell'«admiration des héros». Da qui si motiva anche l'insistenza, non dettata soltanto da quelle contaminazioni liturgiche sulle quali si erige l'ingranaggio edificante del dramma gesuitico, con cui Granelli batte sul tasto di una tragedia biblica luogo privilegiato del patetico, di un regolato esercizio delle tradizionali passioni aristoteliche, sia pure ristretto all'ambito moderno della compassione e al sommovimento emotivo ed educativo delle lacrime. E si tratta di un patetico che coinvolge la stessa reinterpretazione delle storie bibliche alla luce delle *Stuore* seicentesche del Menochio e del Corona[34], o di lezionari, come i *Sens litteral et spirituel* di Le Maistre de Sacy[35], influente, si sa, sulla lettura politico-patetica del *Giuseppe* (1722) zeniano o su quella figurale «gnoseologica» del *Giuseppe riconosciuto* metastasiano[36], dove la sfera affettiva apporta nuovi approcci alla comprensione simbolica della Scrittura; sia pure nel gioco contrastivo, per Granelli e Zeno inevitabile, fra la sensibilità portorealista del predicatore francese e le convinzioni gesuitiche o pseudo-agostiniane relative al problema della «leggibilità» del mondo e della storia e della fallacia dell'umana sapienza, così dirimente per tali testi, di fronte ai

sup., lett. N. 225: ora in *Lettere inedite d'illustri italiani che fiorirono dal principio del sec. XVIII fino ai nostri tempi*, Milano, Società tip. de' classici, 1835, p. 202-203): «Non si vuole il personaggio così innocente che per nessun conto meriti la propria disavventura imperocché allora la sua disgrazia ne metterebbe in collera contro gli dii flagellatori dell'innocenza; né meno si vuol così reo che tutto il male per esso lui sofferto sia per esso medesimo meritato, da che nasce in noi la misericordia verso l'afflitto. *Per questa ragione non paiono protagonisti atti alla rappresentazione tragica i martiri, imperocché la loro innocenza, punita dagli ingiusti tiranni, è troppo premiata da Dio coll'immortalità della gloria per generare compassione negli uditori*» (corsivo nostro).

34 *Le stuore ovvero trattenimenti eruditi del padre Gio. Stefano Menochio della Compagnia di Gesù, tessute di varia erudizione sacra, morale, profana. Nelle quali si dichiarano molti passi oscuri della Sacra Scrittura*, in Venetia, presso Paolo Baglioni, 1662; *Le stuore di Gio. Corona tessute di varia erudizione sacra, morale e profana dedicate a Cassiano dal Pozzo*, in Roma, appresso Manelfo Manelfi, 1646 (in part. p. 13 sgg.); *Del senso della Sacra Scrittura detto accommodatitio, con alcuni belli esempi di esso*; o la *Centuria prima. Della genealogia di Cristo Signor nostro, della B. Vergine, di S. Gioseffo ecc.*, da cui traggono ispirazione e contenuti gli oratori e drammi spirituali che trattano della Natività e della Vita di Cristo, una filiera significativa di testi, di cui si ricorda, perlomeno, *La Nascita di Gesù* di Pietro Pariati.

35 *Le Saint Evangile de Jesus-Christ selon Saint Marc traduit en François avec une explication du sens litteral et spirituel par Monsr. Le Maistre de Sacy*, a Bruxelles, chez Eugene Henry Fricx, 1716.

36 Già richiamato come significativa presenza in Metastasio e nel *côté* della sperimentazione oratoriale primo seicentesca da C. Ossola, «"*Clemenza e verità*": *Metastasio riconosciuto. Introduzione*» a P. Metastasio, *Oratori sacri*, a cura di S. Stroppa, introduzione di C. Ossola, Venezia, Marsilio, 1996, p. 41-43; e cfr. P. Stella, «Agostinismo in Italia e cultura patristica europea fra Sette e Ottocento», *Augustinianum*, XVI, 1976, p. 40-47. Per il diverso taglio dell'interpretazione del Giuseppe 'politico-patetico' di Zeno e quello di Metastasio che «traduce puntualmente il testo biblico», accentuando il carattere di «figura» di Giuseppe novello Cristo, si rinvia alla fine lettura di S. Stroppa, «*Fra notturni sereni*». *Le azioni sacre del Metastasio*, *op. cit.*, p. 158-161.

segni della volontà divina[37] (di nuovo quindi sui temi della colpa, della grazia, della rivelazione).

Il processo di acclimatazione delle storie bibliche all'interno di un congegno pedagogico e teatrale classico-cattolico, che ne attualizza il senso e la latitudine e ne smussa i caratteri di inconciliabilità e alterità (va rammentato che con la tragedia biblica del Settecento si avvia anche un processo di dissacrazione del comportamento del Dio biblico e del modello degli eroi veterotestamentari con la sua acme nell'età volterriana)[38], si sviluppa nel *Sedecia*, che più coinvolge il gioco imitativo di Zeno, intorno agli aspetti del prodigioso biblico strettamente connessi all'interrogazione sul significato e la funzione profetica del carattere storico di Geremia. È Bettinelli, fra i sodali di Granelli uno dei suoi più sinceri estimatori, a riassumere nel poemetto encomiastico *Sopra la tragedia* la cifra che contraddistingue l'opera di riscrittura messa in atto dal drammaturgo, vero scultore di una nuova *gravitas* biblica che «col valor di un dorico stromento» revocò al giorno «l'ombre giacenti ne l'eterno sonno / fuor de le sepolcrali urne» cantando, tale per cui

> Chi le gravi non pianse aspre catene,
> E gli svenati pargoletti figli
> *De l'Edipo giudeo*? Chi di Manasse
> Non detestò l'antiche colpe, e al novo
> Dolor non dolse, e il non veduto in pria
> Piagnendo non udì sacro argomento?[39] (corsivo nostro)

Il *topos* dell'oracolo maledetto, che agisce sullo stampo dell'*Edipo* classico le tante trame della tragedia profana cinque-seicentesca, si innesta nella peripezia tragica di Sedecia, l'*Edipo giudeo*, il re di Solima che nella sua *hybris*, nell'empia arroganza

37 Per le riletture bibliche di Le Maistre de Sacy, in part. *Le Douze petits Prophètes traduits en francois. Preface*, a Lyon, chez Anisson, et Posnel, 1684, cap. II, p. 16-24; ma soprattutto *Jeremie traduit en francois avec un explication tirée. Des Saints Peres et des Auteurs Ecclesiastiques. Par M. Maistre de Sacy Prestre*, a Bruxelles, chez Eugene Henry Frics, Imprimeurs de Sa Majeste Imperiale et Catholique, 1724. Di Geremia si legge, p. IV-V: «il a merité la qualité non seulement de Prophet, mais encore d'un homme évangelique: car c'est ainsi que saint Jerôme l'appelle: *virum evangelicum*. [...] La sainteté extraordinaire qui éclata dans la conduite de Jeremie et dans toutes le fonctions de son ministere, parut être comme un fruit de la vocation si admirable avec laquelle il y entre. [...] S'étonner-t-on après cela du courage tout divin qu'il fit parôitre en servant à Dieu comme d'interprete à l'egard de Rois et des peuples».

38 Molto complessa e accesa già partire dal tardo Cinquecento, nel contesto della *Tragédie sainte* francese, la riflessione critica su *le piteuses ruines des grands Seigneurs* e delle *inconstances de Fortune*, di cui sono esemplari lo *Jephtes* latino di Buchanam (1554), tradotto in francese da Claude de Vesel (1566) e Florent Chrestien (1567), oltre che il *Saül furieux* [1572] di Jean de La Taille, il *Saül* [1610] di Claude Billard e quello di Pierre du Ryer (1642): si rinvia al saggio cit. di Cecchetti, «Teologia della salvezza e tragico sacro», art. cit., p. 291-295.

39 Saverio Bettinelli, *Poemetto al P. Granelli sopra la Tragedia*, in *Poesie scielte di Padre Granelli*, *op. cit.*, p. 405.

del potere tradisce i patti di fedeltà con gli uomini e con Dio, e si traduce in un'interrogazione sulla veridicità della profezia chiamata a interpretare il mistero del destino dell'eroe biblico. Intorno al nodo dell'errante interpretazione dei significati pronunciati dall'oracolo divino[40], che profetizza la sorte dell'infelice re di Giuda, ruota il conflitto morale e teologico che nella tragedia contrappone la cecità in cui brancola l'umano giudizio (quella «cecità» – ribadisce Granelli – «che d'ordinario accirconda i Troni») di fronte ai segni di una verità trascendente, quando superbo presuma di sostituirsi a Dio, alla luce ispirata di chi si fa interprete del vero per volontà divina: che si incarnano, rispettivamente, nelle due figure del santo Geremia, *vox Dei*, religioso testimone della giustizia divina e mentore legittimo dei popoli, e di Manasse[41], immagine del politico «di poca fede», dello scettico, dell'ateo libertino moderno, consigliere di Sedecia.

È proprio nella scena IV del I atto, dove fa la sua comparsa Geremia, che il testo esibisce, in un dialogo serrato fra il profeta ed il re, il vero nucleo tragico ed etico del dramma: il motivo della sovranità disonorata, della vile fuga di Sedecia (per mettere in salvo sé e i figli dalla vendetta di un Nabucodonosor inconsapevole strumento della giustizia divina e dell'ironia trascendente della Storia): portato di quella follia che lo rende dimentico dei suoi doveri[42], lo trasforma nell'empio sconsacrato e lo trafigge, per mano divina, non con la morte paventata ma con la metaforica e reale

40 L'oracolo, oggetto dei fraintendimenti che conducono Sedecia alla rovina, viene da lui ricordato nella II scena del I atto con tali parole: «Re di Giuda non è fatale il ferro /A giorni tuoi, che chiuderai in pace; / Né l'empia Babilonia anco vedrai» (p.13). Sedecia, in preda ad un'empia arroganza che lo sprofonda nella follia di una meschina e utilitaristica lettura dei fatti, male interpreta la lettera apparente delle parole dell'oracolo come segno della protezione e della salvezza che Dio gli concede sottraendolo alla morte e alla prigionia babilonese. La lontananza da Dio lo sprofonda nella notte della ragione e nella cecità dell'anima, che prefigura l'abbacinazione con cui Nabucodonosor punirà la fuga e il tradimento del re di Giuda, impossibilitato per ciò a vedere Babilonia in cui sarà condotto vivo, ma prigioniero, inverando così l'ambigua ironia tragica contenuta nei significati sibillini dell'oracolo.

41 Manasse, con le sue varianti onomastiche secondo la trascrizione ebraica o classica, è nome che ricorre più volte nella filiera delle tragedie e oratori che trattano il tema della caduta del trono di Giuda, rappresentando figure diverse: o il re empio che si trasforma in una sorta di pio martire attraverso la dolorosa esperienza della cattività babilonese; o un cortigiano, consigliere, sacerdote idolatro di altri re giudei.

42 Il decalogo settecentesco de «i doveri d'un Re» che esprime il sentire di Granelli e del 'paternalismo' settecentesco, si legge più apertamente in Zeno, *Sedecia*, parte prima, p. 321-323; p. 328; e soprattutto in Metastasio, *Gioas*, II, v. 421-445, per bocca di Gioiada: «[...] Oggi d'un regno / Dio ti fa don; ma del suo regno un giorno / ragion ti chiederà. [...] / [...] Comincia il regno / da te medesmo. I desideri tuoi / siano i primi vassalli, onde i soggetti / abbiano in chi comanda / l'esempio di ubbidir. Sia quel che déi, / non quel che puoi, dell'opre tue misura. / Il pubblico procura / più che il tuo ben. Fa che in te s'ami il padre, / non si tema il tiranno / [...] Premii dispensa, e pene /con esatta ragion. Tardo risolvi; / sollecito eseguisci. E non fidarti / di lingua adulatrice / con vile assenso a lusingarti intesa; / ma porta in ogn'impresa / la prudenza per guida, / per compagno il valore».

cecità dell'anima e della vista; stigma ostensivo dell'erranza di una regalità colpevole che – come ribadirà Metastasio nel *Gioas* (un altro oratorio di riscrittura delle cruente vicende del trono di Giuda) – non ha più «la giustizia su gli occhi, e Dio nel core». Ne ottenebra l'intelletto nell'*enfer des significations*, nella babele relativistica delle parole, nella loro terribile ambiguità di fronte alla vertigine irrazionale delle vicende terrene[43], non più illuminate dall'umile e fiducioso riconoscimento di un 'Dio incarnato' che redime e salva. Lo sottolineerà, alcuni anni dopo, con una straordinaria *energheia* scenica, e con una più sapiente riappropriazione del tradizionale senso figurale dell'esegesi cattolica (non esente da un dialettico confronto con la lezione raciniana di *Athalie* e con l'esegesi di Duguet e di Arnauld)[44] che si cala nell'iperbole ridisegnata sulla parabola storica della genealogia e della stirpe infelice «di Davidde», proprio Metastasio nel citato *Gioas re di Giuda* (1735) in cui, al di là dell'intrigo patetico, al centro di nuovo si colloca il problema del «disvelamento», del «[...] lume ignoto / all'umana ragione», cui darà senso solo il «velo del tempio» squarciato nella morte del Redentore:

(*Gioas, parte seconda*, v. 456-461)

Ma è tempo omai
di rimover quel velo
che ti cela a' Leviti. Ascendi il trono;
ma prima al suol prostrato,
come apprendesti, il Re de' Regi adora,
e al gran momento il suo soccorso implora.

Come ha ben illustrato Sabrina Stroppa, pur nel dubbio di una *natura lapsa* irredimibile, nel naufragio delle vicende terrene, «la fede in Dio operante nella storia»

43 L'archetipo scenico di Sedecia incarna esemplarmente quanto Jacques Bénigne Bossuet dice nel suo commento a *Isaia* 19, 3 (*Œuvres*, Paris, Gallimard, «Bibliothèque de la Pléiade», 1961, III, 7): «Quando Dio vuole assestare il colpo finale e rovesciare gli imperi, tutto diventa debole e anomalo nelle deliberazioni. L'Egitto, che un tempo era così saggio, avanza ebbro, stordito, e zoppicante, perché il signore ha versato lo spirito di vertigine nelle sue deliberazioni; ed esso non sa più quello che fa, ed è perduto».

44 Su un confronto con *Le tombeau de Jésus-Christ ou explication du mystère de la Sépulture* di Jacques-Joseph Duguet, da parte di Metastasio, soprattutto rispetto ai temi della Redenzione e del sangue di Cristo, per la *Passione*, insiste già S. Stroppa, «*Fra notturni sereni*», *op. cit.*, p. 91; ancora più esplicito il ricorso al giansenista Jacques Joseph Duguet (*Explication du livre de la Genèse*, à Paris, chez François Babuty, 1732, p. 13-21) nell'interpretazione di Caino nella metastasiana *Morte d'Abel*, dove la sostanziale differenza fra i due fratelli, e con un Abele tradizionalmente *typus Christi*, consiste «nella disposizione del cuore, nel sacrificio interiore»: cfr. S. Stroppa, *Commento a Pietro Metastasio, Oratori sacri*, *op. cit.*, p. 246), cui si aggiunge la ripresa agostiniana (*De civ. Dei*, VII) di Caino, «allegoria prophetica», «figura degli Ebrei» e degli apostati. Per Antoine Arnauld e la possibilità di una lettura a chiave di *Athalie*: cfr. Beretta Anguissola, «Commento e note», in J. Racine, *Teatro*, *op. cit.*, p. 1916-1917.

ancora trionfa nell'azione sacra metastasiana; e di fronte allo sconsolato interrogativo di Gioas («[…] chi mai / chi ci difenderà?), Gioiada, sommo sacerdote degli Ebrei, con parole non diverse dal Geremia di Granelli, risponde:

(*Gioas, parte seconda*, v. 485-488)

Chi ci difese
insino ad or, chi d'arrestarsi in cielo
spettator de' suoi sdegni al Sol commise,
chi Gerico espugnò, chi'l mar divise?

Se, come a ragione sosteneva la Stroppa,

> non altro sono le azioni sacre metastasiane, che la drammatizzazione dell'ambivalenza, e dell'incessante tentativo dell'uomo, sempre preso a metà fra il segno e il suo significato, di *leggere* i segni che Dio dissemina nel mondo: vana è l'illusione di trovare per intero nella natura o sul volto dell'uomo i significati di quei segni […] prescindendo dalla Rivelazione;[45]

allora il *dramma di illuminazione* che diviene la cifra costante e ripetuta dell'oratorio biblico di Metastasio invera in tale tragica «ambivalenza dei segni», nell'asimmetria imposta dalla condizione di un'umanità decaduta, la prospettiva, il destino teologico di un uomo che solo nella vivificante realtà della Grazia e della storia della Redenzione, del Cristo incarnato, può dissolvere le tenebre della ragione e interpretare i *vestigia* della presenza divina. Non diversamente dal Racine di *Esther* e di *Athalie*, sia pure a un diverso grado di fiducia o di intima corrosione in un'ermeneutica che assicuri un senso alle storie sacre e sia in grado di ricomporre in un ordine metafisico sensato e intelligibile i caratteri del prodigioso biblico, del sublime profetico o dell'interiorizzato e autocoscienziale onirico, dei tanti fili misteriosi in cui si attua l'epifania dell'incontro fra l'uomo e Dio – motivi tutti così dirimenti nei drammi biblici che fra Francia e Italia trattano le vicende del trono di Giuda, tali da costituire una sorta di tipologia, che con un termine calzante la Papasogli ha chiamato le tragedie del «turbamento del re» –[46], anche Metastasio obbliga, nella comprensione dei suoi drammi, ad assumere il punto vista dell'interpretazione figurale come chiave privilegiata ed esclusiva del rapporto che lega di necessità i fatti del Vecchio e del Nuovo Testamento: il velo delle antiche storie con lo svelamento della venuta di Cristo e del suo sacrificio di sangue.

45 S. Stroppa, «*Fra notturni sereni*», *op. cit.*, p. 124-125.
46 Benedetta Papasogli, «Il sogno premonitore nella tragedia sacra», in *Il tragico e il sacro dal Cinquecento a Racine*, *op. cit.*, p. 227-238: a p. 232.

Quanto d'arcano, e di presago avvolse
di più secoli il corso, oggi si svela.
Non senza alto mistero
il sacro vel, che il Santuario ascose,
si squarciò, si divise
al morir di Gesù. Questo è la luce,
che al popolo smarrito
le notti rischiarò; questo è la verga,[47]
che in fonti di salute
apre i macigni; il sacerdote è questo,
fra la vita e la morte
pietoso mediator; l'arca, la tromba
che Gerico distrusse; il figurato
verace Giosuè, ch'oltre il Giordano
da tanti affanni alla promessa Terra,
padre in un punto e duce,
la combattuta umanità conduce.[48]

Con tale chiosa, san Giovanni nella *Passione* metastasiana riassume a chiare lettere il bandolo della storia cristiana e il *telos* veritativo di ogni sua interpretazione, e introietta nella coscienza dello spettatore la lezione di una scena rituale dove Cristo, l'«invisibile visibile», si fa specchio del riconoscimento del credente:

Or di sua scuola il frutto
vuol rimirare in noi. Da noi s'asconde,
per vederne la prova –

concluderà il recitativo dell'apostolo di risposta a una dolente e dubbiosa Maddalena che, pur perentoria nel credo liturgico di un Dio onnipotente (II, 289: «Giovanni, anch'io lo so, per tutto è Dio»), titubante s'interroga «ma intanto ai nostri sguardi / più visibil non è», nel timore della perdita di quella sapienza che «per noi si aprì» –. Il ricorso all'interpretazione figurale, che costituisce il perno intorno a cui Metastasio attualizza e riveste di nuovi significati le storie veterotestamentarie, non è un mero espediente esteriore di una parenesi catechetica ereditata dalla tradizione delle consuetudini liturgiche, ricorrenti nelle *moralités* medievali, nelle sacre rappresentazioni e nel dramma devoto, ma modalità che si cala concretamente nel funzionamento delle strutture drammaturgiche del testo, nella caratterizzazione psicologica dell'azione dei personaggi la cui memoria biblica s'irradia in una plu-

47 Si allude alla verga di Jesse, all'«arbore» da cui «ogni alma / raccoglierà salute», come dirà poi Maddalena (*Passione*, II, v. 350-351, p. 84), il «segno», per Giovanni, nell'imprescindibile lezione politica e morale che Metastasio rivolge alla corte asburgica, in cui «vinceranno i Monarchi».

48 Pietro Metastasio, *La Passione di Gesù Cristo*, in *id.*, *Oratori sacri*, *op. cit.*, II, v. 264-280, p. 81-82.

ralità di sensi e direzioni che convergono in un «vray miroir des choses avenues de nostre temps»[49].

Di una lezione esemplare, in tal senso, aveva già dato prova il sapiente biblismo di Racine, recepito da un contemporaneo come il giansenista Quesnel nella sua strategia allusiva che, soprattutto nello spazio meditativo dei cori di *Athalie*, coglieva una figuralità che si riflette sulle vicende del presente:

> Vi sono brani che costituiscono denunce in versi e in musica. [...] Le più belle massime del Vangelo sono espresse in modo commovente, e ci sono ritratti che non è necessario dire a chi somigliano.[50]

Ancor più significativo dell'abile cortocircuito che si genera fra le funzioni drammatiche, la stratificazione figurale del testo e lo sviluppo psicologico dell'interiorità dei personaggi, rianimante la stereotipia ieratica di tanto teatro devoto, è il discorso di Giosabet, nella scena II, dell'atto I di *Athalie*, dove nel dialogo con il sacerdote Ioiadà (Gioad) sul destino messianico che attende «le précieux reste» «du fidèle David», Eliacino/Gioas – l'ultimo erede salvato dall'empia furia vendicatrice di *Athalie*, nascosto nel tempio e educato «en l'amour de ta Loi» –[51], la principessa, timorosa che «le bras vengeur» di Dio sopra la «race impie» di Giuda possa bramare anche il sacrificio di sangue dell'innocente fanciullo, parlando degli zelanti «sacerdoti e leviti», dichiara:

> Que pleins d'amour pour vous, d'horreur pour Athalie,
> Un serment solennel par avance les lie
> A ce fils de David qu'on leur doit révéler.
> (I, II, v. 211-213)

Cui Ioiadà risponde:

49 Il termine *portrait* o *miroir* compare in un'ampia paratestualità del dramma biblico francese proprio a indicare una reinterpretazione parabolica della Sacra Scrittura, che sovrappone la storia contemporanea e i dibattiti teologici attuali alla storia biblica. Già dalla fine del Cinquecento ne rappresentano un modello la *tragédie sainte Josias*, pubblicata a Ginevra nel 1566, analizzata da Enea Balmas, «Note sul teatro riformato italiano del Cinquecento: Josias, di "M. Philone"», *Annali dell'Università di Padova, Facoltà di Lingue di Verona*, serie II, 1, 1966-1967, p. 281-313; come la versione francese dello *Jephtes* latino di Buchanam (1567), ad opera di Florent Chrestien (cfr. Michele Mastroianni, «L'*Esther* francese: da *figura* a personaggio», in *Il tragico e il sacro, op. cit.*, p. 175-226: a p. 180-181).

50 *Nouveau Corpus racinianum*, a cura di R. Picard, Paris, CNRS, 1976, p. 273: la citazione è tratta da una lettera di Quesnel a Vuillart (trad. di Beretta Anguissola, in J. Racine, *Teatro, op. cit.*, p. 1915).

51 Sulla base della Vulgata (2 Cr 23, 11) Sacy commenta che nelle mani di Gioas, nella scena della sua rituale consacrazione a Re veniva posto il libro della Legge, un particolare che le traduzioni moderne omettono, ma che risuona, e non senza un'audace denuncia, in direzione del presente, in *Athalie*, IV, III-IV, v. 1345; v. 1380-1381: «Couronnons, proclamons Joas en diligence»; «Et vous à cette Loi, votre règle éternelle, / Roi, ne jurez-vous pas d'être toujours fidèle».

Mais Dieu veut qu'on espère en son soin paternel.
Il ne recherché point, aveugle en sa colère,
Sur le fils qui le craint, l'impiété du père.[52]
[...]
Joas les touchera par sa noble pudeur,
Où semble de son sang reluire la splendeur.
Et Dieu par sa voix même appuyant notre exemple,
De plus près à leur cœur parlera dans son Temple.
Deux infidèles rois tour à tour l'ont bravé.
Il faut que sur le trône un roi soit élevé,
Qui se souvienne un jour qu'au rang de ses ancêtres,
Dieu l'a fait remonter par la main de ses prêtres.
(I, II, v. 265-280)

Quel «figlio di Davide», che «dev'essere svelato» agli ebrei come il legittimo re, chiama in causa, nelle parole di Giosabet, il ruolo della tradizionale agnizione che agisce la peripezia del dramma, del principe da riconoscere e del segreto custodito nel Tempio da comunicare, perché «Qu'il lui vienne en ses mains renouveler sa foi», e tutti «pleins de reconnaissance / De Jacob avec Dieu confirmer l'alliance» (V, VII, 1802-1803); ma insieme si costituisce anche a cifra spirituale di uno svelamento che diviene proiezione di significati figurali sull'intera storia di Gioas e della sua regalità, attraverso cui si trasmettono esemplarità allusive alle vicende presenti. Con uno straordinario intarsio di luoghi scritturali e di echi evangelici, il III atto della tragedia raciniana, dove nel ritmo concitato del *récit* fra Gioad e Giosabet alla ricerca di una soluzione per salvare Gioas dall'*escalation* omicida di *Athalie* (nel dilemma della scelta fra la fuga dal tempio negli «orridi deserti», attraverso «il torrente Cedron» dove già «Davide si sottrasse»[53], eco allusiva, nella memoria giovannea, al tradimento di Giuda e alla cattura di Gesù, e la sfida alla proclamazione di Eliacino come re – «Montrons Eliacin, et loin de le cacher, / Que du bandeau royal sa tête soit ornée», III, VI, v. 1094-1095), il sacerdote, invasato dall'ispirazione divina, diviene 'oracolo vivente'[54] di una verità figurale che riversa, nella para-

52 Qui Gioad (Ioiadà) risponde con le parole di Ezechiele (18, 20): «Il figlio non sconta l'iniquità del padre, né il padre l'iniquità del figlio. Al giusto sarà accreditata la sua giustizia e al malvagio la sua malvagità».

53 Richiama il passo biblico di 2 *Sam.* 15, 13-23. Il commento di Beretta Anguissola (p. 1936) ricorda come in una postilla manoscritta Racine commentasse così l'episodio: «Gesù Cristo porta a compimento ciò che Davide aveva fatto in modo figurale, quando quel re attraversò questo torrente [Cedron] fuggendo da Assalonne, dopo il tradimento di Achithophel» (Beretta Anguissola, «Réflexions sur quelques de l'écriture sainte», in J. Racine, *Teatro*, *op. cit.*, p. 705). Per il Vangelo di Giovanni, 18, 1, l'immagine è quella di Cristo che si dirige «al di là del torrente Cedron» nel Getsemani, dove lo raggiunge Giuda con i soldati.

54 Nell'*Avant- parler*, Racine scrive: «Forse sarò giudicato un po' ardito per aver osato mettere in scena un profeta ispirato da Dio, che predice l'avvenire. Ma ho avuto la precauzione di mettergli

bola del fanciullo minacciato, destinato al trono, l'immagine di Cristo («Et que la terre enfante son Sauveur»), l'avvento del tempo nuovo della Rivelazione per cui i «pécheurs disparaissez, le Seigneur se réveille» (III, VII, v. 1141).

Il meraviglioso biblico dell'«oracle divin» che «squaderna gli oscuri evi innanzi» – come nell'inno di lode afferma Gioad – discopre il *telos* messianico delle tragiche vicende della stirpe di Giuda. Il coro di Gioad e dei leviti, che suggella il III atto, ricompone così il circolo della storia cristiana della salvezza, rende esplicita l'esegesi simbolica dei «merveilleux secrets de toute la Bible», del mistero della Grazia e dei fili insondabili che muovono le alterne veci di persecuzione e trionfo. Sulla tastiera delle liturgiche *Lamentazioni* di Geremia la voce corale contempla, nel volgere dei tempi, la parenesi apocalittica che dal «fond du désert», dal pianto dell'anima esiliata, perduta nell'abominio terreno, della Gerusalemme distrutta (III, VII, v. 1149 «Le Seigneur a détruit la reine des cités»; da Ier., Lam. II) fa sbocciare la «rugiada» della fede, la speranza teologica nell'avvento della nuova Gerusalemme, l'Ecclesia del Salvatore (III, VII, v. 1173-1174: «Cieux, répandez votre rosée / Et que la terre enfante son Saveur»).

La lettura figurale rende digeribili e piamente rappresentabili le esecrande vicende del trono di Giuda, obbliga a riconsiderare da un'altra prospettiva l'ambiguità di «spectacles effroyables», compensa lo scandalo di una Storia biblica in cui empietà e violenza non sembrano trovare alcuna giustificazione, nessuna luce di riscatto se non nella rassegnata accettazione di un inesorabile silenzio di Dio, di un *Dieu caché*.

È, del resto, lo stesso Racine ad asserire nell'*Avant-parler* di aver «colto quest'occasione [la profezia di Gioad] per far intravvedere l'avvento del Consolatore nella cui attesa sospiravano tutti gli antichi uomini giusti»[55]; una dichiarazione che tradisce, inequivocabilmente, la volontà di aggirare i pericoli di una deriva del *récit* al limite della parodia e della dissacrazione di una storia biblica resa un inestricabile groviglio di insensati destini. Il coro di Gioad riorienta e riallinea il senso degli eventi, focalizza il segno dell'intervento salvifico di Dio, allontana il dubbio metafisico di una «giustizia ingiusta», di una terribile obliquità del divino: il lamento confluisce, nell'intaglio icastico di una *via crucis* cristiana, nella paraclesi, nel discorso esortatorio a una Chiesa di credenti e salvati, sposa diletta (nell'eco allusiva

in bocca solo espressioni tratte dai profeti stessi. Anche se la scrittura non dice espressamente che Gioad abbia avuto lo spirito di profezia, come lo dice a proposito di suo figlio, lo raffigura però come un uomo pieno dello spirito di Dio. E del resto non si ricava dal Vangelo che, in qualità di sommo sacerdote, egli ha potuto profetizzare?» (in *Teatro*, *op. cit.*, p. 1490; trad. di G. Raboni). Il riferimento al Vangelo è a Gv 11, 49-52.

55 *Prefazione*, in J. Racine, *Teatro*, *op. cit.*, p. 1490-1491.

al *Cantico dei Cantici*, 8, 5: «Chi è colei che sale dal deserto?»: «Quelle Jerusalem nouvelle / Sort du fond du désert»: II, VII, v. 1159-1160) di chi ha saputo prendere su di sé tutta la violenza del mondo per trasformarla in *agape*. La *lectio* figurale si incarna in una parenesi morale che coinvolge il sacerdozio, la monarchia e la profezia (i sensi messianici dell'*Apocalisse*), in una processione per stazioni di fatti vetero e neotestamentari, ricomposti in un quadro unitario e celebrativo dell'eterna sopravvivenza della Chiesa, e indirizza lo spettatore a una attualizzazione dei significati, a una meditazione sul *mysterium salutis* che si cala per contrasto nel dramma della storia presente, nei conflitti teologici della colpa e della Grazia, nei desolati scenari di una regalità sconsacrata[56]. È infine l'interrogazione metacritica della corifea Salomith a ricondurre al centro del *débat* sotteso agli sviluppi che annodano i diversi livelli simbolici del testo, le linee di fuga di un'irrisolta inquietudine teologica: quel rapporto fra la verità assoluta di una parola sacra che si svela e la fiducia in un'ermeneutica che ne garantisca la sua intelligibilità (oltre che il suo autorizzamento in forme lecite della *vraisemblance* scenica). Alla voce fuoricampo di un'altra coreuta che chiede, nell'affannoso «désordre extrême» degli eventi, nel «ténébreux mystère» della Storia, «pour qui prépare-t-on le sacré diadème?» (III, VIII, v. 1206), Salomith risponde con un assunto di sapore pascaliano[57]:

> Le Seigneur a daigné parler,
> Mais ce qu'à son prophète il vient de révéler,
> Qui pourra nous le faire entendre?
> (III, VIII, v. 1207-1209)

La verità viene espressa, ma non perché possa davvero essere compresa, così da generare l'insignificanza di una storia politica che non si rispecchia più nella storia della salvezza, finendo per secolarizzare lo stesso messaggio delle Scritture. L'accorto bi-

56 Notabile la battuta di Salomith, «sorella di Zaccaria», figura che ha una funzione di corifeo, come spiega Racine nell'*Avant-parler* (p. 1490): «Hélas! Dans une cour, où l'on n'a d'autres lois / Que la force et la violence» (III, VIII, v. 1199-1200). P. Mesnard (in *Œuvres de J. Racine*, Paris, Hachette, «Les Grands Ecrivains de la France», 9 vol., 1865-1873, III, p. 671) in relazione all'assenza della strofa di Salomith nella prima edizione del 1691, riporta un'ipotesi di La Harpe che la credeva dettata dal «timore che la maldicenza la applicasse a Luigi XIV». Va però sottolineato, rispetto all'ambiguità che caratterizza le allusioni attualizzanti del dramma, come nel progetto di Gioad la restaurazione della regalità davidica accentui l'idea di un potere discendente direttamente da Dio senza la mediazione dei preti, favorevole alla politica di Luigi XIV volta a garantire una certa autonomia alla Chiesa di Francia, anche contro il Papato (cfr. *Avant-parler*, p. 1489, che Beretta Anguissola legge come un'affermazione, nel disegno di Gioad, di una «valenza religiosa» della regalità che «passa attraverso quella laico-temporale», p. 1923). Nella Bibbia non ricorre il nome di una sorella di Zaccaria, mentre una Salomith risulta figlia di Zorobabele, uno dei discendenti della stirpe reale di David.

57 Cfr. Blaise Pascal, *Pensées*, in *id.*, *Œuvres complètes*, Paris, Gallimard, «Bibliothèque de la Pléiade», 1954, Br. 843, Laf. 840, S. 425.

blismo di Racine, che rianima materiali topici e si riscrive, con mediazioni molteplici, nel dettato evocativo di un ingranaggio teatrale dove il verbo delle Scritture e la sua rilettura liturgica, la *figura* e l'attualità s'intrecciano strettamente[58], rispondeva con tale modello all'*impasse* in cui si dibattevano le scelte di una drammaturgia sacra modernamente intesa. Implicita la replica volta a sconfessare dubbi e ostilità di quanti, come l'Abbé d'Aubignac[59], ritenevano impraticabile la reinvenzione letteraria di un dramma biblico rispondente alle dinamiche culturali del tempo e non appiattito sulle formule standardizzate e le stereotipie edificanti delle *moralités* e dei *mystères*. La sfida intrapresa riguardo al trattamento di un sovrannaturale biblico, non degradato a un «embellissement» cornelliano[60], sia pure di nobile decoro, né ingenuamente funzionante come una categoria ad effetto sostitutiva dell'eredità di un 'meraviglioso' classico, ma da riforgiare negli stampi di un linguaggio teologico moderno, è il vero banco di prova per Racine, la cui lezione rappresenterà un imprescindibile termine di paragone per la drammaturgia italiana alle prese, tra il Seicento e il primo Settecento, con un vero e proprio *revival* erudito del commento alla Bibbia, con le richieste di un più libero accesso alle Scritture e con la riduzione del racconto sacro a soggetto di una riformata tragedia storica.

Il modello e le tipologie raciniani influenzarono sensibilmente le soluzioni messe in atto in quella filiera di azioni sacre e tragedie bibliche che si confrontano con le storie degli eredi di David, del trono di Giuda e delle persecuzioni degli Ebrei, dove il dibattito politico sui rapporti e il fondamento che legittima l'alleanza tra regalità terrena e sovranità celeste, e in sintesi tra Chiesa e Impero, o la riflessione etica sui grandi temi della conversione, della salvezza e della professione di fede cristiane (nonché del libero arbitrio e della Grazia) s'insinuano nei risvolti simbolici che riversano sulle citazioni, le riprese, i riadattamenti del testo della Vulgata (spesso per *amplificatio* esplicativa della laconica 'lettera' del resoconto scritturale) gli

58 Si rinvia al sempre utile Jean Orcibal, «"Éternel" et "actuel" dans *Esther* et *Athalie*. Note pour l'histoire du Symbolisme», in *id.*, *Études d'histoire et de littérature religieuse (XVIe-XVIIIe siècles)*, a cura di J. Le Brun e J. Lesaulnier, Paris, Klincksieck, 1997 (1953¹), p. 297-301; ma anche Philippe de Robert, «De la Bible à la tragédie», in *Les tragédies de Jean de la Taille*, textes réunis et présentés par F. Charpentier, «Cahiers Textuel», XVIII, 1998, p. 99-108.

59 Cfr. *La pratique du Theatre oeuvre tres-necessaire a tous ceux qui veulent s'appliquer à la composition des Poëmes dramatiques* [...], par Monsieur Hedelin Abbé d'Aubignac, a Paris, chez Denys Thierry, 1669 (1657¹), p. 445 sgg.; ma anche Agrippa d'Aubigné, *Tragiques*, VI, p. 423-438, in *id.*, *Œuvres*, a cura di H. Weber, Paris, Gallimard, «Bibliothèque de la Pléiade», 1969. Di ampio dibattito per i contemporanei soprattutto il libro VI (*Vengeances*), che ricapitola le vicende dell'Antico Testamento per discutere sull'azione provvidenziale di Dio. Cfr. Gordon Pocock, *Corneille and Racine: Problems of Tragic Form*, Cambridge, Cambridge University Press, 1973, p. 279-301.

60 Cfr. *Abrégé du martyre de saint Polyeucte*, in Pierre Corneille, *Théâtre complet*, a cura di M. Rat, Paris, Garnier, 1942, t. II, p. 7.

echi della realtà presente e delle problematiche ideologiche ad essi connesse, come nelle esemplarità dei drammi di Zeno, Granelli e Metastasio.

Ne sono un esempio, già a fine Seicento nell'immediata ricezione della tragedia di Racine, l'*Atalia* dell'abate Ascanio Sabatino (su musiche di Giovanni Domenico Giuliani) frutto di un ambiente di collettive e significative riprese di soggetti biblici, quello della Compagnia dell'Arcangelo Raffaello che ne curò l'esecuzione a Firenze intorno al 1700[61], o l'oratorio omonimo commentato da Giuseppe Pacieri, attivo nei cenacoli romani eredi della feconda sperimentazione teatrale rospigliosiana, che per l'appunto fu messo in scena nella 'capitale'[62]. Entrambi si configurano come un rifacimento dello scheletro raciniano, di cui si semplificano però i tratti di complessità teologica o si bonificano, nel quadro di una liturgia cattolica, le ambiguità simboliche del modello, non ultima la stessa psicologia multipla di *Athalie*, insieme scandalosa personificazione del male assoluto e vittima di un destino che la trascende e che lei stessa, creatura senza Grazia, stigmatizza come un inganno crudele e ottenebrante: «Impitoyable Dieu, toi seul as tout conduit» (V, VI, v. 1774). Diverso il comportamento di Zeno che nel suo *Gioaz*, del 1726, *apertis verbis*, dichiarava di aver seguito Racine (*Interlocutori*: «mi è stato eccellente guida»), soprattutto nel riadattamento della *fabula* e nell'amplificazione della succinta fonte narrativa tratta dal IV libro dei *Re* e dal II dei *Paralipomeni*, configurando la sua riscrittura come una «riduzione librettistica» della tragedia francese, di cui si conserva paradigmaticamente il carattere di ambiguità di Atalia, diviso – come ben sottolineava Joly – «tra l'angoscia e il furore»[63]. Replicando alle parole di Giosabet che enfaticamente dilata la notorietà dell'infamia della regina, per rendere presente l'orrore alla coscienza (*Parte prima*, p. 202: «Suona in tutta la terra / ciò che oprasti»), Atalia ricapitola ed esplicita senza reticenze, per inculcare nei suoi antagonisti (e in uno spettatore chiamato a riflettere sul groviglio di responsabilità e conseguenze delle condotte viziose, con una didassi scenica che fa leva su una potente 'evidenza' di concetti ed immagini), il dramma di sangue della sua stirpe, la nemesi cruenta (e su cui già emblematicamente si interrogava la Giosabet raciniana, a un diverso livello teologico, nel dilemma di un Dio biblico sanguinario vendicatore delle colpe ereditarie) che le impone, in un tragico ed empio abbaglio del senso e dei diritti della giustizia, l'idea deviante di una «gloria» della regalità

61 Cfr. Jacques Joly, «Atalia e Gioas tra religione, potere e teatro», in *Mozart, Padova e la Betulia liberata*, *op. cit.*, p. 65-72: a p. 65.

62 Va ricordato anche *Il leone di Giuda in ombra overo il Gioasso. Dramma sacro del Signor Girolamo Gigli*, in *Opere nuove*, in Venezia, appresso Marino Rossetti, 1704.

63 *Il leone di Giuda in ombra*, *op. cit.*, p. 67; e Arnaldo Morelli, «Oratorii ovvero sacre musicali tragedie?», in *Mozart, Padova e la Betulia liberata*, *op. cit.*, p. 285-287.

cui non sia concesso prescindere dall'esercizio di una vendetta compensatoria del male subito nello strazio dei sacri vincoli familiari:

> Sì, m'è gloria un furor, ch'ha vendicati
> i genitori miei su' miei nipoti.
> Ocozia trucidato,
> precipitata Gezabel dall'alto,
> eranmi innanzi a gli occhi. Erami il sangue
> di settanta fratelli in un sol giorno –
> Ahi, spettacolo! – uccisi. Ed io vil donna,
> io figlia senza cor, debil Regina,
> il davidico ceppo
> punito non avrei per quel di Acabbo?
> Di me che si diria? Di me che fora?
> No, no: perir dovea l'intera stirpe
> di Davidde. Io lo feci. Or vada il vostro
> *implacabile Dio,*
> *e dal seme odioso e profetato*
> *diavi quel figlio sì promesso, e atteso.*
> *Fu più forte Atalia. Secca, e distrutto*
> *per gloria mia n'è la radice, e il frutto.*
> (*Gioaz, parte prima*, p. 202-203, corsivo nostro)

Proterva nella sua convinzione di potersi sostituire a Dio, Atalia recita, nella suprema accecante illusione, le parole blasfeme e derisorie con cui crede di sfidare l'implacabile divinità, sinopia di un'altra estrema agonistica, quanto inutile, affermazione di sé e della propria regalità, nella morte provocatoria, su cui si chiude la parabola terrena del Saul alfieriano («Sei paga, / d'inesorabil Dio terribil ira? / [...] / [...] Empia Fileste, / me troverai, ma almen da re, qui...morto»). Ma è indubbio come già in tali *pièces* di Zeno s'intravveda quella tendenza alla secolarizzazione politica o psicologica del soprannaturale biblico che, a Settecento avanzato, farà dire ad Alfieri nel *Parere* sul *Saul*:

> le antiche colte nazioni, o sia che fossero più religiose di noi, o che in paragone dell'arte stimassero maggiormente se stesse, fatto si è che quei loro soggetti, in cui era mista una forza soprannaturale, esse li reputavano i più atti a commuovere a teatro. [...] Ma comunque ciò fosse, io benissimo so che quanto piacevano tali specie di tragedie a quei popoli, altrettanto dispiacciono ai nostri, e massimamente quando il soprannaturale si accatta dalla propria nostra officina.[64]

64 Vittorio Alfieri, *Parere dell'autore su le presenti tragedie*, in *Tragedie di Vittorio Alfieri da Asti*, Firenze, Le Monnier, 1855, II, p. 537-538.

Cosicché, se «il sostituire ai ragionamenti poetici e agli affetti il maraviglioso» si prospettava come «un gran campo da cui gli antichi poeti raccoglievano con minor fatica più gloria», al secolo «ragionatore» dei moderni tali «bellezze in teatro» risultavano precluse, come nel caso del sublime biblico di un Saul ultimo erede di una lunga trafila di re su cui veniva ad incombere «la fatale punizione di Dio per aver egli disobbedito al profeta». Eterno prototipo, quindi, di una metafisica biblica della Storia che lo scetticismo incredulo del tempo imponeva di risolvere diversamente nei tortuosi e abissali meandri di un 'mirabile sublime' che si genera dalle «perplessità del cuore umano», da quei paradigmatici «turbamenti del re» in cui si interiorizza, nei fantasmi di una archetipica colpa, la mano vendicatrice di Dio e l'affrancamento da una interpretazione religiosa scritturale o figuralmente cattolica delle vicende. Perché – concludeva Alfieri –:

> basterà l'osservare che Saul credendo d'essersi meritata l'ira di Dio, per questa sola sua opinione fortemente concepita e creduta potea egli benissimo cadere in questo stato di turbamento che lo rende non men degno di pietà e di meraviglia.

Su uno sfondo di dibattiti teologici che coinvolgono la stessa legittimità del teatro biblico, il *Sedecia* del Granelli riarticola, invece, la *plaquette* raciniana – riassuntiva del dramma di un Dio che parla per verità profetiche tragicamente impermeabili a una mente umana errante e desolata, nella palinodia concettuale di un pascaliano *Deus abditus* che per insondabili vie trova ascolto solo nella fede del cuore – in una proposta militante che dà prova di sviluppi quanto mai significativi[65] per comprendere il diverso orizzonte entro cui si colloca il recupero scenico, da parte del gesuita ligure, del mistero e dell'infigurabile divino. Una scelta che punta su un audace inserto di una teofania, icasticamente rappresentata, della parola del Signore, del Verbo (il «Nome tremendo»), come attore che svela nel processo storico delle vicende del trono di Giuda il segno della sua presenza e ricorda al re infedele le responsabilità dei sacri patti infranti e il valore di una 'santa alleanza' in cui soltanto si manifesta il destino del popolo eletto e il sigillo spirituale della regalità. Granelli riattiva la voce in scena di Dio, ossia quelle modalità

65 Che la reinvenzione teofanica di Granelli sortisse interesse e meraviglia, ma anche critiche, lo testimonia il giudizio ottocentesco di Joseph Cooper Walker, *Memoria storica sulla tragedia italiana, versione italiana*, Brescia, Nicolò Bettoni, 1810, p. 29; dove si riconosce «fra le bellezze dei testi il passo in cui parla Iddio: "Chi son io, dice Dio, che nell'Egitto / anzi che in me le tue speranze affidi"». Mentre ancora sull'onda delle censure razionalistiche settecentesche e in rapporto alle rinate preoccupazioni sulla moralità di un teatro biblico in cui si confonda il sacro con il profano, Antonio Rosa, estensore della *Notizie storico-critiche*, in *Sedecia* 1805, p. 77, dichiara: «Meno ancora giungono a piacerci, e sì in questa che in altre tragedie tratte dal Vecchio Testamento, certi oracoli divini i quali sul teatro facilmente confusi esser potrebbero con quelli dei Gentili».

in uso nell'oratorio allegorico barocco già censurate, nel percorso di riforma delle azioni sacre musicali, da Spagna e da Zeno, per ragioni di inverosimiglianza e di decoro («perché vi si introducevano a ragionare [...] fin le adorabili Divine persone»), ma con una sorvegliata e razionale funzione catechizzante, con una traduzione omiletica dei caratteri di un profetismo e di un prodigioso biblici che defluisce direttamente dalla parola di Dio e dalle pagine delle Scritture, affidate alla mediazione ispirata di un Geremia *scriba Dei*. Il profeta si riveste così del ruolo di un sacerdote cattolico, garante dell'interpretazione dei sacri testi, per mandato divino e, illuminato dalla Grazia, al modo degli angeli (stante la lezione teologica dello Pseudo-Dionigi: «primum a Deo illuminantur [*le essenze angeliche*], e per ipsas nobis nostrae revelationes transmittuntur»)[66] in grado di rivelare gli *arcana* e l'ordine morale degli eventi.

All'unisono, la voce giudicante del profeta e la parusia del Verbo che si fa riconoscere, drammatizzano nel I atto, come in un introibo edificante che riattiva in senso nuovo tipologie tradizionali della sacra rappresentazione, il catechismo della fede nel teatro della Storia, dove la prospettiva ultraterrena non dà scampo alle false illusioni di potenza degli uomini, alla lusinga luciferina di chi come Manasse, il reprobo e libertino consigliere di Sedecia, confida solo in una salvezza terrena conquistata con l'esercizio della forza e di un'astuta prudenza politica:

> Ma, tu, o re, non temer del crudo ingegno
> d'alcun di loro [i profeti], che di minacce ognora,
> e di speranze variando enigmi,
> l'instabil turba fanno or mesta, or lieta:
> la qual non sa, che la real fortuna,
> più che da sempre oscuri alti decreti,
> vuolsi aspettar da l'armi, e dal consiglio.[67]

Il lassismo morale di tempi increduli, ciclicamente risorgenti nella tabe originaria di un'Ecclesia cristiana che ha smarrito la *pietas*, o la sfida laicista, già ben nutrita sulle scene del teatro italiano da uno scetticismo filosofico di eredità napoletana[68] o di elitaria matrice graviniana nella figura del sapiente solitario interprete degli *ar-*

66 Cfr. *De coelesti hierarchia* dello Pseudo-Dionigi (*Sancti Dyonisii Areopagitae opera omnia quae extant, et commentarii quibus illustrantur...*, Venetiis, A. Zatta, 1755-56). Il rapporto di illuminazione mentalistica che intercorre fra Dio e gli angeli permette a questi ultimi di svelare gli *arcana*. Anche Metastasio si rifà a tale tesi per giustificare la sua sostituzione, ne *La morte di Abel*, della voce e della persona di Dio con quella di un Angelo: sostituzione, in tal caso dettata dalle censure di Spagna e di Zeno (cfr. *supra*) al ricorso alle «adorabili Divine persone».

67 G. Granelli, *Sedecia*, *op. cit.*, p. 6.

68 Michele Rak, «Una teoria dell'incertezza: Note sulla cultura napoletana del sec. XVII», *Filologia e Letteratura*, XV, 1969, p. 233-297: a p. 261 sgg.

cana fuori dalla mediazione della Chiesa[69], motivano l'insistenza con cui Granelli deride, per contrasto, l'arrogante presunzione di chi «antivedere presuma» il corso del futuro con il solo esercizio della propria mente o in un rapporto del tutto interiorizzato con la divinità. L'impegno di una militanza ideologica sottende la reinvenzione predicatoria di un tribunale della Storia che giudica *a parte Dei* le confuse apparenze terrene, cecità e verità con cui l'uomo si affanna a ritrovare ordine, senso e compiutezza nel caotico svolgersi degli accadimenti. L'esortazione con cui Geremia invita Manasse al silenzio, a serbare per altri tempi iniqui «bugiarda fede, ed empia», si fa nella parola di Dio requisitoria alla luce del sole delle colpe della maledetta stirpe di Davide e, per antitesi, lezione morale sui doveri di una regalità sacerdotale:

> (a Sedecia) Chi son io, dice Dio, che ne l'Egitto,
> anzi che in me, le tue speranze affidi?
> Quella forse è la terra, onde Israello
> debba sperar salute, e quelle l'armi,
> che di me non curando, e del mio tempio,
> in sua difesa infedelmente implori?
> Perché a sottrarne i vostri padri
> colà fec'io tanti prodigi orrendi?
> Perché poi dall'Egitto un dì sperasse
> la casa di Giacob salvezza e regno?
> Ma dei tu forse, ad avvisarti meglio,
> coteste richiamar memorie antiche?
> E non più tosto a te medesmo puoi
> esser te stesso esempio, e disinganno?
> [...]
> Chi pose in cor al fier Caldeo, che questa
> scintilla in te de la real famiglia
> volesse accesa in Israel ancora?
> Forse l'Egitto, in cui sperar osasti?
> Folle speranza! Io fui – ripiglia Dio –,
> né tu lo negherai, per cui comando
> del vincitor superbo avesti in dono
> la corona di Giuda; e tu pel mio
> Nome tremendo gli giurasti fede.
> (I, IV, p. 7)

Al rinnovarsi, da parte di un disorientato Sedecia in fuga, della richiesta a Geremia di poter intendere «gli oracoli di Dio»:

69 Cfr. Amedeo Quondam, *Filosofia della luce e luminosi nelle Egloghe del Gravina. Documenti per un capitolo della cultura filosofica di fine Seicento*, Napoli, Guida, 1070, p. 21 sgg.

fa dunque, ch'io gl'intenda, e dall'oscuro
velo d'enigmi la mia mente sgombra
cade la notte omai, che qui m'affida;
(I, IV, p. 8)

il profeta replica perentoriamente, in un dialogo che procede per sticomitie pseudo-senecane ed evoca da lontano la memoria stravolta di illustri archetipi classici (di oracoli ingannevoli e dubbie profezie di insensati e crudeli Fati antichi, senza luce di riscatto), con un commento per antifrasi che ristabilisce il legittimo ordine cristiano degli eventi, quella fonte garante di una verità che non tradisce e salva:

Dio è che qui t'affida, non la notte.

Il vero *intelligere* cristiano è un 'credere', un riconoscere con la fede che trascende qualsivoglia modello di umana agnizione (nonché la propria stessa trascrizione drammaturgica in un'*anagnorisis* che creda di potere aristotelicamente risolvere la peripezia e dare senso al fine della *fabula*), nella consapevolezza di un sublime paradosso cristiano che pone a fondamento della Storia, nella sua assolutezza, la Rivelazione e la profezia. Ed affidarsi a Dio non può essere allora, per il profeta, che un ripetere ciò che la Scrittura tramanda senza corromperne il significato, recitare sulla scena la parola del Signore come un rito mnestico e liturgico che officia i misteri della fede e rende l'ecclesia partecipe, in prima persona, di una Storia in sé compiuta garante della sua stessa interpretazione. A Geremia spetta così il compito d'illuminare il senso e il vero *telos* della *fabula*, la teodicea cristiana che si sovrappone all'ingranaggio agnitivo, alla penosa *investigatio* pseudo-edipica di Sedecia destinata allo scacco: specchio distorto di una lettura terrena dei fatti in cui naufragano la conoscenza e la progettualità umane. La voce di Geremia sceneggia il dettato delle *Lamentazioni*, in una esemplare mimesi che dà corpo e spirito teatrali alla figura del profeta attraverso l'attualizzazione drammatica e insieme simbolica delle parole predicate nelle sue *Trenodie*. La tela della riscrittura biblica si snoda lungo lo sviluppo degli atti, profilandosi via via come l'arcata significante del dramma, lo strumento che sintonizza le attese dello spettatore sulla liturgia figurale che svela e interpreta la storia della stirpe di Davide: storia di empi tradimenti e sanguinari olocausti, di vendetta e perdono, testimone di un *absurdum* creaturale in sé ingiustificabile[70], ritratta nell'evolversi dei tempi in quell'alternanza di luce e di tenebra,

70 Sulla traccia delle *Lamentazioni*, nella scena IV, atto IV del *Sedecia*, Geremia dipinge a tratti foschi lo spettacolo ignobile della discendenza di Davide, il traviamento del popolo eletto erede non della gloria di Abramo, ma della carne di Caino (p. 49): (rivolgendosi a Sedecia) «Già scorre lunga età, tu 'l sai, che Giuda / è grave a Dio, intollerabil peso. / La casa di Davide, onde tu scendi / per lui con tanta fé, disperso omai / tutto Israello, mantenuta in trono, / tu sai, ch'ei da gran

di morte e di vita, di peccato e resurrezione che la Legge e l'«economia» teologica del Padre agiscono per l'edificazione dell'Ecclesia. Il circolo della voce giudicante di Geremia si apre, quindi, con il desolato scenario della distruzione di Solima nella tradizionale elegia recitata nel quaresimale cattolico della Passione, espressione nella I *Trenodia* della giusta vendetta di Dio per mano di Nabucodonosor e figura parabolica, nella liturgia, della notte del peccato e del tradimento dell'anima, della sposa mistica del *Cantico*[71]:

> Oh, casa d'Israello! Oh, bella un tempo
> figlia di Sion, dov'è tua gloria antica?
> Ch'or vai di pianto, e di squallor ripiena,
> vedova errante, abbandonata e sola.
> Greggia smarrita per deserti campi
> lungi dal tuo pastor, tu cerchi invano
> e fonte e pasco e refrigerio ed ombra.
> (*Sedecia*, I, V, p. 10)

E si conclude sul ritmo salmistico della prosopopea divina intonata dalla cetra di Geremia, dove la «verga di Jesse»[72], il fiore-Cristo che gemma dal tronco inaridito di Davide, per la sublime obbedienza di Maria, porta a compimento il *tempus figurarum*, sconfigge «l'abominio della desolazione» del passo profetico di Matteo 24, 1-2, «ristora il tempio» e la «vendetta «onora», rinnova l'alleanza e annuncia l'avvento della verità cristiana. Nel mistero sacrificale dell'Uomo-Dio così tutto si compie e si completa. La voce del profeta conclude perciò il IV atto e l'attesa della rivelazione dei tempi e della Scrittura, di quel sovrasenso del testo che solo trova la sua ragione e la sua interpretazione nel nome del Salvatore che trasforma la vendetta in misericordia, il tradimento in esperienza di dolore e di

tempo a sé la chiama / casa d'asprezza, e d'amarezza piena. / Vide per lei numi profani ed empi, / del Santuario suo premere le soglie, / e su le sante un tempo anguste basi / in faccia a l'Arca, lietamente alzarsi. / Vide del fumo d'idolatri incensi / ondeggiar tutta, e funestarsi l'aria, / quell'aria istessa (ahi rimembranza amara!) / ch'egli già di sua gloria empiuto avea, / cinto di sacra luminosa nebbia. / E il sangue vide d'olocausti orrendi / contaminar gl'immaculati altari, / e inondar tutto il pavimento santo».

71 Cfr. *Prefazione di Monsignor Jacopo Benigno Bossuet al Cantico de' Cantici, tradotta dal latino*, in *Poesie bibliche tradotte da celebri italiani. Tomo terzo*, *op. cit.*, p. 4-5.

72 Ricapitola esemplarmente, in pieno Settecento, la lettura parabolica della «Verga di Jesse» una delle tante vite di Gesù Cristo che l'apologetica devota del secolo promuove per l'edificazione, quella dell'oratoriano Carlo Massini (*Vita del S. Gesù Cristo e della santissima Vergine Maria*, in Roma, nella stamperia di Marco Pagliarini, 1777, p. 408, par. 20): «Simile a questo è l'altro luogo della stessa profezia dove Isaia dice: "Uscirà una verga dal tronco di Jesse, e dalla sua radice nascerà un fiore". Questo tronco di Jesse, dice Tertulliano, significa la stirpe la Davide, la verga che nasce da questo tronco è Maria discendente dalla stirpe di Davide; il fiore che nasce da questa verga è Gesù Cristo».

Grazia, la morte in resurrezione; differendo invece al V atto l'epilogo evemenenziale di una *fabula* terrena in sé valevole come esemplarità per una sorta di cattolica 'eterogenesi dei fini', dove l'inverarsi delle parole dell'oracolo e della profezia di Ezechiele, nonché delle minacce inascoltate di Geremia, genera una lezione della Storia che scompiglia attese e presunzioni dell'uomo. Così Geremia dischiude l'*escatos* del tempo cristiano:

Che temi popolo mio?
Volgi lo sguardo intorno:
ove fu Babilonia è già deserto.
Io fui l'offeso, ed io
morte, sterminio, scorno
ho reso ai tuoi nimici uguale al merto.
Tu all'immortal mio serto
del buon David ti serba,
il mio tempio ristora,
le mie vendette onora,
ne più temer che giace la superba
sì misera e negletta,
ché né vestigio ha pur di mia vendetta.
Riedi mia gregge, riedi
al lieto pasco antico,
ecco il tuo condottier, il tuo pastore.
Alza lo sguardo, e vedi,
come il bel colle aprico
del tuo Carmelo veste il primo onore.
Mira Sion, qual fiore
mette la verga d'Iesse;
mira qual uom circonda
Vergine bella, e monda;
mira di genti, qual di folta messe,
d'alto fulgor sovrano
scorte, tutto ondeggiarti il monte, e 'l piano.
(IV, V, p. 53)

La filigrana dei lamenti di Geremia trama anche il *Sedecia* di Zeno con soluzioni che seguono da presso la riscrittura di Granelli[73], ma con una più marcata parenesi politica che, attualizzando allusivamente il caso dell'infedeltà e dello spergiuro dei re di Giuda, induce a una riflessione sul comportamento della sovranità imperiale settecentesca e su temi connessi al legalismo etico dei Re e alla logica degli obblighi che vincolano dominatori e dominati. Se il messaggio universalizzante è quello che

73 Cfr. Si cita dall'ediz. Zeno, *Poesie drammatiche*, 1735. Riprese dirette da Granelli, sia di versi che nella strutturazione iniziale dell'azione sacra: *Parte prima*, p. 287-289.

Geremia rivolge all'ottusa condotta dei re, più inclini a seguire la menzogna lusinghiera che la santa verità:

> Non so se più sciagura, o se più colpa
> questa sia de' regnanti.
> Dio li regge, egli ver; ma s'ei gli scorge
> pertinaci in seguir la via peggiore,
> Sua pietà gli abbandona,
> e lasciali cader, dove gli spinge
> per lor ruina adulator consiglio;
> (*Parte prima*, p. 386)

tale per cui «Re di chi a Dio resiste, / è breve il regno», è invece nel dialogo serrato finale fra Nabucco e Sedecia accecato, prigioniero e vinto che l'orizzonte storico del teatro zeniano fa risuonare, quasi di preludio a memoria futura di illustri pagine dell'*Adelchi*, il motivo insidioso della prevaricazione e della forza distruttiva dei conquistatori e dei potenti.

Sedecia, sconfitto, riacquista, nella cecità degli occhi, la vista interiore, la coscienza delle proprie responsabilità e delle proprie colpe verso la «santa legge» di Dio e i sacri patti dell'alleanza («Peccai, [...] ebbi in obblio, / in odio i tuoi profeti, in obbrobrio il tuo Nome»); anela a quella «speme di pace» che sola risiede nel pentimento delle proprie umane follie e nel fiducioso abbandono alla volontà divina, e in proiezione recita una metaforica ritrovata alleanza Trono Altare (così il liturgico coro finale: «Pentitevi de' falli, e pace avrete. / Sin che tarlo crudel, vi rode e strugge / colpa ostinata, in vostro cor non entri / speme di pace [...]»: *parte seconda*, p. 407). Ma sul piano degli obblighi terreni, di fronte al protervo Nabucco che rivendica orgogliosamente il suo potere, con parole che, nello scambio equivoco di ruoli con il Dio biblico, suonano da insensata parodia:

> (*Sedecia, parte seconda*, p. 397-398)
>
> solo adesso rammenti,
> quanto mi devi? *Il tuo signor io sono:*
> io il tuo benefattor. Meglio potea
> rammentartelo ognora
> *il soglio in cui ti posi:*
> *la fé che a me giurasti, il nome stesso*
> *con cui regnar ti feci*
> *nulla giovò. Tutti i miei doni, e tutti*
> *i suoi doveri, ingrato obblio coperse*; (corsivo nostro)

Sedecia squaderna impietosamente su che 'lagrime e sangue' si erga davvero l'illusorio e terreno, e alfine tirannico,'benefizio' di Nabucco, antitesi dell'unico vero beneficio salvifico, quello di Cristo:

> Re d'Assiria, due nere
> colpe tu mi rinfacci,
> sconoscenza e spergiuro. Io da me entrambe
> purgherò, se m'ascolti.
> Ma non senz'onta tua. Quegli che doni
> tu chiami e benefizi, io mali e offese,
> quai fur? Forse il fratel? Forse il nipote?
> Contro la data fede
> la vita a quel, la libertade a questo
> togliesti. Ove del tempio i già rapiti
> tesori son? L'avara Babilonia
> volti in uso profano ancor li tiene.
> Erano questi i beni,
> che gradir io potea. Me li hai tu resi?
> Mi desti il regno, è ver: ma dopo averlo
> d'incendi e stragi seminato e sparso.
> E qual regno era quel? Quel de' miei padri:
> quel di David, cui lo promise eterno
> il sommo Dio. Mio per retaggio egli era.
> *Tu non ci avevi altra ragione, che quella*
> *De la forza e de l'armi.*
> ...
> *Soscrissi il patto:*
> *ma prigionier. Necessità fe' iniquo*
> *e nullo il giuramento.*
> (*Parte seconda*, p. 398-399; corsivo nostro)

La lucida diagnosi di Sedecia, all'ascolto di uno spettatore moderno e della riflessione politica settecentesca, si arricchisce di una straordinaria carica allusiva e si offre alla meditazione sul significato del giuramento e dei patti traditi fra sovrano e popoli. Zeno non manca però anche di richiamare l'attenzione sulle colpe del popolo deicida, sugli ebrei sordi alla chiamata del Messia e costretti a un perenne esilio, a un esodo senza meta finché una vera conversione interiore, acquisto di una religiosità dei tempi nuovi, non permetta loro di riconoscere il valore di una Chiesa che paolinamente conduce il popolo cristiano non già nel deserto, ma nel cielo. Così il lamento del *Coro degli Israeliti* destinato a un gioco di fortunate variazioni e rimodulazioni nei percorsi tipologici della drammaturgia futura:

> Tu piangi, o Geremia, su i nostri mali,
> ben da te preveduti,
> o mal da noi creduti. Oh lui beato,

che a gli avvisi del Ciel per tempo crede,
e previene i flagelli, e si ravvede!
Pecorelle smarrite andammo errando
fuor de la greggia. Or rigido, or pietoso
ne richiamò il Pastor. Core ed orecchio
fur sordi alla sua voce.
Or qual frutto per noi? Supplizio atroce!
(*Parte prima*, p. 392)

La lunga filiera di drammi che, fra la fine del Seicento e il Settecento, ruotano intorno alla riscrittura, attraverso il dettato biblico dei libri dei *Re*, dei *Profeti*, dei *Paralipomeni*, nonché dell'*Esodo*, delle vicende della stirpe di Davide e del trono di Giuda, non è che uno degli esempi possibili, anche se, forse, quello più emblematico, delle dinamiche culturali, ideologiche e teologiche, che sorressero e animarono la riappropriazione, da parte della tradizione rappresentativa, del grande codice della Bibbia. Si è ritenuto utile interrogarsi su tali dinamiche, focalizzando proprio quella stagione sperimentale, fra due secoli, di pieno fermento rispetto ai tanti nodi che coinvolsero insieme le istanze strutturali di riforma dei generi tragico e melodrammatico, da rilanciare su un orizzonte di competizioni europee, e le questioni di legittimità e razionalizzazione di una Scena del sacro (fra dilemmi risorgenti sulla moralità del Teatro e controllo post-tridentino sul riuso profano della 'Scrittura'), in cui le tipologie liturgiche, ad essa geneticamente connesse, presero corpo, entro confini di regolata devozione, in personaggi verosimili, psicologicamente caratterizzati, e in intrecci storici, con soluzioni drammaturgiche partecipi di un progetto comune di dignificazione retorica e di erudizione religiosa, volta a favorire la Bibbia come fonte poetica di una moderna letteratura cristiana.

Rimase sempre vigile a monte il processo di confronto, di sintonizzazione (o di superamento) degli archetipi del codice classico, dei modelli della *Poetica* e della mimesi drammaturgica, con le tipologie bibliche; processo che, tra l'altro, mostra di determinare la fortuna di particolari soggetti veterotestamentari, meno dipendente dalla loro presenza canonica nella liturgia cattolica o da affinità per via di contenuti sfruttabili in chiave attualizzante, quanto piuttosto da ragioni dettate da una loro facile omologazione a categorie sceniche patrimonio comune della memoria collettiva che condiziona le attese del teatro classicistico. È il caso delle storie di Giuseppe e dei suoi fratelli, sottoposte all'esegesi tipologica da Origene e dal *De patriarchis* di sant'Ambrogio, con sviluppi dove da Giuseppe, *typus Christi*, e dai fratelli, *figura* degli Ebrei deicidi, il campo delle simbolizzazioni, originato dal commento al cap. 49 del *Genesi*, noto come le «Benedizioni dei Patriarchi» e di Giacobbe[74], si

74 Traccia la storia dell'esegesi tipologica Michele Cutino, «Il *De patriarchis* di Ambrogio da Milano», *Acme*, LXI, 3, 2008, p. 51-76.

allarga a coinvolgere l'immagine di un Giuseppe-*Ecclesia* nei suoi rapporti, rispetto alla chiamata di fede, con categorie diverse di credenti o empi: convertiti, gentili, relapsi e Giudei persecutori dei cristiani (come nell'allegorica *Gerusalemme* di Zeno). Le componenti figurali si annodano intorno alla centralità scenica che viene ad assumere l'ingranaggio agnitivo, in un gioco *ad libitum* di variazioni teatrali sul motivo del riconoscimento e dell'autoriconoscimento di Giuseppe e dei fratelli e sulla natura e il significato dei sogni e delle visioni di Sofonea, ossia del meraviglioso biblico[75]. Il catalogo di tali drammi spazia su una selezione variabile di prelievi tratti dal racconto del *Genesi*[76], che di volta in volta ripropongono parti della lunga vicenda di Giuseppe (della vendita o delle disgrazie e dell'ascesa in terra d'Egitto, della tentata seduzione della moglie di Potifar, dell'interpretazione dei sogni, del gioco di inganni e rivelazioni), di motivi e dettagli funzionali alle scelte della *fabula*, ma l'*anagnorisis* resta il perno drammatizzante e mitopoietico della riscrittura. Come sosteneva, a ragione, Piero Boitani:

> L'agnizione e la memoria di Giuseppe mettono in moto, quindi, un meccanismo inteso a punire e mettere alla prova i dieci fratelli, a dare ad essi una serie di lezioni e, insieme, compiere i propri sogni; ma soprattutto a ri-creare il passato sul piano drammatico, psicologico e interpretativo lungo due assi fondamentali: quello del ribaltamento, e quello della duplicazione dei ruoli.[77]

Nella terribile «ambiguità dei segni», nell'asimmetria che regola i rapporti fra Giuseppe e i fratelli, sia nella lettera del testo sia nell'inverarsi del suo significato figurale, per cui Giuseppe riconosce da subito i fratelli, mentre loro non lo riconoscono nell'insensato e disorientante srotolarsi degli eventi (l'inchiesta sui figli di Giacobbe, l'imprigionamento di Simeone, la coppa sparita, orchestrata ad arte come furto e colpa, la richiesta dell'arrivo di Beniamino, la cena misteriosa) che

75 Merita di essere ricordato come già Battista Guarini nel *Verato secondo* (in Battista Guarini, *Delle opere. Tomo terzo*, in Verona, per Giovanni Alberto Tumermani, 1738, p. 258-259), nel contesto del dibattito sulla nobilitazione del genere pastorale e dei pastori come personaggi tragici, commentava: «Chi vorrà dunque dire che nello stato pastorale non sia grandezza di coturno? [...] e per addurre un esempio che sol mi basta, per fondare il mio poetico verisimile, leggete nei Sacri libri quel ch'avvenne del gran Gioseffo, figliuolo del patriarca Jacob, e vedrete rivolgimenti di fortuna i più tragici che abbian tutte le storie».

76 Si ricordano almeno: di Ortensio Scamacca, *Gioseppe venduto. Tragedia sacra*, Palermo, Girolamo Rosselli, 1639; *id.*, *Gioseppe riconosciuto. Tragedia sacra*, Palermo, Niccolò Bua, e Michele Portanova, 1644; Francesco Pona, *Gioseffo. Intermedi per l'Angelico*, Verona, Fratelli Merli, 1650; Apostolo Zeno, *Giuseppe. Azione sacra*, Vienna, Johann Peter Van Ghelen, 1722; Pietro Metastasio, *Giuseppe riconosciuto. Azione sacra*, Roma, All'insegna di san Giovanni di Dio, 1733; Giambattista Neri, *Gioseffo che interpreta i sogni, oratorio cantato l'anno 1736*, Vienna, Johann Peter Van Ghelen, 1736; *Il Giuseppe tragedia del celebre abate Genest. Traduzione di Girolamo Gigli*, Bologna, All'insegna dell'Iride, 1755.

77 Cfr. Piero Boitani, *Ri-Scritture*, Bologna, Il Mulino, 1997, p. 33-40.

prepara l'agnizione, resa possibile solo dalla rivelazione insieme della vera identità e del valore simbolico della figura del patriarca («io sono Giuseppe, che voi avete venduto»: ossia il Salvatore che richiama a sé le sue pecorelle smarrite), si gioca la partita dei molteplici spostamenti e varianti delle tante *fabulae* drammatiche che ne riscrivono la storia. L'agnizione, che pur procede attraverso una tipologia assimilabile a quella dell'*investigatio* edipica, ossia aristotelicamente «dagli eventi stessi», non può avere corso, in regime cristiano, senza la Rivelazione che è un riconoscere, per i fratelli, la giustizia e la volontà di Dio[78] per mezzo della memoria e dell'autoriconoscimento interiore della propria colpa e delle proprie responsabilità.

Già nella popolarissima sacra rappresentazione in ottave di *Giuseppe figliuolo di Giacobbe*, che conosce una fortunata tradizione di stampe e ristampe[79] dal primo Cinquecento all'Ottocento (anche in ambiente francese con la *Moralité de la vendition de Joseph*, 1835), pur nello sviluppo, drammaturgicamente ingenuo, per quadri narrativi che scandiscono le stazioni liturgiche della meditazione, il racconto fissa a chiare lettere, nel tradizionale introibo recitato dall'Angelo e nel commento conclusivo, i due piani delle 'moralità', della lezione edificante, e dell'esegesi figurale del *récit*. La protatica voce dell'Angelo introduce lo spettatore ai misteri della

> [...] storia bella, e pura
> di Giuseppe gentil, il qual fu *specchio*
> di Fede, di Speranza, e Caritade,
> giusto, prudente, e vaso d'onestate;

ed esplica nell'epilogo:

> Orsù Signori con questo registro
> avete inteso la divina istoria
> *del buon Giuseppe interpretato Cristo,*
> *il qual per darci il mel de l'altra gloria,*
> *fiele volse gustar, e aceto misto,*
> cosa pur grande di bontà e memoria;
> che'l Re de' Re al fin fu fatto uomo,
> per il peccato del vietato pomo.

78 Esplicito in tal senso il passo del volgarizzamento, ad opera di Gigli, della tragedia dell'abate Genest, dove Giuda inizia a comprendere negli ambigui comportamenti di Giuseppe la mano divina (IV, V, p. 64): «Sapete, fratel mio, quel che ne credo? Che nell'ingiustizia apparente di Giuseppe dobbiamo riconoscere la vera giustizia di Dio».

79 Sulla storia e la fortuna di questa Sacra Rappresentazione di autore incerto cfr. Alessandro D'Ancona, *Sacre rappresentazioni dei secoli XIV, XV, XVI raccolte e illustrate*, I, Firenze, Successori di Le Monnier, 1872. Il catalogo delle ristampe del D'Ancona, che corregge e integra quello di Leone Allacci, annovera (solo per citarne alcune): Firenze, Bernardo Zucchetta, 1523; Firenze, Benvenuto, 1534; Firenze, Baleni, 1585; Siena, Loggia del Papa, 1616; Firenze, Scala di Badia, 1619; Roma, Martinelli, 1651; Padova e Bassano, Giovanni Antonio Remondini, 1669; Venezia, Domenico Lovisa, 1705.

> Però vi esorto a perdonar l'ingiuria
> siccome fece il giusto a' fratel suoi.[80] (corsivo nostro)

Sia pure nella psicologia elementare dei personaggi, già la sacra rappresentazione cerca di mettere in rilievo la caratterizzazione tropologica che agisce le modalità narrativo-drammatiche della vicenda di Giuseppe (nella progressiva assimilazione di Sofonea, il giusto, il paziente, il clemente, a Cristo, ma anche ad altre vittime sacrificali come Abele[81], e della sua mirabile parabola alla memoria della Passione e Resurrezione, al fine di esortare l'Ecclesia al *confiteor*); di dare sviluppo al nodo che coinvolge il tema della verità e menzogna delle parole: il funzionamento di un'agnizione che può trasformarsi in *méconnaissance*, in rovina, senza il riconoscimento del disegno divino e la risposta alla chiamata cristiana dell'autocoscienza morale. Ad innescare la *anagnorisis* è quindi *Joseph* che, per mettere alla prova i fratelli, *dice loro così*:

> Vostra fisionomia non può negare
> le vostre frasche, favole e bugie.
> La verità per certo io vo' trovare,
> ché qua siete venuti per ispie.
> Un solo al padre vostro abbia a tornare
> e quell'altro fratel mi meni quie,
> a questo modo troverem lo inganno,
> e intanto gli altri in prigion si staranno.
> (*Sacre rappresentazioni*, p. 85-86)

Il discorso insidioso e antifrastico di Giuseppe mette in moto la coscienza dei fratelli e il riconoscimento dell'antica colpa:

> (*Uno di loro ricordandosi del male [...] dice con dolore, cioè Giuda*)
>
> Oimè, stat'è questo il voler di Dio
> per la gran crudeltà che noi facemo
> contro al nostro fratel tanto giulìo,
> quando alla strana gente lo vendemo:
> non fu mai caso sì crudel e rio,
> e maggior punizion meriteremo.
> [...]

80 Si cita dall'edizione *Sacre rappresentazioni dei sec. XIV, XV, XVI*, curata dal D'Ancona, *op. cit.*, p. 62-63. La conclusione, con *L'Angelo ritorna in scena e dice*, non si legge in tale ristampa che il curatore sostiene esemplata su testimoni antichi, compare invece, a partire da un altro ramo della trasmissione a stampa, nelle edizioni seicentesche, per cui si riprende dalla *Rappresentazione di Giuseppe figliuolo di Giacobbe tolta dal Vecchio Testamento. Nuovamente ristampata*, Bassano, s.t., 1650, p. 36.

81 Cfr. *Sacre rappresentazioni*, *op. cit.*, p. 66. Alla proposta di Giuda di uccidere Giuseppe, nella prima parte del testo, Ruben risponde: «Ascoltate fratelli il mio latino / le nostre mani non vogliamo imbrattare / nel sangue del fratel nostro picchino / che'l mondo e'l Cielo ce ne potre' [potria] pagare. / *Ricordovi del mal che fe' Caino, / e quanto mal ne potria seguitare*» (corsivo nostro).

(*Ruben dice così*)

Ricordavi quand'io vel dissi allora
e quanto mal per noi sare' seguito;
la giustizia di Dio sempre lavora,
e nessun mal mai resterà impunito
ora la coscienza mi martora,
io vego ognun di noi a mal partito
[...]

«Dio ha scoperto la colpa dei suoi servi» e chiede il suo prezzo di espiazione e pentimento, il lungo ingranaggio agnitivo diviene il baricentro simbolico della storia: tappa figurale del rapporto fra l'uomo e Dio che la Bibbia vuole rappresentare e che le riscritture sceniche cercano di interpretare, attraverso – ribadisce magistralmente Boitani – «il conflitto e il riconoscimento fra esseri umani» da cui si intraveda «il passare definitivo di Dio dal mondo dell'essere e della promessa a quello del divenire e del compimento»[82]. Tipologia acquisita, sin dalle forme più candide del teatro antico, che via via si accresce di sfumature e risonanze, di significati attualizzanti e sinergie con gli archetipi del dramma classico. Un esito esemplare è quello a cui dà corso, al culmine di una lunga filiera di rifacimenti, il *Giuseppe riconosciuto* di Metastasio: azione molto lodata dai suoi contemporanei, perché «semplicissima» nell'abile costruzione che si riduce al solo processo investigativo con cui Giuseppe, sempre presente sulla scena, si fa «riconoscere da' suoi traditori fratelli»[83], ma dove la riattivazione dell'esegesi figurale, anche attraverso la lettura dell'*Omelia 61* di Giovanni Crisostomo sul *Genesi*, condensa una pluralità di piani, di echi mnestici e di potenziali significazioni del testo; a partire dall'identificazione di Giuseppe «già Salvator del mondo», che ora appare, nelle parole del confidente Tanete, come colui che «gli altrui dubbi discioglie» e i suoi «foment*a*» (*parte prima*, v. 82; 106). Centrale si pone, di nuovo, per il Trapassi il problema e l'interrogazione sulla «oscurità dei segni», sulla natura anfibologica delle parole che li nominano e cercano di dare un senso alle azioni, nel dilemma di una conoscenza che è preclusa se non illuminata dall'alto (e, in fondo, di un Vecchio Testamento che risulterebbe incomprensibile se non svelato dal Nuovo, dalle verità di amore e clemenza, sacri-

82 P. Boitani, *Ri-Scritture*, *op. cit.*, p. 45. Ma si veda anche James S. Ackerman, «Joseph, Judah and Jacob», in *Literary Interpretations of Biblical Narratives*, a cura di K. R. R. Gros Louis, Nashville, University Press, 1982, p. 85-113.

83 È Calzabigi (*Dissertazione su le poesie drammatiche del sig. ab. Pietro Metastasio*, *op. cit.*) a documentarlo: cfr. Sabrina Stroppa, *Commento*, in P. Metastasio, *Oratori sacri*, *op. cit.*, p. 254, che individua significativamente la traccia della meditazione di Metastasio sui passi dell'*Omelia 61* di Giovanni Crisostomo, che commentano il *Genesi*, per la costruzione dei caratteri tropologici e figurali della sua azione sacra.

ficio e riscatto che il cristiano deve introiettare nel codice genetico della propria coscienza). Alla moglie Aseneta che non comprende il comportamento del marito nei confronti degli ospiti ebrei («Ah sposo, / senza pietà diventa / crudeltà la giustizia»: *parte prima*, v. 119-121), Giuseppe ribadisce il tarlo, «la dubbiezza» di una conoscenza che sembra marchiata da un divorzio insanabile fra l'esteriorità dei segni e la loro verità interiore:

> Segni fallaci,
> Aseneta, son questi. A noi permesso
> di penetrar non è dentro i segreti
> nascondigli d'un core. Il nostro sguardo
> non passa oltre il sembiante: all'alme solo
> giunge quello di Dio.
> (*Parte prima*, v. 164-168)

È proprio intorno al dramma del sapere e del riconoscere, alla presenza antifrastica dei segni – al disorientamento che Aseneta denuncia, rispetto all'incomprensibile volontà punitiva di Giuseppe verso Simeone e i fratelli, nello scambio di battute con il marito, «Il fallo suo non vedo; / ho presente il castigo», cui il consorte replica: «Un fallo ignoto / dunque error non sarà?»[84], nucleo d'innesco dell'agnizione – che si instaura il confronto con il modello dell'*Edipo*, il gioco ammiccante al dispositivo agnitivo che governa i paradossi dell'inchiesta del re tebano, evocando nel dettato straniante, per gli ironici fraintendimenti e le dissimulanti anfibologie, la memoria di oscure verità impronunciabili. Nelle domande provocatorie che Giuseppe rivolge a Simeone sul destino dei figli di Giacobbe si replica lo schema, ma non l'esito, della celebre agnizione classica:

> *Gius.* Non fu padre Giacobbe
> pur d'altri figli?
> *Sim.* (Ahimè!) Si, n'ebbe ancora
> dalla bella Rachele.
> *Gius.* E son?
> *Sim.* Giuseppe,
> e Beniamin.
> *Gius.* Ma questi
> Perché non venner teco?
> *Sim.* Appresso al padre
> Restò l'ultimo d'essi.
> *Gius.* E l'altro?
> *Sim.* (Oh, Dio!)
> L'altro...
> *Gius.* Segui.

84 P. Metastasio, *Giuseppe riconosciuto. Parte prima*, *op. cit.*, v. 115-118.

Sim. Nol so.
Gius. (Lo so ben io)
[...]
Gius. Almeno
  dì, se vive Giuseppe.
Sim. Il genitore
  lo pianse estinto.
Gius. Ei morì dunque?
Sim. Ignota
  è a noi la sorte
Gius. Troppo discordi
  son fra loro i tuoi detti.
Sim. E pur son veri.
(*Parte prima*, v. 195-206)

La sovrapposizione dei modelli ne illumina la distanza: la sublime sfida di Edipo a voler conoscere e riconoscere oscuri fati e antiche memorie fa emergere la tragica scoperta di colpe inconsapevoli, di una rovina che si vorrebbe cancellare nella notte di una beffarda *méconnaissance*; Giuseppe investiga per scuotere i fratelli, per guidarli alla luce di una ritrovata coscienza, di un passato che l'esercizio anamnestico del pentimento e della confessione può riscattare nel disegno della giustizia e del perdono divini. È così che l'interpretazione figurale con cui si chiude il dramma, sia pure nel sottile incresparsi di un'inquietudine moderna che segnala perplessamente il ricongiungersi, ma anche il divario fra l'approdo di ogni umana conoscenza e l'illuminazione concessa da Dio alla comprensione degli eventi («Dio gli eventi dispone, / che serve al suo voler chi più s'oppone» riepiloga Giuseppe: *parte seconda*, v. 567-568), scioglie l'enigma nella trama della Storia cristiana e dell'Ecclesia. L'*anagnorisis* finale del patriarca scorre, quindi, sulla trama teologica della rivelazione di Dio («È stato Dio che mi ha mandato qui prima di voi» dice la Bibbia «per preservare la vita»), e Giuseppe può infine togliersi la maschera, lasciarsi identificare come lo strumento di un più ampio piano della salvezza:

[...] Io somministro
alimenti di vita
a chi morto mi volle. Io dir mi sento
Salvator della Terra. Ah di chi mai
immagine son io! Qualche grand'opra
certo in ciel si matura,
di cui forse è Giuseppe ombra, e figura.
(*Parte seconda*, v. 580-586)

Avviandoci a concludere si vuole qui, succintamente, ricordare anche l'altro caso emblematico, quello della figlia del sacerdote e condottiero ebraico Jefte, per il costituirsi di una tradizione di riscritture cinque-settecentesche della Bibbia in cui il confronto fra il codice classico e il biblico, nelle interferenze e ricuciture chiamate a riempire i silenzi del Testo Sacro o a consolidare il funzionamento della figuralità cattolica attraverso l'interfaccia drammaturgica di archetipi della memoria scenica, genera una felice sequenza di ricreazioni del racconto desunto dal *Libro dei Giudici*, 11, 29-40.

Dallo *Jephtes* latino dello scozzese George Buchanam (1554), tempestivamente tradotto in francese da Florent Chrestien (1567) e volgarizzato in italiano da Scipione Bargagli, a Lucca, con il titolo *Iefte ovver voto* (1587), la fortuna della storia biblica, legata al motivo della vittima sacrificale promessa sconsideratamente dal padre[85] per ottenere la vittoria contro gli Ammoniti, conosce, senza sosta, una serie di riprese e rifacimenti nella variegata morfologia dei generi teatrali seicenteschi, soprattutto a partire dai successi dell'oratorio barocco *Jefte* di Giacomo Carissimi[86]; un catalogo di cui ha già dato conto Enrico Mattioda in un bel saggio[87] che spiega, in direzione del Settecento, l'interesse suscitato da tale soggetto in rapporto al dibattito sul voto sanguinario e sulla condanna o sulla apparente accettazione, da parte della Bibbia, dell'olocausto cruento. Un tema che, nell'urgere delle istanze polemiche e della critica corrosiva dei Lumi francesi, finirà per riflettersi nella stessa pubblicistica che avvia la discussione sulla violenza dei voti monastici. Ciò che però qui ci preme sottolineare con qualche incremento dei testi recensiti dal Mattioda, è come già dalla tragedia *Iefte* tardo-cinquecentesca del genovese Girolamo Giustiniani, licenziata alle stampe, con i caratteri parmensi del Viotti, nel 1583, lo scambio di parti fra la greca eroina, «salvatrice dell'Ellade»[88], e la biblica figlia del comandate ebreo, di cui la tradizione della Vulgata non conservava il nome, si attivi da un'onomastica che la chiama «Iphi», e che ne attesta l'immediata ripresa nei drammi seicenteschi, sotto il segno di un gioco etimologico che intreccia i destini delle due figure femminili, come dà prova la *Ifigenia immolata*.

85 Cfr. G. Granelli, *Seila figlia di Jefte. Tragedia*, *op. cit.*, p. V: «Jefte di Galaad [...] creato Principe, e capo de' Galaaditi, sul punto di avventurare una decisiva battaglia contro gli Ammoniti per cagione delle terre di Moab, di cui il Re loro si era fatto signore, fece a Dio il voto di consecrargli, e in olocausto offrirgli l'obbietto primo, che gli fusse venuto in contro dalle porte di casa»: l'«oggetto» fu sventuratamente la figlia.

86 Cfr. Howard E. Smither, *L'oratorio barocco. Italia, Vienna, Parigi. I. Storia dell'Oratorio,* Milano, Jaca Books, 1986 (1977[1]), p. 63 sgg. Altri drammi seicenteschi sulla figlia di Jefte sono: Giovan Battista Bianchini, *Iefte, dialogo sacro*, Orvieto, Giannotti, 1679; Salvador de Mesquita, *Sacrificium Iephte, sacrum drama*, Roma, 1682; Pietro Giubilei, *Iefte, oratorio*, Roma, Camera Apostolica, 1688; Filippo Apolloni, *Iefte, oratorio*, Mantova, Osanna, 1689.

87 Enrico Mattioda, «Ifigenia e la figlia di Iefte: una polemica illuminista a teatro», in *Sacro e/o profano nel teatro fra Rinascimento ed Età dei Lumi*, *op. cit.*, p. 213-229.

88 È traduzione dall'euripidea *Ifigenia in Aulide*, che diventa una tessera topica della caratterizzazione dell'eroina greca nelle riprese moderne della tragedia.

Tragirappresentazione sacra del carmelitano Alberto Barra che, per l'appunto, con Ifigenia intendeva la figlia di Iefte[89]. Si comprendono allora le ragioni che sollecitarono Granelli, nel Settecento, ad intervenire nella *Prefazione* alla sua tragedia *Seila figlia di Iefte* per documentare il recupero, dalla tradizione dei commentatori del Vecchio Testamento, di un possibile nome per l'eroina ebraica così da ristabilire, nel quadro delle interferenze fra il racconto biblico e il mito greco, un ordine di priorità e di antecedenze:

> Il celebre sacrificio della figliuola di Jefte, nomata Seila presso Filone è il suggetto della presente tragedia. L'Ifigenia dei Greci, che trattò Euripide in due sue tragedie, l'una delle quali ha titolo *Ifigenia in Aulide*, e l'altra *in Tauris*, vogliono alcuni che altre verità, né altro reale fondamento non abbiano fuori di questo fatto della Scrittura, e il nome stesso di Ifigenia riconoscono, siccome nome composto da due voci *Ifi* e *Genia*, che vale insomma figliuola di Jefte.[90]

Una premessa che serve a introdurre la questione che più sta a cuore al gesuita, ossia il chiarimento relativo alla natura dell'olocausto promesso in voto a Dio da Jefte per ottenere la vittoria:

> la controversia è tra gli interpreti e gli scrittori, se il sacrificio di questa vergine di gran valore, fusse di sanguinoso olocausto, in cui perisse svenata o incenerita dal fuoco; over piuttosto di olocausto incruento, e di consacrazione perpetua al tabernacolo, nello stato di una inviolabile verginità.

Se, infatti, il gioco di specchi fra Seila e Ifigenia poteva indurre a facili equivocazioni che Granelli intendeva dissipare, ciò che più preoccupava il drammaturgo gesuita era però il problema di un'ermeneutica letterale del testo biblico che, nella vicenda della figlia di Iefte, mostrava di comportare la credenza di un sacrificio umano autorizzato dalle stesse esemplarità del Vecchio Testamento. E per tale lo interpreta Voltaire nel suo *Dictionnaire philosophique portatif* del 1764[91], con implicazioni polemiche volte a screditare l'autorità del testo biblico proprio per la presenza di tali storie sconcertanti, espressioni di una cultura arcaica, empia ed inattuale per la

89 Alberto Barra, *Ifigenia immolata*, in Napoli, per Lazzaro Scoriggia, 1632.

90 Si cita dall'edizione Modena, 1765, p. V-VI. Granelli nella *Prefazione* alla tragedia rinvia, a completamento delle argomentazioni erudite lì svolte, al suo lezionario *L'Istoria santa dell'Antico Testamento spiegata in lezioni morali, istoriche, critiche e cronologiche di Giovanni Granelli. Tomo quinto de' Giudici, e primo de' Re*, in Venezia, appresso Tommaso Bettinelli, 1780, p. 107-108; dove, con tutti i crismi dell'apologetica cattolica, nella *Lezione CCXXXVI, Cercasi di riconoscere il senso vero e legittimo del voto di Iefte*, d'obbligo è il riferimento alle «bellezze tutte e le grazie, che i poeti greci e latini sparsero largamente sul sagrifizio d'Ifigenia», modello di 'passionatissima' tragedia ma che, per l'appunto, richiede filtri e adeguati correttivi culturali.

91 Cfr. *Dictionnaire philosophique portatif [par Voltaire]*, Londres, s.n.t., 1764, p. 254.

civiltà moderna. Con un'esplicita presa d'atto militante, Granelli decideva perciò di «arrischiare», nello sviluppo della sua tragedia, «una lunga scena di deliberazione [*nel IV atto*], e di dottrina liturgica, teologica e morale sui sagrifizi e sui voti», anche a costo di disorientare le attese degli spettatori con l'inserto di una raffinata *plaquette* da casuistica gesuita.

Il lungo dialogo fra Ozia, «del Tabernacolo santo alto Ministro», e Iefte che occupa la scena II del IV atto, mira quindi a dissolvere ombre e dubbi con una lezione catechizzante del sacerdote, che si avvale degli insegnamenti del *Deuteronomio* 12, 30-32 (di un commento, quindi, della Bibbia con la Bibbia utile ad evidenziare, in un contesto più ampio di riferimenti, i passaggi critici del testo sacro), così da sottrarre l'intelligenza del promesso olocausto ebraico ai limiti e alle contraddizioni di un'esegesi ferma alla cieca 'letteralità' del dettato scritturale. Così Ozia smonta, nel costruito *récit* dottrinale, sia l'idea di un autorizzamento biblico del sacrificio umano di sangue, che dava adito agli umori libertini e dissacranti dell'incredulità settecentesca, sia alle derive e ricadute sulla Scena, non meno incontrollabili, di una 'figuralità' della vittima sacrificale, tragica e liturgica, pronta all'uso come un espediente allegorico che, privo di un controllo dogmatico, si risolvesse in quelle forme di trivializzazione dei contenuti biblici di cui aveva dato già ampia prova l'inquieta mescidanza dei registri del teatro barocco. Al distorto proponimento di Iefte che proclama di voler «serbar fede a Dio», al voto sconsiderato, conducendo Seila «in olocausto all'ara», il sacerdote replica senza veli e titubanze:

> Seila cadrà in olocausto all'ara?
> A qual ara crudel? Alla pietosa
> di Dio non già. Pensi serbargli fede,
> e l'oltraggi così, che i suoi altari
> puri, innocenti, a' scellerati, e immondi
> dell'empio Baal, e d'Astarot somigli?
> Vanne a' loro delubri, a' lor profani
> boschi nefandi a versar sangue umano.
> Colà svena la figlia, e dalla al fuoco.
> Di così fatti sagrifizi è lordo
> ogni lor tempio, ed ogni lor altare.
> Ma quel di Dio, quando vedesti mai
> contaminar così? Vittime umane
> la sua pietà supremamente abborre.
> E puoi pensar, ch'egli perciò sconfisse
> Moabbo, e Ammone, ed ascoltando i voti,
> che gli mandasti, ti donò vittoria,
> perché in mercè tu gli rendessi poi
> un empio culto, barbaro, crudele
> d'abbominevol sagrifizio orrendo?
> (IV, II, p. 59-60)

All'assoluta condanna del sacrificio cruento che induce Granelli, contro la lettera del testo scritturistico, a interpretare il voto di Iefte come consacrazione della figlia al «Tabernacolo», non all'«ara», non può non seguire anche l'ulteriore distinzione, forse la più problematica, introdotta perché non si attivino sulla vicenda di Seila facili automatismi figurali, con una lettura tipologica di apparentamento al *pharmakós* biblico (e cristologico) per antonomasia, Isacco[92]. Alla richiesta, infatti, di Iefte:

> Perdona, Ozia, se tuttavia dubbiando
> chieggio lume maggior. Al grande Abramo
> non chiese Dio in olocausto Isacco,
> unico figliuol suo? Ed egli presto
> non fu al duro comando? Benché certo
> ferisse al par del figlio il padre amante.
> Né però d'empietade alcun l'accusa,
> anzi ognuno il commenda, e al ciel l'esalta;
> ora a un precetto non s'agguaglia un voto?
> (IV, II, p. 63)

Il sacerdote, con il ricorso a un'illustre memoria dantesca, liquida, a partire dal rassicurante discrimine della volontà e delle intenzioni, indebite trasposizioni simboliche:

> S'agguaglia quanto a l'obbligar, se sia
> di degno obbietto, se d'indegno, è nullo.

Che, al di là del *débat* connesso al «voto e ai sagrifizi», «la scena di deliberazione e dottrina» coinvolgesse questioni ben più scottanti di esegesi e riuso figurale e drammaturgico dei prototipi biblici, lo lascia intendere proprio la presenza di tali insistite digressioni controversistiche. Un'implicita replica a quel campo onnivoro di riprese bibliche seicentesche in auge nelle 'commedie spirituali' o in oratori di ampia circolazione, come *Il sacrificio del verbo umanato figurato in quello della figlia di Iefte*[93]. Del resto, il richiamo a un controllo devoto degli usi strumentali, allegorici e parabolici del testo biblico, delle licenze ricreative e interpretative con cui la

92 È sufficiente, per comprendere i facili automatismi figurali della Scena, il confronto con il pressoché coevo oratorio metastasiano, *Isacco figura del Redentore*, ricapitolativo dell'estensione figurale cui si era prestata la vicenda di Isacco come «narrazione della Passione» (cfr. Sabrina Stroppa, *Commento*, in P. Metastasio, *Oratori sacri*, *op. cit.*, p. 276-277).

93 Cfr. Lorenzo Bianconi, *Music in the Seventeenth Century*, Cambridge, Cambridge University Press, 1987, p. 127: «In the hands of the seventeenth century Church, the *oratorio in musica* comes to be exploited as a highly effective means of promoting this 'allegorical' interpretation of the Bible; self-evident, in the respect, are such title as *Il sacrificio del verbo umanato figurato in quello della figlia di Jefte*, *Abel figura dell'Agnello mistico eucaristico* and *Giona simbolo della sacrosanta Eucarestia*»; questi testi iniziano a circolare a partire dal 1639.

drammaturgia barocca si era accostata alla Scrittura, si prospettava come un impegno non più differibile per il vigile programma erudito di riforma del teatro settecentesco. Interventi, come quello del Granelli, tutt'altro che pedanteschi, si comprendono nel loro pieno significato soltanto nel più ampio contesto dei processi di razionalizzazione messi in atto dal disegno pre-arcadico e arcadico di risanamento di un teatro cattolico moderno (al quale mirava anche quell'ambizione riformatrice con cui Zeno, nella citazione posta ad abbrivio del nostro discorso, invitava al controllo delle strategie di riscrittura dei «sacri argomenti»). Un teatro in grado di arginare quella sregolata, ma anche feconda, sperimentazione barocca che per desiderio di novità e di diletto, aggirando le interdizioni tridentine, aveva saputo rianimare, in una stagione di fascinosa spettacolarizzazione delle storie sacre, e dare voce sulla scena extra-liturgica a soggetti di derivazione biblica. Solo per esemplificare, in chiusura, auspicando future perlustrazione, è il modello che al massimo grado si manifesta nel riuso della Bibbia da parte della *Venerabile Compagnia dell'Arcangelo Raffaello detta la Scala*, un cenacolo fiorentino di vivacissima sperimentazione drammatica e di messe in scena di ampia rinomanza spettacolare in cui operavano i due Cicognini, Jacopo e Giacinto Andrea, e musicisti come Jacopo Peri e Giovan Battista da Gagliano. Bastano i due campioni della *Celeste guida*, del 1623 (1622 in stile fiorentino)[94], che riscrive la vicenda di Tobia, e del *Trionfo di David*, rappresentato nel 1628 (1627) con grande concorso di attori e musici ed effetti scenografici[95], rifacimenti entrambi di Jacopo Cicognini, per comprendere il trattamento cui veniva sottoposto il materiale biblico all'insegna di una libertà inventiva, di un compiacimento allegorico con addenda di figuralità e personificazioni compulsate, di un gusto antiregolistico, ispirato ai dettami della nuova poetica di Lope e alle tipologie degli *autos sacramentales* spagnoli, con una mescidenza di parti sia gravi che «ridicole», in una girandola pirotecnica di personaggi 'alti' e 'bassi' e in un tutto condito per il diletto dello spettatore e la fruizione piacevole «delle sacre storie». Vale allora la pena di lasciare l'ultima parola allo stesso Cicognini e alle memorie della sua *Venerabile Compagnia* che così recitano per il *Trionfo di David*:

> l'autore intende che si riconosca la purà verità, l'ammirabile Trionfo di David conforme alle sacre scritture. Il resto si riceve come abbellimento per introdurre il gruppo con verisimili avvenimenti per mezzo della multiplicità delle parti, senza che non si rappresenta in scena cosa dilettevole distinta in cinque atti perché l'Autore non può né deve far da traduttore, ma da rap-

94 *La celeste guida overo l'Arcangelo Raffaello. Rappresentazione sacra recitata nella Venerabile Compagnia dell'Arcangelo Raffaello, detta la Scala, in Firenze l'anno 1623. Del sig. Jacopo Cicognini*, in Venezia, appresso Bernardo Giunti, 1625.

95 Cfr. Silvia Castelli, *Per una bibliografia di Giacinto Andrea Cicognini. Successo teatrale e fortuna editoriale di un drammaturgo del Seicento*, Firenze, Alinea, 2001, p. 45 sgg.

> presentante in nobil Teatro memorabile avvenimento, con l'invenzione di graziosi e onesti accidenti per dilettare e giovare, oggetto principale di chi compone questo genere.[96]

Sia pure nel carosello morale o irriverente di una rappresentazione centonaria stipata di molteplici frammenti spettacolari, la Bibbia intraprendeva il suo percorso di rivincita, contro censure e accigliate condanne, sulla scena del teatro moderno.

96 Cfr. *Trionfo di David. Rappresentazione sacra del dott. Jacopo Cicognini, Accademico Instacabile. Recitata nella Venerabile Compagnia dell'Arcangelo Raffaello, detta la Scala*, in Firenze, appresso Zanobi Pignoni, 1633 (*Ai cortesi Lettori*, f. 4r-5v). Sempre nell'*Ai cortesi Lettori*, si legge: «convenne rappresentare l'una e l'altra vittoria [*di David: ossia una vicenda molto lunga*], imitando le Rappresentazioni spagnole, e quelle in specie del sign. D. Lopes de Vega, il quale sin con lettere aveva consigliato e pregato l'Autore, per fama da lui conosciuto, ad avvezzarsi a passare il giro delle 24 ore, e far prova del diletto che porta seco il rappresentare azzioni che passino lo spazio non solo di un giorno, ma anco di molti mesi e anni, acciò si goda degli accidenti dell'istoria non con la narrativa dell'antefatto, ma con il dimostrare l'istesse azzioni in vari tempi seguite».

INDICE DEI NOMI

D

G

H

I

J

N

O

S

INDICE